ENCYCLOPÉDIE-RORET

NUMISMATIQUE

DU MOYEN AGE ET MODERNE

AVIS

Le mérite des ouvrages de l'**Encyclopédie-Roret** leur a valu les honneurs de la traduction, de l'imitation et de la contrefaçon. Pour distinguer ce volume. il porte la signature de l'Éditeur, qui se réserve le droit de le faire traduire dans toutes les langues, et de poursuivre, en vertu des lois, décrets et traités internationaux, toutes contrefaçons et toutes traductions faites au mépris de ses droits.

Le dépôt légal de ce volume a été fait dans le cours du mois de Décembre 1889, et toutes les formalités prescrites par les traités ont été remplies dans les divers États avec lesquels la France a conclu des conventions littéraires.

EN VENTE A LA MÊME LIBRAIRIE :

Manuel de Numismatique ancienne, par M. A. DE BARTHÉLEMY, membre de l'Institut. 1 gros volume accompagné d'un Atlas de 12 planches..... 7 fr.

SAINT-QUENTIN. — IMPRIMERIE J. MOUREAU ET FILS

MANUELS-ROROT

NOUVEAU MANUEL

DE

NUMISMATIQUE

DU MOYEN AGE ET MODERNE

PAR

J. Adrien BLANCHET

A. C. N. de la Société des Antiquaires de France,
de la Société française d'Archéologie, etc.

Τὸ δὴ νόμισμα ὥσπερ μέτρον
σύμμετρα ποιῆσαν ἰσάζει·....
μετρεῖται γὰρ πάντα νομίσματι.
ARISTOTE, *Ethica Nicom.*, l. V, c. v.

Ouvrage accompagné d'un Atlas de quatorze planches

TOME PREMIER

PARIS

LIBRAIRIE ENCYCLOPÉDIQUE DE RORET

RUE HAUTEFEUILLE, 12

1890

PRÉFACE

En 1851, lorsque parut le Manuel de M. A. de Barthé-lemy, il s'en fallait de beaucoup que la numismatique du moyen âge eût été aussi étudiée que celle de l'antiquité. Si la revue dirigée par Cartier et la Saussaye, pouvait fournir de précieuses données, si les travaux de Lelewel, Duchalais, Lecointre-Dupont, Saulcy, Longpérier, Fillon, Robert, avaient jeté quelque lumière sur la numismatique de diverses provinces, aucun récent travail d'ensemble n'existait pour servir de guide.

Dans ces conditions, la tâche était ardue, les recherches, pénibles : le résultat fut heureux. Par un compte rendu du manuel publié dans la *Revue numismatique,* en 1852, on rendit justice à ce très remarquable travail qui était mieux qu'un memento et contenait plus d'un enseignement.

Depuis trente-huit ans, la science a marché à grands pas. Il devenait nécessaire de refaire le *Manuel,* en s'ap-puyant sur les ouvrages publiés dans cet intervalle, en tenant compte des récentes découvertes.

M. A. de Barthélemy a bien voulu nous faire l'honneur de nous confier ce travail que ses occupations ne lui per-mettaient pas d'entreprendre. C'est avec un vif plaisir que nous avons accepté cette lourde tâche, mais c'est aussi avec un certain sentiment d'effroi.

Quels que soient le nom et la forme que l'on donne aux *manuels,* leur utilité est incontestable. L'auteur d'un *manuel* a deux programmes à remplir : fournir à ceux qui savent une sorte de répertoire commode et pratique ; donner les premiers éléments d'une science à ceux qui veulent l'apprendre. C'est un double honneur ; c'est aussi une double difficulté.

32.

Pour s'acquitter de la première tâche, il faut offrir le plus grand nombre possible de renseignements et essayer de condenser en un ou deux volumes la matière de toute une bibliothèque, au risque de paraître obscur et aride.

Dans la partie destinée à vulgariser les résultats de la science, on sera tenu de tracer un tableau clair et exact des diverses découvertes.

Ce double travail, à la fois synthétique et analytique, rend nécessaire la lecture de tous les ouvrages parus sur la matière.

Pour la numismatique de l'Europe, nous ne connaissons comme ouvrages généraux que ceux de Lelewel (1) et de Mader (2), rendus insuffisants par le temps. Il fallait, par conséquent, s'enquérir des monographies spéciales parues dans chaque pays. Mais dans les recherches bibliographiques, on n'est jamais sûr d'être complet. Du reste, quand on aurait réussi à connaître le titre de tous les ouvrages, nous croyons qu'on éprouverait de grandes difficultés à les consulter tous. Aussi, parmi les nombreuses erreurs et lacunes que la critique pourra nous reprocher, quelques-unes devront être attribuées à l'impossibilité dans laquelle nous avons été de consulter certains ouvrages.

Lorsqu'on se trouve à même d'étudier les ouvrages cherchés, en admettant que l'on ait la connaissance de toutes les langues de l'Europe, on ne manquera certainement pas d'être embarrassé si l'on veut discuter les opinions des divers auteurs. Quel est l'archéologue qui pourra posséder des connaissances et une autorité égales dans les numismatiques de la Pologne et du Danemark, de la Hongrie et de la France, de la Serbie et de l'Angleterre? C'est dire qu'il faut se contenter d'admettre les opinions émises par les auteurs consultés, sans essayer d'établir une enquête contradictoire. Nous avons adopté cette méthode, et nous nous en sommes rarement départi,

(1) *Numismatique du Moyen âge*, Paris, 1835.
(2) *Kritische Beiträge zur Münzkunde des Mittelalters*, Prague, 1803-1813. Pour l'histoire économique de la monnaie, consulter : Alex. Del Mar. *Money and Civilisation*, Londres, 1886 ; Ottomar Haupt, *Histoire monétaire de notre temps*, Paris 1886.

même dans la numismatique française, pour laquelle nous étions cependant plus à même de présenter quelques observations.

Nous avons agi ainsi, jugeant que la nature de notre travail ne nous permettait pas de soulever des discussions dont la développement nous aurait entraîné hors du cadre que nous nous étions tracé. Nous devions ces explications pour faire excuser un certain renoncement à la critique que ces différentes considérations nous ont imposé dans maint passage de notre travail.

Quant au style, l'abondance des matières nous commandait d'en choisir un simple et concis : notre seul désir a été d'être compris.

Au point de vue géographique, nous avons admis les grandes divisions modernes.

Pour la France, en particulier, nous avons présenté un plan territorial qui a besoin d'explications. En nous plaçant à un point de vue exclusivement scientifique, nous avons cherché quelles étaient les limites géographiques que nous devions adopter. Cette question n'est point aussi simple qu'elle en a l'air et n'a pas encore reçu de solution satisfaisante, car les frontières des États ont beaucoup changé dans la succession des siècles.

La numismatique féodale étant basée sur la division de la France en anciennes provinces, il nous a paru tout naturel d'enclaver dans le premier volume, réservé à la France, tous les pays qui faisaient partie de la France, lorsque l'Assemblée Constituante établit la division en départements (1790). Cette base nous a paru la plus simple que l'on puisse choisir. C'est pourquoi on trouvera, dans notre premier volume : l'Alsace, dont la numismatique appartient cependant en majeure partie au système allemand ; Cambrai ; la Lorraine et le Barrois, réunis en 1766. Ne voulant pas diviser la Flandre en deux chapitres, nous avons été obligé de l'annexer tout entière. Il en a été de même pour le Hainaut, dont les principaux ateliers monétaires étaient, du reste, en France.

Nous avons encore admis dans notre cadre le Comtat Venaissin (réuni en 1791), et Montbéliard en 1793). Mais les monnaies de la Savoie ont été étudiées dans un chapitre spécial de l'Italie.

Le tome second est réservé à la numismatique des divers États de l'Europe et renferme des chapitres particuliers aux monnaies obsidionales, aux médailles, aux jetons, aux poids, etc. Nous avons dit quelques mots de la numismatique des Arabes d'Espagne à cause de l'importance et de l'influence que les monnaies musulmanes eurent en Europe ; mais nous avons laissé de côté la numismatique de la Turquie, d'un intérêt moindre par l'époque à laquelle elle paraît. Après avoir esquissé la numismatique de l'Europe, nous consacrons un chapitre spécial à celle de l'Orient latin. Le monnayage des Etats fondés à la suite des croisades est en effet essentiellement européen par ses types et son système, et depuis les excellents travaux de M. G. Schlumberger, l'Orient latin est devenu inséparable de l'Europe.

Dans la nomenclature des noms géographiques, nous avons adopté de préférence les formes de la langue locale, en indiquant le nom français correspondant, lorsqu'il y a une différence sensible, ce qui arrive trop souvent pour la commodité de la lexicographie géographique déjà si complexe.

L'histoire et la numismatique se prêtent un mutuel appui. C'est pourquoi on a placé en tête de presque tous les chapitres une petite introduction historique, aussi brève que possible.

Pour la chronologie des divers princes, seigneurs ou prélats, nous avons consulté divers ouvrages et nous recommandons particulièrement à nos lecteurs : Les *Stammtafeln* de Grote (Leipzig, 1877, 8°), la *Series episcoporum* de Gams (Ratisbonne, 1873, 4°), et le *Trésor de chronologie* de M. de Mas-Latrie (Paris, 1889, f°). M. A. Longnon, qui fait autorité en pareille matière, a eu l'obligeance de nous fournir de précieuses indications, souvent inédites, pour la chronologie des divers feudataires de la France. Voici les provinces pour lesquelles nous lui devons des additions ou des rectifications : Bretagne, Perche, Nevers, Péri-

gord et Marche, Bourbonnais, Bourges, Limoges, Narbonne,
Comté de Bourgogne, Tonnerre, Auxerre, Rethel, Champagne (1), etc.

Dans la numismatique des divers pays de l'Europe,
nous n'avons pas essayé de tracer des divisions fixes en
établissant des limites extrêmes pour l'apparition et la
cessation des types. Nous estimons que cette méthode,
commode pour la classification, est trop sujette à l'erreur.
Il faut espérer cependant que l'étude si féconde des trouvailles apportera à ce système de précieux points d'appui.

Si nous avons continué à ne pas séparer dans chaque
pays la *numismatique moderne* de celle *du moyen âge*,
c'est pour plusieurs raisons, dont voici les principales.

Les divisions en époques du *moyen âge* et *moderne*
sont arbitraires et factices, aussi bien du reste que celle
de *Renaissance*. En numismatique, il y a peut-être un
moment qui pourrait servir de limite au moyen âge. C'est
le premier quart du xvie siècle, marqué par l'introduction de lourdes monnaies d'argent et la réapparition de
l'effigie comme principal type monétaire. Mais cette réforme s'étant faite successivement dans les divers pays,
il s'ensuit que l'on ne peut choisir une date uniforme
pour marquer la modification du système monétaire.

De plus, il semble qu'il y ait de grands inconvénients
à scinder en deux parties la numismatique de chaque
contrée.

Dans un manuel de numismatique publié en France, il
fallait donner une part plus grande à la numismatique
nationale. C'est un résultat que nous croyons avoir pour-
suivi dans toutes les parties de notre travail. Pour les
méreaux et les poids, nous avons même pensé qu'il était
utile d'étendre un peu nos descriptions, en général si con-
cises, car ces chapitres ont été étudiés jusqu'ici dans
très peu d'ouvrages.

Lorsque nous avons eu à décrire des pièces, nous avons
rarement indiqué le côté vers lequel les types sont tour-

(1) Addition de Herbert III aux listes de M. H. d'Arbois de Jubainville.

nés. Nous ne voyons là en effet qu'une indication d'importance secondaire, utile seulement dans la description des variétés. Il y a une autre cause pour laquelle nous avons restreint l'emploi de cette indication. C'est que les auteurs ont employé les mots *à droite* et *à gauche* dans un sens différent. Les uns ont considéré la *droite* comme étant celle de l'observateur regardant la médaille, et c'est la signification ordinairement admise dans la numismatique romaine. Les autres ont pris le terme *droite* dans le sens héraldique et, dans ce dernier cas, c'est le côté qui fait face à la gauche de l'observateur.

Le format de notre manuel ne permettait guère d'intercaler les figures dans le texte. C'est pourquoi on a conservé les douze planches de l'ancien manuel. Mais on a tenu à y introduire un élément nouveau, et deux autres planches, soigneusement gravées, ont été ajoutées. Celle qui porte le numéro 13 a été disposée de manière à faire suite à la douzième et elle continue la série des monnaies de l'Orient latin. L'atlas, tel qu'il est composé, ne doit pas être considéré comme l'illustration du texte, mais comme un recueil propre à faciliter l'étude des types et des légendes monétaires.

Après avoir ainsi exposé notre plan et les pensées qui nous ont guidé dans nos recherches, nous livrons à la critique ce travail que nous avons tenté de rendre le moins défectueux et le plus complet qu'il nous a été possible.

Notre vœu le plus cher serait d'avoir rendu quelque service à la science en fournissant un premier guide aux futurs adeptes de la numismatique, un compagnon d'étude à ceux qui dirigent cette science.

Puissions-nous trouver aussi un accueil bienveillant auprès des numismatistes étrangers sur les terres desquels nous avons fait, avec tant de témérité, des incursions passagères sans laisser de traces utiles pour eux.

ERRATA

DU TOME PREMIER

Page 36, ligne 14, lire : Préviala.

Page 37, ligne 15, lire : dit *au lieu de* dite.

Page 42, ligne 19, lire : 283-305.

Page 105, ligne 8, lire : et une.

Page 142, ligne 27, lire : Riom.

Page 144, ligne 13, lire : Louis XIII.

Page 162, ligne 30, lire : liard dit *Pied-Guailloux.*

Page 203, dans la liste des *rois de Bourgogne,* lire .

    875. Charles le Chauve.

    877. Louis le Bègue.

    879. Boson, et plus bas :

    937. Conrad Ier le Pacifique.

Pour les monnaies des rois de Bourgogne, consulter l'*Epoque carolingienne.*

Page 209, ligne 32, lire : à la.

Page 248, ligne 25, lire : Guillaume Ier, duc.

Page 249, dans la liste des *sires de Vierzon,* lire :

    1302. Marie de Brabant.

    1330. Isabeau de Brabant, et Guillaume Ier, duc de Juliers.

    1361. Confiscation de Vierzon par le roi.

    1380. Guillaume II de Juliers, etc.

Page 280, ligne 12, lire : Raimond IV.

Page 298, ligne 1, lire : (p. 277).

Page 304, ligne 18, lire : Sainte-Foy de Morlaas.

Page 337, ligne 2, lire : 1066 au lieu de 1088.

Page 363, dans la liste, lire : 1289, Raimond III, *et* 1319, Raimond IV.

Page 372, ligne 33, lire : 1427.

Page 379, ligne 33. lire : Charles VIII.

Page 384, ligne 4, lire : Frédéric Ier.

Page 414, ligne 23, lire : Mousson.

Page 421, ligne 11, lire : Loewenstein-Rochefort.

Page 433, ligne 18, 1ʳᵉ colonne, lire : Gautier II de Mortagne.

Page 436, ligne 27, ajouter : (V. *Doc.* n° 22).

Page 457, lignes 11-12, lire : ou trouvé des textes positifs.

Page 499, ligne 43, lire : conjuge.

Page 503, ligne 37, lire : Conrad III, au lieu de Charles II.

Page 507, lignes 1-2, lire : du march d'argent le Roy.

PRINCIPALES ABRÉVIATIONS

employées

DANS LE TOME PREMIER

℞ Revers.

M ou m. Monnaie.

P. ou p. Pièce.

R. N. Revue numismatique française.

Rev. belge. Revue belge de numismatique.

C. Cuivre.

Arg. Argent.

Bill. Billon.

* Dans les listes chronologiques, les astérisques indiquent les personnages dont les monnaies sont retrouvées.

NOUVEAU MANUEL

DE

NUMISMATIQUE

DU MOYEN AGE ET MODERNE

INTRODUCTION

I

Fabrication des monnaies

On se servit au moyen âge des procédés employés dans l'antiquité, c'est-à-dire de la fabrication au marteau. Si les monnaies elles-mêmes ne révélaient ce mode de fabrication, nous en trouverions la preuve sur les sculptures, les vitraux, etc.

Les procédés employés pendant le moyen âge pour la fabrication des monnaies étaient extrêmement simples. « Les coins étaient des morceaux de fer poli dont la surface avait été égalisée à la lime (ce qui explique les raies transversales du champ de quelques pièces carlovingiennes), sur lesquels les lettres étaient enfoncées à l'aide d'un petit nombre de caractères très simples, qui variaient suivant l'époque et les exigences graphiques. Le burin rectifiait les imperfections de ce travail expéditif et la trempe durcissait ensuite les coins. L'emploi du procédé que j'indique avait pour effet d'occasionner aux arêtes des lettres une espèce de renflement causé par l'écartement du métal. Ce renflement est visible sur beaucoup de monnaies. Les grènetis s'obtenaient de trois manières : soit à l'aide d'une pointe, soit avec un poinçon ou lentille, soit encore par l'emploi d'un burin façonné de manière à produire des entailles cunéiformes ou semi-circulaires. Le cercle que l'on remarque quelquefois et qui donne au grènetis l'aspect d'un chapelet vient de ce que l'artiste traçait d'abord au compas un rond sur le coin, afin de suivre plus régulièrement le contour. Le centre où reposait l'une des branches du compas était souvent marqué d'un petit trou qui produisait sur les pièces un point de relief. » (B. Fillon, *Considérations*, p. 118-119.)

Ces explications de Fillon sont ingénieuses, mais elles ne reposent sur rien de certain. Voici comment on procédait pour fabriquer la monnaie :

Après avoir formé des lames de métal, on les étendait sur une enclume, ce qui s'appelait *battre la chaude;* ensuite on les coupait en morceaux, opération qu'on nommait *couper carreaux;* ces carreaux, recuits et étendus au moyen du marteau nommé *flatoir*, étaient arrondis et blanchis puis livrés pour être monnayés. Cette dernière opération se faisait au moyen de deux poinçons ou coins : l'un, la *pile*, portant le revers de la pièce, et l'autre, le *trousseau*, représentant l'avers. La pile, qui avait huit pouces de hauteur, était pourvue d'une espèce de talon au milieu et finissait en pointe ; cette pointe s'adaptait dans un billot ou *cépeau*. Le monnayer ayant mis le flanc horizontalement sur la pile, le couvrait du trousseau qu'il tenait de la main gauche et frappait dessus avec un marteau jusqu'à ce qu'il eût obtenu la double empreinte bien marquée. Lorsqu'on n'avait pas obtenu un résultat satisfaisant on *rengrévait* le flanc, c'est-à-dire que l'on recommençait l'opération.

Un bas-relief du xie siècle, de l'abbaye de Saint-Georges de Boscherville (diocèse de Rouen) nous montre un monnayeur tenant un marteau et un trousseau et devant lui on voit le cépeau surmonté de la pile (*R. N.*, 1846, p. 366). Comparez aussi un des vitraux du Mans (*R. N.*, 1840, p. 288). Des deniers frappés à Melle nous montrent le même outillage. Jusqu'au xvie siècle on garda cette méthode peu rapide. Mais à cette époque l'Allemagne avait déjà appliqué la mécanique à la fabrication des espèces monétaires. Nuremberg et Augsbourg furent les grands centres d'où sortirent les nouvelles machines dont on substitua l'action aux opérations successives de la frappe au marteau. L'outillage se composa alors du *laminoir* ou *moulin*, du *banc à tirer* ou *engin tireur*, du *découpoir* ou *coupeur* avec sa *boîte*, enfin du *balancier* qui servait à donner au flanc de métal l'empreinte du coin.

Henri II, soucieux de la bonne qualité du numéraire et comprenant que la perfection était une garantie contre la contrefaçon, envoya en Allemagne Guillaume de Marillac, valet de chambre ordinaire, accompagné d'un habile mécanicien nommé Aubin Olivier. Ceux-ci rapportèrent un outillage et des modèles, ainsi qu'il résulte des termes d'une déclaration du 1er mars 1552. Des lettres patentes du 27 mars 1550, confirmées par des édits de 1554, ordonnèrent l'établissement d'un atelier dans les dépendances de l'ancienne résidence royale de la Cité, au logis des *Étuves*. Les laminoirs des Étuves étaient mis en mouvement par des roues hydrauliques, de là vint le nom de *moulin* qu'on appliqua par extension à la fabrication nouvelle et aux ateliers où elle se faisait.

Aubin Olivier eut la direction du travail et apporta divers perfectionnements à l'outillage allemand. Ainsi, il inventa la *virole brisée* qui permettait de canneler la tranche des pièces ou d'y imprimer des lettres, soit en relief, soit en creux. Mais les monnayers officiels et privilégiés représentés par la Cour des monnaies objectèrent que les frais étaient trop considérables dans la nouvelle méthode et Henri III, en 1585, décida que la *monnoie au moulin* frapperait seulement les jetons, médailles et pièces de plaisir; les monnaies continueraient à être fabriquées par la *vieille monnaie au marteau*.

Quelques années plus tard, Nicolas Briot essaya de relever le prestige de la *monnaie au moulin* qui avait été installée au rez-de-chaussée de la grande galerie du Louvre élevée par Henri IV. Il se heurta à la même routine, aux mêmes ennemis, et se vit forcé de passer en Angleterre où il établit un atelier de mécanique dans la tour de Londres, en 1626.

Jean Warin, dont le lieu de naissance ne nous est pas encore connu avec certitude, sut gagner par son talent la protection de Richelieu, devint *conducteur du balancier du Louvre*, améliora l'outillage, installa un matériel semblable à Lyon et conduisit avec succès les grandes refontes d'or et d'argent, de 1636 à 1648. Le chancelier Séguier obtint de Louis XIII, en 1640, que les *louis* seraient fabriqués au balancier et au marteau, lorsque, par ce dernier procédé, on pourrait obtenir des résultats aussi satisfaisants. Les monnaies d'argent furent frappées au balancier en 1641. Enfin, en 1645, l'emploi du marteau fut interdit. La Cour des monnaies, pour se venger de sa défaite, pourvut la *vieille monnaie* d'un outillage mécanique et la maintint dans une indépendance absolue du *balancier du Louvre* qui se vit enlever peu à peu la fabrication des espèces et qui, vers 1660, ne frappait plus que des jetons et des médailles.

Dès lors le balancier du Louvre, mis sur le même pied que les autres manufactures royales, fut régi par des conseillers directeurs et reçut la dénomination de *Monnoye du Roy pour la fabrique des médailles et jettons*, pendant que l'autre atelier portait le nom de *Monnaie des espèces*. A cette époque, la monnaie au marteau occupait le périmètre formé par les rues de la Monnaie, Thibaut-aux-Dés et Boucher. Elle fut transférée au quai Conti en 1774.

L'atelier des médailles, fermé pendant la Révolution, fut rétabli par Napoléon Ier, qui le mit à la charge de sa liste civile et le transféra en 1804 dans les bâtiments de la Monnaie du quai Conti où il se trouve aujourd'hui. La Restauration le maintint dans les attributions de la *Maison du Roi;* mais depuis 1830 la fabrication des médailles et jetons, restée toujours à l'état de privilège, n'est plus qu'une entreprise exploitée sous le contrôle de la *Commission des monnaies et médailles*, par le directeur de la fabrication près la Monnaie de Paris.

En 1685, l'ingénieur Castaing trouva le moyen de marquer la tranche d'un seul coup, en même temps que les deux faces de la pièce.

Le balancier fut perfectionné, sous Napoléon, par Gengembre et Saunier. Aujourd'hui, dans la fabrication des monnaies telle qu'elle est pratiquée dans tous les pays, à la Monnaie de Paris par exemple, on peut distinguer trois opérations : 1º La préparation des flans métalliques ; 2º la gravure des coins ; 3º la frappe des pièces.

Le métal est fondu dans une lingotière en lames allongées, de la largeur des pièces que l'on veut obtenir. On fait passer les lames plusieurs fois au laminoir pour les étirer et leur donner une épaisseur et une densité égales dans toutes les parties. On fait recuire au moins une fois pendant l'opération pour rendre au métal toute sa malléabilité, diminuée par les tassements successifs. Les flans sont ensuite taillés dans le métal au moyen du découpoir. Avec le levier, un homme peut découper de quinze à vingt mille monnaies par jour. Les flans, pesés ensuite au trébuchet, sont refondus s'ils sont trop légers ou rabotés s'ils ont un excédent de poids.

On les soumet ensuite aux opérations du cordonnage et du blanchiment. Par le cordonnage on corrige les imperfections de la tranche et on relève légèrement les bords du flan, afin d'obtenir plus aisément l'empreinte des listels et grènetis qui, lors de la frappe, ne reçoivent la pression qu'en dernier lieu, puisque les coins étant toujours un peu bombés au centre, la rencontre a lieu d'abord au milieu de la pièce. Cette opération s'effectue au moyen d'un appareil qui saisit chaque flan par la tranche et lui fait décrire, en le pressant fortement entre deux coussinets sablés, un mouvement de rotation. Le blanchiment donne le brillant mat qui prête tant d'éclat aux monnaies sortant de l'atelier. Après avoir fait subir aux flans un nouveau recuit, on les plonge dans un bain d'eau acidulée, mêlée d'acide nitrique pour l'or, d'acide sulfurique pour l'argent, où on les laisse une dizaine de minutes en les remuant constamment. On les retire du bain et on les lave à deux reprises dans de l'eau pure, pour enlever toute trace d'acide. Les flans une fois secs sont prêts pour la frappe.

Pour la gravure des coins, voici la marche suivie :

L'artiste exécute en relief un modèle en cire du type qu'on désire obtenir. Ce modèle terminé, on en obtient une fonte avec laquelle on opère, au moyen du tour à réduire, la reproduction du sujet sur un bloc d'acier, suivant le module que doit avoir la monnaie ou la médaille. La réduction est ensuite retouchée au burin et soumise à la trempe. On a ainsi un *poinçon* qui sert à la fabrication du creux ou *coin*. Celui-ci s'obtient au moyen du balancier, en enfonçant l'empreinte, en relief sur le poinçon, dans un nouveau bloc d'acier où elle se trouve reproduite en creux. Ce travail délicat ne peut être obtenu qu'en opérant à plusieurs reprises avec beaucoup de soins.

Lorsque le coin a reçu l'empreinte, on le trempe et il ne reste plus qu'à le monter sur le balancier de la presse à vapeur pour passer à la dernière opération, la frappe. Le balancier consiste en une cage en fer solidement assise et portant un écrou avec une vis armée d'un des coins, qui descend sur l'autre coin formant enclume. Le coin mobile est mis en mouvement par de longs bras armés de boules pesantes qui, garnies de cordes et tirées par huit ou douze hommes, compriment avec une grande puissance le flan que l'on veut frapper et dont la régularité est maintenue par une virole circulaire. Le balancier n'est plus employé maintenant que pour frapper les médailles.

Pour la fabrication des monnaies on a adopté depuis 1846, la presse à vapeur inventée par D. Uhlhorn, de Cologne, et perfectionnée par Thonnelier, dont elle a pris le nom. Cette machine remplace la percussion par l'action d'un levier articulé agissant de haut en bas verticalement et mis en mouvement par une manivelle qui reçoit l'action d'une machine à vapeur. La force motrice est toujours la même et le monnayage qui en résulte est toujours parfait. Avec ce système on peut frapper à l'heure 2,400 pièces. Les imperfections résultent seulement de la rupture des coins ou de flans mal préparés. L'adaptation de la virole brisée à la presse de Uhlhorn, réalisée par Thonnelier, a rendu possible l'impression de légendes en relief sur la tranche.

II

Organisation monétaire

Pendant la période mérovingienne, l'ancienne organisation monétaire subit de grandes modifications, en ce qui concernait les personnes chargées de la fabrication ; les ouvriers employés à ce travail, qui jusque-là avaient été de condition servile, mais qui sous le Bas-Empire avaient commencé déjà à monter quelques degrés dans l'échelle sociale, arrivèrent à se rendre indépendants.

Peu à peu, la fabrication passa entre les mains des orfèvres. (Pour cette période, V. le chapitre des *M. Mérovingiennes.*)

Sous les Carolingiens, les monnayers ne signaient plus les monnaies et formaient une corporation d'officiers subalternes qui suivaient partout le souverain. On voit aussi par le document de 809 (*B. N.* ms. latin 4788; Pertz, *Leges*, I, 159) que la monnaie était sous la surveillance du Comte ; que les monnayers ne pouvaient ouvrer que dans la cité même, ou dans les lieux officiellement désignés ; que tout individu qui fabriquait de la monnaie, dans la circonscription du comté était passible de peines sévères, parmi lesquelles nous croyons reconnaître la confiscation, la fustigation et la marque. Des peines analogues et l'amputation d'une main sont mentionnées dans l'édit de Pîtres, en 864.

Les associations de monnayers se formèrent probablement déjà pendant la période Carolingienne et furent astreintes de faire le serment de s'acquitter fidèlement de leur emploi.

De là, vint qu'au XII⁰ siècle lorsqu'on songea à régulariser la fabrication des monnaies, on vit différents *serments* qui correspondaient aux différentes divisions de l'empire de Charlemagne et qui présentaient seulement quelques différences introduites par les mœurs et coutumes de chaque pays. Parmi les serments, les plus connus sont : Celui de *France* qui comprenait le royaume de Charles le Chauve ; celui de l'*Empire* qui s'étendait sur les États de Lothaire ; Les monnayers appartenant aux officines établies dans l'ancien royaume de Bourgogne, continuèrent à former une corporation à part lorsque ces pays furent réunis à la couronne ; celui de *Toulouse*, datant probablement de Pépin Ier, comprenait les monnayers de l'ancien royaume d'Aquitaine.

Celui d'*Espagne* se composait des monnayers des ateliers que les Carolingiens avaient établis dans le Nord de la péninsule.

Peu à peu, les rois de France s'affermissant sur le trône, firent des règlements pour établir clairement les droits et les devoirs des monnayers. Ils leur concédèrent différents privilèges, qui étaient peut-être déjà établis par l'usage. Le roi d'Angleterre, divers souverains et presque tous les barons et prélats imitèrent cet exemple et s'empressèrent de donner à leurs monnayers des privilèges et des libertés plus ou moins étendus : on comprend en effet, que s'ils avaient agi autrement, leurs ateliers auraient été bientôt abandonnés, pour ceux où les ouvriers étaient plus favorablement traités.

Ce fut précisément la dispersion du monnayage qui rendit si puissantes par le nombre et si nécessaires les corporations de monnayers : Les seigneurs qui battaient monnaie, et qui en tiraient grand profit, ne pouvaient se passer d'ouvriers. De là, les privilèges de toutes sortes.

Les monnayeurs du serment de France avaient une sorte de constitution qu'ils appelaient la grande Charte de Bourges. Ce document, qui n'a pas été retrouvé, est cité comme seule charte non annulée dans le règlement qui fut fait à Paris, en juin 1354.

Dans cette assemblée des prévôts et procureurs, ouvriers et monnayers, les monnaies qui furent représentées sont celles de Paris, Rouen, Tournai, Saint-Quentin, Troyes, Poitiers, Saint-Pourçain, Angers, Montpellier, Dijon, Limoges, Mantes et Macon.

Ce règlement contient, en soixante-six paragraphes, le code des monnayeurs, leurs droits comme leurs devoirs.

Tout y est réglé de manière à faire régner la concorde parmi les membres de la corporation ; il y a même jusqu'à la caisse de secours mutuels, car les malades reçoivent par jour 2 sols payés par les ouvriers ou les monnayers (§ 46).

Il y avait également une caisse commune qui se composait des retenues, des réceptions, des cotisations et des amendes. Le principal privilège des monnayers consistait dans la juridiction particulière qui leur ordonnait de ne répondre devant aucun juge autre que leur prévôt, hormis dans les trois cas de meurtre, larcin et rapt.

Les peines que le prévôt avait droit d'infliger étaient : 1° les amendes, qui s'élevaient de 13 deniers à 10 marcs d'argent ; 2° l'interdiction de travail pendant un an et un jour ; 3° la défense d'invoquer les privilèges ; 4° l'expulsion de la Compagnie.

Dans le serment du Saint-Empire, le fils de monnayer avait à payer comme droit d'entrée 1 marc d'argent, le fils de fille, neveu ou cousin, 2 marcs. Le récipiendaire donnait un haut de chausses au prévôt, pour boire aux compagnons et payait les lettres du notaire. S'il se mariait postérieurement à sa réception, il payait un marc d'argent.

A 12 ans, les apprentis peuvent devenir ouvriers ou monnayeurs et doivent faire leur épreuve. Le fils de fille et neveux, les *droits neveux* étaient ouvriers.

Les compagnons contribuent à la dot des filles de monnayeurs ou ouvriers qui se marient (§ 47). En général, les compagnons d'une monnaie sont placés sous le commandement d'un seul prévôt. Mais cette règle n'est pas fixe et on trouve quelquefois un prévôt des monnayeurs et un prévôt des ouvriers. La charge de prévôt était annuelle.

A chaque nouveau règne, le roi avait le droit d'instituer un ouvrier du serment de France dans chacun des quarante hôtels des monnaies.

Quoique les serments de France et du Saint-Empire fussent bien distincts, néanmoins Charles le Bel, Philippe IV, Jean II et Charles V admettent que les monnoyers du Saint-Empire peuvent aider temporairement les monnayers de France, lorsque ceux-ci ne sont pas en nombre suffisant. (*Ordonnances*, t. I, 806 ;. II, 139, 197, 417, 583.)

Enfin les rois de France avaient accordé aux monnoyers des exemptions *de toutes tailles, coustumes, paiages, travers, chaucées, passaiges, festaiges, trentiesme, cinquantiesme, malestostes.*

Les monnoyers de Troyes ne paient pas la *jurée*, impôt sur la propriété que devaient les franches personnes appelées bourgeois du roi.

Ces exemptions étaient universellement concédées aux monnoyers, et nous voyons Guy, comte de Flandre et marquis de Namur, accorder, par une charte datée du mois de mai 1290, à ses monnoyers, les mêmes privilèges que le roi de France aux siens, et les rendre justiciables seulement de leurs prévôt et maîtres de la monnaie, excepté en cas de rapt, meurtre et larcin. (*R. N.*, 1850, p. 133.)

En Lorraine, dès 1307, Thibaut II décharge ses monnoyers de toutes tailles, gabelles, etc.

Il en est de même dans le duché de Bourgogne, en 1416, à Metz en 1420.

Les monnoyers n'étaient assujettis au guet ou à la garde des portes que par exception. A Souvigny, en 1282, ils étaient enterrés gratuitement dans le cimetière.

Un certain nombre de petits monuments sont parvenus jusqu'à nous et confirment les textes au sujet de diverses exemptions.

Nous voulons parler des pièces d'argent servant de laissez-passer. (*R. N.*, 1839, 216 et 1848, 66.)

Cependant, l'étendue de ces droits, en général bien établis et universellement respectés, était quelquefois contestée.

Ainsi, sous Gui II, comte de Blois (1381-1391), dans un procès relatif à divers privilèges réclamés par la veuve d'un monnoyer, le procureur du comte prétendait que le privilège ne devait s'appliquer qu'à l'exemption des taxes personnelles, comme les péages, et non à une taxe réelle, à un impôt foncier comme le droit de festage, qui était « *ung droit de V sols imposés sur chacune meson*

estant en la ville et banlieue de Blois. (*R. N.*, 1840, 275.)
A côté de ces privilèges, il y avait de réelles servitudes,
car le monnayeur *ne se peust appliquer à nul autre mes-*
tier comme proprement il est déclaré ou texte de leur
privilège et encore plus la loy vieult que ils soient puniz
SUPLICIO ET MORTE *et leurs biens confisqués se ils se ap-*
pliquent ailleurs. Ils n'ont nule administration de la
chose publique, mais ils sont seulement exécuteurs de
la fabrique comme ung sergent de fere le commandement
d'un bailli ou d'un prévost.

Le procureur du comte n'a pas d'ailleurs une grande
estime pour la corporation et il dit : « *Si des privilèges*
ont été accordés aux monnayeurs, c'est seullement en
recompensacion de leurs misères, paines et travaux. »

Philippe le Bel, en septembre 1327, exempte les monnayeurs de tous impôts, soit qu'ils ouvrent, soit qu'ils
n'ouvrent pas. Le roi ajoute qu'il agit ainsi : « *attendu*
» *qu'ils sont si abstrains et obligez à ce faire que a*
» *nul autre mestier, office ne estat ne se peuvent or-*
» *donner et ainsi sont serfs à y chose faire.* »

En 1785, il existait encore dans les dix-sept ateliers monétaires des communautés de monnayeurs et d'ajusteurs,
dans lesquelles on ne pouvait être admis si l'on n'était
d'*estoc* et *ligne*, c'est-à-dire issu de familles exerçant la
même profession. Les aînés étaient généralement monnayeurs et les cadets, ajusteurs. Les filles pouvaient être
reçues *tailleresses* et transmettaient à leurs enfants mâles
le droit d'être admis dans la corporation. Quant aux privilèges qui y étaient attachés, un édit d'octobre 1782 les
avait encore confirmés.

Mais beaucoup de gens s'appelaient monnayers, précisément pour jouir de ces privilèges. Ainsi des lettres
patentes de Henri V, données à Paris, le 22 janvier 1425,
contiennent une liste des ouvriers *monnoyers du serment*
de France demeurant en la sépéchaussée de Meaux. Or
ces prétendus ouvriers sont laboureurs, tanneurs et huissiers; et ils s'intitulaient monnayers du roi quoiqu'il n'y
ait pas eu de monnaie royale à Meaux, depuis Hugues
Capet. (*R. N.*, 1840, 149.)

Les ateliers étaient affermés par un bail, dès le xive siècle. La durée du bail était soit de six mois, soit d'un an. Ce système persista et au xvie siècle, le Conseil du roi était chargé de faire les baux généraux des monnaies de France, en stipulant que le *fermier général* aurait à payer différents droits de seigneuriage, etc. Quant aux baux particuliers, c'est la Cour des monnaies qui se chargeait de les faire, après avoir fait afficher les conditions, et la marche des enchères. Le jour venu, l'adjudication était faite selon l'ordonnance de 1417 qui dit : *Il sera allumé une chandelle durant laquelle ceux qui voudront mettre enchère seront receus et icelle chandelle éteinte de flambe et de feu, la monnoye sera affermée.* L'adjudication devait être faite au *maître* ou *fermier particulier* pour trois, quatre, cinq ou six ans au plus. (*Ordonn. de* 1554 *et* 1586.)

Les monnaies pouvaient aussi être mises en *régie* et dirigées par un proposé royal agissant comme un maître de monnaie (*Commis aux régies*). D'après les ordonnances de 1540, 1551, 1554, 1566 et 1586, les obligations des maîtres des monnaies étaient les suivantes : Recevoir les matières d'or et d'argent en présence des *gardes* ou des *contre-gardes* et en tenir registre ; fournir le travail aux ouvriers et aux monnayers, dans les mêmes conditions ; veiller à la bonne fabrication des monnaies ; fournir une caution ordinaire de 4,000 livres pour répondre de la faiblesse dans le poids ou dans le titre ; ne pas employer les matières d'or ou d'argent à d'autres travaux que ceux de la monnaie ; faire affiner ces matières en présence des gardes et des essayeurs ; ne pas fondre d'espèces monnayées aux coins et armes du roi. Enfin les maîtres étaient responsables des fautes commises par leurs ouvriers.

A dater du xiiie siècle, des textes font connaître les généraux-maîtres qui avaient la haute surveillance de l'administration des monnaies : ces fonctionnaires, qui étaient souverains juges de tout le personnel des monnaies, à dater du règne de Philippe le Bel, exerçaient leur contrôle même dans les ateliers des prélats et des barons,

(*Ordonnance de juin* 1313.) Ils devaient visiter les ateliers du roi au moins deux fois par an ; leurs inspections se faisaient inopinément, et ils pouvaient suspendre les officiers qu'ils trouvaient en faute : leur juridiction s'étendait sur les changeurs, les orfèvres, les merciers, les tabletiers et les affineurs.

Ces fonctionnaires qui, dès 1322, prenaient quelquefois la qualification de *présidents*, étaient dans le principe au nombre de quatre, et faisaient partie de la chambre des comptes, et des trésoriers du roi : en 1358, pendant la régence du Dauphin, ils furent appelés à former la *Chambre des monnaies*, distincte de la *Chambre des comptes;* leur nombre dès lors varia : il fut porté jusqu'à onze. En 1551, la Chambre des monnaies, prit le nom de *Cour.* Sous Louis XIII la Cour des monnaies se composait du président, de dix conseillers, d'un avocat et d'un procureur général, d'un prévôt général, d'un lieutenant, trois exempts, un greffier, quarante archers, une trompette et douze huissiers. La Cour enregistrait l'apport des poinçons faits par le tailleur général des monnaies et les délivrait ensuite aux maîtres des monnaies de province. La Cour jugeait en dernier ressort tous les procès relatifs aux monnaies. Louis XIV institua une *Cour des monnaies* à Lyon en 1704; elle fut supprimée en 1771. Celle de Paris fut abolie à l'époque de la Révolution.

Charles VIII, créa, en 1491, un receveur général des monnaies de France. La charge de prévôt général date de juin 1635; ce personnage devait faire exécuter les arrêts de la Cour des monnaies.

Les *généraux provinciaux* n'avaient aucune juridiction sur la fabrication et devaient simplement renvoyer la connaissance des affaires aux généraux-maîtres.

Les officiers particuliers établis dans chaque monnaie pour la fabrication des espèces étaient : deux juges-gardes, un contre-garde, un essayeur, un tailleur ou graveur, puis les ouvriers et les monnayeurs.

Dans chaque Chambre des monnaies, il y avait un procureur du roi, un greffier et deux huissiers pour la juridiction des généraux provinciaux et des juges-gardes.

Nous ne pouvons même pas indiquer ici tous les changements qui survinrent à différentes époques dans l'organisation monétaire. Quant aux fonctions des divers officiers, elles sont indiquées d'une façon assez étendue
dans les Lettres patentes du 3 octobre 1690.

III

Généralités

DES MÉTAUX

L'*or* est employé principalement pendant le temps où
l'imitation romaine fut la plus servile ; les Carolingiens,
ainsi que les premiers Capétiens, n'employèrent que l'*argent*. Les monnaies d'or ne reparurent guère que vers le
xiiie siècle.

On trouve un certain nombre d'épreuves en or de monnaies du moyen âge.

M. Robert, publiant un denier de Raimond VII, comte
de Toulouse, frappé sur or, cite une pièce en or au coin
du cavalier de Marguerite de Constantinople, comtesse de
Hainaut, puis un denier en or de Thibaut, comte de Champagne (*R. N.*, 1860, 197). M. Blancard, fait connaître le
texte de nombreuses redevances payables en oboles d'or.
(*Monnaies de Charles I*[er]*, comte de Provence.*) Citons également les oboles d'or, pour Melle et Cambrai.

A dater du xive siècle, le *billon*, qui déjà était un
alliage dans lequel l'argent était combiné avec le cuivre
dans une proportion assez forte, donna naissance à la
monnaie de cuivre, quelquefois désignée sous le nom de
monnaie noire.

Le *plomb* et le *cuivre* furent employés pour les jetons
et les méreaux. Les monnaies de *papier*, de *cuir*, de
fer, sont des exceptions qui parurent seulement dans les
moments où le métal manquait, par exemple pendant les
sièges, quand on dut frapper des pièces obsidionales, qui

représentaient une valeur fictive, toujours avec promesse
de remboursement.

DES LÉGENDES

La langue latine est généralement employée sur les
monnaies du moyen âge ; ce n'est que tard, et vers le
XIVe siècle, que l'on voit quelques exemples de légendes
françaises. Dans les pays étrangers, le latin se maintient
à peu près exclusivement ; il faut en excepter quelques
monnaies d'Espagne et de Sicile, qui, par suite de l'influence musulmane, portent des légendes arabes ; certaines
monnaies des croisades, qui sont, comme les byzantines,
pourvues de légendes grecques, et celles d'Arménie, qui
présentent les caractères alphabétiques particuliers à
l'idiome de ce pays.

Les légendes présentent des abréviations assez faciles à
interpréter ayant le plus grand rapport avec celles qui
sont employées dans les chartes.

Dans la généralité des cas, ces abréviations se com-
prennent facilement.

Cependant sur certaines monnaies étrangères, des pièces
allemandes notamment, on trouve fréquemment des
légendes composées de lettres initiales représentant le
plus souvent les noms de fiefs appartenant à un même
personnage. Pour sortir d'embarras, il faut nécessairement
recourir à l'histoire et y chercher l'interprétation de ces
légendes. On pourra consulter avec profit : Rentzmann,
*Num. Legenden-Lexicon des Mittelalters und der Neu-
zeit,* 1881 ; Schlickeysen et Palmann, *Erklärung der Ab-
kürzungen auf Münzen,* 1882.

Lorsqu'une légende paraît difficile à déchiffrer par suite
de la mauvaise conservation de la pièce qui la porte, ou
par un défaut de fabrication, le meilleur moyen d'obtenir
un résultat est de transcrire sur le papier les lettres que
l'on peut retrouver : en comparant avec d'autres monnaies
semblables, on arrive assez facilement à retrouver les
lettres effacées, ou déformées, qui existent sur les autres
exemplaires.

Une grande partie des légendes monétaires au moyen âge sont choisies dans les livres liturgiques. Ainsi, la légende : *Christus vincit, Christus regnat, Christus imperat*, qui figure sur un grand nombre de monnaies d'or de saint Louis jusqu'à la Révolution, est empruntée aux Laudes, chantées le jour de Pâques. Une autre légende : *Agnus Dei, qui tollis peccata mundi, miserere nobis*, est prise dans l'Évangile (Saint Jean, I, 29). Quant à la légende qui figure d'abord sur le gros tournois : *Benedictum sit nomen domini nostri, dei Jesu Christi*, elle est empruntée au 112e psaume (verset 2) et à l'épître de saint Paul aux Galates (Frochner, *La liturgie romaine dans la numismatique, Ann. de la Soc. de Num.*, 1889, 39).

TYPES

La numismatique n'est pas aussi riche en types au moyen âge que dans l'antiquité. Cependant, il ne faut pas songer à énumérer les formes diverses que les représentations ordinaires (temples, croix, écussons, etc.), ont prises selon les pays et les époques. Disons seulement un mot des effigies. La tête du souverain, qui figurait sur les monnaies romaines, fut conservée sous les deux premières races. Mais ces représentations de la figure humaine exigeaient une habileté que les artistes de cette époque n'avaient pas. De plus, la simplification des types devait produire une plus grande rapidité dans la fabrication. Il ne faut donc pas s'étonner si l'on voit disparaître les effigies pendant quelques siècles. Ce fut seulement au xve siècle, que l'art monétaire, sous l'impulsion des médailleurs italiens, reprit l'effigie et en fit le type principal de la numismatique. Les armoiries tiennent une grande place parmi les types ; toutefois, il ne faut pas oublier que les *émaux* sont rarement indiqués sur les m. (cf. W. Rentzmann, *Num. Wappen-Lexicon des Mittelalters und der Neuzeit*, 1876).

Les monnaies n'eurent pas, il s'en faut, la multiple diversité que les médailles et les jetons nous offrent à partir du xvie siècle.

M. de Barthélemy a préconisé, en 1851, l'étude des types, conçue sur le plan de Lelewell. C'est une analyse des pièces classées par époques qui doit nécessairement donner d'excellents résultats pour le classement.

PIEDS-FORTS, ESSAIS. — Les *deniers forts, pieds-forts*, parurent sous Philippe le Bel. Destinées à servir de modèles des différentes monnaies, ces pièces étaient frappées avec soin, au titre requis par la loi et d'un poids quadruple de celui de chaque espèce de monnaie.

D'après une ordonnance du roi Jean (28 décembre 1355), les officiers des monnaies reçurent un droit de *pieds-forts*, c'est-à-dire que, à chaque nouveau changement dans la monnaie, ils avaient droit à un spécimen du nouveau numéraire, d'une frappe spéciale. (Voy. P. Clérot, *Ann. Soc. Num.*, t. IV, 308).

Les *pieds-forts* ont souvent été frappés dans un métal autre que celui de la monnaie. Par exemple, un *pied-fort* en argent du lion d'or de Philippe de Valois. Certaines de ces pièces ont pu servir de bijoux ; ainsi, celle que nous venons de citer, est émaillée en noir, vert, rouge et bleu. (F. de Lasteyrie, *Bull. Soc. Arch. du Limousin*, 1869.)

Les *essais*, ainsi que leur nom l'indique, sont des pièces qui pouvaient servir de modèles pour de nouvelles monnaies ; mais souvent, les *essais* n'ont pas servi et le numéraire n'a pas été frappé.

Les premiers pieds-forts en or datent de Louis XII.

Parmi les pièces les plus intéressantes de ce genre, citons : le royal d'or de Charles V, le triple écu de Charles VIII ; les essais d'or de François Ier, les essais de Henri II, avec le croissant ou les types imités des monnaies de Trajan ; les essais de François II et Marie Stuart, comme souverains d'Écosse ; les essais des pièces de 4 sols et de 3 sols, avec la légende CIVITAS-PARIS (ina) ; les autres essais avec la tranche inscrite sous Henri IV ; les essais de Jean Warin sous Louis XIII ; l'essai du lis d'or, etc.

A partir du XVIIIe siècle, les essais sont tellement nombreux que l'on ne peut songer à les énumérer. Notons seulement les essais des concours de 1791 et 1848, dont nous reparlerons dans une esquisse historique de la gravure en France. (Voir le second volume.)

La numismatique féodale offre également un nombre assez considérable de pieds-forts et on en trouve aussi pour les monnaies étrangères.

NOMENCLATURE

Les appellations ont été très diverses à toutes les époques. Tantôt les monnaies ont pris le nom des personnages qui les faisaient frapper, tantôt le nom de la localité où elles étaient émises. Certains noms sont venus des types empreints sur les monnaies ou des titres portés par les seigneurs qui avaient émis le numéraire. Enfin il y a un grand nombre de dénominations particulières qui échappent à l'analyse.

Nous donnons ici une liste de noms de monnaies qui est loin d'être complète. Nous avons voulu surtout grouper un certain nombre de renseignements qui auraient été disséminés dans le corps de l'ouvrage.

AGNEL, AGNELET, AIGNEL. — Nom donné à des monnaies d'or qui portent l'agneau comme type principal (V. le chapitre sur les m. de la troisième race).

ALBUS. — En français *blanc*, en allemand *weisspfennig.*

ANGELOT. — L'*Ange* ou *Angelot* tire son nom de l'archange saint Michel terrassant le démon qui s y trouve figuré. L'angelot valait un écu d'or; il fut émis en 1340

ANGEVINS. — C'est la m. d'Angers qui eut cours du xᵉ au xivᵉ siècle.

ARNAUDINS. — On donnait ce nom à la m. d'Agen, parce que l'évêque Arnaud avait commencé à la frapper au xiiᵉ siècle.

ASSIS. — Nom latin du schilling, notamment sur des m. de Strasbourg.

ASPRE. — M. de compte de Turquie dont la valeur a

beaucoup varié (En moyenne, 2 centimes). On donnait ce nom à diverses m. de l'Orient latin.

AUGUSTALE. — M. d'or frappée en Italie par l'empereur Frédéric II, en imitation des anciennes monnaies romaines. Elle portait son buste et au ℞ un aigle.

BAUDEQUIN. — M. du XIIIᵉ siècle, valant 6 deniers, qui représentait le roi assis sous un baldaquin.

BATZ. — M. de Berne, tire son nom de l'ours, *bœtzen*, armes de la cité.

BERNARDINS. — M. d'Anduse portant un grand B dans le champ.

BESANT. — Cette appellation venue de Byzance, paraît avoir servi à toute sorte de pièces d'or.

BLANC. — Sous Philippe de Valois, le *grand blanc* valait 10 deniers et le *petit blanc* 6 deniers. Charles V, C. VII, Louis XI et L. XII rendirent au *grand blanc* sa valeur de 12 deniers.

CARLIN. — M. d'argent sur laquelle est figuré le prince assis sur un siège dont les bras sont des lions. Cette m. fut importée d'Italie par les comtes de Provence.

CAROLUS. — Le *Carolus*, marqué d'un K, valait 10 deniers sous Charles VIII. M. d'or d'Angleterre qui valait 13 livres 16 sous de France.

CHAISE. — M. d'or frappée depuis le règne de Philippe le Bel, sur laquelle est représenté le roi assis sur un trône.

COQUIBUS. — Les évêques de Cambrai frappaient une monnaie qui portait un aigle. Le peuple considérant cet oiseau comme un coq, appela la monnaie *Coquibus.* Des *Coquibus* étaient également émis à Elincourt et à Wallincourt. Ceux de cette dernière localité, en 1306, devaient avoir cours pour une *maille tournoye.*

COURONNE. — Monnaies d'or ou d'argent portant une couronne dans le champ, qui parurent sous Philippe de Valois.

CORONNAT. — *Sols et deniers c.*, m. frappées par les comtes de Provence et imitées par Charles le Mauvais.

DENIER. — M. de compte et monnaie réelle. Le denier valut approximativement 2 fr. 23 sous la première race, 2 fr. 52 et 3 fr. 49, sous Pépin et sous Charlemagne.

Il y avait aussi le *denier d'or à l'agnel, à l'écu, aux fleurs de lis,* etc.

DOUBLE. — Pièce valant deux deniers (*double parisis, double tournois*) qui parut en 1295.

DOUBLON. — M. d'or d'Espagne, frappée depuis 1497, qui valut environ 21 fr. 64, jusqu'en 1796. Il y a aujourd'hui plusieurs espèces de *doublons.*

DRIELANDERS. — Jean IV, duc de Brabant, comte de Hainaut et de Hollande, créa le 17 février 1420, des espèces d'argent qui devaient avoir cours dans ces trois provinces. C'est de là que vint ce nom de *Drielanders.* Le *Drielander* valait 16 deniers tournois et avait des divisions de 12, 8, 6 et 4 deniers. (Robert, *Num. de Cambrai,* p. 138.)

DUCAT. — M. étrangère à laquelle François Ier donna cours en France, en 1546, pour une valeur de 46 sous et quelques deniers. Le *ducat d'Espagne* ou *double ducat* valut, sous Henri III, 6 livres 4 sous de monnaie française. Sous Louis XIII, le double ducat d'Espagne et de Flandre, appelé aussi *ducat à deux têtes,* valait 10 livres.

ECU. — Les *écus d'or* commencent en 1336, et valaient alors 25 sous. On les appelait ainsi parce que le roi y était représenté tenant un écu. Il y a eu des *écus au soleil* ou *écus-sol,* des *écus à la couronne,* des *écus heaumés,* des *écus à la salamandre, au porc-épic,* suivant les différents emblèmes qui accompagnèrent l'écusson. Depuis Louis XIII, on frappa des *écus de 6 livres* et *de 3 livres* (*Demi-écus*).

ENGROIGNE. — Petite monnaie de Bourgogne (*R. N.,* 1843, 1845).

ESTERLING. — M. d'origine anglaise, qui portait une tête couronnée et au ℞. une croix cantonnée généralement de douze besants. Ces pièces furent copiées presque dans toute l'Europe (V. J. Chautard, *Imitations des monnaies au type esterlin*, in-8, 1871-72).

FLORIN. — La monnaie d'or au type d'une fleur de lis très ornée tire son nom de Florence où elle fut frappée pour la première fois. Cette monnaie a eu une très grande vogue au xive siècle. (Dannenberg, *Numism. Zeitschrift*, Vienne, 1880, p. 146-185.) Plus tard, le nom de *florin* a été donné à des monnaies d'argent.

FRANC. — Les *francs d'or* qui remontent à 1360, représentaient le roi armé de toutes pièces et à cheval (*franc à cheval*). Charles V frappa des *francs à pied* sur lesquels le roi est représenté debout sous une arcade gothique. On nomma aussi ces pièces *francs de lis d'or*, parce que le champ en était semé de lis. — Des *francs d'argent* portant la tête du roi et la légende *Sit nomen Domini benedictum*, parurent sous Henri III, Charles X, Henri IV et Louis XIII.

FLORETTES. — De grands blancs valant 20 deniers tournois ou 16 deniers parisis, sous Charles VI, reçurent le nom de *florettes* à cause des lis qui en formaient le type principal.

GROS. — M. créée par saint Louis et valant 12 deniers ; appelée quelquefois *gros blanc* ou *gros denier blanc*. Henri II créa une pièce de monnaie appelée *gros*, qui valait 2 sous 6 deniers ou 6 *blancs* (les *demi-gros* valaient 3 blancs). On appelait aussi ces pièces *gros* et *demi-gros de Nesle*, parce que Henri II avait établi à l'hôtel de Nesle (dans les dépendances de l'hôtel actuel des monnaies) un atelier spécial pour la fabrication de ces nouvelles espèces de billon (1550).

HARDI. — Ce mot vient de l'anglais *farthing ;* par changement de *ing* en *in*, de *th* en *d*, en Angleterre ; de *in* en *ii* ou *y* et F en H en Gascogne, *farthing* devient *fardin*, puis *hardy*. Le farthing est précisément le quart du *penny*, comme le *liard* (*li ardit*) est le quart du sol (A. de Longpérier, *R. N.*, 1884, p. 108).

HELIENS. — Deniers du Périgord qui tiraient leur nom du comte Hélie II.

KOPEK. — M. russe, de cuivre, valant le centième du rouble (c'est-à-dire 4 centimes).

KREUZER. — De l'allemand *kreuz*, croix. M. qui est généralement la soixantième partie du *gulden* ou *florin*. C'est aussi une monnaie de compte.

LIARD. — Ce mot vient de *li ardit* (v. *Hardi*). Le *liard* valait 3 deniers. Des lettres patentes du 4 juillet 1658, réduisit la valeur de cette monnaie à 2 deniers, mais l'ancien cours fut repris en 1694.

LION. — M. d'or portant un lion, émise en 1338.

LIVRE. — Le *franc* d'or de Jean et de Charles V valait 20 sous ou 1 *livre*, comme plus tard le *franc* d'argent de Henri III. C'est pour cela que les mots *franc* et *livre* ont été souvent synonymes. Comme monnaie de compte, la *livre* valait 20 sous, dans les systèmes *tournois* et *parisis*. La livre parisis valait un quart de plus que la livre tournois (c'est-à-dire 20 sous parisis ou 25 sous tournois ; sur la livre de compte, v. *R. N.*, 1888, p. 84).

LOUIS. — Le *louis* d'or et ses multiples ont été fabriqués en vertu de l'édit du 31 mars 1640. La valeur du *louis*, primitivement de 20 livres, a beaucoup varié depuis Louis XV jusqu'à la Révolution. Les *louis* d'argent, de 60, 30, 15 et 5 sous datent de la même époque ; on a donné aussi à ces pièces le nom d'*écu*, parce qu'elles portent l'écusson de France.

MAILLE. — Ce mot (latin *medalea*, *medalia*) viendrait de *media*, avec le sens de demi (L. Blancard, *Ordonnance de* 1315, 1883, p. 56). Cette étymologie s'accorde fort bien avec la valeur de la *maille* qui a généralement été considérée comme la moitié du denier.

MANCUSE. — M. d'or d'origine arabe ; on en frappa à Perpignan.

MARABOTIN. — Nom donné aux *dinars* d'or des Almoravides d'Espagne, qui eurent cours dans le midi de la France au xɪɪ⁰ siècle (Almoravides, de l'arabe *al mo-rabeth*). Alphonse VIII les imita et fit des *marabotins alfonsins*. Raimond-Bérenger, comte de Barcelone, copia également les dinars arabes (*R. N.*, 1844, p. 278 ; 1856, p. 64, etc.).

MARAVEDI. — Nom qui semble venir aussi des Al-moravides. *Maravédi de Vellon*, trente-quatrième partie du *réal* ; *maravédi de plata*, double du précédent. Ce n'est plus qu'une monnaie de compte.

MARK. — M. allemande divisée en 16 schillings de 12 deniers (*pfennige*).

MELGORIENS. — Les deniers de Melgueil.

MOUTONS. — M. d'or *à la grande laine, à la petite laine* (v. Agnel).

NOBLES. — Les *nobles à la rose* étaient des monnaies d'or anglaises ainsi nommées parce que leurs types étaient gravés au milieu de lignes ondulées imitant les pétales d'une rose. Les nobles représentaient générale-ment le roi armé, dans une nef voguant sur la mer. Les nobles valaient d'abord 6 sous 8 deniers. Lorsque Rouen capitula le 13 janvier 1419, la ville dut payer 100,000 écus d'or, dont deux égaleraient un *noble d'Angleterre*. Les *nobles Henris*, autre monnaie anglaise, pesaient 14 grains de moins que les nobles à la rose.

PARISIS. — De 1330 à 1336, on frappa des monnaies appelées *parisis d'or*, qui valaient une livre *parisis*, et des *parisis d'argent*, valant 12 deniers ou un *sou pari-sis*. Plus tard, les *parisis* redevinrent une monnaie de compte plus forte d'un quart que la monnaie tournois.

PATARD ou *patar*. — M. frappée sous Louis XII va-lant à peu près le liard. Les *patards* furent très répan-dus en Flandre.

PIASTRE. — M. espagnole valant environ 5 francs, en 1722 ; fut nommée *piastre forte* lorsque sa valeur eut un peu augmenté.

PISTOLE. — M. d'or d'Espagne de la même valeur

que les louis d'or, qui devint au xviie siècle une monnaie de compte représentant 10 livres.

PITE ou *Pougeoise*. — M. qui valait la moitié de l'obole ou maille.

RAIMONDINS. — Deniers frappés par les comtes de Toulouse du nom de Raimond.

REAL. — M. d'Espagne et de Portugal.

RIXDALE. — Terme corrompu de *Reichsthaler*. M. d'argent usitée en Allemagne, en Hollande, en Suède, en Danemark. Sa valeur a beaucoup varié.

ROUMOIS. — En Normandie, *roumois* et *angevins* étaient pris les uns pour les autres. Les *roumois* étaient probablement les monnaies frappées à Rouen ou ayant cours dans cette ville (L. Delisle, *Revenus publics en Normandie, B. Ecole des Chartes*, 1848-49, p. 186).

ROYAL. — Nom donné à des monnaies d'or présentant la figure du roi sous un dais gothique.

RYDER. — M. de Hollande, appelée ainsi du cavalier qui y était représenté. Le *R.* d'or valait 14 florins ; le *R.* d'argent est appelé aussi *ducaton*.

SAIGA. — Nom donné à la m. mérovingienne d'argent qui s'est substituée au *triens*.

SALUT. — Les *saluts d'or* qui paraissent sous Charles VI, Henri V et Henri VI, valaient 25 sous. Ces pièces représentaient la salutation angélique.

SEQUIN. — En italien *zecchino* (de *zecca*, atelier monétaire). M. d'or émise d'abord à Venise, a une valeur approximative de 12 francs. Ce nom est donné à une monnaie d'or turque.

SIX BLANCS. — Autre nom des *gros de Nesle ;* ces pièces et celles de 3 blancs correspondaient au sou et au double sou parisis. Louis XIV frappa également des pièces de 6 blancs (édit d'août 1656).

SOU. — A l'époque mérovingienne, le *sou d'or* valait 40 deniers et le *sou d'argent* 12 (Guérard, *Prolégomènes du polyptique d'Irminon*, p. 114). Louis XIV fit fabriquer des *sous* et des *doubles sous* (19 novembre 1657); les émissions se succédèrent depuis cette époque. La refonte de ces espèces eut lieu en 1853. Comme monnaie de compte, le sou était le *vingtième* de la livre.

TESTONS. — Les *testons*, portant la *teste* du prince, commencèrent à paraître en Italie, au XVe siècle. Louis XII en fit frapper en France en 1513. Sous le règne de Henri III, on remplaça les testons par les pièces de 20 sous.

THALER. — M. d'argent allemande, divisée en 20 gros (autrefois en 24), valant de 3 fr. 70 à 3 fr. 90.

TOURNOIS. — M. tirant leur nom de la ville de Tours. Monnaie de compte employée concurremment avec la *monnaie parisis*, jusqu'à Louis XIV. Ce prince ayant aboli l'usage de compter par parisis, les comptes en *tournois* furent seuls admis.

VIERLANDER. — M. qui se divisait en demis et en quarts, créée par Philippe le Bon (1430-1467) pour le Hainaut, le Brabant, la Flandre et la Hollande (Chalon, *Rech. sur les monnaies des comtes de Hainaut*, p. 116). En 1470, les virelans de Flandre avaient cours en France pour 12 deniers (Leblanc, p. 309).

ÉVALUATION DES MONNAIES

Il est extrêmement difficile de proposer des évaluations de monnaies, car on manque de bases certaines pour appuyer les calculs. Il faudrait connaître avec exactitude la quantité d'or et d'argent en circulation aux différentes époques, l'état de l'agriculture, de l'industrie, de la population, la *qualité* des objets vendus, la *quotité* dépendant d'étalons locaux d'une grande diversité; enfin, il faudrait pouvoir étudier un ensemble considérable de faits de toute nature, et il est certain que bien des éléments de cette étude nous font défaut (cf. Leber, *Fortune privée des Français au moyen âge*, 1847; Bonami, *Mém. Acad. Insc. et B. L.*, t. XXXII, p. 787, etc.).

Voici la valeur de la livre tournois en monnaie actuelle, depuis Charles VII. Les valeurs relatives ont été calculées approximativement d'après le prix du blé sous les différents règnes (Bailly, *Histoire financière de la France*, 1839, t. II, p. 298) :

Sous Charles VII, la livre tournois vaut. .	27	34
Louis XI	42	28
Charles VIII	31	»
Louis XII	32	52
François Ier	11	83
Henri II et François II.	7	90
Charles IX.	4	50
Henri III	3	83
Henri IV	3	66
Louis XIII	3	07
Louis XIV (1643-1661)	1	95
— (1662-1683)	2	47
— (1684-1715)	1	80
Louis XV (1716-1725)	1	78
— (1726-1774)	1	66
Louis XVI	1	44

ÉPOQUE MÉROVINGIENNE

Les monnaies mérovingiennes étaient le *sou d'or* (*solidus*) pesant 85 grains et valant 40 deniers d'argent, le *demi-sou* (*semis*) ; le *tiers de sou* (*triens*) et le *denier* d'argent ou *saiga* pesant 21 grains. Voici les propositions tirées par Benjamin Guérard dans ses *Prolégomènes* du Polyptique d'Irminon (in-4°, 1844, p. 109-158) :

Les deniers mérovingiens, soit qu'ils fussent de 40 au sou d'or ou de 12 au sou d'argent étaient de même espèce et de même valeur ; — Le poids moyen du *triens* fut de 23 grains 1/2 et celui du *sou* d'or de 70 grains 1/2 ; — Le denier moyen de la première race pèse de fait 21 grains 1/2 ; Le denier moyen et légal descendit jusqu'à 20 grains 1/2 ; — Les *sous* en usage dans la loi des Ripuaires étaient des *sous d'or ;* — l'or valait douze fois plus que l'argent chez les Francs ; la valeur intrinsèque du denier légal est de 23 centimes $\frac{19}{100}$ sous la première race (cf. *R. N.*, 1837, 406).

Longpérier donne comme poids du *sou d'or* 3 gr. 93 et pour le *triens*, 1 gr. 244 (*Notice coll. Rousseau*, Introd., p. XIV-XV).

La numismatique mérovingienne est surtout représentée par les *triens* ou *tiers de sou* d'or. A la fin de l'époque mérovingienne, l'or s'altère, est fortement allié et devient d'une couleur très pâle. C'est ce qui explique la transition du monnayage de l'or à celui d'argent.

Se basant sur des raisons matérielles empruntées à l'économie politique, C. Robert a expliqué d'une façon satisfaisante pourquoi la première race a presque exclusivement frappé des monnaies d'or.

A l'origine des sociétés, les transactions se font surtout

par échange d'objets en nature ; c'est seulement lorsque
la civilisation et le commerce sont arrivés à un certain
degré que le besoin de la monnaie, signe d'échange perfectionné se fait sentir. La civilisation de la Gaule s'était
amoindrie pendant les invasions et toutes les richesses
étaient rassemblées dans les mains des hommes de la conquête. Ceux-ci eurent besoin pour leurs transactions d'un
moyen d'échange et la monnaie d'or fut faite à l'usage des
hautes classes de la société, tandis que le peuple des campagnes échangeait ses récoltes et que l'ouvrier des villes
recevait son paiement en nature, usage qui se conserva
longtemps.

Il faut noter de plus que l'or s'obtient en général par
de simples lavages tandis que l'argent nécessite l'intervention de procédés chimiques (C. Robert, *Considérations
sur la Monnaie à l'époque romane*, 1851, p. 20).

Le savant numismatiste a peut-être été trop exclusif en
refusant d'admettre que les deniers et les bronzes romains
aient pu suffire aux besoins des Francs, parce que le *frai*
leur avait enlevé une grande partie de leur valeur.

Notre époque nous fournit en effet des exemples qui
montrent que la monnaie est plus souvent prise pour la
valeur qu'elle représente que pour sa valeur réelle. Ainsi,
aujourd'hui le numéraire d'argent n'est qu'une monnaie
fiduciaire, car les matières d'argent sont bien au-dessous
du taux qui a servi de base à la valeur des monnaies de
ce métal. Du reste, on sait qu'avant la refonte des monnaies de cuivre, opérée de 1853 à 1857, on trouvait dans
le commerce un grand nombre de bronzes romains que
l'usure n'empêchait pas d'avoir cours pour la valeur qu'on
leur attribuait. Nous sommes par suite assez disposé à
admettre que les monnaies romaines ont continué à servir,
au moins dans un certain nombre de transactions.

C'est encore par le *frai* des triens que C. Robert tente
d'expliquer la démonétisation de l'or. Mais il ajoute des
raisons plus convaincantes. Le titre de l'or avait été
abaissé et le concile de Reims, en 813, se plaint que *le
sou d'or avait donné lieu à bien des fraudes*. De plus,
l'industrie croissait, les mines d'argent commençaient à

être exploitées en Bohême, dans le Harz, à Melle; enfin le commerce avait besoin d'une monnaie de moindre valeur (Robert, *l. c.*, 25). Toutes ces raisons contribuèrent à l'apparition du numéraire d'argent. Mais nous trouvons qu'elles n'expliquent pas suffisamment la disparition complète du monnayage de l'or. Pour mieux comprendre cette cessation, en somme assez brusque, il faudrait connaître les réformes introduites dans l'organisation monétaire, et on découvrirait peut-être que la fabrication des monnaies d'argent était plus facile à surveiller et que les fraudes, laissant moins de bénéfices, étaient moins à redouter (V. le chapitre des *Monnaies carolingiennes*.)

Le monnayage des *triens* fut d'abord entièrement soumis à l'influence romaine. C'est à cette époque que se rattachent les pièces portant une victoire dont la dégénérescence est devenue plus tard une figure barbare que l'on a appelée *Ange orant*. Ensuite, on voit paraître des animaux, des oiseaux, des croix de formes très diverses ancrées, pattées, potencées, haussées, cantonnées de l'A et de l'ω, des calices, etc. Les inscriptions des pièces d'or présentent quelquefois des noms de rois, mais plus souvent un nom géographique décliné au nominatif, à l'accusatif, à l'ablatif et souvent accompagné d'une épithète, *castellum, castrum, civitas, curtis, domus, ecclesia, mallum, monasterium, pagus, sylva, vicus, villa*. Dans les provinces qui dépendaient du domaine royal, on inscrivait *Racio Domini* ou *Racio fisci* (*Racio* signifie très souvent *territoire* ou *domaine;* v. Ducange). M. M. Prou pense que les formules *ratio fisci* et *ratio domini* désignent l'administration du domaine royal; *ratio ecclesiæ* indique l'administration d'un domaine ecclésiastique (*R. N.*, 1889, p. 59).

Le nom de la localité est généralement suivi du verbe *fitur, fitu, fit, fi, f,* indiquant que la monnaie a été faite dans l'endroit dont le nom est inscrit sur la pièce. Le monétaire signe de son nom, au nominatif ou à l'ablatif, généralement suivi de son titre, plus ou moins abrégé (*Mon., Monit.,* etc.).

Les *saigas*, valant un quarantième de sou, présentent,

2.

avec l'aspect des triens, des types très variés, têtes, croix, entrelacs, monogrammes, chrismes, et certains signes que l'on n'a pas toujours réussi à interpréter. On trouve des saigas avec noms de rois et de monétaires ; on a voulu voir dans un certain nombre de noms sans qualificatif des noms de leudes qui s'étaient emparé du droit de monnayage. Il est probable qu'il faut chercher aussi sur ces deniers le nom de quelques puissants maires du palais : On y trouve par exemple celui d'Ebroïn (Longpérier, *Coll. Rousseau*, 1847, p. 59). Il faut dire cependant que cette attribution a été contestée.

Il nous semble qu'il faut s'attacher à préciser la valeur du mot *monetarius*, qui peut servir à désigner le fermier de la monnaie et l'ouvrier monétaire. Il faut, à notre avis, prendre le terme dans le premier sens. Car à cette époque où les communications étaient difficiles, il est aisé de comprendre une organisation où les grands propriétaires fonciers prenaient à ferme la monnaie de leur région. Mais si le souverain leur donnait le pouvoir de battre monnaie, il fallait évidemment que ces *fermiers* ou *maitres de monnaie* fussent responsables de la bonté des espèces fabriquées sous leur administration. C'est pourquoi le nom du maître se substitua à celui du roi sur la monnaie. Il est donc probable que les noms de particuliers sont inscrits sur les monnaies mérovingiennes comme l'étaient ceux des *triumviri monetales* sur les monnaies de la république romaine : pour donner une garantie.

Au contraire, si l'on suppose que *monetarius* signifie ouvrier monétaire, on ne comprend plus aussi bien la raison pour laquelle la signature d'un particulier s'est substituée à celle du roi. Un artisan, même en le supposant un orfèvre renommé, pouvait-il offrir une garantie aussi sérieuse que le seigneur, riche propriétaire foncier ?

Les orfèvres, par la nature de leur état étaient naturellement désignés pour remplir les fonctions d'ouvriers monétaires. Ainsi, à la fin du vi[e] siècle, l'habile orfèvre Abbon dirigeait à Limoges l'officine publique de la monnaie fiscale. Tout orfèvre ou monnayeur pouvait changer le métal qu'on lui apportait en espèces « au poids légal et en bon or ».

Abbon était à la tête d'une officine royale où le fisc faisait frapper ses monnaies. Cependant, si Abbon a signé des monnaies, rien n'indique qu'il ne l'a pas fait comme maître de monnaie plutôt que comme artisan.

M. de Barthélemy a pensé que, au moins à l'origine, la fabrication des monnaies mérovingiennes se faisait de la manière suivante :

« Lorsqu'il y avait un impôt à lever, le domestique du palais, accompagné d'un monnayer, parcourait les pays auxquels le tribut était imposé : ils percevaient en métal la valeur demandée, puis s'arrêtant lorsque leur collecte était assez considérable, le monnayer frappait des tiers de sou dans la localité où il se trouvait, gravant sur le coin son nom et celui de la ville, ou du village, lieu de sa résidence momentanée (1). »

« La rentrée du revenu d'un domaine pouvait mécaniquement se contrôler par la présence du nom de lieu sur la monnaie : le receveur présentait autant de triens que tel *vicus*, tel *castrum* en devait au propriétaire, avec le nom du *vicus* ou du *castrum* et celui du monnayer comme garantie du poids et de la valeur du numéraire représentant la recette. » (*Rev. archéologique*, 1865, t. Ier, p. 11.)

Fillon a proposé un système qu'il faut exposer brièvement :

Les Francs trouvèrent le sol partagé en quatre espèces de propriétés : 1° le domaine impérial composé de près du tiers des terres en rapport, cultivé par les colons de l'empereur, où l'on prenait les employés du fisc chargés de la perception des fermages et des impôts; 2° les béné-

---

(1) *Manuel de Numismatique moderne*, 1851, p. 2. Cette théorie est fondée sur le texte suivant : « Erat enim tempus quo census publicus ex eodem pago regis thesauro exigebatur inferendus; sed quum omnis census in unum collectus regi pararetur ferendus, ac vellet domesticus simul et monetarius adhuc aurum ipsum fornacis coctione purgare, ut, juxta ritum, purissimum ac rutilum aulæ regis præsentaretur metallum. » — Ex vita sancti Eligii a B. Audoeno, cap. xv, apud *Spicileg.* d'Achery.

fices militaires, disséminés en une multitude de cantons
épars ; 3° les territoires des cités, subdivisés en propriétés
particulières et en propriétés communales ; 4° les terres
de l'Église, qui possédait à titre de particulier.

Il en résulte, suivant l'auteur, que :

1° Les monnaies portant un nom de lieu et celui d'un
monétaire étaient presque toujours municipales.

2° Les monnaies dites royales étaient frappées dans les
domaines privés du roi.

3° Les évêques et les monastères avaient des ateliers
particuliers.

4° Par assimilation, les chefs militaires usaient des
mêmes droits que les rois, les cités, les évêques et les
abbayes. (*Considérations sur les monnaies de France*,
p. 6 et 9.)

Tous les numismatistes admettent que l'on a frappé
monnaie dans les grands centres commerciaux et les
chefs-lieux. Mais cela ne suffit pas pour expliquer la mul-
tiplicité des noms de lieux inscrits sur les monnaies mérovingiennes, tandis que, sous la domination romaine, on
ne connaît pour les Gaules que les ateliers d'Arles, de
Lyon et de Trèves (*Notice de l'Empire*, 5, 42 ; *en* 398).

C. Robert a dit que l'on frappait monnaie dans tous les
vici, castra, villæ ou *domus* dont on déchiffre aujour-
d'hui les noms sur les tiers de sou (*Consid. sur la m. à
l'époque romane*, 27, 35). M. A. de Barthélemy a pensé
que cette règle n'était peut-être pas sans exceptions
(*R. archéol.*, 1865).

M. M. Prou, dans un récent article, se refuse à admettre que les intendants d'une *villa* ou les habitants
d'un *vicus* eussent l'habitude de porter le métal à la ville
pour le faire monnayer, et il revient à l'opinion de Le
Blanc qui considère les noms de lieux gravés sur les monnaies comme ceux des ateliers (*R. N.*, 1888, p. 543).

Cette opinion est logique car le mot *fit*, *fiet* ou *fitur* dont
le nom de lieu est souvent suivi, indique que la monnaie
a été faite dans ce lieu.

M. Prou fait remarquer que pour certaines localités,
villæ ou *vici*, comme *Albennum, Ambaçia, Apruricia,*

Tidiriciacum, dont on possède des séries, on reconnaît dans le monnayage différentes étapes marquées par des dégénérescences et des immobilisations qui dénotent une tradition d'atelier.

MM. Robert et de Barthélemy ont démontré que les monnaies n'étaient plus à l'époque mérovingienne que des instruments d'échange. Par conséquent, si le roi continuait d'émettre des monnaies, les particuliers pouvaient également monnayer où il leur était le plus commode.

Sous Charlemagne, il y avait des orfèvres et des argentiers dans les domaines du souverain (Capitulaire *de Villis*). Il est probable que cette organisation datait de l'époque mérovingienne. Dès lors, rien n'empêche de croire que les orfèvres répandus dans les domaines des rois et des particuliers ont fabriqué les monnaies dans les localités où ils se trouvaient.

Si l'on rencontre des *triens* avec le même nom de monnayeur et des noms de lieux différents, il ne faut pas en conclure nécessairement qu'ils ont été frappés par un même individu. Il y a certainement eu des monnayeurs homonymes. Cependant des triens analogues par le style portent le même nom de monnayeur (p. ex. : *Chadulfus* à *Briosso, Theodeberciaco,* et *Teudericiaco*). On a dit qu'il s'agissait de localités appartenant à un même propriétaire, et que le même monnayeur s'y transportait facilement, vu le peu d'ustensiles qui lui étaient nécessaires. Le même déplacement n'était pas plus difficile pour le monnayeur d'une villa appelé dans une villa voisine.

L'explication de ce fait sera tout aussi logique si l'on admet avec nous que le nom inscrit sur la monnaie est celui du maître de monnaie ou propriétaire lui-même et non celui de l'ouvrier monétaire.

En somme, dans l'état actuel de la science, on peut admettre :

1º Que les monnaies mérovingiennes ont été frappées dans les lieux dont elles portent le nom ; 2º qu'il y avait des ateliers libres établis dans les *villæ, vici, castra;*

3° qu'il y avait d'autres ateliers, *officinæ publicæ*, avec le monopole de l'émission des monnaies fiscales (M. Prou, *l. c.*, 550).

ROIS DES FRANCS

L'absence complète de textes mentionnant des règlements faits sur les monnaies, par les rois francs, donne à supposer qu'ils suivirent à la lettre, dans cette partie de leur administration, les anciennes lois impériales. Il est même probable que le premier monnayage des rois des Francs fut composé de numéraire servilement copié sur celui des empereurs. Ch. Lenormant a cru retrouver sur des quinaires d'or d'Anastase, au type de la Victoire passante, des lettres indiquant le nom de Clovis Ier et l'atelier d'Orléans (*R. N.*, 1848, 181-212, etc.). Sans admettre cette théorie, on peut déjà indiquer une série de monnaies, sous et tiers de sou d'or, depuis Childebert Ier. Les principaux ateliers qui ont émis ces monnaies sont Paris (pour Clovis II) et Marseille (pour Dagobert Ier et Childéric II).

Childebert Ier paraît avoir d'abord frappé des petits bronzes à son monogramme. Puis suivant l'exemple de son frère naturel Théodebert, roi d'Austrasie, il aurait mis son nom sur sa monnaie. Il serait à désirer qu'un travail d'ensemble parût sur la numismatique de cette période si intéressante de notre histoire nationale (cf. Keary, *Coinages of Western Europe, Num. chronicle*, 1878, 216).

ROIS DES FRANCS

448. Mérovée.
458. Childéric I.
481. Clovis I.
* 511. Childebert I, CHILDI-
    BERT.
511. Clodomir, roi d'Or-
    léans.
* 558. Clotaire I, roi de
    Soissons, en 511 ;
    d'Orléans, en 526 ;
    d'Austrasie , en
    557 ; de Paris et

de toute la mo-
narchie, en 558.
Il était frère du
précédent.
561. Caribert.
» Gontrand, roi d'Or-
    léans et de Bour-
    gogne.
570. Chilpéric I, fils de
    Clotaire I, roi de
    Soissons en 561.
* 584. Clotaire II.

* 628. Dagobert I, roi d'Austrasie, de Neustrie et de Bourgogne. DAGOBERTVS.
* 638. Clovis II. CHLODOVIVS.
656. Clotaire III, roi de Neustrie et de Bourgogne.
* 671. Childéric II, roi de Neustrie et d'Austrasie ; CHILDERICUS. } frères.

674. Thierry I. * 681. Ebroin, maire du palais.
* 693. Clovis III ;
* 694. Childebert II ; } frères.
* 711. Dagobert II. D.
716. Chilpéric II, fils de Childéric II.
717. Clotaire IV, fils de Thierry I.
718. Thierry II, fils de Dagobert II.
737. Childéric III, fils de Chilpéric II, dernier de la race.

ROIS D'AQUITAINE

L'Aquitaine, qui comprenait tout le pays situé entre l'Océan, la Loire et les Pyrénées, avait été enlevée, en 507, aux Goths par le roi Clovis, à l'exception de la Septimanie qui conserva longtemps le nom de Gothie. Cette partie de la France fut divisée entre les fils de Clovis ; ainsi la Novempopulanie tomba dans la part du roi d'Orléans ; le Poitou, la Saintonge et l'Angoumois dans celle du roi de Paris ; le Berry et le Limousin dans celle du roi de Soissons ; l'Auvergne et le Languedoc dans celle du roi de Metz. Quatre-vingts ans après, toute l'Aquitaine appartenait au royaume d'Austrasie, sauf la Saintonge et l'Angoumois, unis au royaume de Bourgogne.

Dagobert, en 628, était unique possesseur de tous les pays qui avaient appartenu à la famille des Mérovingiens. Deux ans après son avènement, il consentit à en détacher une partie en faveur de son frère consanguin Caribert, fils de Clotaire II et d'une autre reine que la mère de Dagobert ; par un traité conclu en 630, ce dernier lui donna le Toulousain, le Querci, l'Agénois, la

Saintonge, le Périgord et la Gascogne. Telle fut l'origine des rois mérovingiens d'Aquitaine, qui furent la tige des ducs de Gascogne et d'Aquitaine, des comtes de Fésenzac et d'Armagnac et des anciens rois de Navarre.

On connaît un tiers de sou frappé à Bannassac, en Gévaudan, par Charibert. Voici la description de cette pièce : CHARIBERTVS-REX. Tête diadémée dans un cercle. ℞ BANNIACIACO. FIIT. Calice à deux anses surmonté d'une croix.

Childebert II, roi d'Austrasie (575) frappa également des monnaies dans le Gévaudan avec les légendes HILDEBERTI et GABALORVM. Dagobert Ier et Sigebert III ont frappé aussi des pièces portant le calice à deux anses, signe distinctif des monnaies du Gévaudan (cf. Vte de Ponton d'Amécourt et Moré de Prévalia, *M. mérovingiennes du Gévaudan*, 1883).

* 630. Caribert, roi d'Aquitaine, fils de Clotaire II. CHARIBERTVS.
631. Ildéric ou Chilpéric, roi de Toulouse, mort en 632.
636. Boggis et Bertrand, frères du précédent, reconnus ducs d'Aquitaine, de Toulouse et de Gascogne par Dagobert.
688. Eudes, duc de Toulouse et de Gascogne, fils de Boggis.

Voy. la suite des ducs d'Aquitaine et de Gascogne.

ROIS DES BOURGUIGNONS

De même que les Ostrogoths en Italie et les Wisigoths en Espagne, les rois bourguignons frappaient aussi monnaie en copiant autant qu'ils le pouvaient les types impériaux. Pendant longtemps ces monuments, si intéressants pour notre histoire monétaire nationale, étaient restés ignorés, lorsque Ch. Lenormant a essayé avec un certain succès de les découvrir et de les expliquer (*R. N.*, 1848, p. 106, 181).

Ces pièces sont surtout des sous et des tiers de sou d'or, au type ordinaire de la *Victoire*, posée de profil, tenant une palme et une couronne ; les rois barbares se contentaient de faire graver leurs noms ainsi que celui de l'atelier monétaire sous forme de monogrammes, et à la fin de légendes impériales, de manière qu'un œil peu exercé ne pouvait guère discerner la différence.

Le système de Lenormant n'est pas en désaccord avec les textes.

D'un côté, Procope (*Bello goth.*, III, XXXIII), nous apprend positivement que dans la première moitié du VIe siècle, aucune monnaie ne fut frappée par les rois barbares avant 544 ; d'autre part, dans le code des Bourguignons, dite loi Gombette, un passage prouve évidemment que de 491 à 523, les rois bourguignons firent des ordonnances sur le numéraire circulant dans leurs Etats.

Il est possible que la loi eût rapport aux monnaies frappées par les rois burgondes à l'effigie des empereurs. mais avec leur monogramme. Voici le texte de la loi :

De monitas solidorum (volumus) custodire, ut omne aurum quodcumque pensaverit, accipiatur, præter quattuor tantum monitas, hoc est Valentiani, Genavensis prioris et Gotici qui a tempore Alarici regis adærati sunt, et Aduricanos. Quodsi quicumque præter istas quatuor monetas aurum pensantem non acceperit, id quod vindere volebat non accepto precio perdat (Pertz, *Leges*, III, p. 576, 6).

Plusieurs pièces données aux rois burgondes portent, avec le monogramme, la marque de l'atelier de Lyon (L. D.), et des petites pièces d'argent portent le prétendu monogramme de Gondebaud (cf. Ponton d'Amécourt, *Annuaire Soc. Num.*, t. Ier, 1866, p. 113).

Beaucoup de numismatistes considèrent que ces attributions de monnaies aux rois burgondes ne sont pas suffisamment établies.

SUITE DES ROIS BOURGUIGNONS

407. Gondicaire.
436. Gondioc ou Gondéric.
466. Chilpéric.
* 491. Gondebaud, frère du précédent.
* 516. Sigismond. s. ɑ. et monog.
* 527. Gondomar, frère du précéd. ɢ.

561. Gontran, fils de Clotaire Iᵉʳ, roi des Francs.
593. Chidebert, fils de Sigebert, roi d'Austrasie.
596. Théodoric.
613. Clotaire II, roi des Francs.

ROIS D'AUSTRASIE

L'Austrasie comprenait les provinces transrhénanes, les cités gauloises situées entre le Rhin et la Meuse, et celles de Reims, Châlons, Troyes et Avranches. Les cités de Clermont, Rodez, Cahors, Alby, Uzès; la Thuringe et la Bavière firent aussi partie de l'Austrasie.

Vers l'an 540, Théodebert, petit-fils de Clovis, roi des Francs, régnait en Austrasie depuis près de douze ans quand il abandonna le système généralement adopté d'imitation des types impériaux pour placer sa propre effigie sur le numéraire. Les monogrammes gravés sur ces monnaies paraissent indiquer les noms en abrégé des diverses cités du royaume austrasien : Cologne (ᴄᴏʟ. ᴠ.), Trèves (ᴛʀ), Rheinmagen (ʀɪᴏ), Metz (ᴍ), Toul (ᴛ), Lyon (ʟᴠ), Bonn sur le Rhin (ʙᴏ), Reims (ʀᴇ), Châlons-sur-Marne (ᴄᴀ), Laon (ʟᴀᴠ-ᴄʟᴀᴠ), Clermont-Ferrand (ᴀʀ), Verdun ? Mayence ? Ces pièces sont des copies des sous d'or de Justin Iᵉʳ et de Justinien, avec le buste portant la lance, et la légende ᴅ. ɴ. ᴛʜᴇᴏᴅᴇʙᴇʀᴛᴠs ᴠɪᴄᴛᴏʀ. Au ℞ ᴠɪᴄᴛᴏʀɪᴀ-ᴀᴠɢɢɢ, Victoire ailée de face; à l'exergue : ᴄᴏɴᴏʙ. Une variété porte au ℞ un personnage de profil tenant une Victoire et foulant aux pieds un ennemi. Les tiers de sous présentent le buste de profil et au ℞ une Victoire ailée.

C'est évidemment au monnayage de Théodebert que fait allusion Procope parlant des rois Barbares : « Et maintenant, ils président aux jeux du cirque à Arles, et frappent avec l'or des Gaules des monnaies sur lesquelles on grave non l'effigie de l'empereur, comme cela se fait toujours, mais leur propre image » (*Bell. Goth.*, III, XXXIII).

Dans un récent travail, M. Deloche a essayé de prouver que les monnaies de Théodebert étaient sorties d'un seul atelier, celui de Metz. Les marques géographiques ne désigneraient pas les lieux de fabrication des monnaies, mais les lieux de provenance du métal envoyé par des leudes ou des particuliers pour être converti en monnaies. Le numéraire devait ensuite être réparti proportionnellement. Les pièces dépourvues de ces monogrammes étaient frappées avec l'or du trésor royal. Enfin le style italien des monnaies de Théodebert s'explique facilement car il avait dû ramener des artistes en revenant de sa brillante expédition dans la péninsule en 539.

P. Charles Robert admettait au contraire la diffusion du monnayage dans les localités dont les monogrammes indiqueraient le nom. A son avis, les monnaies royales d'Austrasie devaient être regardées comme des produits de l'atelier de Clermont-Ferrand lorsqu'elles portaient la marque A R (*Arvernum*). Il a produit un certain nombre d'objections contre la théorie de M. Deloche. Une des plus importantes est tirée des difficultés que font surgir le transport du métal à Metz et le retour en espèces monnayées dans les différentes villes du royaume austrasien (V. sur cette intéressante question : *R. N.*, 1886, p. 372 ; 1889, p. 62 ; *Comptes rendus des S. de l'Acad. des Insc. et B. Lettres*, 1887, p. 471). En somme, la question n'est pas résolue dans toutes ses parties. A signaler aussi une monnaie de cuivre avec *Theodeberti rex*, Croix; ℞ monogramme composé des lettres D. N. TVDBTVS.

On a un triens de Sigebert Iᵉʳ et le monnayage continue sous Childebert II (575) et Théodebert II (Robert, *Etudes Num. du Nord-Est*, p. 97). Sigebert III frappe des triens à Bannassac et à Marseille.

Nous donnons ci-dessous la liste des rois d'Austrasie : parmi eux on remarque plusieurs rois voisins qui, à différentes reprises, unirent les pays de la France orientale à ceux qu'ils avaient déjà.

511. Théodoric, fils de Clovis, **premier roi d'Austrasie.**

* 534. Théodebert Ier. Il posséda la Provence et Gênes.

548. Théoduald.

555. Clotaire Ier, roi de Neustrie.

* 561. Sigebert Ier, cinquième fils du précédent, roi d'Austrasie.

* 570. Childebert, roi d'Austrasie et de Bourgogne.

·* 595. Théodebert II, roi d'Austrasie.

* 611. Théodoric II, roi d'Austrasie et de Bourgogne, frère du précédent.—TEVDERIC.

* 612. Sigebert II.

613. Clotaire II, roi de Neustrie, d'Austrasie et de Bourgogne.

* 623. Dagobert Ier, roi d'Austrasie.

* 633. Sigebert III. — SIGIBERTVS.

655. Dagobert II. — 660. Childéric II, roi de Neustrie. — 674. Dagobert II, rappelé.

678. Martin et Pépin d'Héristal, ducs d'Austrasie.

714. Charles Martel, maire du palais d'Austrasie.

741. Pépin, depuis roi de France.

ARMORIQUE OU BRETAGNE

Au IVe et au VIe siècle, la partie des Gaules, connue sous le nom de Bretagne aujourd'hui, reçut, à différentes fois, des migrations venues de la Bretagne insulaire, qui chassèrent les garnisons romaines, apportèrent la foi chrétienne, et, en faisant participer la mère patrie à la civilisation qui régnait depuis longtemps de l'autre côté de la Manche, produisirent, vers 514, un rétablissement, au moins partiel, d'une autorité indépendante et nationale. La Bretagne fut véritablement un Etat indépendant et resta ainsi jusqu'à une époque assez rapprochée de nous, bien que les rois des Francs, les empereurs carlovingiens et les Capétiens aient à plusieurs reprises essayé de la réduire aux mêmes conditions que les autres provinces.

Ch. Lenormant a tenté autrefois de donner à la Bretagne des tiers de sou de Justin et de Justinien, sur lesquels il lisait *Arm;* puis d'autres pièces où il découvrait les noms de Childebert, de Chramne et de Chonobre, comte des Bretons. Ces attributions ne sont plus acceptées aujourd'hui, et la numismatique de l'Armorique ne

comprend que les *triens* portant des noms de localités de
la région. Il faut dire cependant qu'on a attribué au roi
Judicaël, contemporain de Dagobert Iᵉʳ, un triens avec
ivtic... ino. icina. ʀ (*Judicael in officina Redonum*)
(P. d'Amécourt, *Numism. Méroving. comp. à la géographie de Grégoire de Tours*, 1864, 146).

Depuis longtemps on a compris l'utilité de la numismatique mérovingienne. Nous jugeons utile de répéter ce
qu'écrivait Fillon, en 1850 :

« Considérées au point de vue de la géographie et de
la linguistique, les monnaies qu'a produites le monnayage
mérovingien sont dignes du plus haut intérêt. Elles ser-
vent à donner les noms primitifs des localités, à tracer
les limites des diverses subdivisions politiques peu connues. Il est donc nécessaire de les décrire avec la plus
scrupuleuse exactitude, de rectifier les lectures défec-
tueuses et les fausses attributions, de les grouper en
raison du style et des types. L'histoire y gagnera de véritables conquêtes. Les monnaies mérovingiennes qui sont
toutes des pièces locales doivent être classées par province et ateliers monétaires, en prenant pour bases les
circonscriptions ecclésiastiques qui furent calquées sur
les anciennes divisions établies par les Romains, divisions
conservées en grande partie dans les deux premières races, et qui fournirent les éléments de celles qu'adopta la
féodalité. Le classement par ordre alphabétique a l'incon-
vénient de nuire aux découvertes que le rapprochement
des types peut faire surgir, et de disséminer les produits
des ateliers d'une même contrée, point essentiel, sur lequel il est indispensable d'insister, afin de ne pas dislo-
quer les séries locales qui fournissent le moyen le plus
efficace d'établir l'ordre chronologique dans ces monuments » (*Considérations*, p. 42).

On sait l'excellent parti que M. Aug. Longnon a su
tirer des monnaies mérovingiennes dans son savant travail sur la *Géographie de la Gaule au VIᵉ siècle*.
Nous conseillons à nos lecteurs de consulter cet ouvrage,

ainsi que le magnifique *Atlas historique* du même auteur, où sont donnés un grand nombre de noms de lieux dont l'étude permettra de tenter le classement géographique des monnaies. Pour un manuel, le classement par ordre alphabétique des légendes s'imposait forcément. Nous ne pouvions par suite que fournir des matériaux à ceux qui voudront établir un ordre plus rationnel.

La liste de légendes, donnée ci-dessous, est la plus complète publiée jusqu'à ce jour. Nous avons pu la dresser, grâce à l'obligeance de M. A. de Barthélemy, qui a bien voulu nous communiquer les résultats de quarante années de recherches.

Une liste alphabétique des noms de monnayers eût été utile, mais nous ne pouvions allonger notre travail. La liste que nous donnons les renferme; il ne s'agit donc que de les y chercher. Chaque numismatiste pourra dresser lui-même cette liste de monnayers : ce sera une occasion d'étudier cette curieuse numismatique. (cf. A de Barthélemy, *Bibl. Ecole des Chartes.* 1881, 383-305).

Nous avons conservé aux noms les formes qu'ils offrent sur les monnaies. Quelques lectures sont encore incertaines, mais le plus grand nombre des légendes sont aujourd'hui définitivement acquises.

On en trouvera quelques-unes que nous avons notées, malgré leur état incomplet, dans l'espoir que nos lecteurs pourraient donner une lecture entière d'après d'autres exemplaires.

Nous n'avons pas conservé certains noms qui figurent dans l'ancienne liste parce qu'ils provenaient de lectures qui ont été rectifiées depuis.

Enfin, si nous n'avons donné qu'un petit nombre d'identifications de noms de lieu, c'est parce que beaucoup de rapprochements de ce genre ne nous ont pas paru suffisamment établis.

Aballone fit	Bivifus monita	Avallon.
Abinio fit	Gislimundo	Avignon.
Abrianeco v.	Aprianco	
Abrinktas	Adalberto	Avranches.

Abrinkias	Leuba... mon.	
Abrenk...tas	Berulfu	
Abr...catas	Leudulfus	
Abrinktas	Sepagiens	
Acauno fit	Ndmt	Agaune.
Acau... fit	. du.. nta	
Acauno fit	Nicasio m.	
Acauninsis	Romanos mu.,	
»	Dagobertus rex	
Acauno fit	Romanos nu.	
»	Rom... os mun.	
Adubia vico	Mulnoaldo mo	
Ag... ta fit	Din... oius	
Agci... vico	?	
Agennapio	Alafredos	Hannapes ?
. Agenno fiet	Nonnito mone.	Agen..
Agenno f.	Optatus mo.	
Agenno fiet	Borbolo mo.	
Agiunnis	Ivo monetario.	
Agrumronno	Caritus mon.	
Agunna	Arisius	
Ailirubrias	Pulinus	
Alabo	Ebroaldus m.	
Alaona	Margisilo	Alonne.
Albenno fit	Da...xsonno monit.	Alby.
Albenno fet	Celestus munetarios	
Albiaco vico fi.	Audeno monetari	
Albinno fit.	Maxum... ita.	
Albie fietur	Marcianus m.	
Albigiinse	Gomino monetario	
Albigi fitur	Nolvictolukrlrla	
Aletia pago	Legulfo mo.	
Alfeco	Baudicilus	
Alfico	Baudigilus	
»	Picomesios	
Alingavias	Frateno m.	Langeais.
»	Fraterno m.	
»	Leodomare	
Aliseio	Mofdo ?	

Alisiacas	Chaddole mu.	
Alisia	Cno. mun.	
Alleco vico	Mel... mon.	
Alnavic	Arigis m.	
Aloiavic	Martinus (*arg.*).	
Alsegauria vico	Faldoaldus mone.	
»	Leudeberto mone.	
Alviaco f. (V. *Al-biaco*)	Audenomon.	
Anbace	Charesigilus	
»	Chariiisilus	
Ambacia vic.	Domnario m.	Amboise.
Ambacia vico	Domnacharus	
Ambacia	Ericisilus	
Ambacia vico	Francobodo	
Anbacia vico	Francobodus	
Ambacea	Marcovaldo	
Ambacea	Nonnittus	
Ambaciaco fi	Passincio moneta	
Ambaciaco	Passencio mo.	Ambazac.
»	Passincius mo.	
Ambacia vico	Patornino	
Ambacia vico	Patornino m.	
Ambacia vi.	Paturnin	
Ambacia vicom.	Patornino m.	
Ambacia	Ricisilus	
Ambianis	...citus a.	Amiens.
»	Bertoal..s.	
Ambiani civi.	S..chramno m.	
Ambeanis	Medoaldo m.	
Ambianis fi.	Tostus monitarius	
Ambror vic.	[A] ndemaro.	
Ampliaco	Ebromar. .	
Amrianis	Mauro mon.	
Analiaco	Audobodo m.	
Anatalo fit.	Baudardus	
Ande..nal.	Ernoaldus.	
Andecavi eclesie	Alligisels monet.	Angers.
Andegavi	Allonimo.	

Andecavis	Aunardus.
»	Baudulfus fecit.
· »	Bonriadus.
Andegavis civi.	Chudbertus.
Andig....	Gumares m.
Andegaves fit	Gundoaldo mo.
Andecavis	Idone moni.
»	Leunardus.
»	Launardo.
Andecavis fit	Leunulfo m.
Andecavis i.	Leunulfus m.
Andegavis c.	Landoaldoo m.
Andecavis	Martinus.
»	Nunnus moi.
»	Seudulfus *et* Sue- dulfus.
Andicavis civ.	Sisbertus mon.
Andecavis	Theodegisilus.
Andelao vi.	Anxomaro m.
Andernoing	Teodenus.
Anderpus	Chrodigisilu.
Anestolo fit	Nenegisilo.
Aniaco vico	Leudoberto mo.
Anicio fit	Agomares. Le Puy.
»	Dagomares.
»	Monoaldus.
»	Magennus n.
Aniliacn. vico	Gondobode mo.
Anisiaco fit	Fred . lfus mo.
Anisiaco vic.	Munnus fiti.
Antebrennaco	Ebroaldo om.
Antebrinnaco	Leodeno m.
Antebrinnac vi.	Leudino mo.
Antebrinno	Fedardo mo.
Antebrinnaco	Ledoaldo mo.
Andebrinnaco	Marius monita.
Andebrenacu	Mauru moni.
Anton	...liomdt..
Antonnaco	Charifridus.

3.

Antro vico fitur	Teodomaris monita (R N.1883, p.162).	
Aoriaco vico	Iustino monetar	
Apraricia fi.	Gaimodus mo.	
Apraricia	Patricius.	
Aprianco	Autharius.	
Abrianeco	»	
Aquis fit	Erpone monetari.	
Ara fitur	.....	
Arciaca.	Daovaldus.	Arcis ?
Arciacas	Davvaldus.	
»	Maurinos.	
Arciaca fitur	Leudericu mont.	
Arduno f.	Vuallulfus.	
Aredius	Vadoleno mo.	
Areduno vico fitur	Fantoleno monetario	
Areduno vi.	Fantolena.	
Areduno	Magnoaldo m.	
Areduno vico	Teodulfo m.	
Arelenco fitur	Procolo moneta.	Arlenc.
Ar.	Prota.....	
Ar. civ.	Binidius.	Clermont-Ferrand.
»	Cheldeberti	
»	Faustinus m.	
»	Leo monitario	
»	Maximo monetario	
Argentao	Vulfarius mon.	
Agentao fit	»	
Argenta fit	Vlfarius mo.	
Argentat.	Cosianani ?	
Argento	Iohannis.	
»	Edaido mon.	
»	Peonius mo.	
Argintorati fit	Bunatinin...n.	
Argentorato fit	Aunulfus mo.	Strasbourg.
Ariaco fitur	Leodulfus mo.	
Ariintoma	Ingoaldo monit.	
Arlate vico	Santus m.	

Arnolante	Gevaldo mone.	
Arpacone	Leoderamnus m.	
Artonaucio	Ledeleno mone.	
Artonaco fi.	Mariaio mone.	
Artonaco vico	Bettom.	
Arvernus civis	...nitario.	Clermont-Ferrand.
Arvernus it	Arirua... nt.	
Arvernus	Ariraudo montar	
Arvernus cives	Aribaldu monuiario.	
Arvernus civetati	Austrodo monetarius.	
Aru	Beregiselus m.	
Areverno	Buefuni moe	
Arroverno	Eblinius m.	
Arverno	Eodicius	
Arvernoe	Eodicius mon.	
Arverno cive	Eodicus monet.	
Aru...cive	....audo....	
Arverno	Hildoaldus	
»	Manileobus monitario	
»	Manileobo monet.	
Arverno civitas	Manilobo mo.	
Arverno	Pario m-c.	
Arverno cive	Risi monetarius.	
Arverno	Sesoaldo mo.	
»	Sesovaldo m.	
Arverno cive	Sicoleno	
Arverno ci	Teodicius mon.	
Arverno civitati fitur	Victoria th.	
Ataciaco vico	Chadul.	
Ataginos	Teddufos m.	
Atravetes	Alchemundo.	Arras.
Atrebetis	Rudebades	
Atunderi	(monogramme)	
Aturre fit	Bautharius.	Aire.
Avallonec	Judave imel ?	
Avallon	Ulfomere munetario	

Auciaco	Leubovaldus.	
Auderici	Freduleo.	
Aventeco	Aguvaſs muni.	Avenches.
Aventeco fit	Agiulſus m.	
Augusteduno	Austruleus.	Autun (*Mémoires de la Société Eduenne*,1888. M. Prou.)
Augustedunum	Austrulſus mt.	
Augustedunu	Baudulſus m.	
Augusteduno fi.. s	Flavati monit.	
»	Guiriacus mo.	
Augustiduno fit	Ioorus monimm. fi.	
Agusteduno fit	Viriacus m.	
Augusteduno	Macnoaldus m.	
Augustedunum	Mucnoaldus	
Augusteduno	Machoaldus mo.	
»	Marculſo m.	
» ſ.	Teudulſo m.	
Augusoteduno ſ.	Teudulſo m.	
Augustiduno fi.	Teudulſo monita.	
Avicio	Vot.	
Avinioni civ.	.....tario.	
Aunaco	Ilderico mon.	
Aurilianis incivi	Aid... mernus m.	Orléans.
Aurilianis	Augiulſus	
Auriliani.	. Bert.	
Aurilianis	Bertulſus	
»	Britulſus	
»	Chasnedoms	
Aurilianis fitur	Clodovius	
Aurelianis.	Dogomarus mo.	
Aurelianis fi.	Dosolino fi.	
Aurelianis civitat	Ebrigisilus monit.	
Aureliunis	Hinoad.	
Aurelianis fit	Iaco monetarius.	
Aurelianis fit	Iuco monitar.	
Aurilianis	Iacomone.	
Aurilianis fitur	Iacoti moneta.	

Aurilianis	Iacote mon.	
Aurelianis civi	.... ioscipeta.	
Aurelianis civit	Martinus monet.	
Aurilianis	Maurinus	
Aurilianis civit	Maurinus moneta- rius.	
Aurilia civitate	»	
Aurilianis civit	Maurinus moni.	
» civ.	» mon.	
» civita	Mauriius m.	
» »	Mauritius mon.	
Aurelianis civ.	Melinus mon.	
»	Racio munaxtisii.	
»	Saxo mo.	
Aurilianis fitur	Sicoinnus mon.	
Aurilianis tarius	Vincemarus moni.	
Aurilianis ci.	Violinoo mo.	
Auscis fit.	Aunulfus.	Auch.
Auscius fit.	Romulfus.	
Auseno	Teudocindo.	
Agusta	Audaldus monet.	
Austa civitaei fit	Betto munitar.	
Austa fit	Daccho mun.	
Agusta fit	Giidaao... ius	Aoste.
Austa civit	Guilinius munita- rius.	
Austacal. fit	Avidio monitaio.	
Agusta fit	Optatus monita- rius.	
Austa fit	Santolus moniario.	
»	» moneta.	
Austa civi	Unvadao.	
Aventeco fitu	Aguulfs muni.	
Avitigadr.	Erchim giselo.	
Austrebanto	Baggone m.	
Autiziodero	Audo monet.	Auxerre.
Autisodro	Chareso mo.	
Autizioderoci	Tasione monet.	
utisiodero	Vadeone monet.	

Aulaunavi	Margisilo.	
Aximaionio	Alaonum.	
Axsonac	Ebone mo.	
Arcegeto	Nonnus mu.	
Agiodicica	Teudovaldus mo.	
Bagncovini	Allomo.	
Bagnoben	Cadoome mon.	
Baieci	Dructoald	
Bainissone	Airulfo m.	
Baiocas	.. mont.	Bayeux.
»	Allacius.	
»	Auderanus.	
»	Beregisilo.	
Baiocas civi	Childolenus.	
Baiocas	Francomo.	
Baiocas fe	Mallusicu.	
Baiocas	Roccone.	
Baiorate	Alafius m.	
Baionie	Abb.. iva.	
Balaciaco	Teudolenos.	
Balatedenevir	Leodoin domo.	
Balatonno	Agibodio.	
»	Arivindus mo.	
Balatonn	Baudericus.	
Balatonno	Ettone mon.	
Balatonni	Isobaudi.	
Balatono	Isobaude.	
Balavo	Fraeguscio m.	
Balbiaco vi.	Provituro m.	
Balaciaco	Produlfo.	
Balla... vico	Garo munit.	
Ballatedone	Boboleno mo.	
Ban. gavaletano fiit		
Ban. gavaletano	Sigibertus.	
»		
Banaciacofit	Scauro.	Bannassac.
Banniaciaco	Leucogisolus mo- netat.	
Bannaciaco	Maximinus mo.	

Bannacaco fiit	Maximinus mo.	
Bannaciaco fiit	Sci martini.	
Bantedrito	Berterico moni.	
Baociulio	Bodegundo.	
Baorate	Alafius mo.	
Baracill	Aegulfos mo	
Baracillo fi	Moderatus i.	Baracé ?
Bricilloo	Moderatus.	
Bricillo	»	
Barecillo fit	»	
Baracillo	Moderato.	
»	Uraduo mo.	
Bricilloo	Voalpoi.	
Barro castro	Mariucfus.	
Barro caitso	Mariulf vivedo.	
Basci	Adalberto.	
Basilia fit	Gunsomi.	Bâle.
Bas por.	Iohanne m.	
Bediccovico.	Malalasius.	
Begerata	Eropittus.	
Begorra fitur	Taurecus mon.	
Belciaco	Roleudo mu.	
»	Vuada... rdo.	
Beleno fi.	M..... mone.	Beaune.
Beleno fiit.	Dolino moneta.	
Beleno cas.	Bobolenus Munet.	
Belis fit.	Santolus mune.	
Bellofaeto	Fredemundo.	
Bellomont	Audiernus mo.	
Bellomonte	Audiernus m.	
Bellomo	Ermoaldo mo.	
Bellomo.	Ermoaldon.	
Belno fit	Santolus munet.	
Bernaias lov.	Leodomudo mo.	
Benaria	Addolens.	
Berccias	Friucfo mon.	
Berecillo	Bebone mont.	
Bertoraco	Amoleno moe.	
Bertuno fit	Bilo monetar.	

Besoncione	Gennardus.	
Betoregas	Agomare mo.	Bourges.
Betoregas ci.	Aigimundo mo.	
Beoregas civ.	Antidiuso mo.	
Betoregas fit.	Ara.	
Betorex	Monita Fredulfi	
Betoregus	Mummolo mon.	
B.....rgas ci	...acio elid.	
Betorgas c.	Saegsos m.	
Bettinis	Medoandoaus	
Beturgas	Medo....	
»	Vappole mo.	
Biainate pago	Secone moneta.	
Billiomu vico	Domnechillo mo.	
Bisucovicort	Babone mo.	
Blanavia	Addolenus	
Blatomago	Savelone moneta	
Blatomago fi	Leone monitario	
Blatomo sci mar	Acoleno mar	
Bleso castro.	Aunobertus mone	
Bleso	Domnitto	
Bleso cas	Domarom	
Bleso	Edomiriom	
Bleso castru	Lobegipul mu.	
Bleiso castro	Precistatomii.	
Bleso castro	Precistato mo.	
Blote fit	Valdoleno m.	
Bodegisu	Berotdivaus.	
Bodesiovico	Dommolenus mo.	
Bodesiovicot.	Fainulfo moneta.	
Bodeisiondoac.	Madelino mone	
Bodesio vico	..rosoaldus monit.	
»	Trasoaldus monet	
Bodiso vico	Mannus munita..	
Bodisovico vic	Vualechrammus m.	
Bodesio vico	Vuarnegisilus m.	
Bodourela	Vuariulfo mon.	
Bodricasono	Launobodo m.	
»	Dobalo m.	

Bolbeam	Moberato.	
Bona fitur	Chadoalmo.	
Boneculias	Ipaultus.	
Bonisi fit	Scoinom — m.	
Bonoclo	Alduone	
Bononia civi	Borsa monita.	
»	.ibbino mo.	
Borbonecneta	Medulfo mo.	
Borgoialo	Baba mon.	
Biraia vico	Vuilulfus m.	
Breciaco	Fredulfus mo	
Bregusia	Magnidius	
Brexis vico	Waddone mo	
Brixisu	Waldo min.	
Brixis vico f.	Waldone m.	
Brixis vico	Waldo mon.	Brizay ?
Brica vico	Daimundo.	
Briennone pago	Ulfus mone.	Brienne
Briennon	Aigulfus.	
Brienn	.iculfus.	
Bricciaco	Eperino	
Brilliaco vi	Villomodus mo	
Brinnovaitol	Magnus m.	
Brionna	Charvaricus	
Br..on.	.iruli..i.	
Brioi..nio.	Cinussus.	
Brioanio.	Gulinus	
Brionnovi ?	Chadulfus	
»	Fludigisil	
Brionno	Leo monita	
»	Leo monit nu.	
Brionno vico	Leo monitari.	
Briosso vico	Chadulfo	
»	Chadulfo mo.	
»	» mon.	
»	» mone.	
»	Chaidufo mo	
»	Gennaste mo	
»	Gennastis	

Briosso vico	Gennastis mo.	
Briotreite vico	Dado mon.	
Briovero	Ebroaldo.	
Bris...sa.	Waldb...min.	
Bri.		
»	Faustinus mo.	
Briva vico.	Falco moneta.	Brives.
Briva vico fi.	Mariulfo moneta.	
Briva vico.	Ursio moneta	
Brivi vico.	Ursio monita	
Brivate sci Juliani.	Faus.	Brioude.
Brivate.	Frameleno m.	
Brivate sci Juliani.	Fragiuleno.	
»	(Sans monnayer.)	
Brivate.	Moderatu mu.	
»	Preserius	
Briva f.	Secolenus mo.	
Brivate.	Senoaldus mon.	
Brivat sci Julia.	»	
Brivate vico.	Ursio monetariux.	
» » fitu.	Audiricus monitar.	
Brivviri.	Grandulfo.	
Brucirom.	Irullus m.	
Bub?	Bodesileus.	
Bubiullo	...ronsi.	
Burbulnc cas	Viliemundus mon.	Bourbonne.
Burdegala fiet	Alapta monetarius.	Bordeaux.
Burdegal	Berebodes	
Burdegala	Berebod. m.	
»	Berebodes m.	
» fi	» mo.	
Burdegali	Bertigiseco.	
Burdeg eclisie	Betto mo.	
Burdegale	Bettone m.	
Burdegalu	Bettone.	
Burdegala	Chosomat (*arg.*).	
»	Carolitus.	
»	Maurolenus m.	
»	Moderato m.	

Burdegala	Mumolinus m.	
» fit	Oderanus.	
Burdegala	Seggelenus m.	
»	Segileno.	
»	Senoaldus.	
»	Senoaldo.	
»	Sci Stefan.	
»	Sorellus.	
Burdigala fit.	Stefanus monit	
Burdegala.	Teodericus.	
Burdialet fit.	Waldo moi.	
Burdialet.	» mo.	
Caasan vico	Itanti moneta	
Cabanisio	Leodulfo mo.	
Cabiliaco	..ie...	
Cabiriaco vic.	Baidenus mo.	
Cablonno	Abbone (or ; arg.)	Chalon-sur-Saône
Cavilonno	Abbone monitario.	
Cablonno	Alasius m.	
»	Austadius m.	
Caubilonno fit.	Austadio mo.	
Cabilonno fit.	Baudomeres muneta.	
Cabilonno	» moneta-rius.	
» fit	Baudomere moe.	
Cabilono cive	» mon	
Cabillino fit	Baudomeris monetario.	
Cabilonno fit	Bonefacius mon.	
Cabilonno	Bertheramnus fici.	
» fit	Bonnasius.	
» f.	Daturnus monit.	
» f.	Dipeno moni.	
»	Dodo.	
» fit.	Domnito mo	
Cavilonno »	Domnitto moneta.	
Cabilonno »	» monetario.	
Cavivo...o fit.	Domnitto moni.	
Cabilonno fit.	Domnolom.	
Cabilonno	Duccione mon.	

Cabilonno	Emmi monetario.
» fit	Fetto monet.
Cablonno	Fortuno (*Téte de face*).
Cabilonno fit	Fraterno mon.
Cablonno	Iacote dic.
»	Itadius
»	Magnoaldus.
»	Marol mu (*arg.*).
»	Mudulemus mon.
»	Mummolus.
»	Mummous.
» -	Nertuno mo. (*arg.*)
Cabiloino civitate	Nonnus monitarius.
Cavalorum	Racio baselici.
Cabilonnu	Teudeberte.
Cavilonno in	Wilu.
Cabilonno n.	Wintrio monetaros.
» fit	» mon.
» fi	Vinitrione.
» f.	Witirione mone.
» fiti	Viuno monetarius.
»	Wintrio et Bonifacio.
» fit	Bonifacius e Wintrio.
Cavilono fit	Briolfo et Baione moni.
Cavilonno fit	Baudomire et Magnaldo.
Cabillonno fit	Baudomere et Magnoaldo.
Cavilonno fit.	Baudomere et Magnoaldo m.
Cavalonno.	Baudomire Rignoald.
Cavelonno	Audomer.
Cabillonno	Domulfo et Paterno mon.
Cabil.	Domulfo et Parteno mon.
Cabilonno fit de se-depas	Prisus et Domncolus.

Cabor	Chademundus.	
Caigtinico	Vigt. fi.	
Caturca fit	Caturca fit.	Cahors.
Cadorca f.	Combolenu mu.	
Cadurca fit	Franculfus	
Cadorca fi	Gagaoaldus.	
Cadorc	Leo.	
Cadorca	» mo	
» fi	Magnus m.	
Cael..n.	Maurinus.	
Caf-eci.	Cieiac-e m.	
Caimbarillove.	Teodulfus.	
Cainone ca	Cicoaldo mone.	Chinon.
Caio vico	Ammoneald.	
»	Betto mo.	
»	Launigsolo.	
Calacufia	Juvenis.	
Calciomao fi.	Guntarius mu.	
Calmaciago	Baldulfus mone.	
Cam.... vico	Gairechamno mo.	
Camaraco	Alancus.	Cambrai.
»	Bedesiiulinus.	
» civi.	Landebertus.	
» fi.	Landebert.	
Camaeraco civi.	Landeberto mo.	
Cambarisi	Leodulfo monita.	
Cambiaco	Claro muni.	
Cambidonno.	Franco fict.	Chambon.
»	Francio.	
Camdonno.	Franco.	
Cambidoinno.	Francio.	
Cambortese pago.	Launobodus monet.	
Camiliaco	Chadenus	
»	Doxnotim.	
Camraco fti	Geldu-us mo.	
Candausciac.	Baudigisilo.	
Campotrecio	Medulo.	
Can..nevii	Andoaldo moneta.	
Canderi		

Canechoris	Facst m.
Canetis	Medulfo.
Canetiulil	Lidulfus.
Cannaco	Victuria.
»	A....tino.
» fit.	In Rutene cive.
Canoateo	Ociumont
Canogaco vic	Tauricligilus
Caiitaoi	Basiliano.
Canseno vico	Gaudo.
Cantoano	Franconc m.
Cantolia f.	
Cantoliano fet	Leodulfo.
Cantolimete	Fulcoaldus mo
Caniunaco	Flavianus e.
Capolidi	Ioaunnes.
»	Ioannis mu.
Capud cervi.	Santus Ypomo (R. N., 1885, 49).
Caranciaco	Lopus monet.
Care sinisi	Dopolenus mo.
Cariaco	Adus monetarus.
Carictas	Lhudulfus.
Cariliaco	Bonon.
Carisiaco	Baidenus. Kierzy ?
Carisiaco	Fravardus m.
Carisiaco	Fravardo mo.
Carmalias	Baldulfus.
Carnotaso	(Monogramme; arg.)
Carnotes	Ber. Chartres.
Carnotas civ.	Blidiric m.
Carnotasci	Blidomundo.
Carnotes fit	Gunderico mon.
Carofo	M..oaldo.
Caronno vico	Eotelio moneta.
Carontee	Dumuneus f.
Carovicus f.	Teodeleno m.
Carovicus o.	Teodoleo mon.
Cartinico	Marlaifus.

Carvill	Censulfus.	
Castoriaco.	Flodoaldo m.	
Cast. fi.	Domolo m.	
Castra.	Erdouldus.	Arpajon ?
Castra vico.	Ebroaldu s.	
Castra audmini.	Trennulfus.	
Castra nusci.	Serotenno mo.	
Castra sauricanis.	Vincemacus monita.	
Castro.	Parente monao.	
Castro fusci.	Oparente mono.	
Castro.	... itus m.	
Castro fusi.	Raneber .. m.	
»	.. cor mon.	
»	Framigillus.	
Castro lucidu.	Betto monit.	
Castro ma.	Adrianus.	
Castro vico.	Maurino monitarius.	
Castro vicus.	Marius monitar.	
Catala cive.	Lullus moneta.	
»	» monetar.	
Catalaunis....	Severinus mo.	
Cathirigi.	Runthigus.	
Catiliaco.	Cadevigienus.	
Catiliaco vico.	Raenulfo m.	
»	Ranulfo m.	
Catiliaco.	Raguolfo mone.	
Catiliaco vico.	. olenom.	
Catil. onno fi.	Vntccmoait ?	
Catolaco f.	Ebregisilo.	
Catolaco.	Ebregisiro.	
Catullaco.	» mo.	
Catomario vico.	Jocundus monc.	
Catonaco fitur.	Leobulfu fact.	
Cavaca vico.		
Cavalon.	Racio baselici.	
Cavalorum.	Victoria augu.	
Caulledun.	Savolus m.	
Cavelono iutciv.	Iuītoni. vitchum.	
Cealit.	Eligius.	

Cella vico.	Aegulfo mo.	
Celo.	Daude.	
Cennomanis.	Augemaris mon.	Le Mans.
Cenomannis ci.	Deolo.... us. m.	
Cenomannis.	Ebricharius m.	
»	Ettone mo.	
Cenomanis.	Fedolenus.	
»	Childelnus (*arg.*).	
Cenomanos.	Mellione.	
Cenmannis.	Lopus.	
Ceno.	Naucolaico.	
Cenomannis.	Siggulfus.	
Cerilia. (V. *Cirilia*).		
Chaballo ca.	Lullo monetar.	
Char.	Kimueust.	
Chariliaco.	Leudenus.	
Choeii.	Bertoaldo.	
Choae fit.	Bertoald.	
Choe fit.	Bertoal.	
Choiu fit.	Beppevino.	
Choeft.	Beto lalitn.	
Choae fit.	Bobone mone.	
»	Ganpolio nin.	
Choe vici.	Ganveber m.	
Choe fit.	Gundebe m.	
Choe monetarius.	Landegisilus.	
Choae fit.	Landegisilus mo.	
Choae.	Omond.....	
Choe ficit.	Rigoaldus.	
Choiii fit.	»	
Ciimon.	Ausomundo m.	
Climoni.	..uldas m.	
Cintiniaco.	Andoaldo m.	
Cirialaco.(V. *Rialaco*).		
Cirilia.	Entivololathus.	
»	N...uni..	
Cirimonde f.	Aiaohsncai mo.	
Cisomo vico.	Domolus m.	
Cisomo vici.	Domolo moni.	

Cisomo vi.	Domolus mo.
Cituoni.	Vinovaldus.
»	Ainovuldus m.
Civiono civ.	Leuboleno.
Civita.	Victoria.
Civetas vico Juli.	Escupelio moneta- rius. **Aire.**
Claio fit.	Bobolino.
Clariaco(V. *Elariaco*).	
Clarucco cas.	Can...on.
Climone.	Vinovaldus.
Climone vic.	Vinovaldus.
Clippiaco.	Mellione.
Clisi fit.	Leodenus mone.
Clote fit.	Audolfo.
»	Leodoaldo.
Clutniasi.	Framigillus.
Cnes.	Sigobertus.
Coccaco fit.	Gundufus.
Cociaco fit.	Bonoaldo mo.
Colliaco vico.	Solenns.
Colonia civi.	Gaucemare mio.
» civet.	Sunone monet.
Columbario vic.	Corbon..
Combellis fit.	Rodomeris m.
Conbenas fit.	Nonnitus moi. St-Bertrand-de- Comminges.
Conbenas.	Nonnit monetarius.
» fit.	Nonnus mo.
Conbena fit.	Uloperius.
Comdaie nov.	Ialomsun mon.
Condapensep.	Fredovald.
Condate vico.	Audomundus mont.
»	Berechario.
»	Charidcre.
Condetai.	(*Arg.*).
Condeus fit.	
Conpriniaco.	Siasie teusi.
Conprinia coi.	Saturno mone.

Conpriniaco fit. Soturnus monitari.
Conserines. Ulcemeres.
Coraria. Arimundi.
Corboronno. Hang....uliu.
Corituuoiv. Manca mo.
Coro.. vico. Mello baudio.
Cor.. da pago. Dobe.
Coriallo. Rignichari.
Corma. Gundiricus. Cormes.
» Gunnirico.
» Gundober.
Cornavicus. Launomund.
Cornilio cas. Bonus moi.
Cornilio. Tenes m.
Cornu castro. Launomund.
Corovio vico. Mellobaude.
Costanca. Leudomaro.
Cosse fit. Mariulfus.
Crenno. O. ballum.
Cresia fieur. Magnovaldi.
Cuiiciaviciui. Ma...valdi.
Crideciaco vico fit. Wandelino.
Crisciaco. Genobaudi.
Cristoialo. Iohannis porto.
» Iohanes »
Crovio. Mellobaud.
Cuilovico. Alebodeo.
Cunlei vico. B...
Cunseranis. Osemo ou Sevado.
Curbnacunao. Godobode mone.
Curbonno fit. Fraibo.
Curciaco vi. . Fedegius mo. Curçay.
Curgd. Drucialvigisilus.
Curisiaco. Fravardo m. Cursac.
» Fravaro mo.
Curtariu. Aldoaldus.
Custancia. Diomisius.
Custeciaco. Domecio.
Cutesia. Eu...slus.

Dabaicas.	Optatus.	
Daernalo.	Iuffo mone.	
Darantasia f.	...nus mum.	Moutiers en Ta-rantaise.
Darantasia fii.	Ninchinus mo.	
Darantasia.	Optatus monetar.	
»	Justus facit de selegas.	
Dara vico.	Beramone.	
Daria fiitur.	Abbo monitario.	
Daria.	Aldoricus.	
»	Aldoricu.	
» vico.	Agobardo.	
» »	Chagobardo.	
» »	Charoaldo.	
Darta.	Charivaldo.	
Deac vico.	Aloviv mo.	
Deonanti.	Abolino.	
Deontex.	Aboleno mo.	
Deonantex.	Aneino mo.	
Deonant.	Aroberte m.	
Deonante ft.	Carifrido m.	
Deonant fit.	Haroaldus mo.	
Deo..nt fit.	Oiiunami.	
Devenetus.	Genn...	
Diablentas.	Dumberto mo.	
Di-vivatiiacao.	Olermano mone.	
Divione fit.	B.. lo munetari.	Dijon.
Divione fiet.	Baudoveus mune.	
Dolus vico.	......moneta.	
Donna casti.	Wil ni ni.	
Donnaciaco.	Ebrigisilus.	
Dorestate.	Eumolo muna.	Duerstedt.
Dorestati fit.	Madelinus m.	
Doriovico.	Verolomo.	
Dorocas.	Gundofridus.	
Dorovernis civitas.	Eusebii monita.	
Dortenco.	Eugolino.	
Dortenco.	Leugcun.	
Doso vico ea.	Bertoaldo m.	

Doso vico.	Bertoaldus mo.	
Doiso vicoti.	Bobone motaro.	
Dosovico.	Bougegnildo mo.	
» ncato.	Boccindo monita.	
Dover.	Voc..icov.	
Draverno.	Lauderico.	Draveil ?
Drociacus.	Clona.	
Ducciolino.	Baudogisilus.	
Duccelino fici.	Baudigisilo.	
Ducinus.	Fedulus.	
Duno fitur.	...vicas.	Chateaudun.
» »	Waliulfus.	
Dur : aco.	..crtino.	
Eatnndoi.	Bertulfus.	
Ebeduno fit.	Mericus monitari.	
Ebreduno.	Domericus munt.	
Ebredu...ive.	Do..ricus munit.	
Ebreduno cast.	Sigibertus mo.	
Eboficuceiust.	Manno moentatu.	
Epcoi..cetiust.	Manro montarit.	
Ebore vico.	Oparedus mont.	
Ebroce ca.	Ansoaldo mi.	
Ebrord vico.	Cnad f.	
Ebrora vico.	Fridegiselus mo.	
Eburiocas.	Ridulfo mo.	
Ecideio vico.	M..nione monetariu.	
Ecolisina.	Audericus m.	Angoulême.
Ecalenio f.	Uggone.	
Egalomunin.	Savelo mone.	
Elariaco fit.	Saudirico.	
Elentops.	Canresom.	
Eliniac vico.	Walesto mon.	
Endercoa.	Ndrnnrno.	
Enon.e fici.	An...risilo.	
Eovorigo fit.	Eosenus monet.	
Eposio ficit.	Munnu monitarius.	
» fit.	Tottos mo.	
Eposio.	Totto mon.	
Ernemito?	Atiila mo.	

Esandone fit.	Ledegus elomon.
Espaniaco fi.	Gondolenos m.
Etria vicus?	Romarico munitari.
Eulunu.	Treveyaldus.
Evera vico.	Valasius m.
Evira vico.	Gruello mon.
» »	Ebroaldus.
» »	Sedulfo mon.
Exsona vico.	Bettone.
Exona ficit.	Bettone mon.
» »	» mune.
Exoona.	Ebbone.
Falmartis.	Madelinus.
Fanabii.	Ostus monitarus.
Ferruciac.	Genegiselo mo.
Ferru.	Gennardon.
Ferrucia	Gundoaldo m.
Firruciac	Gundoaldo x.
Ferruciaco	Teodoaldo m.
Frisia Audulfus	Victoria Audulfo.
Fustra	Nanumu.
Gabalorum	Va.
»	Eldecerti.
»	Dn Justinus P. f. aug.
Gacia	Ragnom.
Gaciaco fit	Audoaldo mo.
Gaciacor	Audoaldo mo.
Gaciaco fit	Droctebadu.
Gardus	Vitalis.
Gatelso vico	Dcnlco moneta.
Gavaletano f.	Maximinus mo. Gévaudan.
» ban.	Telafius moneta.
Pax	Telafius moneta.
»	» mone.
»	Esperios mo.
»	Esperius.
»	Sperius.
»	Sporius.

4.

Gavalorum	(monogramme)	
»	*Calice.*	
»	Racio baselici.	
»	Victoria Augu.	
»	Vor.	
Gavaronno fit	Audegisilus.	
»	Isiselus ou Gisirelus.	
Gavaronno	Boso monit.	
» fit	Boso monetar.	
Gaveci ficti	Murolus.	
Gaucc fi..	Julius monetarius.	
Gau.e fiet	Gaudelinus m.	
Gedaic	Len...ier.	
Gem..m.	Grimbertus m.	
Gemedico col.	Sco filbert.	Jumièges.
Gemiliaco vico	Ansad.	
Gemiliaco	Ausonius mon.	
Gemeliaco	Mumoleno mo.	
Gemeliaco vico	Nectardo m.	
Gemeliaco f.	Nectarius m.	
Gemiliaco fit	Urso monetario.	
Gemiliaco	Lnnducfus.	
Gemiliaco vico fitu	Charimundus mo.	
Genava fit	Jstephanus muni.	Genève.
Genavincium civit	... era.	
Genava fitur	Tilinus *ou* Tinila munita.	
Geneva fitur	Valirino munt.	
Gentiliaco vico.	Ansavilus.	
Geus fit	Alloves.	
Giansi cuetate	Mauro moneta.	
Giare vico	Lusica mu.	
Glanonno	Aldichisilo m,	
Gnea vico fi.	Onemaro m.	
Gontravaco vico.	Augemundus mont.	
Gracianopoli	Domnicius.	Grenoble.
Gracianopole	Flaninus mnt.	
Gracianopolis	»	
Gracianopole	Ecavinus mt.	

Gracinoble	Flavianus monita.	
Gracianopolec	Vlns . nim.	
Gracianopoeci	Ricoal .. s mo.	
Granno ut.	Radoaldo mov.	
Graunanto vico	Ansoaldus mon.	
Gred	..... onetario.	
Gricciati	Marco.	
Gutunaco vi.		
Henegauctias	Dnare caucius mone.	
Hicciodero vi.	Gundobaudos.	Izeures ?
Honore	Viomoni.	
Huio vico fit	Winicardo.	
Iabolentis vi.		
Iacano vico.	Armichisilus.	
Iana	Fedoleni.	
Iarelinco fiet veda	Rocolo monetar.	
Iarto vico fit	Voitisu.	
Iavialoia vic.	Martinus mo.	
Ibcodicis ru.	Cinvonicus.	
Icciomo	Disiderio.	
Icetia fit	Anurus mon.	
Iciod. ro vico fit	Rigoleno m.	
Icolisima fit	Baudomeris.	Angoulême.
Iconna vico.	Aderico mu.	
Iedus vico	Bertoaldo.	
Ilam vico		
Illeco vico	Medenom noi.	
Ilocorate	Resoaldo m.	
Incesemo	Leodardo m.	
Incummonigo	Fridricus monitar.	
Indsacioi	Nso .. agomo ?	
Ind .. iufit	Vasidiesa ?	
Innise	Munus mua.	
Ino civigo	Dsi . iaa ?	
In pontio wic	Dagulfus mnt.	
In hu vic pontio	Daculfus mnt.	
In scola fit	Ingomarus mon.	
In scola	Cicm .. nus mon.	
Interamnis	Audigisilus.	

Ioioastranoec	Cleodino mod.	
Iosocos	Licinic.	
Iralo vico	Ulidamus.	
Ironno	Baudegiselus.	
Irstacoe	Valdovaldus.	
Isaudone fl.	Erbone mon.	
Isarno	(*Argent*).	
Isarnobero fit	Droctebalus mn.	
» fi.	Droctebado mon.	
Isarnobero vic.	Virvaldo mo.	
Iselaniaco	Ingomarus.	
»	... coino m.	
Isernobero	Wintrio mon.	
Isernodro fit	Droctebadus mn.	
Isg.. de	Audoaldo.	
Isiodocusia	Baudulfo moneta.	
Itiberciaco	Maurino mo.	
Itieudemellus	... resteus.	
Iuegio vico	Leudu monitario.	
Ivia com.	Gandulfus m.	
Iuliac villa fit	Opencio mo.	Juliac.
Iuliaoucici	Lucimoi mon.	
Iuliniaco	Wedegislo mo.	
Iulioco castil	Tigalioefus mo.	
Iuscia co	Gratulfo mo.	
Kamelaco vico	Vulfoleno mu.	
Komucioxo	Iaimundo mn.	
Kenone fit	Domnoberto.	
Laidios fit	Vitall mon.	
Landeles fi.	Ceorul fu.	
Laono fits	Said.. s m.	
Laretico	Ettel... on.	
Larudrias	Dramus.	
Lascia vicu	Magnovaldu.	
» vico	Magnovaldo.	
Lacciaco vi.	»	
Lascia vicus	Mallarius.	
Lassone vi.	Firmono.	
Latascone		

Latiascono		
Latevico	Sivitus mon.	
Lathilune	Beremodus.	
Latochuncus	Aumengiselus.	
Latona vico fit	Aunulfo monetario.	
Laudunos	Badulfus mo.	Laon.
Lauduno	Cloato	
»	Sigilaico.	
»	Sigimundo.	
Lausonna	Cugcilo mu.	
Laugonna civetate pemia.	Anticutal mon.	
Lausonna fit	Gapaugus munit.	Lausanne.
» f.	Gapaugus mi.	
Lausonan civitate liz.	Ragnulfus munetarius.	
Ledaria fo.	Optat.	
Ledodus	Saxo.	
Ledoso vico	Eligio monetario.	
Ledosum vico	Etidio monetario.	
»	.... us (arg.)	
Ledesou..	.. onea.	
Lemariaco	Landericus.	
Limovecas fit	Albon.	Limoges.
Limodecas fit	Ansoinaus monetao.	
Limovegas	Ansoinio monetai.	
Lemovecas	Arviiordus mo.	
» f.	Ascarico monet.	
»	Axa... us mo.	
Lemovicis	Boso ficit.	
Lemovecas f.	Daulfo monet.	
Lemoracio aeclis	Domulfus moneta.	
Lemovik rat.	Mariniano moneta.	
Lemovecas	Rumordus mo.	
Lemovecas f.	Saturnus m-i.	
Lemochoissr.	Tnibaiom fecit.	
Lemovecas f.	Vinoald.	
Lennacas	Aegoaldo mo.	

Leuduno	Sigimundus.	Laon.
» .	Sigimudo.	
Leudunu fet	Petru et Euricio.	
Limariaco	Medobodus m.	
Linga.. rone	Wa... idu.	
Linconas fit	Aredu.	Langres.
Linconas n.	Bavione mone.	
Lingonas civi.	Droictoaldus m.	
Lingona	Droctoald.	
Lingonas fit	Marculfo mon.	
Lingueiii. s monita	Audiciilus mo.	
Linio vico fit	... iids.	
Lixuvifos	Dutta moneta.	
Lo. anco vico		
Locive lacorum	Leodouselo.	
Loco santo	Ascarioco.	
Loco santco	Dacoaldus mon.	
»	Dacovaldus.	
Loco santo	Dacoaldo.	
Loco sancto	» mone.	
Loco santo	Diacioldo.	
Loisdanaco	Nantoald.	
Loliccirchi	Liberigisilo	
Lopino fit	Man.. moneta.	
Lorovio vico	Mellobaudi.	
»	Mellobaudus mu.	
Loco Teiaco sci Martini	Baudichisilo m.	
Lovenno	Tnaofous ?	
Lucciaco	Leodogisilo.	
Ludedis vico	(sans légende au R)	
Ludinuvi	Hede Aric.	
Ludunos	Baudulfus mo.	
Lugd.	Lu... mo.	Lyon.
Lugduno fit	Doccio mo.	
Lugduno	Duccione mo.	
»	Docio mo.	
»	Droctebertus.	
Lugdunu civitates	L.... unita.	

Lugdunu fet.	Eocirius.	
Lugdunum fit.	Eulerius m.	
Duniis.	Eudolinus.	
Lugduno fet.	Guirus monetarius.	
» fiet.	Guirus et Petrus.	
Lucduno fe.	Guirus Petrus mo- netar.	
» »	Ustus moneta.	
» fiit.	Lat.. monetar.	
Lugdunum fit.	Lugarrius m.	
Lugduno dinarios	Ragnoaldo m. (*arg.*)	
Lunduconni	Bonicius.	
Lusna vico	Mavigino.	
Lussalia fi.	Daocolus mon.	
Lusunoc.	.. riuda m.	
Mabilo L...o	A.... ioo mon.	
Macediaco	Chudegisilo m.	
Macogna	Ulirca ei.	
Madascon f.	Anderico m.	
Madronas	Aurovius mo.	
Mailaco	Gibboneio.	
Maireceaso	Teudericus m.	
Mallo Campione	Adeleno muntar.	Champion.
Mallo Camopione n.	Laudilino monis n.	
Mallo Manriaco		
Mallo Matiriaco	Theudeilenus mont.	
Mallo Matriaco	Warimundus moni.	
Mallo sdtilili	Thevonlenus mone.	
Marca fi.	Ausii mon.	
Marciaco fit.	Ceranio moneta.	
Marciaco	» mo.	
Marcilac	Leud...	Marcillé *ou* Mar- cilly.
Marciliac	Gidendus m.	
Marcillia	Dorniandus mo.	
Marcilli.	Ildomafo.	
Marciliaco	Dauvius.	
»	Edmundus.	
Marsallo vico	Ansoaldus mon.	Marsal.

Marsallo vco.		Andoaldo mon.	
Marsallo.		Austroaldus m.	
»		Fanti monetario.	
»		Garoaldus mon.	
»		Gisloaldus monet.	
»	vco.	· Landoaldo mon.	
»	vt.	Luolframno m.	
»	vico.	Mucisedus mo.	
»	»	Muldulu munita.	
»	vl.	Theudemundus mon.	
»	vico.	Theudulf munita.	
Marsal.		Thedulfus moni.	
Marsallo v.		Thiudulfus um.	
»	vico.	Toto monetario.	
»		Tilo mone.	
»		Troclinus t.·? ·	
Martiniaco.		Beroaldus.	
»		Leodomunds.	
Masiciaco.		Childiernus.	
»		Sunnegisil.	
Masili.		Hildebertus rx.	Marseille.
Masil.		» »	
Masilia.		» rxi.	
Masili.		» rxia.	
Masilia.		» r.	
Masilia civitatis.		»	
Masilia civitatis.		Hildebertus r.	
Massilia.		Hildericus rex.	
Masilie civitatis.		Hilder.	
»	»	Childericus rex.	
»	»	Childricus.	
»	civitati.	» ri.	
»	civitatis.	Childericus rx.	
»	civit.	Ildiricus ri.	
»	civitatis.	Hiliritus r.	
Ma Victoria chlotari.		Chlotarius rex.	
Ma Clotarius rex.		Clotarius rei.	
Ma Elegius mon.		Chlodoveus.	
Masilia ci.		Dagover.	

Ma Elegius monet.	Dagobertus.	
Ma ... mertus mo.	» re.	
Masilia.	Sigibertus rix.	
Ma Victur.	» re.	
Masilia.	Gevemundo mo.	
» fitur.	Mauro monetario.	
»	Segobertus m.	
Massa vico.	Theothato mun.	
Masoal vico.		
Matascone f.	.... de Selegas.	Mâcon.
Matacone fet.	Iuse ou Iusef monetarius.	
Matascone c.	»	
» fet.	»	
» »	Ramnisilus et Iuse mos.	
» f.	Ramnisilus monita.	
Matoliaco.	Dommolin.	
Matoval.	Gundobodus.	
Matovall.	Wasendus.	
Maugonaco.	Teodulfus mon.	
Maurenna fit.	Sicoaldo monit.	
Mauriaco vic.	Bertoaldus mo.	Mauriac.
» vico.	Domolenus monetr.	
Maurienn.	Carolus.	St-Jean-de-Maurienne.
Maurenna.	Chiscolus moni.	
Maurienna fit.	Ba ... oius mon.	
»	Flavinus munit.	
Maurien.	Optatus mo.	
Mauriliaco.	Laun ... mo.	
Me .. oio vila.	Honi.	
Meclidone.	Adreberto m.	Melun ?
»	Fulcoaldo mo.	
»	Maurino mon.	
Mecledone.	Maurinos.	
Meclisina.	Acmigisilo mon.	
Medeconno.	Agnichisilo m.	
Mediunoc fic.	Bertemunduno et.	

Mediunoc fa.	Gundovald moneta.	
Mediunoc fa.	Garoaldus m.	
Medianu vicu.	Cha . . valfi ?	
Mediano vico.	Germano mone.	Moyenoie.
» »	Theudemundus mo.	
» »	Theudemuiudus m.	
» »	Theademaiudus m.	
» »	Trasulfo mone.	
» »	Walechramno m.	
Mediano vico fit.	Valtechramno.	
Mediano vico.	Waltechramno.	
Mediolano.	Aragasti.	
Meiolano.	Araste mon.	
Mediolano castro.	Au . . moneta.	
» mon.	Sci petri.	
Medio vico.	Leodolenus.	
Medolo vico.	Inportuno m.	
Medolo vila.	Nonno.	
Medolo vico.	Sedul . . . o.	
Medullo.	Dordo . . neta.	
Mefro villa.	Cinsulfo m.	
Meldus civctati.	A . . u . . s.	Meaux.
» fit.	Iovoi.	
» cive.	· Alachario mon.	
» fit.	Audoaldus.	
Meldis civit.	Baltherius o.	
Meldus.	Betto m.	
Meldas cive.	Gudumundus.	
Meldus civitat.	. . . . no monit.	
Meldis civeta.		
Meldus civit.	Riugobalti.	
Meldis.	Sichramnus.	
Menoio.	. . . . silus.	
Meronno domo.	. . . doaldus m.	
Metals.	Teudegisilus.	Melle.
Metalu.	N.	
Metocao.	Co . . . ao.	
Metolom.	Placido m.	
Metis *cantonnant une croix.*		Metz.

Mettis.
» civetati. Ansoaldus monet.
Metts cuetati. Anslasdus mon.
Mettis civetati. Aianleaimult.
Mettis. Bertec.
» civeta. Budulenus.
Mettes. Cam . . n vico.
Mettis. Childricus.
» civetati. Chuldericu munita.
Metts fitur. Chuldericus.
Mettis civetati. Dosledenus moi.
» » Eudelenus mone.
? Mettis cive. Gar . . . aros.
Mettis cive. Halido.
» civetati. Landoaldo mon.
Mettis Theodoricus.
» cuetate. Theubeicnus monet.
» civitate. Theucelenus mo.
» civita. Theudelenus mo.
» civetate. » mone.
» civetati. Heudelenus mone.
» » Neudellius mone.
» cuetat. Heudelnus mone.
Mettis. Theodeberti.
Mettes fiet. Theudecisilus m.
Mettis caetate. Theudenus monet.
Metulo fit. Noni moni.
Miciaco.
Milico vico. Auder . . .
Miriliaco f. Gi . . . do au.
Mironno. Bertoino mo.
Missiaco. Gundomere m.
Moco. Drenuno mini ?
Mogonta civ. Agigino. Mayence.
Mogontiac civ. Airoeno mon.
Mogontiacu fit. Gonderadus mo.
Moguntiaco. Maridao mo.
Moguntiaco fitu. Martinus.
Mogonn f. Mundo. no.

Moguntiaco fi.	Nantanarius mo.	
Monita.	Optatus montr.	
Monnov.	Cha .. ulfus.	
Monti Claveti.	Ebroaldus mone.	Laon.
Mongeci.	Ausomundo m.	
Montiniaco.	Eodulfo mone.	
Mosa vico.	Marculfo mon.	
» »	Mucnoaldus.	
Mosomo castro nbe.	Bertacharius mone.	Mouzon.
Mosomo fiet.	Bodiomo.	
» castn.	Gisol ... lo moneta.	
» fiet.	Rinobodes mo.	
Mosomo.	Teudelinus.	
» cast.	Theudomavo mone.	
Mosomo cas.	Theudemaro mo.	
»	Teudomares men.	
Musomo fit ov.	Teudomares mne.	
» castello.	Victuria.	
Mov. buni.	Audegisilus.	
Mu .. liaco.	Lan ... mo.	
Mufocenos.	Dasat.	
Munta.	Orivio m.	
Munitaus.	Adoaldus mu.	
»	Gisco munit.	
Muregiunum.	Mino mo.	
Murina civi.	Monitarius.	
Musicaco vic.	Dertolenus.	
Nacciocim.	Aldegiselo.	
? N.luoate.	Leuno mone.	
Namuco.	Adeleo m.	Namur.
Namuco c.	»	
Namuco cive.	»	
Namuco c.	Vadeleo m.	
Namufo.	Bertelando.	
Namuco.	Tullione mo.	
Namnetis.	Fidigius.	Nantes.
»	Fedigius.	
»	Fildigius.	
»	Fortunatu.	

Namnetis.	Franco.	
»	Iohannis.	
»	Roacianus.	
»	.Viliomud.	
»	Viliomodus.	
Namnu.	»	
Nanciaco.	Medoald.	
Nanetago.	Ginnacio.	
Nantogillio v.	Sillionanto.	
Narbona pius.		
Naulono.	Arnoaldo.	
Nasio vicu in Bar-		
rense.	Idulfus monetarios.	Naix.
Neberno civi.	Beroaldus mo.	Nevers.
Nivernii.	Anadligil monet.	
Necarne fit.	Nectaus.	
Neioialo cas fi.	Meris monet.	
Neioaco.	Siggole. (*Arg.*).	
Nelorom det.	Tauneboii.	
Nentra.		
Nevacra.	Sigil.	
Neodenac.	N . . . tdu.	
Neoudinous.	Or . . ambnii.	
Niacimarai.	Noiaviv . . m.	
Nigroloto.	Baudi . . o.	Noirlieu.
Nigorloto.	Baudochislo.	
Nigroloto.	Gennobaudi.	
Niiogione.	Leu . . doc mo.	
Ninoa.	Bertunis mu.	
Ninua.	Eupardus eps.	
Niovcento vicuii.	Auccio vellus.	
Novicento vicum.	Dacciovellus m.	
Nivialcha.	Aicanario.	
Noecium castrum.	Leuden.	
Nogianis.	Vaci . . esa ?	
Noincu.	Rigoberto mone.	
Noioi moe.	Arinugiilus.	
Noiomavo.	Rigoaldi mo.	
Noiviani. ·	Vilionu.	

Noiordo vico.	Leodaste.	
Nontoc . . ovic.	. . en moni.	
Nontron.	Araldus.	
Noviacu.	Teudo.·. . m.	
Noviinto vigo.	Auderico mut.	
Noviomaco.	Visigloino mon.	
Noviomo.	Audulfo.	Noyon.
» fit.	Ba . . nuis mon.	
Noviomo.	Charisilus.	
» fit.	Ciranius.	
» »	Genegiselus f.	
Noviomu.	Launulfus.	
Noviomo ci.	Sei medardi.	
Noviumu.	Munduud.	
Novontra.	Eodulfus.	
Novoatru.	Teodulfo monet.	
Novo vico.	Audolinu.	Neuvy.
» » lo.	Crenocasto m.	
Novovico.	Domolo.	
	Eudus.	
»	Eviosoni *ou* Iviosone.	
»	Flanulfus.	
Novo vico fit mon.	Flaulfo mon.	
»	Flaulfus m.	
Novo vico	Flaulfus.	
»	Fridirico moni.	
» t.	Leobaredus.	
» fi.	Ledarido.	
» »	Launulfus.	
» »	Teodorico mon.	
» »	Thevald.	
» »	Thevaldo.	
» »	Theudo.	
» »	Thuevaldo.	
Novounolou		
Nuio vico fit	Winicario.	
Nxo.	Ebrulfu fitu.	
Obau orti	Berterico moni.	
Ocaconiuco.	Balvoaldus.	

Ocainoco	Dabaudes.
Odomo fit	Droctegisilus.
Odomo	Dructigisilus m.
» fitur	Vulfolenus.
Olicciaca	Bobone monet.
Ordnucio	Ilimundo mu.
Omni..us	Gcupi moni ?
Onacedone vico	Guni..aldo m ?
Onaciaco vico	Firmino mone ni.
Oniaco vico	Leudo..rto mo.
Oramioial ?	Rusticus.
Orgasoialu	Walso m.
Orgatoilo	Widdo mo.
Oriaco vico fu.	Eiloul ?
Oriaco vico	Itino monetariu.
Oriene vico	Bodo mon.
Otagius	Vanimundus moie.
O..viliaco	Medobodes mo.
Osello vico	Maelinus mo.
Paddo f.	Toaliodo mni.
In Palacio	(Sans lég. au Ꞧ). Le Palais.
In Palatio	Pax fiu...l.
» fit	Pa.
»	Ingoaldo.
» fit	Ingomaro moni.
Palati moneta	Eligi Chlotovegus r.
»	Eligi Dagobertus ri.
»	Escolare m.
Palati	Monet.
» mo.	Notadicnus.
Plati.	Monet. Eligi.
Palati mo.	In Palacio fit.
Plati moneta	Ragnimario mot.
Palacio ffi.	Dommolen.
Palaciolo	Domolen.
» fit.	Domolo mo.
Palaciolo	Domolino.
» fitur.	Domeciselo.
Palaceolo	Domegi.

Palaciolo	Dom... lus.
Palacolo	Marculfo.
Palanioni	Elluto mon.
Pallatetone	Boboleno mo.
Parducio	Teothax.
Parisiuu, Parisius	(Sans lég. au ℞; *arg.*). Paris.
Paris ficitur	Aeigobertus mo.
Parisius cive.	Aigoberto mo.
»	Arnebode mon.
Parisius	Arnoaldus mo.
»	Arnoalo.
»	Audegesilus.
»	Audegisilus.
» htr.	Beroaldos.
Parisius in civet (Eligi.)	Chlodoveus rex.
Parisius in civi (Eligi.)	» »
Parisius in civi (Eligi.)	» re.
Paris	Eduiadus.
Parisius̆	Egomundo m.
»	Eligius moneta.
Parisis fi.	Elegius mon.
» f.	Eligius mun.
» »	Eligius m.
Parisius civi	Elicius mun.
»	Elegius monc.
Par.	Frido... ni.
Paris domo.	Mag... aluo.
Parisius cive.	Munsobe mon.
»	Parisiu ci.
Parisius	Rigulfe.
Parisii ci.	Sesi monit.
Par.	Sigofridus (*arg.*).
Parisius	»
Parisios fit.	Vitals moni.
Parisus fit.	» mon.

Parisus	Vitalis m.	
»	» mon.	
» fi.	» mu.	
» »	Vilalis mon.	
Parisi	Ulfino moneta.	
Parisius	Vulfar.	
Paseno fetoi.	Leonardos monetarii.	
Paternu fit.	Maderulfo m.	
Patigaso	Deorigisil.	
» vico.	Ragnulfo m.	
Paulacium fiit.	Daulfus mune.	
Paulacio vico	Daddoleno m.	
Pauliaco vico	Valorigno m.	
»	Leudovaldo.	
»	Marciano.	
Pauliaco fit.	Sesoaldo mo.	
» vi.	Leodulido.	
Pectavis	Aboleno m.	Poitiers.
Pectavus o.	Adaido m.	
Pectavis	Adraldus.	
»	Agolenus.	
» civi.	Aribaldo m. (*arg.*).	
»	Audegisilus.	
Pectà.	Audoln. (*arg.*).	
Pectav.	Audolenus (*arg.*).	
Pectavis civet.	Avendo monetar.	
» civit.	Betoni monetar (*arg.*).	
» civi.	Caroso moni.	
»	Fantoaldo.	
»	Fridirico.	
Pectavos c.	Gocolaico mn.	
Pecta	Godilaico m.	
Pectavis ci	Arinoberto (*arg.*).	
»	Ingomaro m.	
»	Lentler ?	
»	Magnulfus.	
»	Paulo.	
»	Paulus.	
»	Provendo.	

Pectavis cive.	Rigisilo m.	
» civi.	S.. noberto mi.	
» »	Seudulfus (*arg*.).	
Pect. Eclesi.	(*Arg*.).	
Pict. civ.	(*Arg*.).	
Pectavo	(*Arg*.).	
Penobria	Modericu.	
Pellocullo	Fredomundo. ·	
Pertas fit.	Dachomaro moni-tari.	Perthes.
Petra fict.	Hildebodus.	
» ficta.	» mo.	
» fic.	Ildebodus mon.	
» ficta.	Muii mon ?	
» castro f.	... tolo.	
Petrocoris	Flaccio mon.	
Pectrocorius	Marfelitus.	Périgueux.
»	Marcemus.	
· Petrocoris civitate iin man.	Niviardos monitario.	
Petrocoris	Palladius m.	
Pino fitur	Ildebodu.. mi.	
»	Childolenus mo.	
Pocciaco	Vrcolenus.	
Ponte clavato	Avadeleno m.	
Ponte clavico	Vandeleno m.	
Ponte claviti	Gavioaldo monita. ·	
Ponte Petrio	Berterico roni.	
Porto veteri	· Leodulfo moni.	
» vediri	Bertoeno mo.	
Porto vediri	Bertoenus mo.	
Porto vidrari	Paulo monitar.	
Potento fit.	Launec.. fi.	
Potincaco cas.	Magnus mon.	
Prevunda silva.	Magnul fit.	
Pucciliro	Serenus.	
Purtis pal.	Bel... elus ?	
Raciate vico	Flariano m.	Rezé.
Raciate	Mallasti.	

Raciate vico	Pascasio mot.	
» »	Teodorico m.	
» »	Teodirico.	
Raciati vico	Morlateo mo (*arg.*).	
Racio...	Hildoaldo (*arg.*).	
» acclisi.	Victor.	
Racion eclesiae	Eomacius mone.	
Racio Aeclis Lemo	Domulfus moneta.	
Racio Ecles Sénon	Antelinus (*arg.*),	
Racio Basiici	Basuius.	
Racio Baselici	Cavalon.	
» Basilii	Teodeno mo (*arg.*),	
» Basilici	Sancti Aniane.	
» »	Sci Martini.	
» Dom.	Daovaldo mo.	
» Domini	Laudilfo.	
» »	Aunulfo.	
» Domi.	Bosindus m.	
» Domni	Lob. osinds.	
» »	Abolenus.	
» Domini	Launociar (*arg.*).	
» Eclisi	Ma... moni.	
» »	Fridrics (*arg.*).	
» Fis.	Redonis.	
» Fisci.	Abolenus.	
» Lemovix.	Mariniano moneta.	
» Munaxtesii	Aurelianis civi.	
» Sci Ma.	Aldegiselo..	
» Sci aur.	Modesto.	
» S. Martini	Moderato m.	
» Sci Maxc.	Merobaude f. (*arg.*).	
Raxniio	Sinardoc.	
Redoni	(Sans lég. au ℞).	Rennes.
Redonis fici.	Badiricus mo.	
Redonas	Bodoleno.	
Redonis fici.	Bridigisel.	
Redonas	Chadoauldus.	
Redonis	Ebrigisilo.	
»	Fanterellus	

Redonis	Faterells.	
»	Francio.	
»	. isperadus.	
»	Leudegiselo.	
Redonas	Iiamagisilo ?	
Redonis civi.	Niviaste ?	
» »	Olisinidas.	
Redonis.	Racio fis.	
»	Radulus fi.	
»	Romoverto.	
Redonas civ.	Sadigiselo.	
Rimus fitur	Betto monetari	Reims.
Remos fitur	Felcharius.	
Remus fitur	Filacharius.	
» fit.	Filamarius.	
Rimus fit.	Filumarus.	
»	Ilomarosi.	
Rimus	Filari.	
»	Filachaic.	
Remus civet.	Garidertus munea.	
Remus civita.	Victoria aug.	
Remus civietate	Filumarus monita.	
Rialaco vi.	Launomund.	
Ci Rialaco	Odnmonan ?	
Rialaco	Launomundu.	
»	Valdo mo.	
Ricomago vico	Honoratus.	
Raeodunin	Theodoleno m.	
Rilac f.	Ramons.	
Riomo.	Arivaldo.	Riom.
Rittuldiaco	Chun...om.	
Rivarinna	Orivio mon.	
» vic.	» moi.	
Rivi...ani.	Flodoaldo moi.	
Rocco fit.	Isciusditeio.	
Roivia	Metulfus *ou* Vaf- tulfus.	
Rolendeo	(Sans lég. au ℞).	
Rora vicus	Fridegisilus mo.	

Rotomo civ.	Aigoaldo mo.	
Rotomo c.	» n.	Rouen.
Rotomo vic.	Baudacharius.	
Rodoma ci.	·Berio.	
Rotomo ci.	Bertichram mon.	
» civ.	Bertichranio.	
» »	Bertechramno mo.	
» civitati.	Chagnoaldo mon.	
» ci.	Chelaldo m.	
» »	Cheloavao.	
» »	Chiloac.	
Rotomo ?	Disiderio.	
Rotomo	Dodone mo.	
» ci.	Ermoberto m.	
» »	Erneberto m.	
Rotomo	Mellitoo.	
Rtotom civitei	Merto m.	
Rotoom	Peccane m.	
Rotomo	»	
Rodomo ci.	Sillon m.	
Rtoomo ve.	Tauldolino n.	
Rufiacu f.	Leòcesius m.	
Ruanieialioia ?	Ai.aietus mone ?	
Ruenus fit.	(Sans lég. au ꝶ).	
Rutene.	(Monogramme),	Rodez.
Rutene cive.	Cannaco fit.	
Ruteno.	Cannaco.	
Rutinu.	»	
(Monogramme).	Rolus mo.	
»	Aienius m.	
»	Anciolutrio mui.	
»	Aspasius m.	
»	Bonulfus.	
»	Deorerius mon.	
»	Esperios mo.	
»	Maretomos fecei.	
»	Otoneus.	
»	Iosolus mn.	
»	Rosolus m (ou mn).	

..ecciu.	Scudivo.	
»	Teudgusolus.	
»	Vendimius m.	
»	Vendemius munet.	
»	Vendemius monet.	
Sagomo.	Lideciac.	
Sagono.	Orgesa.	
Sacraciaco.	Bosivio mo?	
Sagraciaco.	Eosevio mon.	Segrais.
»	Teodoleno.	
Saius flt.	Launo des.	
Saius civita.	Munnus moni.	
Salao vico.	Isendullo mo.	
Salavo vi.	Magnoaldo.	
Salion no.	Santino m.	
Saliaco fito.	Bosoleno.	
Sa...co fit.	Boselinus.	
Sallo vico.	Leudulfus.	
Salviaco f.	Madelino m.	
Samara.	Iianarius?	
Sanctonis.	(Sans légende au ℞).	Saintes.
Sancton.	(D°; *arg.*)	
Sanctonas.	Ascarico mo.	
Santonis.	Ausonius.	
Santonas.	Baudoleno...	
Sanctonas ci.	Fledino moni.	
Santonis.	Iterius monoi.	
Santoni.	Lidulfo moni.	
Sannon.	Bladil.	
Sanonno.	Domardo.	
Sanon.	On.. m.	
Sansat.	Leudino m.	
Santi Remi vico.	Betto moneta preci.	
» » »	» mone pr.	
» Remidi vico.	Beto monedarius.	
Saraciaco.	Bodone monei.	
Sareburgo.	Bobone mone.	Sarrebourg.
»	Vulterico mon.	
Savinaco.	Vanesilo eono.	

Saviniaco vico.	Resoa (Idus?)
Sauliaco vico.	Ludufo mono.
»	Alododus mo.
Sauriciaco fit.	Beofridus mion.
Saxob.. cio fit.	Gicinus mo.
Scarponna fi.	Fainulfo monet fit. Charpogne.
»	Trasoaldo mo.
» fit.	Waecivelus mo.
» »	Waregiselus mo.
Scoaredio fit.	Baudoledio m.
Scoaredi fit.	Caudolefius m.
Scoaredio fit.	Olefios mon.
Scoaredi »	Baudoleno mt.
Sco Arocio.	R...ulio m.
Sci Avicula.	.. Ovaldus.
Sci Dionisi.	(Monogramme; *arg*.) Saint-Denis.
» » ma.	Ebregisilo.
Sca Eclesie.	Austo moni.
Sco Filibero.	Gemedico col.
Scta Flura.	Defii..s. Saint-Flour.
Sci Gilasi.	Berulfo mo.
Sci Iorgi fitur.	Bodolenus m.
Sci Iorgi.	Bodolenus.
» » fitur.	» mo.
» » »	Bodoleno.
Sci Iuliani.	Brivate.
Sco Laremo.	Audoaldus mo.
Scola...	Inte moneta.
Sci Martini.	Bannaciaco fiit.
Sci Martini loco Te-iaco.	
Sci Martini.	Racio basilici.
» »	» basilic.
Sci Martin.	Sci Martin (*arg*.).
» Martini.	Erloinus (*arg*.).
» »	Fraterno.
Scs mar.	Gemellos.
Scii Martini.	Gemellus.
Sci »	Unicter (*arg*.).

Sci Martini.	Uncter.
Sci Mar...tur.	Agnus mon.
Sci Maurici.	Bertemindo.
Sci Maurici.	Nicasio mon.
Sco Maxentio.	Merobaude m. (arg.).
Sci Maximini.	Leodulfo m. (arg.).
Sci Medardi.	Noviomo ci.
Sci Metti.	Gari..aro.
Sci Ontis cas.	Maurolenus.
Sci Petri.	Mediolano mon.
Sconas civita.	Aribodeo m.
Sdanaconi vic.	Naitioli ..o.
Sedeloco vc.	Baudoal... mon.
Sefiniaco.	Gundenus.
· Selaniaco.	Betto moni.
»	» mone.
Selonaco.	Aldoald.
Senna mauro.	Satorno monetario.
Seno Racio eclisi.	Antelinus mon. Sens.
Senonnas civita.	Far.... mon (arg.).
Senoni civita.	Guntachramr.
Senonas.	Marcoaldo m.
Senones c.	Sigofridus m.
Senoneo.	Guarreso.
Sen. civeta.	..tus mon (arg.).
Serotenno.	Baudigu..iota.
»	Baudegisceo.
Sesavi.	Leone mo.
Sesemo vico.	Bosolenus mo (arg.).
» »	Bosoleno mo.
Sesemo fit.	Bosolinus.
» viin.	..ighisilo.
Sesemo.	Er...aris m.
» fit.	Gennacio.
Sesiaca.	Domnigisilus.
Seso vico.	
Sessionis fit.	Augoaldo mon.
Sgeflac.	Onofredus.
Sicusio fi.	Anicio vaceto.

Sidunis fit.	A...bertus mu.	Sion.
»	Aecius m.	
Siduns cive fit.	Aietius mun.	
» civiate fi.	Betto munitarius.	
Sidunis civitate fi.	Gratus munitarius.	
Siduninsium civitate fit.	Mundericus mone- tarius.	
Seduninsium civita.	Mundericus mune.	
Siduninsi in civi Va.	Segusio civitate (R. N., 1888, 76).	
Siduningiin civita.	Nolaia.	
Sidunis civitate fit.	Totus monetarius.	
Silaniaco fit.	Abundancio f.	
»	Abundantius mo.	
Silaniaco.	T... io mon.	
Silaniacoi.	Iaconue mo.	
Silanace fit.	Ratus monetarius.	
Silionaco.	Teudomeris.	
Silliaco.	Maurinos.	
Sillionanto.	Doddo mon.	
Silvanect.	Sclinectis.	Senlis.
Silvanec.	Ald... ro mo.	
Silvanecti.	Auslius.	
Silvanectes fit.	Bettone moneta.	
Silvanectis.	» mone.	
Siulf + noca.	Betto me.	
Silvanectis.	Domnus mon.	
Silvanec.	Ragnulfus.	
Silvanecti.	Sigonardmus.	
Silvanectis.	Ursolinus.	
» fit.	Ursolini mon.	
Silviaco.	Ramnicisilu.	
Silviniaco.	Francaubodus.	Souvigny.
Similiaco.	Procomeres.	
Sinemuro f.	Sicoald mo.	
Sirallo fitur.	Ebrulfus fecit.	
Sirallo.	Ebrulfo.	
Sirailo.	E...ndus.	

Sitianvtiati.	Ocreo.	
Soa-nno.	Flanegisilus.	
Solemnis.	Au... aldo.	
Solia... vico.	Mallobodus.	
Solnacoi.	Idonio mon.	
Solonaio.	Baio mon.	
Solonas.	» »	
Solonaco vico.	Ernoaldus.	
Soldaco vic.	Mallebodis.	
Sorellus.		
Sorie.	Edommio m.	
Sornegdiano vico.	Ernoaldus.	
Sotcoi ft.	Odntchctnits.	
Sotcnot.	Adelemarus.	
Spaniaco f.	Trtemindus moi.	
Spira.	Bddu m ?	
» fit.	Gaiso mo.	
St... va.	Ebohus.	
Stagneetiso.	Tanoirelt.	
Stampas.	Droc... gisilo m.	
» fitur.	Dructomarus.	
Stoliaco.	Virulo.	
Stratoiburg.	Cosrubet.	Strasbourg.
Stradiburg.	Tenamoneivio.	
Suc.	Voitunus.	
Suessionis.	Suessionis.	Soissons.
Suessiono.	Audoaldo moni.	
Suessionis fit.	Bettoi monetari.	
»	Bettone mona.	
Soesionisi.	Bettoii.	
Suesionis.	Bettoni.	
Suessionis.	Bituegarioi.	
» f.	Elalius monet.	
Suession.	Inc... o moneta.	
Suessionis.	Ragnemaro mo.	
»	Ragnemaro.	
Sugelione vi.	Airguh so mon.	
Suliucuu.	Aliudus.	
Suuliucu.	Upucale.	

Tagivao.	Otodovoeca.	
Tagro.	Leodoaldo.	
Talilo cas.	... us mon.	
Tannai of.	Bettoni.	
Taotun.	Villebode mone.	
Tarantasian.	Rinchimo moneta-rium.	
Taroanna.	Ottoros.	
Tauliaco *ou* Pau-liaco. .	Lenbovald.	
Taurecino.	Luppus mon.	
Tauriliaco.	Aribode m.	
Tausgunnaco.	Aridius.	
Teiennaio.	Vell... ino.	
Telemate fit.	Arivaldus monetar.	
Telemete.	Bertovalds m.	
»	Bertovalgus mon.	
»	Bertoaldo m.	
» fit m.	Garivaldus m.	
» »	Sigofredus mo.	
» fi.	Cl... so m.	
Tellao.	Ermacharius.	
Tenganes.	Charialdus.	
Teodobercia.	Aunoaldo.	Thiverzay.
Teodeberciaco.	Chadulfo mo.	
Theudeberciaco.	Chadulfo mo.	
Teodeberciaco.	Eonomivo mo.	
»	Eonomius.	
Teudericaco.	Eonomio mo.	
Teodebercia.	Iohannes.	
Teodeberciac.	Iohanne mo.	
Theudeberciaco.	Iohannes.	
Theodeberciaco.	Lensurus.	
Theodeberciac.	Lensurius m.	
Theodeberciaco.	Monoaldo mo.	
Teodebercia.	Munoaldo m.	
Teodeberciaco.	Spectatus moneta.	
»	Spectatus m.	
Theodeberciav.	Spect.	

Teodeberciaco.	Espectatus m.	
Theodiliaco.	Edicisilo m.	
Teodericia.	Teodirico mot.	
Teodericiaco.	Teodericus monet.	
Teodericia.	Teodericus mo.	
Terdiliaco.	Edicisilo m.	
Ternodero.	Berulfo moneta.	Tonnerre.
Teudirico.	Arastes.	
Teuderic.	Carcillo.	
Teverio vico.	Noctatus o.	(R. N., 1884, 299).
Thicovosna fit.	Inie... fu m.	
Tholosa fit.	Arnebode mn.	Toulouse.
» »	Arnebode mo.	
Tolosa fit.	Baldulfo mo.	
Tholosa.	Ebromare mon.	
» fit.	Fredoaldo mon.	
Tulusa ivi.	...Dulius mt.	
Tolosa mii.	Vanodulfo.	
Tolosa.	Isor munet.	
Tholosa.	Magnoe moneta.	
» fit.	Magno monet ecl.	
Tholosa fit.	Manoaldu.	
»	Teuddolenus.	
Tici naco.	Charigis.	
Tidiriciaco.	Aegulfo mon.	Trizay - sur - le - Lay,(R.N.,1886, 203).
Tidirici.	Aonao.	
Tidiriciaco.	Aonoaldo mo.	
»·	Aonobode m.	
»	Cinsulfo mone.	
»	Cinsulfus.	
Tidiricia.	Cinsulfo mo.	
Tidiriciaco.	Fantoaldus.	
»	Gundobode.	
»	Iohannis.	
» fi.	Maurino avo.	
Tidiriciaco.	Segom.	
» vi.	Sigoaldo mon.	

Tidiriciaco.	Sigoaldo m.	
Tidiricia v.	Gagoaldo (*plomb*).	
Tidiriciaco.	Wita mone.	
Tila castro.	Vaschuvaiso moie.	
Tiverniuni vi.	Sigimundus.	
Tnovvo vico.	Tasone mone.	
Toare ca.	Nonno mo.	Thouars ?
Toiiano civ.	Ledoaldo monetai.	
Tobrencia.	..nobertus m.	
Tolosacto.	Lo...e.	
Tornacum.	Clodov. rex.	Tournai.
Tricas civi.	(*Arg.*)	Troyes.
» civetat.	Audolenus monetari.	
» civi.	Audolenus monet.	
Tricas.	» mo.	
Treca.	» mon.	
Trecas fit.	» mo.	
Tricas civetate.	Concesso monet.	
» »	Gennulfus monitarius.	
Trecas.	Gennulfus mon.	
Tricas.	Gennulfus.	
Trecas.	Gennulfo mo.	
» civi.	Leone monitario.	
Tricas civitat.	Maurino mon.	
Trecas.	Mumolinus fici.	
» civi.	Villiberto moni.	
Trectuise vico.	Mauro monetatiu.	
Tremeoleo.	Baudolefus.	
Tremolo vic.	Léudomundus.	
Treveris civetat.	Bertinno monitario.	Trèves.
Treveris civiate obriu.	Monuldus moneta-rius coniir.	
Treveris civetate fit.	Launoveos moneta-rius constit.	
Treveris civetate obrius fiit.	Launovios moneta-rius constit.	
Treverus civ.	Imonoadmai ?	
Treveris civit.	Rebiarobus fi.	
» civitate.	Victuria agstr..	

Treverus cive.	Vinulfus monetariu.	
Tricirco.	Drucoivifo mo.	
Triecto fit.	Adelbertus m.	Maestricht.
» »	Ansoaldo.	
Triecto fit.	Bosone mo.	
» »	Chrodobertu.	
Triectu fit.	Domaricus m *et* mo.	
Triecto fit pax.	Godofridus moni.	
» fit.	» m *ou* mo.	
» »	Madelinus mo *ou* m.	
» »	Maganone mon.	
» »	Rimoaldus m.	
» »	Trasemund..aro.	
» »	Thrasemundus m.	
Trusciaco.	Valerio neta mon.	
» fiit.	Ar..	
Tuestat fit.	Matelinu viv.	
Tubn.nus? *ou* Tu-ronus ?	Laurufoni.	
Tug...e.a.	Austro m.	
Tulbiaco fit.	Chiu..ulfus mo.	Zulpich.
» fi.	Gabiu m.	
Tullo.	Artovallus mo.	Toul.
» civitate.	Audoaldo. monetari.	
Tulus civit.	Audulfus m.	
Tullo civita.	Dru>ctoaldus mo.	
» »	Dru- ctoaldo mo.	
Tull civitat fitu.	» mon.	
Tullo civetati.	» mone.	
Tullo civita.	» moni.	
» fit.	Gibiricus mon.	
» »	Leudio monet.	
» civetat.	Ludo monea.	
» cive.	M... sita.	
Tullo civetati.	Selevicselus.	
Tullo civita.	Vodotus mone.	
Tuostsiti.	Vemius.	
Turiaco.		
Turnac.	Guerda.	Tournai.

Turnaco.	Teudcharius.	
»	Teudahario.	
Turonus civi.	A.. dperto mntari (*arg*.).	Tours.
Turonus.	Antimi mon.	
» civi.	Chadomari.	
» civita.	Chadomali m.	
Turonus.	Domnigisilo mo.	
» civi.	» m.	
Turonus.	Maurus mon.	
Turturonno.	Aunulfinde.	
»	Bloderico.	
»	Leudeno mo.	
»	Merlote m.	
»	Ricobode mo.	
Ucecie fit.	Aldericus fecet.	Uzès.
Ucece fit.	Aspasius mu.	
»	Hadelenus.	
Uco mon.	Petrus (vanei ?)	
Umoltonno.	Oliu..c.	
Uncesia vico.	Eugenius.	
Undocind fit.	Genno monet.	
Uranoluno.	Fiisillus.	
Urba vic.		
Userca fit.	Basilianus.	Uzerche.
» f.	Baselian.	
» fit.	Irso monetar.	
» fit.	Leodo mo.	
» cas.	Leodomodo m.	
Userca.	Manviixo.	
» cas.	Maurus monetar.	
Usercalo....	Url..netac.	
Vadiciv + vi + iv.	Ucicutis-utis-vita.	
Vaddonnaco vi.	Medegisilo monet.	
Vadoet.	Babrica.	
Vaggias.		
Va. (Maurice Ti-	Gaudolenus mone.	Valence.
bère).		
Valent .. civi.	Avi.	

Vallaria vico fi.	Glavio monetari.	
Vallaria.	Glavione mon.	
Valletcia vi.	. Chademundo.	
Vallcsi.	.. monita.	
Valmiollo.	Agodopus.	
Vapinco fitur im.	Launomiri mo.	Gap.
Varinio.	Orulf mo.	
Varinnas.	Angisiso mo.	
Varmalia.	Dodo monetario.	
Vasatis cive.	Beremundus. m.	Bazas.
Vatunaco vi.	Alemundus.	
Vatunnaco vico.	Allamundo mo.	
Vegoste villa fit.	Produlfus monitariu.	
Velecassinoi.	Aunegisilo.	
Velecassino.	P... clo mo.	
Vellaco vico.	Uneligiolo.	
Vellao.	Esperio m.	
Vellavos.	Dagomares m.	
Vella fii.	Teudulius.	
Vellino.	Teienn mo.	
Venda vic.	....	
Vendonesse fit.	Ago monetariu.	
Venetus.	Chardo.	Vannes.
Venisciaco.	Leudulfus.	
Vendogilo.	Frodelino m.	
Venta.	Cadaindilgilius.	
Veredaco vico.	... eno mon.	
Veremund.	Dotiloranus.	
Verilodio fit.	Aonulfo.	
Vernemito vil.	Atfla mo.	
Verno vicoi.	Aiulfus mi.	
Versorodo.	Audorico.	
Vesaronno.	Magnus.	
Vesonc.ov.	...o.moneta.	
Vesonno vi.	Franigisi...	
Vesuncione de selegs.	Gennardus ╈ aerio.	Besançon.
Vesoncione.	»	»
» fi.	»	»
Vesuncione d le.	Gennards ╈ erio.	

Visuncioni.	Sobo monitario (*arg.*).		
Viacecia (V. *Uncesia*).			
Vico brivate.	Mariulfo moneta.		
Vico botanis al.	Landilino monisn.		
Vigoiedus v.	Bertoaldo.		
Victoria cu.			
Vidogino.	Agrigisilo.		
Vidua vico fit.	Francobodo m.		
» »	Francolenus.		
» »	Fransicinus.		
Vienn.	Bomoni ?	Vienne.	
Vienna vico.	Aines no (*arg.*)		
Viena »	Airicuco mon.		
Vienna fit.	Arvaldus monitar.		
» »	Audemundus m.		
» civitati.	Bappa monitar.		
» civi.	Bertulo mu.		
» fit.	Blidemundus.		
» »	Elvile.		
» vico.	Gundomaro ni.		
» civ.	Iuliano mo.		
» fit.	Leloenus.		
» »	Leudino mone.		
» casto.	Maguno mo.		
Vienna de officina Laurenti.	(*Maurice Tibère*). (*R. N.*, 1884, 173).		
Vien.fet.	Laurenti.		
Vienna fit.	Sanctus monetarius.		
» fet.	Renius.		
» »	Teudecendo.		
» vico.	Vivatus moni.		
Villa leon.			
Villa madrin.	Vitale monetar.		
Villa lus.	Araulfus.		
Viminao.	Piperone.		
»	Ppero.		
Vindarin vi.	Volt.		
Vindello.	Erto mo.	Vendel.	
» vc.	Genoaldo.		

Vindello.	Mauro.	
Vindeora.	Tenul mo.	
Vindiciaco fi.	Hildomar.	
Vindigco fit.	Gomegiselo mo.	
Vindocino.	Eudocinus.	Vendôme.
»	Launodous.	
Vindonisse fitur.	Tuta mone	
Vindomuis fiitur.	Nsufloi?	
Vindovera fit.	Chrodoladus m.	
Vindover.	.. anorius c.	
Virciloteds.	Ictoa....nn (*arg.*)	
Virdun civitas.		Verdun.
Virduno fitnr.	Ambrovald.	
Vireduino fit.	Bertoaldus mon.	
Virdunum civ.	Dacober.	
Verduno.	Dodo munet.	
Virduno fit.	Dodoni monetario.	
Vereduno fit.	Dodo munet.	
Verdono fit.	» moneta.	
Viriduno.	...eicilaude...	
Vereduno fiet.	Fragiulfus mn.	
Virdunis fiet.	Giseleno mon.	
Vereduno fit.	Mauracharius m.	
Viriduno civ.	Rainulfus moni.	
» fit.	Ratialano monti.	
Virduno civ.	Tassalo mo.	
Virdunis civetate fit.	Timilivorvitto mun.	
Virduno fit.	Tottoleno m.	
» »	Vellaus monit.	
Viriduno.	Undenicaco mun.	
Viriaco vico.	Aegulfo monitar.	
Viriliaco f.	Frederico mo.	Verly ?
» »	Fridirico mo.	
» fituo.	» .moni.	
» vico fit u.	Teodirico m.	
» vico.	Teodirico monit.	
Viriliago.	Teodericus.	
Virisontud.	Berulfo mo.	
Viromado.	... one monet.	

Viromandis.	Babontus.	
»	Sinio mo.	
Visina.		
Viva.	Aiautival.?	
...., vivati.	Aiufai.	
Clotariaiot civ. Vira.	Clotharius rex.	
Vivario civi.	Dagobertu.	Viviers.
» ci.	Iaco moni.	
Viv... civ.	Sigibertus re.	
Vivrolenius.	Aigoaldus.	
Vellaus.	Araulfus.	
Vodincu.	Aeonus.	
Voduarbilio.	Vindochario (arg.).	
Vorocio vico.	Ebroaldo mo.	Vouroux.
»	Druetaldus.	
Vosonno fi.	Eudolino m.	
» vi.	Flanigisil.	
Sov'onno (sic).	Flanegisil m.	
Vosonno fi.	Afiangi ?	
Vuagias.	Teudocindus.	
Vultaconno.	Marculfo.	
»	Teudomere.	
Vuredo vico.	Leoboleno f.	
Wicco f.	Anglo mon.	
» fit.	» monet.	
Wicus ficit.	» monet.	
Wicco fit.	Domoluno.	
Wicus »	Donnane moni.	
Wico fit.	Dutta monet.	
Wicco.	» »	
Wicus fit.	Ela monit.	
Wicco.	Ifiscus.	
Wicco fit.	Flesanetio ?	
Wicco.	Leo.	
Vico.	Sassanus.	
Wicus fit.	Uncco monet.	
» civi ?	» »	
Vicus fit.	Ucco monet.	

MONÉTAIRES DONT LES NOMS SE TROUVENT SUR DES MONNAIES SANS INDICATION DE LOCALITÉ

Aindulfus.

Anteno.

Aredius (monét. de Clotaire II).

Avitus.

Boetius ? (*Cat. d'Ennery*).

Borxa (monétaire de Dagobert).

Caius ? (*Cat. Rousseau*, 219).

Cheldebertus ? (Bouteroue, 227).

Donatus (mon. de Dagobert).

Drucbertus (*R. N.*, 1839, XVII).

Ebroinus (*Cat. Rousseau*, 109).

Gaudolenus (mon. de Maurice-Tibère, à Valence).

Gemelus (monétaire de Dagobert).

Iatirettilenus (*Cat. d'Ennery*).

Leudelinus (*Jahresbericht... zu Trier*, 1852, 29).

Loito ? (*Cat. d'Ennery*).

Magnomaris.

Maret (monét. de Maurice-Tibère).

Maretomos.

Osocrius.

Radulfus (*R. N.*, 1842, 437).

Ravicosus (*Cat. d'Ennery*).

Rolendeo.

Talopus ?

Tonus ?

Tursinus.

Vomichisilus.

Wandelinus (monét. de Clotaire).

ÉPOQUE CAROLINGIENNE

Sous la première race, on avait frappé surtout des monnaies d'or, mais il serait inexact de croire que le fondateur de la deuxième race a volontairement remplacé l'or par l'argent (Guérard, *R. N.*, 1837, p. 424). Le changement s'est opéré peu à peu ; les *saigas* parurent et, se transformant progressivement, devinrent les *deniers* que la race carolingienne a frappés en si grand nombre. Certaines pièces semblent appartenir à cette période de transition.

La rareté des espèces d'or sous la dynastie carolingienne, d'origine germanique, est un fait curieux à signaler, surtout si l'on rappelle que les anciens Germains préféraient les monnaies d'argent à celles d'or (Tacite, *De Mor. Germ.*, c. v).

La valeur du denier a été variable. Guérard dit qu'il y eut des deniers de 21 grains 2/3 et d'autres de 24 grains sous Pépin et que, sous Charlemagne, une espèce pesait 24 et une autre 32 grains.

Sous les rois de la première race, la taille était de 25 sols dans la livre d'argent, du poids de 6,144 grains. Cette taille fut réduite par Pépin à 22 sols. Charlemagne, qui porta la livre à 7,680 grains, fixa la taille à 20 sols (240 deniers).

La valeur intrinsèque des deniers est de 0 fr. 26 36/100 sous Pépin et de 0 fr. 36 24/100 sous Charlemagne et la valeur relative est respectivement de 2 fr. 83 et de 3 fr. 89. A la fin du VIIIe siècle, le pouvoir de l'argent ayant diminué, la valeur relative du denier ne fut plus que de 2 fr. 66 (*R. N.*, 1837, p. 413).

M. de Barthélemy a pensé avec raison que le denier

succéda à la *saiga* mérovingienne et en prit le poids qui était de 20 grains 12/25 (1gr86). Mais à la fin du règne de Charlemagne, le poids fut de 32 grains (1gr707).

Le monnayage de l'or ne comprend que des pièces du poids d'un tiers de sol romain, frappées en Italie, avec CARLEMAN.RX et CARLE.RX ou CARL.FR.X occupant le champ. Une autre avec +D.N.AVSTVLFRI et le monogramme CRX, semble attester la reconnaissance par Astaulfe de la suzeraineté du roi des Franks sur le royaume langobard.

Les *tiers-de sol*, avec D.N.CARVLVS.REX, frappés à Lucques.

Les *sols* et les *tiers de sol* frappés par Grimvald III, prince de Bénévent, avec le nom de Charlemagne (DOMS. CAR.RX), en vertu d'un traité où se trouvait la clause suivante : ...*Nummosque sui nominis characteribus superscribi semper juberis.*

Les *sous* d'or de Louis le Débonnaire portant un buste lauré avec le paludamentum, et au ℞. MVNVS.DIVINVM autour d'une couronne, de même que les sous frappés à Uzès, ont probablement servi à des cérémonies religieuses ou comme pièces de plaisir (Fillon, *Considérations*, p. 116 ; Cartier, *IVe lettre*, p. 251 ; Chalon, *Rev. belge*, 1850, p. 377). On frappa même des pièces d'or avec les coins des monnaies ordinaires, par exemple, le denier d'or de Melle (Fillon, *Lettres à Dugast,* p. 141).

Les nouveaux souverains, plus solidement assis sur leur trône, apportèrent de grands changements dans l'organisation monétaire.

Plus de monnayers ; les monnaies portent seulement le nom du souverain et celui de la localité où elles ont été frappées.

Nous trouvons cependant quelques noms de particuliers inscrits sur les monnaies :

Sur celles de Pépin, GADDO, MILO et LABI (à Reims); sur une pièce de Carloman, LEVTBRA ; sur des deniers de Charlemagne, GERVASI, ODAL (ricus), RODLAN, WALACARIO.

Parmi eux sont probablement Milon, le puissant comte de Narbonne, et le fameux Roland.

Certains auteurs ont pensé que ces noms indiquaient des monnayers analogues à ceux de l'époque mérovingienne. D'autres ont cru y trouver une marque d'indépendance de certains comtes ou ducs inamovibles. Gariel (2ᶜ P., p. 54) est disposé à y voir le signe d'une concession faite par le souverain à des comtes ou marquis (1). La question, comme tant d'autres dans la numismatique carolingienne, ne paraît pas avoir encore reçu de solution certaine.

Depuis l'avènement de Pépin (752), jusqu'à l'avènement de Louis le Débonnaire (814), la monnaie de l'empire d'Occident peut être considérée comme ayant appartenu véritablement aux souverains : mais, à dater de cette dernière époque, le nombre des ateliers royaux diminue.

Les évêques et les monastères se faisaient concéder les ateliers établis dans leurs villes. Voulant à la fois jouir des prérogatives que la munificence royale leur accordait, et se servir d'un type religieux, ils adoptèrent celui de XPISTIANA. RELIGIO, que Louis le Débonnaire tenait de son père, et qu'il avait commencé à naturaliser en Gaule. Le type adopté, il arriva deux choses : 1º les évêques, plus à portée de se soustraire au contrôle des *missi dominici* et des comtes, et qui avaient obtenu la plénitude des bénéfices du droit de monnayage, continuèrent à se servir du nom de Louis le Débonnaire, même après sa mort, soit par reconnaissance, soit par un autre motif ; 2º ceux qui étaient dans le cercle d'action du monarque, ou qui étaient moins favorisés, eurent soin de changer le nom à chaque mutation de règne. (Fillon, *Consid.*, p. 78).

Les seigneurs laïques, par concession plus ou moins régulière, exerçaient aussi le droit de monnayage et copiaient principalement les monnaies portant les monogrammes des rois Charles le Chauve et Eudes.

A l'origine des concessions, les seigneurs, prélats et monastères, chargés de la fabrication de la monnaie royale, étaient autorisés à prélever un bénéfice de 1 sou sur 22 et plus tard de 1 sou sur 20. Le bénéfice aug-

(1) C'est l'opinion de M. de Barthélemy dans *Charlemagne* par Alphonse Vetault, 1877.

menta jusqu'au moment où la monnaie royale devint seigneuriale. Sous le règne d'Eudes, paraît la première espèce purement baronale : C'est le denier de Corbie, où le nom du roi, d'abord accompagné du monogramme de l'abbé, finit par disparaître complètement.

A l'origine du monnayage carolingien, le nom du souverain était généralement écrit en deux lignes. Quoique Longpérier ait contesté l'attribution à Charlemagne de pièces avec monogramme au centre (*cat. Rousseau*), Charlemagne en a probablement été l'inventeur, mais il s'en servit peu dans les ateliers d'Aquitaine où monnayait en son propre nom son fils Louis. Charles le Chauve employa ce type dans les seuls ateliers d'Aquitaine.

D'après l'édit de Pitres, rendu en 864, les monnaies devaient porter le monogramme cruciforme entouré du nom du souverain. Mais peu d'ateliers frappèrent à ce type et Charles le Chauve fit passer de la diplomatique sur les monnaies la formule DEI.GRATIA.REX qui prit la place du nom royal dont le monogramme fut conservé ; au ℞, on inscrivit le nom de l'atelier autour d'une croix. Cette dernière modification, conservée par les successeurs de Charles le Chauve, devint le prototype presque général des monnaies féodales.

La série carolingienne n'est pas riche par ses types. Cependant, outre la croix, le monogramme et le temple, on trouve une porte de ville, un navire (Quentovic, Dorestadt), des instruments de monnayage (Melle), un saint debout (St Chéron, à Chartres), etc. Un certain nombre de rares deniers d'Arles, de Lyon, de Pavie, etc, portent la tête du souverain, fort peu ressemblante, du reste.

Parmi les pièces les plus curieuses de la série carolingienne, citons :

Le denier de Pépin avec D̄OM.PIPI et ELI.MOSI NA qui a peut-être été frappé par les fils de Pépin (Gariel, p. 49).

Les deniers de Charlemagne avec ✠ D.N.KARLVS IMP. AVG.REX.F.ET.L. (*rex Francorum et Langobardorum*); celui avec ✠ CARLVS.REX.FR. et au ℞ ✠ ET.LANG.AC.

PAT ROM. (ac patricius Romanorum) portant au centre un monogramme où sont peut-être les initiales du pape Hadrien.

Le plomb avec : D.N.KAR. P.F.PP.AVG, buste casqué et cuirassé avec lance et bouclier; ℞ RENOVAT (io) RO (mani) IMP (erii), Porte de ville; dessous, ROMA (R. N., 1840, p. 120). .

Le denier de Louis IV (?) avec CAPVT.REGIS t une tête diadémée, attribué à Tournus (Robert, R. N., 1860, p. 469), etc.

Des pièces portent METAL.GERMAN qui a été interprété par impôt, tribut de Germanie. D'anciens ouvrages allemands prouvent que les mines d'argent de la Bohême et celles du Ram-Melsberg dans le Hartz, commencèrent à être exploitées à l'époque de Charlemagne (C. Robert, Consid. sur la M. à l'époque romane, p. 25). Il pourrait se faire, à notre avis, que la légende précitée indiquât que les pièces étaient fabriquées avec le métal de ces régions.

L'édit de Pîtres ne mentionnait que les ateliers suivants : Le Palais, Quentovic, Rouen, Reims, Sens, Paris, Orléans, Chalon-sur-Saône, Melle et Narbonne. On s'étonnera donc de trouver un nombre bien plus considérable d'officines, sous Charles le Chauve. Mais d'abord il, faut retrancher toutes les monnaies frappées avant 864, et ensuite il faut avoir égard aux concessions royales et aux usurpations.

Il faut, en outre, considérer que les mots, in palatio de l'édit, doivent être entendus dans un sens très large ; c'est-à-dire que l'on ne doit pas y voir un seul palais, mais toutes les résidences royales pendant le séjour du roi; ainsi nous connaissons des deniers qui portent en toutes lettres : ATINIACO.PA, CONPENDIO.PALACIO ; il y a évidemment beaucoup d'autres palais, qui ne sont pas positivement spécifiés sur les monnaies. Enfin nous devons nous rappeler que les monnayers suivaient les rois de la seconde race lorsqu'ils allaient à la tête de leurs armées, et qu'ils frappaient quelquefois des monnaies dans les villes où ils s'arrêtaient, au quartier général, comme nous pourrions dire aujourd'hui (R. N., 1851, p. 27).

Le classement des monnaies carolingiennes est loin d'être achevé. L'ordre géographique est encore celui qui donnera le plus de résultats en permettant de reconnaître la filiation des types et l'âge des monnaies. C'est en déterminant, par ville et par région, une chronologie dans chaque série monétaire qu'on pourra peut-être parvenir à classer avec quelque certitude les monnaies au nom de Charles et au nom de Louis. Comme le disait M. de Barthélemy, dans son *Manuel de Numismatique*, publié en 1851, il faut éviter d'appliquer une classification centralisatrice à des monuments appartenant à une époque où tout tendait, au contraire, à se décentraliser.

Les différences entre les principales régions de l'empire sont considérables. Dans la Neustrie, le monnayage est régulier, avec un style propre à chaque époque. Le type y est le même pour tous les ateliers, et il n'y a pas d'immobilisation locale; à partir de Charles le Chauve, le monarque est le *Rex Francorum*; on n'y connaît plus le titre d'empereur.

L'Aquitaine, la Provence, la partie méridionale de la Bourgogne, prodiguent le titre impérial; on y trouve des immobilisations locales, des monnayages municipaux; les types sont mélangés.

Il en est de même pour la Germanie et la Lotharingie (Gariel, *Introduction*).

C'est pour faciliter la classification basée sur ces remarques que nous avons indiqué la division géographique à la suite des noms de villes, pour le règne de Charles le Chauve.

Pour un ouvrage élémentaire surtout, il fallait adopter une classification admise par tous les numismatistes.

C'est pourquoi nous avons adopté l'ordre chronologique suivi par Gariel, tout en rejetant les attributions qui nous ont paru erronées ou hasardées.

Suivant une habitude généralement admise, nous avons noté à la suite des monnaies carolingiennes celles des princes contemporains. Ce classement, s'il n'est pas rationnel au point de vue géographique, l'est beaucoup sous le rapport de l'origine commune des monnayages français, allemand et italien.

Quant aux documents relatifs aux monnaies carolingiennes, nous avons donné le texte de l'édit de Pîtres et le titre des autres que M. A. de Barthélemy a soigneusement rassemblés en tête de l'ouvrage de Gariel (p. 27-50).

Pépin (752-768)

R-P; DOM-PIPI; RXF; RXP.

Antrain.	Paris.
Arles.	Quentovic.
Besançon.	Reims.
Cambrai.	Rufach?
Chartres.	Saint-Cirgue.
Chelles.	Saint-Gaucher-de-Cambrai.
Chalon-sur-Saône.	Saint-Firmin-d'Amiens.
Condé.	Saint-Germain.
Had?	Saint-Marcel.
Langres.	Saint-Martin-de-Tours.
Le Mans.	Saint-Pierre.
Lyon.	Sainte-Croix.
Mayence.	Sainte-Marie.
Meaux.	Soissons.
Maëstricht.	Strasbourg.
Narbonne.	Troyes.
Noyon.	Verdun.
Nevers?	

Carloman (768-771)

CARLOM, CARLO en monogramme.

Angers ou Langres?	Lyon.
Arles.	Saint-Aignan.
Clermont-Ferrand (AR).	Sainte-Croix.

Charlemagne (768-814)

IMPERATOR. AGVST. CAROLVS, CARLVS, KARX.

Aix-la-Chapelle.	Angoulême.
Antrain.	Arles.
Amiens.	Avranches.

Avignon.
Bénévent.
Besançon.
Bingen.
Bonn.
Cambrai.
Chalon-sur-Saône.
Clermont-Ferrand.
Cluses.
Condé.
Dinant.
Dorestadt.
Florence.
Langres?
Lucques.
Limoges.
Laon.
Lyon.
Liège.
Melle.
Maëstricht.
Mayence.
Marseille.
Mâcon.
Milan.
Morigny.
Mouzon.
Narbonne.
Pavie.

Parme.
Paris.
Pise.
Razès.
Roye.
Ramerupt.
Reims.
Rennes.
Rome.
Saint-Bavon?
Saint-Denis.
Saint-Pierre-de-Cologne.
Saint-Maur ou Maurice.
Saint-Maixent.
Saint-Martin.
Saint-Firmin-d'Amiens.
Saint-Trond?
Sainte-Croix.
Sainte-Marie.
Sainte-Mire?
Sens.
Strasbourg.
Terouanne.
Trévise.
Tours.
Uzès.
Vénasque.
Verdun.

Pièces du second type au monogramme, avec la légende CARLVS.REX.FR, pouvant être attribuées à Charlemagne :

Dax.
Arles.
Châteaudun.
Chelles.
Dorestadt.
Dun-sur-Meuse.
Laon.
Lyon.
Marseille.
Metallum ; Melle.

Mayence.
Noyon.
Rouen.
Saint-Denis.
Sainte-Marie.
Sens.
Tours.
Trèves.
Vienne.

Louis le Débonnaire, *roi d'Aquitaine* (781-814)

HLV-DVIH, LVDO-VIC, HLVDOVICVS RE *ou* IMP.

Clermont-Ferrand.	Metallum.
Aquitaine.	

Comme empereur (814-840).

Aquitaine.	Nantes.
Alaboteshain.	Narbonne.
Aldunheim.	Orléans.
Arles.	Le Palais.
Barcelone.	Paris.
Besançon.	Pavie.
Bordeaux.	Quentovic.
Bourges.	Reims.
Cambrai.	Rennes.
Chalon-sur-Saône.	Renay ?
Coire.	Rouen.
Cologne.	Saint-Martin.
Dax.	Sens.
Dorestadt.	Strasbourg.
Lectoure ?	Toulouse.
Lucques.	Tours.
Marseille.	Trèves.
Meaux.	Trévise.
Metallum.	Venise.
Mayence.	Verdun.
Metz.	Vienne.
Milan.	

Avec la légende XRISTIANA.RELIGIO.

A Rome, avec la légende SCS.PETRVS et les mono-grammes des papes Pascal Ier (PASCAL), Eugène II (EVGNS), Valentin (VALENTS), Grégoire IV (GREO) et Grégoire V (GRC-II).

Pépin Ier, *roi d'Aquitaine* (817-838)

PIPPINVS.REX.

Aquitaine.	Limoges.
Dax.	Lég.: XRISTIANA-RELIGIO.

Charles le Chauve (840-877)

Type neustrien-lorrain (840-864).

CAROLVS.REX.FR. *Type au Temple.*

Auxerre.
Bourges (Aquit.).
Chartres (Neustrie).
Clermont-Ferrand (Aq.).
Melle (Aq.).
Orléans (Roy. France).

Paris (roy. France).
Quentovic —
Reims —
Saint-Martin (Aq.).
Sens (roy. Fr.).
Xristiana religio.

Type aquitain (840-877).

Monogramme carolingien.

Agen (Aquitaine).
Ampurias (marche d'Es-
pagne.)
Aquitaine.
Arles (Aq.).
Barcelone (m. d'Esp.).
Béziers (Aq.).
Bourges —
Brioude.
Clermont (Aq.).

Dax (Aq.)
Girone (marche d'Espagne).
Limoges (Aq.).
Melle —
Metallum.
Narbonne (Aq.).
Nevers —
Noyon (roy. Fr.).
Toulouse (Aq.).
Tours —

Oboles au grand monogramme occupant le champ.

Agen (Aq).
Arles —
Melle — .

Narbonne (Aq.).
Toulouse —
Tours —

Charles le Chauve, *empereur* (875-877)

CAROLVS. IMP. AV.

Auxerre (Fr.).
Béziers (Aq.).
Bourges —
Chalon-sur-Saône (Bourg.
cisjur.).

Lyon (roy. Provence).
Nevers (Aq.).
Rouen (roy. Fr.).

A Rome, avec scs PETRVS (buste du saint), et le monogramme de Jean VIII (10 ANS).

Monnaies postérieures à l'édit de Pitres (864-923)

GRACIA. D-I. REX.

Aix-la-Chapelle (Fr.).
Amiens (roy. Fr.).
Angers —
Arras —
Attigny —
Autun —
Auxerre —
Avallon —
Bar-sur-Aube ou sur-Seine (roy. Fr.).
Bayeux (roy. Fr.)
Beauvais —
Bavai —
Blois —
Boulogne ? —
Bruges (roy. Lorraine).
Cambrai —
Cassel.
Châlons-sur-Marne.
Chalon-sur-Saône.
Chartres (Fr.).
Chastres - sous - Montlhéry (Fr.).
Châteaudun.
Château-Landon ? (Fr.).
Château-Porcien —
Chièvres —
Chelles.
Chimay.
Compiègne (roy. Fr.).
Condé —
Courtrai —
Coutances —
Curtisasonien ? —
Curange.
Dieuze.
Dinant (roy. Lorraine).
Dijon (roy. Fr.).
Evreux —
Gand (Lorraine).

Gemblours ?
Ham.
Huy.
Jouarre (roy. Fr.).
Laignes ou Latz ?
Langres (Lorr.).
Laon (Lorr.).
Lens ? (Lorr.).
Le Mans (Fr.).
Leptines (Lorr.).
Lisieux —
Lyon (Provence).
Maëstricht (Lorr.).
Meulan (Fr.).
Maubeuge (Lorr.).
Morienval.
Meaux (Fr.).
Melun —
Metz (Lorr.)..
Mouson —
Namur —
Nantes (Aq.).
Nelle.
Nogent ou Noyon (Fr.).
Nevers (Aq).
Nivelle (Lorr.).
Orléans (Fr.).
Le Palais —
Péronne.
Quentovic (Fr.).
Reims —
Rennes —
Roucy ? —
Rouen —
Retondes.
Saint-Andoche-d'Autun ?
Saint-Denis (Fr.).
Saint-Etienne.
Saint-Fursy.
Saint-Gaucher (Fr.).

Saint-Médard (Fr.).
Saint-Nazaire.
Saint-Omer.
Saint-Pierre-de-Corbie.
Saint-Quentin (Fr.).
Saint-Sébastien-de-Soissons.
Semur (Fr.).
Sens   —
Soissons (Fr.).
Térouanne.
Talau (Aq.).
Tongres ? (Lorr.).

Tonnerre (Fr.).
Toul (Lorr.).
Tournai (Fr.).
Tours (Aq.).
Troyes (Fr.).
Troyes et Meaux.
Valenciennes.
Vendière (Lorr.).
Vendôme (Fr.).
Verdun (Lorr.).
Vizet   —
Vienne (Bourg. cisjur.).

Charles l'Enfant, *roi d'Aquitaine* (vers 860)

CAROLVS.REX.EQ.

Le Palais.

Pépin II, *roi d'Aquitaine* (839-865)

PIPINVS.REX.EQ OU REX.F.

Bourges.
Melle.

Poitiers.
Toulouse.

Louis II, le Bègue, *roi d'Aquitaine* (867-877)
roi de France (877-79).

Arles.
Huy.
Le Palais.
Maëstricht.
Pierrepont.

Provins.
Toulouse.
Blois.
Tours.

Louis III (879-882)

LVDOVVICVS en monogramme ou écrit autour d'une croix.

Marsal.
Metz.
Le Palais.

Tours.
Troyes.
Visé.

Carloman (879-884)

CARLEMANVS.REX.

Arles.	Saint-Médard.
Autun.	Saint-Nazaire-d'Autun.
Auxerre.	Substancion.
Château-Landon ?	Toulouse.
Limoges.	Troyes.
Melle.	

Charles le Gros (884-887)

Roi d'Allemanie et de Souabe :

KVROLVS.REX.

Cologne.

Roi d'Allemanie et de Lotharingie :

CARLVS.RE.

Aix-la-Chapelle.	Gand.
Dinant.	Thuin.

Empereur :

CARLVS OU KAROLVS.IMPERAT.

Arles.	Nîmes.
Jatercis ?	Pavie.
Lens.	Tournai.
Maëstricht.	Uzès.
Metz.	Verdun.
Mons.	

Grands deniers avec XPISTIANA.RELIGIO, et Venise, or (Lelewel, p. 122). A Rome, à la légende SCS.PETRVS, avec Marin Ier (MARINI.P.P.), Hadrien III (HADRI), Etienne V (STEPHN).

Empereur et roi de Neustrie.

GRATIA.D-I.REX ; CARLVS.IMP.AVG.

Bayeux.	Clermont-Ferrand.
Beauvais.	Langres.

Le Palais.
Paris.
Quentovic.
Saint-Gery.

Toulouse.
Verdun.
Xristiana religio.

Eudes (887-898)

HODO.REX.FRAN, ODO, ODDO.

Amiens.
Angers.
Arras.
Blois.
Bourges.
Carcassonne.
Chalon-sur-Saône.
Chartres.
Châteaudun.
Château-Landon.
Corbie.
Curtisasonien.
Limoges.

Noyon.
Orléans.
Le Palais.
Paris.
Reims.
Saint-Denis.
Sainte-Marie.
Saint-Quentin.
Sens.
Soissons.
Toulouse.
Tours.

Robert Ier (922-923)

RO.REX, en monogramme, au centre.

Etampes.
Orléans.

Tours.

Charles le Simple (898-929)

CARLVS REX.

Angers.
Arras.
Beaugency.
Bruges.
Beauvais.
Blainville?
Blois.
Chartres.
Châlons-sur-Marne.
Chinon et Tours.
Châteaudun.
Dinant (Flandres).

Huy.
Langres.
Laon.
Le Mans.
Limoges.
Lisieux.
Mâcon.
Meaux.
Meaux et Troyes.
Metz.
Nevers.
Le Palais.

Paris.
Quentovic.
Reims.
Rennes.
Saint-Denis.
Senlis.
Sens.

Strasbourg.
Toul.
Toulouse.
Tournai ?
Trèves.
Vendôme.
Verdun.

Raoul (923-936)

RADVLFVS.RE, RODVLFVS, RODES.REX, monogramme
du nom.

Angoulême.
Beauvais.
Châteaubleau ?
Bourges.
Château-Landon.
Chartres.
Compiègne.
Châteaudun.
Dreux.
Château-Gaillard ?
Etampes.
Langres.
Laon.

Le Mans ?
Le Puy.
Lyon.
Meaux.
Nogent.
Nevers.
Orléans.
Paris.
Poissy ?
Saint-Denis.
Sens.
Soissons.

Louis IV d'Outremer (936-954)

LVDOVICVS.REX.

Bourges.
Chalon-sur-Saône.
Chinon.
Huy.
Langres.
Mâcon.
Metz.

Nevers.
Reims.
Rouen.
Tournus.
Toul.
Verdun.

Lothaire (954-986)

LOTERIVS, LOTHARY.REX.

Arras.
Auxerre.
Bordeaux.

Bourges.
Chalon-sur-Saône.
Clermont-Ferrand.

Etampes.
Mâcon.
Meaux.
Melun.

Reims.
Saint-Philibert-de-Tournus.
Soissons.

Louis V (986-987)

LODOICVS.

Bordeaux.
Reims.

Saintes.

EMPEREURS CAROLINGIENS ÉTRANGERS

Lothaire (840-855)

HLOTARIVS ou LOTARIVS.IMP, ou REX.IMPE.

Bordeaux.
Cambrai.
Dorestadt.
Huy.
Metz.
Milan.
Le Palais.

Pavie.
Tours.
Trèves.
Trévise.
Verdun.
Xristiana religio.
Gratia d-i rex.

A Rome, avec SCS.PETRVS et les noms de Grégoire IV
(GRE-II ou PP.GRE.II), de Serge II (SER-P. *ou* SERG), de
Léon IV (LO.PA en monogramme), de Benoît III (BNEDT.PA
en mon.).

ROIS ÉTRANGERS CONTEMPORAINS DE LA RACE CAROLINGIENNE

Lothaire II, *roi de Lorraine* (855-869)

HLOTHARIVS.REX.

Metz.
Strasbourg.
Trèves.

Verdun.
Xristiana religio.

Louis II d'Italie, *empereur* (855-875)

HLVDOVVICVS.PIVS.

Salm (*R. Belge*, 1860, p. 79).
Strasbourg.
Mayence.

Venise.
Pavie.
Bénévent.

A Rome avec scs petrvs et les noms de Benoît III (bned), de Nicolas Ier (nicolavs en monogramme), de Hadrien II (adr en mon.).

Avec *Adelchis, prince de Bénévent* (866-67) ℞ ✝ adelhis.princes.

Avec *Angilberge* (867-870). ℞ angilberga,n.p. agvsta.

Carloman de Bavière (876-878)

CARLOMAN,REX.

Xristiana relicio. Grand denier.

Boson, *roi de Provence* (879-887)

BOSO.GRACIA.DEI.REX.

Vienne.

Gui de Spolète, *empereur* (891-894)

vvido,mp. Xristiana religio.

A Rome avec le nom du pape Formose (formosi.p.p.)

Arnould, *roi de Germanie* (887-896)
Empereur (896-899)

ARNVLFVS,PIVS.RE ou IMP.

Xristiana relicio.

A Rome, avec scs petrvs et le nom d'Etienne VI (stephani en monogramme).

Lambert, *empereur* (894-898)

LAMBERTVS,IMP. Xristiana religio.

A Rome avec Etienne VI, avec Romain (romanvs), avec Théodore II (theodori), avec Jean IX,

Louis l'Aveugle, *roi de Provence* (890-901)
Empereur (901-929)

LVDOVVICVS.IMP.

Vienne. | Xristiana relicio.

A Rome, avec Benoît IV (BENEDICTI).

Zwentibold (894-900)

SVINDEBAD *OU* TZVENTIBOECRE.

Cambrai. | Trèves.

Arnoul, *roi de Germanie* (887) *empereur* (896-899)
et Bérenger.

ARNVLFVS.PIVS.REX ⧿ BERENCARIVS.REX. temple.

Louis IV l'Enfant (899-912)

HLVDOVVICVS.REX.

Trèves. | Dinant.
Mayence. | Huy.
Zurich. | Würtzbourg.
Metz. | Colonia.
Namur.

Bérenger, *roi d'Italie* (888-900)
Empereur (905-924)

BERENGARIVS.REX.

Milan. | Pavie.

A Rome, avec Jean V (+ 10 H.).

Hugues (926-947)

HVDO.PIVS.REX.

Hugues et Lothaire

VGO.LOTHARIO.REGES.

| Milan. | Pavie. |

Lothaire, *roi d'Italie* (931-950).

Lucques.

Bérenger II, *roi d'Italie* (950-961)

BERENCARIVS.REX.

| Xristiana relicio. | Vérone. |
| Venise. | Milan. |

Henri l'Oiseleur (918-947)

HEINRICVS.REX.

| Verdun. | Strasbourg. |
| Metz. | Ratisbonne. |

Conrad le Pacifique, *roi de Bourgogne* (937-993)

CONRADA.DI.P.V.

Lyon.

Rodolphe III, *roi de Bourgogne* (993-1032)

RODVLFVS, RODVLLVS.

| Lyon. | Milan. |
| Pavie. | |

Conrad le Salique, *roi de Bourgogne* (1033-1039)
Empereur (1027-1039)

CONRADVS.

| Cologne. | Lyon. |

Henri le Noir, *roi de Bourgogne* (1039-1056)

HEINRICVS.

Lyon.

Othon Ier (936-973). — Othon II (973-983)

OTTO.REX, ODDO.IMPERATOR.

Cologne.	Pavie.
Dortmund.	Spire.
Lucques.	Trèves.
Mayence.	Vérone.
Milan.	Zurich.

Pirates normands ou rois de la mer

Nous plaçons ici une série de monnaies frappées dans la première moitié du xe siècle. Ce sont des deniers et oboles du système carolingien portant les légendes EBRAICE.CIVITA *ou* CIVI et MIRABILIA.FECIT. On a attribué ces pièces à des pirates normands nommés Sifroid et Canut qui seraient venus fonder le comté de Guisnes, vers 928. Ces deux rois de la mer étaient les lieutenants d'Harold II, roi de Danemark. On a contesté divers points de ces conclusions (Cartier, *R. N.*, 1841, 379; 1842, 439; C. A. Serrure, *M. de Canut et de Sifroid*, 1858; de Coster, *Rev. belge*, 3e sér., t. III, 1859, p. 546.) Quelques-unes des pièces de Canut portent le nom de Quentovic. Cette ville, que l'on place à l'embouchure de la Canche, près d'Etaples, est citée dans l'édit de Pitres comme un ancien atelier monétaire. Il est probable que beaucoup des deniers de ces rois normands ont été fabriqués en Angleterre (cf. *Numism. chronicle*, VI, 1841, pl. I-X).

Canut : CNVT.REX, CVNVT (lettres interverties).

Sifroid : SIEFREDVS, SIEVERT, etc. Des deniers réunissent les deux noms.

CATALOGUE DES PRINCIPALES LÉGENDES DES MONNAIES CAROLINGIENNES

ABRINCAS.....................	Avranches.
AGIN, AGIN.CITAS.............	Agen.
ALABOTESHAIN, ALABOTESHAIM..	Blodelsheim ?
ALDVNHEIM...................	Altenheim.
AMB, AMBIAN, ANBIANIS.CIVITAS, etc....................	Amiens.
ANDEGAVIS.CIVITAS...........	Angers.
ANDO (matunum ?)...........	Langres ?
ANITO.CHVIT.................	Le Puy.
AQVIS.GRAN, AQVIS.GRANI.PAL, AQVIS.PALA.................	Aix-la-Chapelle.
AGVIS.VRBS..................	Aix en Provence.
AQVIS.VASON et VASCON.......	Dax.
AQVITANIA...................	L'Aquitaine.
AR (verna), ARV, ARVNIS......	Clermont en Auvergne.
ARELA, ARLEA, ARELV.CIVIS, ARELATO, ARELATVM, etc....	Arles.
ARGEN, ARGENTINA.CVTAS, CIV. ARGRAT, etc.:	Strasbourg.
ATINIACO.PA.................	Attigny.
ATRASI, AIRASI.CIVITAS, ATREBATIS.CIVI, etc.............	Arras.
AVRELIANIS.CIVITAS, etc.......	Orléans.
AVTISIODERO.CIVITAS, etc......	Auxerre.
AVENI, AVINIO	Avignon.
BAIOCAS.CIVITAS.............	Bayeux.
BAIGENTI, BALGENTI.CASTRO *ou* CASTELLI..................	Beaugency.

BARCINONA...............	Barcelone.
BARRISII.CA, BARRIS.CA	Bar.
BAVACA.CIVITAS	Bavai.
BELGEVACVS.CI, BELVACVS, BEL-LEVACVS.CIVI..............	Beauvais.
BESENCIONE.CIVITAS..........	Besançon.
BINGIAC...................	Bingen.
BISTERRIS, BITIRRES, BEDERRIS.	Béziers.
BITVRIGES, BITVRICAS, BITVRGES.	Bourges.
BLEDONIS.................	Blainville ou plutôt Burgus-Ledonis.
BLESIANIS.CASTRO	Blois.
BOIOIIIS.CIVII..............	Boulogne.
BONA	Bonn.
BRVCCIA, BRVGGAS.MON.......	Bruges.
BRVDVNST, BRVCVNSVT.......	?
BURDEGAL, BURDIGALA........	Bordeaux.
CAINONI.CASTRO..........	Chinon.
CALAMONAS...............	Chelles.
CAMARACVS, CAMVRACO, CAMERICVS.CIVIS, etc	Cambrai.
CARNOAS, CARNOTIS, CARNOTAS-CIVITAS	Chartres.
CARCASONA .CIA.............	Carcassone.
CASEI.CIITAS, CASTI.CIITAS, CASSELLO.MOA	Mont-Cassel ?
CASTEL.DVN...............	Châteaudun.
CASTELLO.MILED............	Melun.
CASTEL.BARSI ou BARISI.......	Bar.
CASTIS.AVALONS, AVLONIS.....	Avallon.
CASTIS.NANDONS ou LANDONIS..	Château-Landon.
CASTIS.PRVVINIS............	Provins.
CASTRA.LOCIMO.............	Mons ?
CASTRA, CASTA.MONETA.......	Castres ?
CASTRE.LATS ou LATSIS.......	Laignes ?
CASTRVM.SCE.MARIE	Châtres-sous-Montlhéry.
CAVILONVM, CAVI, CAVILONIS-CIVIS	Chalon-sur-Saône.
CATALAVNIS.CIV.............	Châlons-sur-Marne.

Cervia.Moneta..............	Chièvres.
Chimiriacov.................	Chimay.
Chogis......................	Choges *ou* Goch.
Cinomanis.Civitas, Cinma	Le Mans.
Cix.Aqvis, Ci.Agvis	Dax.
Claromant, Claromvnt..	Clermont.
Cls........................	Cluses.
Colonia.....................	Cologne.
Con, Condato.Moneta	Condé.
Conpendio.Palacio...........	Compiègne.
Corbiensis	Corbie.
Cvria.......................	Coire.
Cvrtisasonien................	Courtsessin Courtisson *ou* Saôsnes (*R.N.*, 1883, 235).
Curtriaco	Courtrai.
Cvstancien, Cvstensisonen....	Coutances.
De fisco.Cvrinio.............	Curange.
Deotnant....................	Dinant.
Divioni.Castre..............	Dijon.
Dorstad, Dorstot, Dorestado, Dorestatvs, etc............	Dorestadt.
Dvnis.Castro *ou* Castelli....	Châteaudun.
Dvmos......................	Dun-sur-Meuse ?
Dvosiemillis	Dieuze.
Ebroicas.Civitas.............	Evreux.
Ecolisina.	Angoulême.
Edva.Civitas................	Autun.
En.Vico.deonit..............	Dinant.
Eqvitaniorvm	L'Aquitaine.
Ex.Metallo.Novo............	Melle.
Flavia.Lvca	Lucques.
Florent.....................	Florence.
Gandavum...................	Gand.
Gencliaco.Por	Gemblours ?
Genii	Genève ?
Gervnda....................	Gironne.
Hadtvrecvm	Zurich.
Halivernis.Civi..............	Nevers.

HAMO.CASTEIIO .... Ham.
HOGISE.MONETA.............. Huy.
IATERCIS .... ?
IN.FISCO.VENDRITÍ *ou* VENDRNT. Vendières-sur-Marne.
IN.PORTO.TRIIECTO........... Maëstricht.
INPVRIAS, IMPVRIAS.......... Amporias.
INTTRANO, AIT *ou* AVTTRANO... Antrain.
IN.VICO.DEONTNIT............ Dinant (Flandres).
— NAMUCO............. Namur.
— TRIIECTO,............ Maëstricht.
— VIOSATO *ou* VIOTO..... Vizet.
— HOIO................ Huy.
IOTRENSIS.M.............. .... Jouarre.
KALA.MONASTERI............. Chelles.
LATISSIO.CASTE.............. Latz *ou* Laignes ?
LAVDVNO...........'......... Laon *ou* Loudun.
LAVACA, LEODICO .... Liège.
LEC.CIVITAS................. Lectoure.
LEM, LIMOVICAS, LEMVICAS.... Limoges.
LENNIS.FISCO, LENCIANIS.CIS... Lens.
LEPTINAS.FISCO.............. Leptines.
LINGONIS.CIVI, LINCNVTS, LISCO-
   VINI.CIVIIT .... Langres.
LIXOVIVS.CIVITAS .... Lisieux.
LVGDVNI.CLAVATI............ Laon.
LVG, LVGDVN, LVGVDVNVM, LVG-
   .DVNVM, LVGDVNVS.......... Lyon.
MAGOCS, MAOCSG............. Mayence.
MARSALLO.VICO.............. Marsal.
MASLS, MASSILIA............. Marseille.
MATISEN.CIV .... Mâcon.
MAVRINIA.NEVAI .... Morienval.
MAVRINIA CI............... Maurigny.
MAXENT.................... Saint-Maixent.
MEDEMNAS, MEDENAS.VITCVSI,
   MEDENS .... Meulan.
MEDIOL, MEDIOLANVM......... Milan.
MEDIOMATRICI, MEDIOMATRICO-
   RVM .... Metz.

Moccd......................	Mayence.
Medocvs....................	Melle ?
Melbodjo	Maubeuge.
Meldis.Civitas..............	Meaux.
Metal.German..............	(Voy. p. 105).
Metvlo, Metvllo, Metallvm..	Melle.
Met, Mettis.Civitas..........	Metz.
Mosomo.Moneta, Mvsomo.Mo-	
nita......................	Mouzon.
Moneta.in.Nigella...........	Nelle.
Mogoncia, Mogontia.Civitas,	
Mogontiacvs...............	Mayence.
Mont.Lvgdvni.Clavati	Laon.
Mont.S.Naz	Saint-Nazaire d'Autun.
Namnetvm, Namnetis..........	Nantes.
Nr, Nrbo, Narbona	Narbonne.
Nevernis.Civitas.............	Nevers.
Nimis.Civis.................	Nîmes.
Niviella.Vicus..............	Nivelles.
Noviomus, Civitas.Novioim, No-	
viom, H. Novio.Vico........	Noyon *ou* Neuvy-sur-Baragon.
Nvessio....................	Neuss ?
N vico.Namvco..............	Namur.
Nvientvs.Castr.............	Nogent.
Ostevnis.Civitas.............	Autun.
Palatina.Moneta............	Le Palais.
Papia, Papia.Civitas.........	Pavie.
Pari, Parisii, Parisi.........	Paris.
Petpepontem................	Pierrepont.
Pectavo, Pictavi............	Poitiers.
Perronensismo..............	Péronne.
Pincivs....................	Poissy.
Pisas	Pise.
Porco.Castello.............	Château-Porcien.
Prisacha...................	Vieux-Brisach.
Prvinis.Castis	Provins.
Qventovicvs................	Quentovic.
Ravdivm	Roye.

RAVTVCIO.PALATIO, RAVCIO.PALATINA..............	Roucy.
REGANESBVRG, RADASPONA......	Ratisbonne.
REDONES, REDONIS.CIVITAS.......	Rennes.
REMEIRODO............	Ramerupt.
REMIS.CIVIS *ou* CIVITAS........	Reims.
REDS..................	Razès ?
RODDA..................	La Rodde ?
RODOMAGVM, ROTVMACVS, ROTVNCVS.CIVIS, etc..........	Rouen.
ROTANIS.................	Rodez.
ROTVN.DAS.CELLAS...........	Retondes.
RVELLO, RVLLO.CIVITAS.......	Riez.
SLAV, SILVANECTIS, SVAL......	Senlis.
SCI.ANDTMNT..............	St-André-de-Bordeaux ?
SCI.AVDOMARI............	St-Omer.
SCI.ANIANI..............	St-Aignan-dO'rléans.
SCI.CIRICI..............	St-Cirgues.
SCI.CRV *ou* CRVCIS..........	Ste-Croix.
ST, SA.COLONIA............	Cologne.
SCI.DIONYSII, SCI.DYONISII.....	St-Denis.
SCI.FVRSEI.CASTELLO..........	St-Fursy, à Péronne.
SCI.FIRM................	St-Firmin.
SCI.GAV, SCI.GAVGERICI.M....	St-Gaucher de Cambrai.
SCI.IOVINVS.............	St-Jovin de Cologne.
S.MARCVS.VENECIA..........	St-Marc de Venise.
SCA.MAR *ou* MARIA..........	Ste-Marie.
SCI.MAR................	St-Marcel de Chalon.
S. M., SCI.MARTINI..........	St-Martin de Tours.
SCI.MEDARDI..............	St-Médard de Soissons.
SCI.NAZARI.MONETA..........	St-Nazaire d'Autun.
SCI.PETRI, SCI.PETRI.MONETA, SCS.PETRVS..............	St-Pierre de Tongres ou de Corbie.
SCI.PHILIBERTI.MONETA.......	St-Philibert de Tournus.
SCI.QVINTIN *ou* QVINTINI *ou* QVINTINI.Mo............	St-Quentin.
SCI.SEBASTIANI.M...........	St-Sébastien de Soissons.

Sco.Stef, Sci.Stefani *ou* Ste-phani.Mone...	St-Etienne de Besançon.
Sci.Trvdo....................	St-Trond ?
Sennes, Senones, Senonis.Civi-tas *ou* Vrbs, Sen......... .	Sens.
Sinemvro.Castro............	Semur.
Spiise......................	Spire,
Stampis....................	Etampes.
Stcmas, Stcias	Saintes.
Strabvrg, Staatbvrgvs, Strat-bvrcvs, Stasb.Civitas......	Strasbourg.
Svessio.Civitas	Soissons.
Svstancione................	Sustancion.
Talav.Moneta	Talau ?
Tarvena.Civit, Tarvenna.....	Térouanne.
Tarvisivm, Tarviisivs, Tarvi, Starviso...................	Trévise.
Therotmanni................	Dormund.
Tolosa.Civitas..............	Toulouse.
Tornaco	Tournai.
Torndn.Port, Tornetemsi....	id. ?
Tricas, Trecas.Civitas.......	Troyes.
Treveris.Civi...............	Trèves.
Triect, Trietto, Triettense-Moi, Trigetinse.Mon	Maëstricht.
Triodoro, Tornodor.Castel...	Tonnerre.
Tveiis.Civitas..............	?
Tvllo.Civitas...............	Toul.
Tvnieras.Civitas...........	Tongres ?
Tvnnis....................	Thuin *ou* Tun.
Tvrec, Tvregvm.............	Zurich.
Tvronis, Tvrones...........	Tours.
Tvv	Toul ?
Vcecia, Vceci, Vcecivs.Civis..	Uzès.
Vvalia....................	?
Valencianis.Portvs..........	Valenciennes.
Vendemis, Vendenis.Castro...	Vendôme.
Venderia..................	Vendières.
Venecias..................	Venise.

Vnearo, Verona..............	Vérone.
Veson, Vessin.Civtivs.........	Besançon.
Vienna.Civis.................	Vienne.
Vinscoc....................	Vénasque ?
Viosatvm	Viset.
Virdvn, Viridvnvm, Virdvni. Civitas	Verdun.
Vista.Red.Cii	Rennes.
Waliar.Casti...............	Château-Gaillard.
Wiraibvrg.Civis	Wirburg ?
Wirzibvrc.Civit	Würtzbourg.

CHARTES ET ORDONNANCES DE L'ÉPOQUE CAROLINGIENNE RELATIVES AUX MONNAIES

1. Pépin, 755. Capitulaire de Vernon, XXVII.
2. Charlemagne, vers 781. Capit. de Mantoue, IX.
3.   —   794. Capit. de Francfort, V.
4.   —   803. — d'Aix-la-Chapelle, XXVIII.
5.   —   805. — de Thionville, XVIII.
6.   —   ·808. — de Nimègue ? VII.
7.   —   809. (Pertz, *Leges*, I, 159).
8. Louis Ier, 819. (Pertz, *Leges*, I, 213).
9.   —   — Capit. v Missorum.
10.   —   822 ou 825. (Pertz, I, 245).
11.   —   vers 826. (Act. ord. S. Bened., I, 387).
12.   —   829. Capit. de Worms.
13. Lothaire Ier, 832. Capit. de Pavie.
14. Charles le Chauve, 854. Capit. d'Attigny.
15. Louis II, emp., 856. Capit. de Mantoue.
16. Charles le Chauve, 761. Edit de Quierzy.
17. Lothaire II, roi de Lorraine, 861. (*Gallia christ.*, XIII, col. 309, n° 24.)
18. Charles le Chauve, 864. Edit de Pîtres.
19.   —   865. (*R. N.*, 1851, p. 17).
20.   —   874. (D. Bouquet, VIII, 643.)
21. Charles le Gros, 886. (**D.** Bouquet, IX, 346.)

22. Eudes, 889. 17, Cal. d'août. (D. Bouquet, ix, 448.)
23. — 889. Des Cal. de janvier. (D. Bouquet, ix, 449.)
24. Zwentibold, roi de Lorraine, 898. (*Gall. christ.* t. XIII, col. 314.)
25. Charles le Simple, Veille des Cal. de Juillet, 900. (D. Bouquet, ix, 486.)
26. Charles le Simple, 900. (D. Bouquet, ix, 492.)
27. Louis IV, roi de Germanie, 902.
28. — 15 des Cal. de février, 908. (*Gall. christ.* iii, col. 146.)
29. Charles le Simple, 911 (pour Cambrai).
30. — 911. (D. Bouquet, ix, 528.)
31. — 917. — 534.)
32. — 919. — 544.)
33. — 920. — 549.)
34. Louis, roi de Provence, 920. (D. Bouquet, ix, 686).
35. Raoul, 924. (D. Bouquet, ix, 564, etc.)
36. — 931. (— 574.)
37. Louis IV d'Outremer, 940. (D. Bouquet, ix, 65.)
38. Otton, roi de Germanie, 941 (pour Cambrai.)
39. Lothaire, 955 (Le Puy). (D. Bouquet, ix, 618.)
40. Conrad, roi de Bourgogne, 962. (D. Bouquet, ix, 699.)
41. Otton II, 973 (Trèves).
42. Otton III, roi de Germanie, 985. (*Gall. christ.*, t. III, col. 148.)

EXTRAIT DE L'ÉDIT DE PITRES RELATIF AUX MONNAIES
(D. Bouquet, vii, 657).

VIII. — Ut denarii ex omnibus monetis mere ac bene pensantes sicut in capitulari prædecessorum ac progenitorum nostrorum regum, libro quarto, xxxii capitulo continetur, in omni regno non rejiciantur usque ad missam sancti Martini. Et in omnibus civitatibus et vicis ac villis tam nostris in dominicatis quam in his quæ de immunitate sunt, vel de comitatibus atque hominum nostrorum, sive cujuscumque sint per omne regnum nostrum a judicibus nostris et ab eis quorum villæ sunt una cum ministris reipublicæ secundum quantitatem locorum et villarum tanti ac tales de ipsis incolis et inibi manentibus constituantur qui inde providentiam habeant ne boni denarii rejiciantur, et non nisi meri et bene pensantes accipiantur.

IX. — Ut illi qui ex hac causa providentiam habebunt, sacramento jurent quod sicut eis ex hac causa injunctum fuerit quantum scierint et potuerint, debeant fideliter observare et illum hominem quem scierint merum et bene pensantem denarium rejicere non debeant celare, sed ministris reipublicæ eum debeant notum facere. De quo sacramento quicumque comprobatus fuerit perjuratus et secundum legem mundanam ut perjurus puniatur, sicut in capitulari decessorum ac progenitorum nostrorum contenitur in fine capituli x ex III lib., et secundum legem ecclesiasticam publicæ penitentiæ subigatur.

X. — Ut ab ipsa missa sancti Martini per omne regnum nostrum non nisi istius nostræ monetæ novæ meri et bene pensantes denarii accipiantur. Et quicumque ab illa die alium denarium negociandi causa protulerit, a comite et a ministris ejus auferatur ab eo, sicut in libro capitulorum secundo, decimo octavo capitulo continetur.

XI. — Ut in denariis novæ nostræ monetæ ex una parte nomen nostrum habeatur in gyro et in medio nostri nominis monogramma, ex altera vero parte nomen civitatis et in medio crux habeatur.

XII. — Sequentes consuetudinem prædecessorum nostrum sicut in illorum capitulis invenitur, constituimus ut in nullo loco alio in omni regno nostro moneta fiat nisi in palatio nostro et in Quentovico, ac Rotomago (quæ moneta ad Quentovicum ex antiqua consuetudine pertinet) et in Rhemis et in Senonis et in Parisio et in Aurelianis et in Cavillonno et in Metullo et in Narbona.

XIII. — Ut hi in quorum potestate deinceps monet-permanserit, omni gratia et cupiditate, seu lucro postposito, fideles monetarios eligant, sicut Dei et nostram graatiam volunt habere. Et ipsi monetarii jurent quod ipsum ministerium quantum scierint et potuerint, fideliter faciant. Et mixtum denarium et minus quam debet pensantem non monetent nec monetari consentiant. Et sine ulla fraude et absque malo ingenio contra eos quorum argentum ad purgandum acceperint, ipsum argentum exinerent et sine fraude tam in pensa quam in purgatione denarios concambient. Contra quod sacramentum si quilibet fecisse reputatus fuerit, judicio Dei se examinet. Et sicut contra hoc fuisse comprobatus fuerit, quia non majorem fraudem facit si mixtum denarium et minus quam debeat pensantem, monetaverit, quam si in purgatione et concambio argenti per malum ingenium, fraudem de argento reipublicæ et de argento rerum ecclesiasticarum et de facultate pauperum fecerit, sicut constitutum est de falsis monetariis in libro quarto capitulorum trigesimo tertio capitulo, manum perdat, et ut sacrilegus ac pauperum spoliator publicæ penitentiæ judicio episcopali subjiciatur. In illis autem regionibus in quibus secundum legem romanam judicia terminantur, juxta ipsam legem culpabilis judicetur.

XIV. — Ut in proximis kalendis Julii, per hanc duodecimam indictionem, habeat in Silvanectis civitate unusquisque comes in cujus comitatu monetam esse jussimus, vicecomitem suum cum duobus aliis hominibus qui in ejus comitatu res et mancipia vel beneficia habeant et suum monetarium cum ipsis habeat : quatenus ibi accipiant per manus suas de camera nostra ad opus uniuscujusque monetarii, de mero argento cum pensa libras quinque, ut habeat unde initium monetandi possit incipere et pensam argenti quam ex camera nostra acceperit, per manus eorum per quas illud accepit sabbato ante initium quadragesimo in monetatis denariis in præfato loco et cum ipsa pensa cum qua argentum acceperat, unusquisque monetarius in nostra camera reddat.

XV. — Ut nullus more solito pro ullo lucro vel avaritia hoc leviter accipiat, sed omnes ad ipsis kalendis Julii argentum suum in constitutis monetis concambiari faciant, scientes quia post missam sancti Martini nulli alii denarii in regno nostro nisi istius novæ monetæ recipientur et ab ipsis kalendis Julii ipsi novi denarii ab omnibus accipiantur. Et quicumque liber homo ab ipso die denarium merum novæ nostræ monetæ in regno·nostro rejecerit, sicut in præfato libro et capitulari regio continetur, bannum nostrum, id est solidos sexaginta, componat. Si vero servi ecclesiastici aut comitum, aut vassalorum nostrorum hoc facere præsumpserint, quia in præfato capitulari continetur, ut sexaginta ictibus vapulent et hac occasione indiscreti homines modum in disciplina faciebant constituimus cum fidelium nostrorum consensu atque consilio ut quorumcumque coloni et servi pro hoc convicti fuerint non cum grosso fuste, sed nudi cum virgis vapulent. Et in civitatibus atque vicis, seu villis episcopi per suos ministros, vel presbyteros providentiam una cum reipublicæ ministris accipiant ne et in hac causa modus disciplina transgrediatur sed taliter fiat qualiter et homines castigentur, et quasi pro intentione vel occasione castigationis disciplinam facientes peccatum non incurrant et disciplinam sustinentes in corpore suo debiliores non fiant. Quod si quis hoc mandatum nostrum transgressus fuerit, nobis ab·episcopis nuntietur; quatenus taliter castigetur ne deinceps mandatum nostrum quemquam delectet contemnere. Et si dominus vel magister qui liber est aut advocatus talium hominum eis vel comiti vel misso nostro ad disciplinam sustinendam contradixerit, vel misso nostro jussus præsentare noluerit, prædictum bannum sexaginta solidorum componat, sicut prædicto capitulari habetur.

XVI. — Ut si aliquis homo a proximis kalendis Julii de hac nova nostra moneta mixtum vel minus quam debeat pensantem denarium invenerit constringat eum qui ipsum denarium ad negotiandum protulit, et ipse dicat a quo eum accepit et sic de manu ad manum veniat usque dum ad falsitatis auctorem perveniatur. Et inventus mixti vel minus quam debeat pensantis denarii monetator in illa terra in qua judicia secundum legem romanam terminantur, secundum ipsam legem judicetur. Et in illa·terra in qua judicia secundum legem romanam non judicantur, monetarius sicut supra diximus falsi denarii manum dexteram perdat, et qui hoc consenserit, si liber est, sexaginta solidos componat, si servus vel colonus, nudus cum virgis vapulet.

XVII. — Ut diligenter comites et ministri reipublicæ per suos comitatus ac ministeria provideant ne in aliquo loco occulta vel fraudulenta moneta fieri possit. Ut si inventus vel comprobatus quilibet fuerit fraudulentam monetam percutiens, sicut constitutum est de falso monetario ex præfato capitulari prædecessorum nostrorum manus ei amputetur, etc.

XVIII. — Et si falsus monetarius aut de illis locis in quibus monetam fieri jussimus, aut occulte monetam percutiens aut denarium falsum de nova moneta ad negotiandum proferens, ut constringi et puniri non possit sicut est constitutum, in fiscum nostrum vel in quamcumque immunitatem aut alicujus potentis potestatem, vel proprietatem confugerit; si in nostrum confugerit fiscum, requiratur a nostro ministro. Et si ille eum defenderit aut occultaverit nuntietur nobis, quatenus ita in eo secundum capitulare regium vindicetur ne ullus alius unquam falsitatem nostra auctoritate vel potestate consentire, aut defendere audeat. Si autem in immunitatem, vel potestatem, vel proprietatem alicujus potentis confugerit secundum quod in tertio libro capitularium xxvi capitulo continetur de eo qui furtum, homicidium vel quodlibet crimen foris committens infra immunitatem fugerit, inde fiat. Id est, mandet comes, vel publicæ rei minister episcopo, vel abbati vel illi quicunque locum episcopum, vel abbati, vel illi quicunque locum episcopi, vel abbatis, vel abbatissae tenuerit, vel potentis hominis in cujus potestatem confugerit ut reddat ei reum. Si ille contradixerit et eum reddere noluerit, in primum contradictione quindecim solidis culpabilis judicetur. Si ad secundam inquisitionem eum reddere noluerit, 30 solidis culpabilis judicetur : si nec ad tertiam inquisitionem consentire voluerit quicquid damni reus fecit, totum ille qui eum infra immunitatem retinet nec reddere vult solvere cogatur. Et ipse comes veniens licentiam habeat ipsum hominem infra immunitatem quærendi, ubicumque eum invenire potuerit. Si autem in prima inquisitione comitis

responsum fuerit, quod reus infra immunitatem quidem
fuisset sed fuga lapsus sit, juret quod ipse eum ad jus-
titiam cujuslibet disfaciendam fugere non fecisset et sit
ei in hoc satisfactum. Si vero intranti in ipsam immunitatem vel in cujuslibet hominis potestatem vel proprietatem
comiti collecta manu resistere quilibet tentaverit comes
hoc ad regem, vel principem deferat et ibi judicetur, et
sicut ille qui in immunitate damnum fecit 600 solidis
componi debet, ita qui comiti collecta manu resistere præ-
sumpserit 600 solidis culpabilis judicetur.

XIX. — Ut melius et commodius hac providentia de
bonis denariis non rejiciendis et de monetæ falsæ denariis custodiri possit, volumus ut unusquisque comes de
comitatu suo omnia mercata in breviario faciat et sciat
nobis dicere quæ mercata tempore avi nostri fuerunt et
quæ tempore domini et genitoris nostri esse ceperunt vel
quæ illius auctoritate constituta fuerint, vel quæ sine auctoritate illius facta fuerunt vel quæ tempore nostro con-
venire cœperunt, vel quæ in antiquis locis permanent, et
si mutata sunt, cujus auctoritate mutata fuerunt. Et ipsam
brevem unusquisque comes ad proximum placitum nostrum nobis adportet ut decernere possimus quatenus ne-
cessaria et utilia et quæ per auctoritatem sunt maneant,
quæ vero superflua, interdicantur, vel locis suis resti-
tuantur. Et mercata die dominico in nullo loco habeantur
sicut in primo lib. capitul. capitulo cxxxvi habetur (1).

XXIII. — Ut nullus deinceps in regno nostro mixturam
auri vel argenti ad vendendum facere vel consentire præ-
sumat. Et nullus a missa sancti Remigii id est a proximis
kalendis octobris, aurum vel argentum ad vendendum vel
emendum nisi purificatum proferat. Et si quis post præfatas kalendas inventus fuerit aurum vel argentum vel
quodcumque fabricinium ex auro vel argento mixtum ad
vendendum vel emendum portare, a ministris reipublicæ
ipsum quod portaverit ab eo tollatur et ipse per fideijus-
sores si res et mancipia in illo comitatu non habet, ad

(1) Les articles 20, 21 et 22, sont relatifs à différentes mesures
de police et d'amende.

præsentiam nostram cum ipso auro vel argento adducatur ut nos inde commendemus qualiter culpabilis judicetur. Si vero res et mancipia vel mobile per quæ distringi legaliter possit, in ipso comitatu habuerit secundum legem ad nostram præsentiam venire jubeatur. Et si quisquam inventus fuerit suum aurum vel argentum vel quodcumque fabricinium ex auro vel argento portare ad fabrum ut purgetur, provideant reipublicæ ministri ne hac occasione ab eo quod suum fuerit, tollant. Quod si fecerint et ad nos inde reclamatio venerit sicut ille qui tortum in suo comitatu vel ministerio fecerit, in nostra vel fidelium nostrorum præsentia culpabilis judicabitur. Faber vero qui post præfatas kalendas comprobatus fuerit aurum vel argentum ad vendendum vel emendum adulterasse vel misculasse in illis regionibus in quibus judicia secundum legem romanam terminantur, juxta illam legem puniatur. In aliis autem regionibus regni nostri secundum capitulare regium, sicut falsam monetam percutiens, manum perdat. Et liber homo qui hoc consenserit sicut in præfato continetur capitulo, bannum nostrum, id est 60 solidos, componat, colonus vel servus nudus cum virgis flagelletur. Si vero judæus fuerit, ipsum quod mixtum protulerit perdat et bannum nostrum componat.

XXIV. — Ut in omni regno nostro non amplius vendatur libra auri purissime cocti nisi duodecim libris argenti de novis et meris denariis. Illud vero aurum quod coctum quidem fuerit, sed non tantum ut ex eo deauratura fieri possit libra una de auro vendatur decem libris argenti de novis et meris denariis. Et omnimodis provideant tam comites quam ceteri omnes ministri reipublicæ, ne aliqua adjectione vel fraude per occasionem aliquid amplius vendatur sicut de suis honoribus volunt gaudere. Et quicunque hanc commendationem nostram aliquo ingenio infirmare vel fraudare, seu aliter immutare inventus fuerit, si liber homo fuerit, bannum nostrum, id est 60 solidos componat, colonus seu servus nudus cum virgis flagellatur.

ÉPOQUE CAPÉTIENNE

La décentralisation monétaire fut le résultat des démembrements de l'empire de Charlemagne, causés par la faiblesse de ses successeurs.

Mais les ducs des Francs, assez puissants pour renverser la dynastie carolingienne, n'avaient guère d'autorité sur les autres seigneurs et Hugues Capet, qui ne possédait même pas tous les domaines des anciens ducs des Francs, dut se résigner à ne frapper monnaie que dans l'Ile de France et l'Orléanais.

Jusqu'à Philippe Auguste le domaine royal s'accrut insensiblement, et, sous le règne de ce dernier, les monnaies royales commencèrent à être frappées dans un tiers environ de la France actuelle. Le mouvement centralisateur n'arriva qu'au bout de plusieurs siècles, à supprimer complètement le monnayage féodal.

La monnaie la plus répandue était celle de l'abbaye de Saint-Martin de Tours, qui donna son nom à la monnaie tournois : les rois de France, qui n'avaient d'abord d'autre atelier que celui de Paris, établirent ensuite la monnaie *parisis* qui ne semble paraître que sous le règne Philippe Ier (V. Duchesne, t. IV, p. 224 et 423). Tant que le monnayage royal ne fut exercé que dans un ou deux ateliers, les pièces qu'il produisait ne pouvaient servir de types, mais quand les rois purent multiplier leurs ateliers en les soumettant aux règles qui régissaient la monnaie de Paris, il y eut un *système parisis*.

Les parisis valaient un quart en sus des tournois, de sorte que 15 deniers tournois faisaient un sou parisis.

Les seules monnaies employées dès le commencement de la troisième race sont, comme dans les fiefs des grands feudataires, le *denier* et l'*obole*. Le *sou*, que l'on trouve mentionné dans quelques actes contemporains, n'était qu'une monnaie de compte, indiquant une collection de 12 deniers. Sous Philippe Ier, le *marc* remplaça la livre (1).

Philippe-Auguste étendit encore son monnayage en Bretagne et en Artois où il employait la langue vulgaire pour indiquer les noms de lieux : il ne conserva les *parisis* que dans ses domaines, qui formèrent ce que l'on appelait le *serment de France*, et adopta dans toutes ses nouvelles possessions la monnaie de Saint-Martin de Tours.

Saint Louis réforma complètement les monnaies de France; il les fit frapper à un très haut titre (11 deniers 12 grains), et transforma en une monnaie réelle le *sou* qui, jusqu'à lui, n'avait été qu'une valeur idéale : le *sou d'argent* s'appela dès lors *gros*, et le denier fut désigné sous la dénomination de *petit tournois*.

Le titre des monnaies commença à être altéré à dater de la mort de saint Louis, sous Philippe le Hardi, Philippe le Bel, que le peuple appelait le *faux-monnayeur*, Louis X et Philippe le Long. Le gros tournois, qui avait valu 12 deniers, monte sous Philippe IV jusqu'à 21.

Il arrive souvent pour ces rois homonymes que parmi les monnaies aux mêmes types émises sous leurs règnes, on ne peut faire d'attribution qu'approximativement, et en ayant égard au plus ou moins de pureté du métal. Charles le Bel suivit l'exemple de ses prédécesseurs.

En 1306, il y avait 8 ateliers royaux : Paris, Rouen,

---

(1) On peut fixer entre 1070 et 1090 le premier emploi du *marc* : en 1075, on voit encore mentionner des *livres* : *fisco nostro auri libras C festinet persolvere* (Spicil. de D. L. d'Achery, t. I) ; en 1093, Philippe Ier donnait 9 marcs d'argent pour rebâtir une église qui avait été brûlée (*id.*, t. II, 751). Chaque province eut son *marc* qui valait les deux tiers de son ancienne livre : le marc de Paris était de 4,608 grains.

Troyes, Tournai, Toulouse, Saint-Pourçain, Montpellier et Montreuil-Bonnin (*Monsteriolum*).

Philippe de Valois affaiblit considérablement ses monnaies, au point que plusieurs de celles d'argent et de billon sont presque de cuivre : ses types sont très variés, il semble que l'on ait voulu, par leur variété et leur beauté, faire oublier les changements qui étaient opérés sur le module, le poids et le titre : pour en donner une idée, il nous suffira de dire que, le 21 mars 1359, les gros de Philippe de Valois valaient deux fois et demie autant que ceux fabriqués sous saint Louis, bien qu'il y entrât dix-sept fois moins d'argent.

L'assemblée des trois États convoquée par Jean II en 1355, exigea une monnaie meilleure, mais les États du Languedoc obtinrent seuls satisfaction. A Paris, Étienne Marcel, le prévôt des marchands, interdit le cours des nouveaux deniers blancs de 1356, et se révolta contre l'autorité du dauphin.

Le nombre des ateliers, la fréquence des refontes, les changements d'aloi, rendirent bientôt nécessaires des signes particuliers destinés à faire reconnaître les officines et les monnayers qui avaient fait les émissions de numéraire. Telle fut l'origine des *différents monétaires*.

Ainsi, le 25 avril 1360, le dauphin, régent, faisait frapper des gros qui devaient avoir un petit point dans l'O du mot FRANCORVM, et dans celui de IOHANNES; le 28 mai on faisait d'autres gros sur lesquels la fleur de lis, placée au commencement de la légende de l'avers et du revers, devait être accostée de deux points.

C'est seulement sous Charles VI que nous pouvons, à l'aide des textes, dresser une liste des différents marqués par des points secrets. Pour les retrouver, il suffit de compter les lettres des légendes quelles qu'elles soient et de s'arrêter au chiffre de la lettre au-dessous de laquelle on trouve un point.

1 Tournon, atelier transféré à Crémieu vers 1386.

2 Romans.

3 Crémieu, puis Mirabel, transféré à Embrun dès 1406; Mirabel, en 1417, puis à Montélimar en 1426.

4 Montpellier depuis 1306.

5 Toulouse.

6 Tours.

7 Angers.

8 Poitiers.

9 La Rochelle.

10 Limoges.

11 Saint-Pourçain, depuis 1339; à Montferrand, en 1532-1534.

12 Mâcon, transféré à Lyon en 1415.

13 Dijon.

14 Troyes.

15 Rouen.

16 Tournai, jusqu'en 1489; prit la 17e lettre, en 1421, pendant quelques mois.

17 Saint-Quentin, Montdidier.

18 Paris.

19 Saint-Lô, depuis 1352.

20 Saint-André ou Villeneuve-lès-Avignon, depuis 1389.

21 Sainte-Menehould, ponctuation remplacée par des croisettes, depuis 1392; transféré à Châlons-sur-Marne en 1412 et rétabli lorsqu'on n'ouvra plus à Tournai.

22 Châlons-sur-Marne; Auxerre, en 1456.

23 Chalon-sur-Saône, depuis 1360.

24 Arras en 1456.

25 Bayonne, depuis 1488.

‡ Entre les deux premiers mots des légendes, Marvejols, en 1418.

Dès 1417, la reine Isabeau de Bavière exerça la régence et fit ouvrer au nom du roi. Le duc de Bourgogne en fit autant dans les ateliers de Dijon, Mâcon, Châlons et Troyes, dont on lui avait donné les revenus. Le dauphin retiré à Bourges, monnaya dans les six provinces de son obéissance pendant que le roi d'Angleterre frappait en Normandie.

Les ateliers de Henri V qui prit la qualité d'héritier du royaume étaient, en 1420 : Rouen, point sous la première : Saint-Lô, sous la seconde.

Sous Henri VI, et tant que les Anglais furent maîtres de Paris (jusqu'au 3 avril 1437) et de la Guyenne (décembre 1453), le régent duc de Bedford fit monnayer dans les ateliers suivants :

Amiens, *différent* : agneau pascal.

Arras, depuis 1420, losange ou trèfle.

Auxerre, fer de moulin.

Châlons, croissant.

Dijon, Véronique ou saint Suaire.

Mâcon, trèfle.

Le Mans, depuis 1425, racine.

Nevers, étoile.

Paris, couronne, 1422-36.

Saint-Lô, fleur de lis, 1420-48.

Saint-Quentin, molette.

Rouen, léopard, 1422-48.

Troyes, rose.

Les ateliers de Charles VII, encore Dauphin, à partir de 1420 eurent comme différents la première lettre de leur nom :

Bourges.

Chinon.

Figeac (f).

Fontenay (F).

Loche.

Lyon (un trèfle).

Mont-St-Michel (coquille).

Montaigu.

Montferrand (m).

Niort.

Orléans.

Parthenay, 1420-1430

Saumur.

Sens.

Il y eut encore beaucoup d'autres ateliers, qui ne paraissent pas avoir eu de différents fixes, mais des signes qui changeaient pour chaque émission. Citons :

Beaucaire, 1419-1435.

Bordeaux, 1455.

Château-Thierry, 1430.

Chaumont, 1430.

Condom, 1369.

La Côte-Saint-André.

Crotoy, 1435.

Figeac, 1346-1456.

Grenoble, depuis 1489.

Guise, 1419-1435.

Laon, 1456.

Le Puy, 1421-1435.

Le Vigan ? 1346.

Massères, 1420-30.

Melun, 1430.

Mont de Dôme, 1339-88.

Montdidier, 1346.

Mouzon, 1419-1430 (*R. N.*, 1885, p. 354).

Pont-St-Esprit, 1419-1435.

Rochegade, 1366-73.

Romans, depuis 1370.

Saint-Cyr, 1430.

Saint-Laurent, 1361.

Sommières, à Montpellier, en 1340.

Tarascon, 1508.

Villefranche - en - Rouergue, 1420-1529.

On trouvera sur ces ateliers de précieux renseignements dans les ouvrages de F. de Saulcy, qui, malgré de nombreuses erreurs, sont utiles à consulter. (*Ateliers monétaires*, 1877; *Documents*, etc.)

Quand Louis XI fit occuper Perpignan, on mit un P au centre de la croix des monnaies.

François Ier, par l'ordonnance du 14 janvier 1539, assigna des lettres et des signes variés à 31 ateliers. Les points secrets furent encore employés sur les monnaies postérieures à cette date, simultanément avec les lettres.

Louis XIV, par ses conquêtes, ajouta quelques ateliers, mais Louis XV en supprima 13 en février 1772.

La République, après en avoir fait chômer plusieurs en rouvrit 8 le 22 vendémiaire an IV. L'empire en ajouta qui furent supprimés en 1814.

Le perfectionnement de l'outillage fut cause que sous Louis-Philippe, on réduisit le nombre des ateliers, en 1837. On adopta ensuite la vapeur pour faire mouvoir le matériel et, en 1848, il n'y eut plus que les officines de Paris, Bordeaux et Strasbourg.

De 1853 à 1857, Lille, Lyon, Marseille et Rouen furent rouverts pour travailler à la refonte des monnaies de cuivre.

Voici la liste des ateliers depuis François Ier, avec leurs différents et les changements survenus.

A Paris, depuis 1539. La lettre fut donnée à Corbeil pendant les troubles de la Fronde, 1655 à 1658.

AA Metz, 1662 ; 1690-1794.

AR *et un rat*, Arras, 1640-1658.

AΩ Compiègne, 1572-1594.

B Rouen, 1539-1858. Pendant la Fronde, il fut transporté à Pont-de-l'Arche, ou à Dieppe, 1655-1658.

B *et un gland de chêne*, Bologne, 1806-1813.

BB Strasbourg, 1696-1870.

BD *en monogramme.* Béarn, 1675.

C Saint-Lô, 1539-1654, et 1659-1693 ; Caen, 1655-58 et 1693-1772.

ℭ Besançon, 1693-1772.

CC Gênes, 1803.

CL *et une proue.* Gênes, 1811-1814.

D Lyon 1539-1794-1858. Pendant la Fronde, la lettre fut donnée à Vienne, 1655-58.

E Tours, 1539-1772. Meung-sur-Loire, 1655-1658.

F Angers, 1539-1738.

G Poitiers, 1539-1772. Avec un lion, Genève, en l'an VIII, supprimé le 27 pluviôse an XIII (1799-1805).

H La Rochelle, 1539-1794-1837.

I Limoges, 1539-1794-1837.

K Bordeaux, 1539, encore ouvert.

L Bayonne, 1539-1837.

LA Laon, pendant la Ligue.

LL Lille, en septembre 1685.

L *couronnée.* Lille, 1686. (voir W).

M Toulouse, 1539-1794, 1810-1837 (voir V).

M *et une coupe renversée.* Milan, 1804-1814.

MA *en monogramme.* Marseille, 1786-1858.

N Montpellier, 1539-1794.

O Saint-Pourçain, 1539-1549 ; Moulins, 1549-1555 ; Rion, 1555-1772. A Clermont, en 1572 et 1591-1594.

P Dijon, 1539-1772.

Q Châlons-sur-Marne, 1539-1572? 1590: Narbonne, 1700-1710 ; Perpignan ; 1710-1837.

R Villeneuve-Saint-André, 1539-1646 ; Nîmes, 1655-1658; Orléans, 1700-1799 ?

R *couronné et une louve.* Rome, 1811-1814.

R *et un lis.* Gand (*ou* Londres), 1815, pour Louis XVIII.

S Troyes, 1539-1679.

S *couronné.* Troyes, 1679-1690 (voir V).

S *et la Sainte-Ampoule.* Reims, 1679-1772.

T Sainte-Menehould, 1439-1540 ; Turin, 1540-1549; Nantes, 1599-1837 (voir 99).

U Turin, 1803-1814.

V Turin, 1538-1544 ; Amiens, 1571-1578 ; Troyes, 1690-
1772 ? Toulouse, 1803-1810.

V *et une ancre*. Venise, 1807-1814.

W Lille. 1693-1858.

X Villefranche-en-Rouergue, 1539-1548 ; Aix; 1548-1578;
Amiens, 1578-1772.

Y Bourges, 1539-1772.

Z Grenoble, 1539-1578-1772.

& Provence, 1539; Aix, 1544-1786.

9 Rennes, 1539-1772.

99 Nantes, 1539-1596 (voir T).

ft Marseille, 1539-1542.

* Chambéry, 1539.

ô (*un monde*). Montélimar, 1539-1594.

⁂ Crémieu, 1539-1548.

Armes de Navarre, Saint-Palais, 1589.

Vache, Pau, 1589-1794.

Deux poissons et un mât, Utrecht, 1811-1814.

Nos recherches personnelles dans les archives natio-
nales nous ont fait connaître les faits suivants :

La monnaie de Pamiers était en activité en septembre
1591.

La monnaie de Paris était transférée à Melun, au 22 octobre 1593. (Il s'agit d'un atelier d'Henri IV.)

Enfin, en 1656 et 1657, des ateliers établis à Vimy, et à
Lusignan (cy-devant à Limoges), frappèrent une grande
quantité de liards.

Après Charles VII, Louis XI acheva la réforme des
monnaies et émit les *écus au soleil* dont la renommée est
proverbiale.

En 1396, Gênes et Savone s'étaient données à la France.
On y frappa monnaie, ainsi que dans plusieurs autres
villes d'Italie, pendant les expéditions de Charles VIII,
Louis XII et François Iᵉʳ. Ces monnaies sont presque toujours des imitations des monnaies locales.

Sous Charles VI, la légende BENEDICTVM SIT NOMEN DO-
MINI NOSTRI DEI IESV CHRISTI est abrégée en SIT NOMEN
DOMINI BENEDICTVM qui se maintient jusqu'à la République.

Sous Charles VII, [l'écu de France n'a plus que trois lis.

Les écus d'or frappés par la duchesse Anne de Bretagne, pendant son veuvage (1498), sont les premières pièces françaises portant un millésime.

Sous Louis XII, l'effigie du souverain paraît sur les monnaies nommées *testons* à cause de la *teste* : l'Italie avait donné cet exemple depuis longtemps.

Le millésime et le numéro d'ordre après le nom du roi ne manquent sur aucune pièce postérieure à 1549. Les lettres gréco-latines XPS commencent à faire place à l'orthographe moderne CHRS.

Quant aux douzains barbares portant le nom de Louis XII, s'ils n'ont pas été frappés par Louis Ier, prince de Condé, sous Charles IX, ils sont probablement des imitations italiennes. (*R. N.* 1863, p. 353.)

Le roi de la Ligue, Charles X, cardinal de Bourbon, frappa dans les ateliers de Paris, Rouen, Lyon, Bayonne, Riom, Dijon, Troyes, Amiens, Bourges, Nantes et Dinan (99). Dans ces deux dernières officines, le duc de Mercœur fit ouvrer au nom de Charles X, de 1593 à 1598, quoique le cardinal fût mort en 1590.

Henri, seigneur de Damville, connétable de Montmorency, établit une monnaie à Béziers, en 1586, où il frappa des pièces de 6 blancs. Il la supprima au mois de septembre, moyennant quinze mille écus que lui donnèrent les directeurs de la monnaie de Montpellier. Il avait déjà établi un atelier à Beaucaire, et il fit frapper aussi des pièces de 6 blancs à Villeneuve et à Bagnols, pour payer les troupes de la Ligue. (*Hist. du Languedoc*, t. V, p. 413-438.)

Guillaume, maréchal de Joyeuse, suivant cet exemple, résolut de faire frapper des pièces de 6 blancs à Narbonne et à Toulouse. (*Ibid.* p. 438.)

Bernard de Nogaret, amiral, fit également frapper des pièces semblables à Sisteron et à Toulon, et ces *pignatelles* dont la valeur était de vingt-quatre deniers descendirent à six. Le désordre était si grand que plusieurs gentilshommes de la Provence, fabriquaient publiquement de cette monnaie chez eux. (Duby, *M. des Barons*, t. II, 329.)

Henri IV s'empressa de mettre de l'ordre dans ce chaos. Les monnaies du XVIIᵉ siècle furent remarquables par la gravure, et, à ce point de vue, elles eurent beaucoup de cette perfection qui est la meilleure garantie contre les faussaires.

La première république eut une numismatique originale par ses types et plus encore par l'adoption du système décimal.

L'empire ne trouve de place que pour la tête du souverain; la Restauration reprend les armes de France que la Révolution de Juillet supprime.

Le type des monnaies changea plusieurs fois sous la République de 1848. Après l'Hercule de l'an III, et la tête de 1793, coiffée du bonnet phrygien, on adopta une tête de femme, sèche parodie du profil vivant qui se détachait sur les décadrachmes de l'antique Syracuse.

Cette tête, sur laquelle on amoncela les fleurs et les fruits, représenta la République.

Le second empire, après avoir repris les types du premier, associa l'aigle à la tête du souverain, et la troisième République reprit les types de la seconde, le génie pour les pièces d'or, la tête de femme pour celles d'argent et de bronze.

Il faut signaler encore les monnaies du prétendant Henri V. Les pièces de 5 francs et de 1 franc, de 1831 et 1832, portant la marque W. t., ont été frappées à Londres. Des pièces de un *demi-franc*, avec la date de 1833, d'un poids irrégulier de deux à trois grammes, ont été fabriquées dans un atelier clandestin de Paris (faubourg Saint-Honoré); quelques-unes auraient été faites à Nantes (Delombardy, *cat. coll. Rignault*, 1848). Enfin, des pièces de 5 francs ont été frappées à Bruges, en 1871, lorsque le comte de Chambord se trouvait dans cette ville. Elles portent la fleur de lys, ancienne marque de l'atelier de Bruges. (*Rev. Belge*, 1874, 120.)

Des pièces de 5 francs portent la tête de Thiers et celle de Gambetta. Elles ont été frappées en Belgique.

NUM. MODERNE.

Il n'est pas inutile de parler brièvement de l'apparition des différentes monnaies.

Le denier de Charlemagne (d'une valeur réelle de 35 centimes environ) fut d'abord la seule monnaie usitée, avec l'obole, sa subdivision.

Le *gros tournois* parut sous saint Louis.

M. L. Blancard a donné une origine certaine à cette intéressante pièce en formulant sa théorie de la manière suivante :

« Le gros tournois reproduit si exactement le nombre et la disposition de l'une des faces du sarrazinas chrétien d'Acre de 1251, qu'il doit être considéré comme l'imitation de cette monnaie. » (*R. N.*, 1883, 167.) Ce qui confirme cette opinion, c'est que saint Louis a contribué à la transformation chrétienne du sarrazinas d'Acre. (Cf. H. Lavoix, *M. à lég. Arabes*, 1877, 61.)

La monnaie d'or paraît sous saint Louis avec le denier d'or à l'écu. Quant à l'Agnel que Le Blanc faisait remonter à la même époque, il paraît bien probable que son apparition date seulement du règne de Philippe IV. Les textes sur lesquels on s'était appuyé portent simplement que ce dernier roi frappa des monnaies d'or qui devaient avoir le poids de celles de saint Louis, mais ne disent pas que les monnaies de ce dernier étaient à l'agnel. (*Le denier d'or à l'agnel*, par M. de Marchéville, *R. N.*, 1889, p. 1-38; sur l'agnel, v. aussi une intéressante monographie de M. J. Hermerel, *Rev. belge*, 1889, p. 295.)

Leblanc et Haultin signalent un *denier d'or* au nom de la reine Blanche, qui aurait été frappé par saint Louis en l'honneur de sa mère.

On n'a pas encore retrouvé cette monnaie qui est peut-être la même que les *deniers* ou *florins d'or à la reine*, mentionnés dans les ordonnances monétaires, jusque sous Charles le Bel. Il pourrait bien se faire que les *deniers à la reine* fussent une appellation populaire de la petite masse d'or ou mantelet généralement attribuée à Philippe le Hardi, et qui représente le roi debout et couvert d'un long manteau royal.

La *masse* d'or paraît sous Philippe III ; le *petit royal*

parisis, le *double tournois*, la *mitte*, les *bourgeois*, la *maille*, la *chaise* et le *petit royal* d'or, sous Philippe IV.

Le *parisis* d'or, en 1329; l'*écu*, en 1336; le *lion*, en 1338; le *pavillon*, la *couronne*, le *double royal*, en 1339; le *florin Georges* et l'*ange* ou l'*angelot*, en 1340.

Le *demi-mouton* et le *denier aux fleurs de lis*, en 1351.

Après le retour de Jean, le *florin* et le *franc-à-cheval*. Sous le même roi, le *gros tournois à la queue* qui porte le surnom de *Poillevilain*, un des maîtres généraux, puis gouverneur de toutes les monnaies de France.

L'*écu couronné*, en 1384; l'*écu heaumé* frappé seulement sous Charles VI, et le *salut* (1421), que les ateliers anglo-français garderont.

Le *gros de Roi*, le *carolus* valant dix deniers tournois, sous Charles VIII.

Le *dizain* de Louis XII, imité du *carolus*; le *teston* de Louis XII; les pièces à la salamandre et à la croisette sous François Ier; le *Henri d'or* et le *Gros de Nesle*, sous Henri II; le *double sol* et le *sol parisis*, de Charles IX.

Les monnaies de cuivre rouge sous Henri III.

Sous ce même prince, le *franc* à effigie et ses divisions (ordonnance du 31 mai 1575) remplace le teston qui disparaît en 1577. Au mois d'octobre 1580, paraît une espèce nouvelle le *quart* et le *demi-quart d'écu* (valant le 1/4 et le 1/8 de l'écu, soit 15 sols et 7 sols 6 deniers).

Les *louis* d'or et d'argent sous Louis XIII; le *lis d'or*, de 1655 à 1657; le *lis d'argent* et ses divisions, en 1655; et les différentes variétés d'écus.

Le *sol* de cuivre est une création due à Jean Law, en 1719. Le sou, qui représentait le gros tournois de saint Louis, valait dix-huit fois moins : la différence entre le prix du marc d'argent aux deux époques était à peu près semblable.

Le *liard* (en 1721) valut trois deniers comme celui du xvie siècle qui était le quart du douzain.

La valeur de toutes ces monnaies eut naturellement une grande fluctuation au moment de la banqueroute de Law. Pour connaître la valeur des espèces à cette époque,

il faudrait dresser le tableau des Edits, ordonnances et arrêts du Conseil d'Etat qui se succédaient de jour en jour,
relevant et abaissant le cours des monnaies. Ainsi pour
l'année 1720, nous connaissons plus de quarante arrêtés
de ce genre.

La grande diversité des espèces, parmi lesquelles on
trouvait les écus de Charles VII aussi bien que les louis
de toutes les fabrications, était un obstacle au développement du commerce. C'est pourquoi, le 18 thermidor an III
(15 août 1794), l'unité des monnaies fut établie en prenant
pour unité monétaire le franc, pesant 5 grammes et ayant
pour base le système métrique.

Ne pouvant décrire les monnaies si nombreuses de la
troisième race, nous avons tenu cependant à donner
quelques indications propres à en faciliter le classement.
Pour des renseignements plus complets, on devra consulter le bel ouvrage de M. H. Hoffmann (*Monnaies
royales de France*).

Hugues Capet (987-996)

Denier : Paris; Saint-Denis ; Senlis (SILVANECTIS) ; Beauvais (avec l'évêque Hervé). — *Obole* : Senlis ; Beauvais.

Robert (996-1031)

Denier : Paris; Orléans ? (Le Blanc) ; Mâcon ; Chalon-
sur-Saône ; Laon (avec Adalberon). — *Obole* : Mâcon; Cha-
lon-sur-Sâone ; Laon ; Paris.

Henri Ier (1031-1060)

Denier : Paris; Senlis (SINLECTIS); Chalon-sur-Saône ;
Mâcon (3 var.) ; Issoudun ? (MONETA.ES) ; Sens ; Montreuil
CASTRA.MO...TR.). — *Obole* : Paris ; Chalon-sur-Saône.

Philippe Ier (1060-1108)

Denier : Orléans (5 var.); Chalon-sur-Saône (CAVILON);
Etampes (2 var.); Pontoise, (PONT : ESIVE); Mâcon (2 var.);

Dreux (2 var.); Senlis (CVITAS : SILNECTIS); Château-Landon; Sens; Montreuil; Paris (5 var.); Pithiviers (PITVERIS. — *Obole* : Paris; Orléans (2 var.); Etampes; Mâcon (2 var.); Senlis (CVTVS : SILECS); Château-Landon.

Louis VI (1108-1137)

Denier : Mâcon; Orléans; Compiègne (CVMP : IENE); Pontoise (2 var. PONTISAR; PONTISI); Etampes; Paris (4 var.); Nevers; Dreux; Bourges; Senlis (SINELECTIS. CIV); Montreuil; Sens; Château-Landon (2 var.); Châteaudun; Langres. — *Obole* : Dreux; Mâcon; Laon; Nevers; Bourges.

Louis VII (1137-1180)

Denier : Paris; Angoulême; Bordeaux; Bourges (tête barbue ℞ croix florencée); Aquitaine (2 var.); Etampes; Langres; Laon (GALTERVS.EPC; ROGERVS.EPE); Saintes (STEINAS); Mantes (CASTRVM.NAT.); Bourbonnais (3 var.); Bourbonnais à la tête; Bourbonnais à la main bénissante. — *Obole* : Paris; Bourges; Etampes; Bourbon.

Philippe II Auguste (1180-1223)

Denier : Montreuil; Saint-Omer; Péronne; Laon (ROGERVS.EPE; Philippe avec Louis VII); Arras, Bourges; Déols; Paris; Tours; Saint-Martin de Tours; Rennes; Bretagne; Guingamp; Issoudun (EXOLDVNI). — *Obole* : Paris; Arras; Bourges; Laon (ROGERVS.EPE).

Louis VIII (1223-1226)

Denier parisis; obole parisis; denier tournois.

Louis IX (1226-1270)

Or : Chaise (Le Blanc); royal (REGALIS-AVREVS); reines d'or (2 var. publiées; aucun exemplaire connu)? denier d'or à l'écu; royal d'or de Noyon.

Argent et Billon : Gros tournois (TVRONVS avec étoile sur V et sans étoile); denier tournois; denier parisis; obole parisis; obole tournois; denier de Nîmes (2 ex. connus).

Philippe III, le Hardi (1270-1285)

Or : Petit royal ou mantelet ; Agnel ; Masse (le roi tient un sceptre ou masse dans la main droite).

Arg. et Bill. : Gros ; denier et obole parisis ; denier et obole tournois ; denier de Toulouse ou bourgeois de la langue d'Oc.

Philippe IV, le Bel (1285-1314)

Or : Petit Royal ; masse ; chaise ; agnel.

Arg. et Bill. : Gros tournois à l'O rond (variété avec le X de REX cantonné de 4 points) ; tiers de tournois ou maille tierce (O rond et O long) ; denier parisis ; royal parisis double (champ : REGALIS) ; petit id. ; maille parisis ; bourgeois fort ; bourgeois simple (NOVVS) ; maille bourgeoise (NOV.VS) ; mitte royale tournois (P.H.R.EX croix bifurquée à s. lég. castel) ; denier et maille tournois ; double tournois (MON DUPLEX REGAL et châtel entre deux lis ; gros tournois du Mue (MVDENCIS.CIVIS) *Revue belge*, 1852.

Louis X, le Hutin (1314-1316)

Or : Agnel (LVD REX et marteau).

Arg. et Bill. : Gros tournois (var. avec le X de REX cantonné de 4 points) ; denier tournois (même var.) ; maille tournois.

Philippe V, le Long (1316-1322)

Or : Agnel (PH'REX avec étoile ou marteau).

Arg. et Bill. : Gros tournois (après TVRONVS, étoile, marteau, P ou I ; avec T oncial de *Turonus*) ; denier et maille tournois ; denier et maille parisis.

Charles IV, le Bel (1322-1328)

Or : Agnel (KL'REX avec annelet ou étoile sous le R) ; royal (KOL.REX.FRACOR) ; demi-royal.

Arg. et Bill. : Gros tournois (KAROLVS ou KHAROLVS) ; maille blanche ; maille noire (couronne dans le champ) ; double parisis ; parisis noir (MONETA.NOVA) ; denier parisis ; maille tournois.

Philippe VI de Valois (1328-1350)

Or : Royal (le roi debout) ; couronne (cour. remplissant le champ) ; parisis d'or (les pieds du roi assis appuyés sur deux lions) ; double royal (le roi assis) ; écu (écu fleurdelisé à la gauche du roi assis) ; lion d'or (le roi assis, les pieds sur un lion) ; ange ; chaise (le roi assis sur une chaise ; le tout dans une rosace) ; pavillon (le roi sous un dais fleurdelisé) ; Florin Georges (St-G. terrassant le démon ; 2 var.).

Arg. : Gros parisis (PARISIVS CIVIS ARGENTI) ; gros à la queue (une couronnelle commence la légende ; croix à long pied et couronne surmontant le castel) ; gros à la couronne (croix coupant la légende intérieure PHILIPPVS. REX) ; maille blanche ; gros tournois (TVRONVS avec * sur N).

Bill. : Double parisis ; gros à la fleur de lis (avec FRANCORVM autour d'un lis remplissant le champ du ℞) ; denier parisis ; double tournois (couronne avec REX) ; petit tournois (croix à long pied) ; tournois noir (castel accosté de deux lis) ; maille tournois (TVRONVS.SIVIS (sic) ; maille poitevine (MEAL.PETITA ou avec °P° sous le castel).

Jean II, le Bon (1350-1364)

Or : Ecu (écu fleurdelisé à gauche du roi assis) ; denier aux fleurs de lis (le roi sur un champ semé de lis) ; mouton et demi-mouton ; royal (avec IOHANNES ou IOHES) ; franc à cheval ; florin (S.IOHANNES.B. Le saint debout ℞ FRANTIA lis florencé).

Arg. : Gros tournois ; maille blanche ; maille tierce ; gros à la couronne (sur le castel) ; blanc à la couronne (dans le champ du droit et au ℞ croix dans une rosace ; en *Arg.* et en *Bill.*) ; demi-blanc à la couronne.

Bill. : Gros tournois à la queue dit poillevilain (croix à long pied) ; gros blanc à la couronne (couronne au ℞) ; id. avec REX sous la couronne ; id. avec FRANCORV.REX sous la c. ; gros blanc à la fleur de lis (lis dans une rosace à l'avers) ; gros blanc id. dit patte d'oie, lis épanoui (FRANC entre deux traits) ; gros blanc (type du tournois, module plus grand) ; gros blanc dit poillevilain (croix coupant

IOHANNES REX) ; gros blanc aux trois lis (sous la couronne au ℞) ; gros blanc au lis (châtel surmonté d'un lis) ; gros blanc à l'étoile (croix cantonnée de deux étoiles ℞ MONETA DVPLEX ALBA) ; gros blanc aux lis (sept lis dans le champ du ℞) ; gros blanc dit compagnon (IOHANNES DEI GRA ; au ℞ FRANCORVM REX châtel surmonté d'un lis) ; bourgeois fort ; gros denier blanc (croix cantonnée de huit points) ; gros tournois à la couronne (sur le châtel ; IOHES DEI GRA au ℞) ; double parisis (REX entre six lis) ; double parisis (REX sous une couronne) ; double parisis (FRAN sous une couronne) ; double parisis (lis remplissant le champ) ; petit parisis ; double tournois (var. avec trois lis sous une couronne ; autre avec REX sous la couronne) ; petit tournois.

Charles V (1364-1380)

Or : Royal (non-retrouvé) ; florin (pour le Dauphiné) ; franc à pied (le roi avec épée et main de justice, debout sous un dais gothique) ; franc à cheval.

Arg. et Bill. : Gros tournois (cour. sur le châtel) ; blanc aux lis (K entre deux lis sous une couronne) ; denier parisis ; denier tournois ; obole tournois (OBOLVS...) ; cadière du Dauphiné (DALPHS. VENENS au ℞) ; Carlin (K. DALPH. VIENES ℞ FRANCORVM. REX) ; gros delphinal (dauphin) ; petit dauphin (dauphin sous une grande couronne) ; autre (KROL entre un dauphin et une couronne) ; denier dentillé de Dauphiné (dauphin dans une rosace).

Charles VI (1380-1422)

Or : Ecu (écu couronné) ; demi-écu (non-retrouvé) ; agnel (K-F-RX) ; salut (AVE, etc.) ; demi-salut (non-retrouvé) ; écu heaumé (écu timbré d'un heaume couronné) ; demi-écu heaumé ; chaise (le roi assis, les pieds sur deux lions, entre deux écus de France).

Arg. et Bill : Gros (var. avec croisette commençant la bordure de lis du ℞) ; gros dit grossus et 1/2 (GROSVS-TVRONVS *ou* SEMI-GROSSVS) ; gros heaumé (écu timbré d'un heaume) ; gros aux lis (3 lis dans le champ) ; gros florette (3 lis sous couronne) ; demi-gros florette ; blanc

dit guénar (écu ℞ croix cant. de deux lis et de deux
couronnes); blanc guénar delphinal (croix cantonnée de
deux lis, d'une couronne et d'un dauphin); demi-guénar;
blanc (type du guénar avec écu entouré de trois étoiles);
demi-blanc (type du demi-guénar ℞ croix cantonnée
d'un lis et d'une couronne); double tournois (trois lis à
l'envers. ℞ DVPLEX MONETA); id. avec croix coupant la
lég. du ℞; double tournois niquet (lis sous couronne);
denier (lis ou deux lis sous une couronne); double parisis (PARISIVS DVPPLEX); petit parisis (FRAN sous cour.);
obole (OBOLVS-CIVIS); obole parisis (OBOLS.FRA); cadière
(℞ DALPHS.VIENS); gros blanc delphinal (KROLVS : FRAN-
CORV : REX ℞ ET.DALPHS.VIENENS); petit blanc delphinal
(KAROLVS.FRAN.REX. ch. écartelé de deux lis et de deux
dauphins ℞ DALPHS.VIENENSIS, croix cant. de deux lis et
deux couronnes); liard à la croix bourgeoise (croix à long
pied; ℞ DAPHS.VIENESIS champ écartelé de deux lis et
deux dauphins); denier dentelé (croix coupant KAROLVS.
FRANCORV.REX ℞ DALPHS.VIENESIS, dauphin dans une rosace); patard (dauphin cour. au ℞).

Gênes, 1396-1429. *Or* : Ducat et quart de ducat.
Arg.: Gros; patacchina (+ K : REX : F : D : IANVE : V ou
A ou G ou L ou R); pièce de 6 deniers. Légendes com-
mençant par K sur toutes les pièces.

Savone, 1396-1429. *Arg.*: Patacchina. Champ parti de
France et de Savone (aigle); (℞ MONETA SAONE); denier
(au droit, aigle); petit denier (COMVNIS.SAONE ou CIVITATIS.
SAONE ℞ MONETA.SAONE).

Henri V (1415-1422)

Or : Noble; agnel (H.F.RX; autre avec HRL.REX); salut
(écu écartelé de Fr. et d'Angleterre entre la Vierge et
l'ange Gabriel).

Arg.: Gros (léopard entre trois lis sous une couronne);
florette (trois lis sous une cour. supportée ou non par
deux léopards); florette (avec h.REX.ANGLIE. ET.HERES-
FRANCIE); blanc guénar (écu de France ℞ croix cant. de
deux lis et de deux couronnes); demi-blanc; denier tournois (léopard sous un lis); double tournois.

Henri VI (1422-1453)

Or : Salut (écus accostés de Fr. et d'Angl.); angelot (ange tenant les deux écus).

Arg. et Bill. : Blanc aux écus; petit blanc aux écus (var. avec TVRONVS.TRIPLEX.FRANC); petit parisis noir HÉRI ℞ PARISIVS.CIVITAS); autre avec HERI et dessous, lis et léopard; double tournois (....DVPLEX); petit tournois (TVRONVS.FRANCIE); maille tournois (OBOLVS.CIVIS).

Charles VII (1422-1461)

Or : Ecu à la couronne (écu cour. accosté de 2 lis cour., var. avec écu cour. accosté de 2 cour.); demi-écu; écu au briquet, frappé par le duc de Bourgogne (lég. commençant par un briquet); royal (le roi debout sur un champ semé de lis); agnel (K.F.RX); écu à la couronne (écu accosté d'un lis et d'une couronnelle); autre (écu accosté de 2 lis couronnés; lég. commençant par une couronnelle); franc à cheval (le fr. à ch. de Charles VII se distingue de celui de Charles V en ce que la croix feuillue du ℞ est cantonnée d'un K au 2e et 3e cantons).

Arg. et Bill. : Grande plaque (3 lis ℞ ; croix coupant la lég. et cantonnée de FRAC); demi-plaque; grand blanc dentelé (écu cour. dans une rosace); demi-blanc dentelé; gros aux rondeaux (écu entre 9 lis entourés de cercles); grand blanc au K (K accosté de 2 lis ℞ croix cantonnée de 2 lis et de 2 cour.); id. avec croix simple; gros de roi (3 lis sous une cour. ℞ croix fleurdelisée); petit blanc au K; grand blanc (croix du ℞ cant. de 2 K et de 2 lis); blanc de 5 deniers tournois (croix cant. d'une cour. au 2e et d'un lis au 3e); demi-blanc de 2 et 1/2 deniers tournois (mêmes types); grand blanc aux lis (3 lis dans le champ); petit id.; grand blanc de 10 d. tournois (croix cant. de 4 cour.); gros florette (3 lis sous une cour. ℞ croix cant. de 2 lis et de 2 cour.); grand blanc (aux 3 lis sous une couronne); grand blanc (écu entre 3 cour. dans un trilobe ℞ croix cant. de 2 lis et de cour.); grand blanc à la couronnelle (timbrant l'écu); grand blanc au briquet; petit blanc aux lis (2 var.); petit blanc de 5 deniers tournois (2 lis sous la cour.); double tournois (3 lis ℞ DVPLEX. TVRONVS.FRACIE); double tournois dentillé (3 lis dans un écu circulaire placé dans une rosace); denier tournois mêmes types, avec 2 lis); denier t. (2 lis ℞ TVRONVS FRANCIE); autre (couronne et lis posés en fasce); double tournois (K entre 2 lis sous une cour. ℞ DVPLEX.TVRONVS. FNCIE.L. *Loches*); double tournois (℞ SIT.NOME.DNI.BENED. croix); autre (K sous un lis et une cour. ℞ DVPLEX TVRONVS. FR); autre (K au-dessus de 2 lis ℞ TVRONVS.FRAN.R.); autre (2 lis superposés et cour. ℞ SIT, etc.); autre (2 lis sous une cour. ℞ TVONVS.FRANCIE); petit blanc delphinal (écu écartelé de France et Dauphiné); grand dauphin (écu de D. dans une rosace); petit dauphin (croix coup. la lég. ℞ dauphin dans une rosace, DALPHS.VIENESIS); petit dauphin (croix simple ℞ DALPhS.VENESI); patard (dauphin surmonté d'un lis); maille tournois (OBOLVS.CIVIS).

Gênes, 1458-1461. Légendes commençant par c. *Or* : Ducat ou genovino d'or. *Arg.* : Gros (autre avec le portail entre 2 lis); *Bill.*. petit denier.

Louis XI (1461-1483)

Or : Ecu au soleil (timbrant l'écu; id. avec P au centre de la croix du ℞ (Perpignan); demi-écu au soleil; écu à la couronne (entre 2 lis couronnés ℞ croix cant. de cour.); id. avec P. sur la croix du ℞; demi-écu à la cour.; demi-angelot (saint Michel terrassant le démon).

Arg. et Bill. : Gros de roi (3 lis sous une cour. ℞ croix fleuronnée); id. avec P sur la croix; demi-gros de roi; grand blanc à la couronne (écu entre 3 couronnelles dans une rosace); id. avec LVDOVICVS.FRANCORVM.REX répété au ℞; grand blanc à la couronne (avec P sur la croix); grand blanc au soleil (LVDOVICVS : D : G : FRANCORVM : R : PROVINCIE : C. ℞ A sur la croix, *Aix*); grand blanc au soleil (3 lis dans une rosace; au-dessus, soleil; id. (avec P sur la croix); petit blanc à la couronne (écu timbré d'une couronnelle dans une rosace); petit blanc au soleil; grand blanc au soleil pour le Dauphiné (écu de Fr.-D.); petit id.; hardi (le roi de face, à mi-corps, LVDOVICVS REX);

hardi (avec P); denier tournois (TVRONVS.CIVIS.FRANC.);
maille tournois (OBOLVS.CIVIS); id. (avec P); liard au dauphin (dauphin sous un lis); double tournois; double tournois du Dauphiné (dauphin sous 2 lis dans une rosace
trilobée); petit parisis dit de l'aumônerie (FRAN sous une
couronne entre deux traits ℞ PARISIVS.CIVIS.FRAN M.);
denier bourdelois (*nef* LVDOVICVS.REX, lis dans le champ;
℞ *nef*. SIT, *etc.*, croix); patard (2 var. frappées à Perpignan).

Savone. Arg.: Gros (champ écartelé de Savone-France);
pièce de 3 deniers (CIVITATIS .·. SAON, aigle couronnée;
℞ COMVNIS .·. SAONE); petit denier (m. types).

Charles VIII (1483-1498)

Or : Triple écu (soleil au-dessus de l'écu); écu au
soleil; id. avec la croix cant. de P.T; id. avec croix cant.
d'un B et d'un croissant; id. avec un P sur la croix;
id. pour la Bretagne (écu accosté de 2 hermines couronnées); id pour le Dauphiné (champ écartelé de Fr.-
D.); demi-écu au soleil.

Arg. et Bill. : Gros de roi; douzain (écu entre 3 couronnes dans une rosace); petit blanc (mêmes types);
douzain de Bretagne (℞ R sur la croix, cant. d'hermines
et de lis, *Rennes*); id. pour le Dauphiné; douzain à la
croix cantonnée de 4 lis; id. de Perpignan (avec P); douzain avec écusson de Marseille sous l'écu de France;
blanc au soleil; petit id.; karolus (grand K entre 2 lis
sous une cour.); petit karolus; karolus pour le Dauphiné
(grand K entre un dauphin et un lis sous une cour.);
d° pour la Bretagne (croix du ℞ cant. de 2 lis et de
2 hermines); liard au K avec CIVITAS. MASSILIE; d° (sous
le K, écu à la croix, *Marseille*); doublé tournois (grand
lis couronné); d° (avec 2 lis dans une rosace); denier
tournois (KAROLVS.CIVIS.REX ℞ LVDOVICVS.DEI.GRACIA);
d° du Dauphiné (lis et dauphin dans une rosace; petit
parisis (FRAN sous une couronne ℞ PARISIUS.CIVIS); liard
au dauphin; d° pour la Bretagne; denier (DENARIUS.VNVS.

MA.); Hardi; d° pour la Bretagne; denier bourdelois (lis ℞ croix, SIT.).

Forcalquier. Arg. : Blanc à l'écu de France heaumé.

Pise. Or : Écu. *Arg.* : Gros, denier.

Naples. Or : Double écu; écu. *Arg.*: Teston (C : O : D : G : F : Z : S : R :); d° (℞ PER : LIGNV : S : CRUCIS : LIBE-REΓ : N : D : N); carlin; cavalot (KAROLVS, 3 lis sous une couronne); d° (avec KROLUS); d° (avec écu de France octogone)

Aquila. Cavalot (3 lis); d° (avec l'écu de France à un lis); carlin (℞ CITE-DE-LEIGLE).

Sulmona (S.M.P.E, *Sulmo mihi patria est,* Ovide, *Tristes,* IV, 10, 3), carlin; cavallo; d° (avec X PS.VIN etc.).

Chieti (CIVITAS.TEATINA). Cavallo.

Ortona (ORTONA.FIDELIS. FR.). Cavallo (2 var.).

Manopello (baron Leopardo Orsini, PARDUS : VRSINVS) Cavallo. (℞ PARDVS : VR : CO : MA :).

Sora. Cavallo (℞ PE*trus.* IOha*nnes.* PA*ulus.* CA*N*t*elmus.* SO*rae.* ALB*ełi*que. DVX).

Pièces de Ferdinand Iᵉʳ de Naples surfrappées de KRO-LVS... AVEC EQVITAS.REGNI et un cheval au ℞ (plus. var).

Louis XII (1498-1515)

Or : Écu au soleil; demi d°; écu au soleil pour la Bretagne; demi d°; écu au soleil pour la Provence (LVDO-VICVS : XII : D : G : F : REX : PVIE : COMES); écu aux porcs-épics (écu de Fr. accosté de 2 p.-ép.); demi d° ; écu aux porcs-épics pour la Bretagne (écu sur un porc-épic entre 2 hermines); d° pour le Dauphiné (écu Fr.-D. entre 2 porcs-épics); écu d'or de Provence (croix provençale, potencée, cant. de 4 couronnelles); d° (croix cant. de 4 croisettes); écu d'Anne de Bretagne (écu de Fr. entre deux porcs-épics ℞ croix cant. de 2 hermines couronnées et de 2 A couronnés).

Arg. et Bill. : Gros de roi (écu cour., accosté de 2 L couronnées); demi d° (l'écu est accosté de 2 lis cour.); teston (4 var.); demi-teston; douzain à la couronne (écu

entouré de 3 couronnelles dans un trilobe; sixain (type
du douzain; douzain de Bretagne (écu entre une couronne
et 2 hermines; dᵒ de Provence (var. avec LVDOVICVS.XII);
dᵒ du Dauphiné (var. avec l'écu sur un porc-épic); douzain au porc-épic (écu couronné sur un p.-épic); dᵒ de
Bretagne; dizain Ludovicus *ou* à l'L couronnée (entre
x.II); dᵒ du Dauphiné; double tournois (3 lis dans un
trilobe ℞ croix dans un quadrilobe); dᵒ du Dauphiné
(2 lis et un dauphin dans un trilobe); denier tournois
(℞ TVRONVS. CIVIS. FRANCOR); (dᵒ du Dauphiné (lis et
dauphin dans un trilobe); Hardi; dᵒ de Bretagne; patard
de Provence (grande L couronnée); denier à l'hermine
(hermine dans le champ ℞ MONETA. BRITAN.)

Asti, 1498-1513. *Or* : Double ducat (3 var.). *Arg. et
bill.*: teston; ducaton (buste nimbé de saint Second; parpaillole (même type); autre (avec porc-épic sous une cour.
℞ écu de France cour); cavallo (saint Second à cheval;
4 var.); parpaillole (écu de France aux 4 quartiers); demi
dᵉ (var. avec croix florencée au ℞); soldino (porc-épic
sous une couronne ℞ croix fleurdelisée); terlina *de cuivre*
(3 lis ℞ croix florencée); terlina de billon (2 lis sous une
couronne).

Naples, 1501-1504. *Or* : Ducat. *Arg.*: Carlin (le roi assis
de face).

Aquila, 1501-1504. *Cuivre*: Sestino (℞ POPVLI.COMODITAS
écu de Fr. cour.).

Milan, 1499-1513. *Or* : Double ducat (buste de Louis XII;
2 var.). *Arg. et bill.*: Teston (avec écu de France-Milanais;
autre avec saint Ambroise à cheval); ducaton (saint Ambroise assis de face); gros (croix fleurdelisée, ℞ écu de
France-Milanais); gros au porc-épic (tête de saint Ambroise
de face ℞ porc-épic sous une cour.); gros avec l'écu à 2 lis
et une *guivre* portant une jeune fille dans sa gueule,
armes des Visconti); gros, type du ducaton; bissone
(guivre entre 2 lis ℞ pallium couronné); bissone (écu de
France entre 2 guivres); demi-parpaillole (4 var.); patard
(3 lis ℞ croix florencée); dᵒ avec 2 lis et annelet dans un
trilobe; dᵒ avec IO.IA.TRI.MA.VIGGLE; demi-patard (lis dans
le champ).

Gênes, 1499-1513. *Or* : Ecu (au soleil avec LVD.DEI. GRACIA.FRANCOR.REX.Z.IANVE.D.); ducat (2 var.). *Arg.* : Teston (sans tête; CONRAD etc., porte; 3 var.); quart de teston; écu (écu entre deux porcs-épics ℞ COMVNITAS. IANVE.A.C.); teston (avec COMUNITAS.IANVE); demi-teston, d⁰; quart d°.

Savone, 1499-1510. *Or* : Double ducat (aigle ℞ la Vierge et l'Enfant); ducat. *Arg.* : Teston (aigle ℞ la Vierge et l'Enfant); autre (à l'écu de Savone); demi-teston (écu de Savone. ℞ buste de la Vierge sur un croissant); pièce de 2 gros (aigle ℞ la Vierge et l'Enfant); patacchina (CIVITATIS.SAONE aigle. ℞ COMVNIS.SAONE, croix cant. de 4 lis).

François Iᵉʳ (1515-1547)

Or : Ecu au soleil (6 var.); d⁰ (avec écu à la croix, de Marseille, sous l'écu de France); d⁰ (avec écu accosté de G ou $\frac{G}{C}$ et un lis); écu et 1/2, à la croisette (℞ croix dans une rosace); d⁰ du Dauphiné (7 var.); écu pour la Bretagne (2 var.); écu à la salamandre (2 var).

Arg. : Teston et 1/2; teston avec écu de Marseille, et 1/2; teston et 1/2, du Dauphiné; teston de Bretagne, et 1/2 (avec buste imberbe *ou* barbu); écu de 4 testons.

Bill. : Douzain et 1/2 (3 var.); douzain de Bretagne; douzain du Dauphiné; dizain Franciscus (grande F couronnée); d⁰ de Bretagne; sizain à la salamandre couronnée; douzain à la salam.; d⁰ avec écu de Marseille; douzain à la croisette (dans un quadrilobe); d⁰ du Dauphiné; double tournois; d⁰ du Dauphiné; double t. à la croisette; d⁰ du Dauphiné; double t. à la croisette (avec TVRONVS. CIVIS.FRANCORV); denier tournois; d⁰ du Dauphiné; liard à l'F; d⁰ de Provence (croix cant. de 4 points); patard de Provence (F entre 2 lis; ℞ croix provençale cant. de 4 croisettes); hardi.

Milan, 1515-1516. *Or* : Double ducaton (buste ℞ écu de Fr.-Milanais); écu. *Arg.* : Ducaton ou teston (saint Ambroise assis ℞ écu Fr.-Milanais); gros (salamandre cou-

ronnée ℞ saint Ambroise assis; devant écu Fr.-Milanais);
demi-gros (salamandre cour. ℞ F cour.); patacchina (F
cour. ℞ croix feuillue; demi d° (lis ℞ croix feuillue).

Ast¹, 1515-1529. *Arg.* : teston (le roi à mi-corps; 2 var.);
gros (salam. cour. ℞ buste nimbé de saint Second); soldino (cour. et 3 lis ℞ croix fleuronnée).

Gênes, 1515-1528. *Or* : écu et 1/2 (2 var.). *Arg.* : teston
(sans tête); 1/2 d° (3 var.); 1/4 d° (2 var.).

Savone, 1515-1528. *Arg.* : teston (écu de Savone entre
M. S. ℞ La Vierge et l'Enfant); teston (même droit ℞ saint
Second à cheval; 2 var.); patacchina (CIVITAS.SAONE, écu
de Sav. ℞ même lég. croix fleurdelisée).

Henri II (1547-1559)

Or : Écu à la croisette (dans une rosace au ℞); Henri
d'or (buste cour.) et 1/2; Henri (buste non cour.) et 1/2;
double d°; écu aux croissants (écu entre deux croissants).

Arg. : teston et 1/2 (buste cour.); d° (b. non cour.);
teston (tête laurée); teston au croissant (℞ croissant sous
une cour.) et 1/2; teston buste lauré et cuirassé et 1/2;
teston du Dauphiné et 1/2.

Bill. : gros de Nesle (H entre 3 lis sous une couronne)
et 1/2; douzain à la croisette (écu dans une rosace ℞ croisette dans un quadrilobe); douzain aux croissants; d° (avec
croix cléchée au ℞); d° pour le Dauphiné; douzain aux H
(écu entre deux H); liard à l'F (F. cour.); double tournois (3 lis dans un trilobe); denier t. (2 lis dans un cartouche); liard à l'H; patard de Provence (P sous 2 lis ℞
croix potencée de Provence).

Sienne (*Res publica Senensis in Monte Ilicino, Henrico II auspice*). *Or* : pièce de 4 écus (la louve ℞ la Vierge
entourée de 8 chérubins); écu (LIBERTAS sur un écu ℞ la
louve); 1/2 écu (même droit ℞ S feuillue). *Arg.* : teston
(la louve ℞ la Vierge entourée de 8 chérubins); Giulio
(la louve ℞ la Vierge soutenue par 2 chérubins; *autre*
avec 5 chérubins); parpaillole d'argent (un des enfants

sur le dos de la louve); parpaillole de billon (la louve
℞ croix fleurdelisée) ; d° (avec écu portant s-p.q-s. ℞
la louve; 2 var.); quatrino (S feuillue ℞ LI.BERT.AS en
3 lignes).

François II (1559-1560)

Arg. : Gros et 1/2(FRAN.ET.MA.D.G.R.R. FRANCO. SCO-
TOR.Q, écu de France-Écosse ℞ VICIT.LEO.DE.TRIBV.IVDA.
1560, F et M liées et couronnées, accostées d'un lis et
d'un chardon couronnés).

Charles IX (1560-1574)

Or : Écu au soleil et 1/2; écu du Dauphiné; écu (avec
un écusson cour. de chaque côté); écu avec SIT...
MDLXII).

Arg. : teston et 1/2; test. du Dauphiné; teston dit
morveux (buste lauré; dessous A et O liés; *frappé à
Orléans? par les Huguenots*).

Bill. : double sol parisis (3 lis sous une cour.); douzain
(écu de France entre 2 C); douzain du Dauphiné; sol
parisis (℞ croix fleurdelisée formée de 4 C); d° du Dauphiné; denier tournois (2 var.); denier tournois du Dauphiné; liard au C (couronné); liard delphinal (dauphin
cour.).

Henri III (1574-1589)

Or : Double écu aux H cour. (avec XPISTVS. *etc* ou SIT
etc au ℞) ; 1/2 d°; écu et 1/2 (2 var.).

Arg. : Teston et 1/2; franc, 1/2 et 1/4 (Buste ℞ croix
formée de 4 fleurons fleurdelisés) ; quart d'écu (Écu
accosté de II-II); huitième d'écu (Écu entre V-III);
1/4 d'écu de Saint-Quentin (℞ SANCTVS.QVINTINVS. 1589;
champ; PRO.CHRISTO.ET REGE.XV); d° (avec H. DORLÉANS-
D. A. LONGVAVILL.FACIEBAT; champ: le même avec S. Q.
1589).

Bill. : Gros de Nesle et 1/2 ; gros de Nesle du Dauphiné

(H sous une couronne entre 2 lis et un dauphin); 1/2 d°; double sol parisis (3 lis sous une cour.); douzain (écu cour. entre 2 H); douzain du Dauphiné; double tournois (3 lis sous une cour.); liard au Saint-Esprit (℞ croix du Saint-Esprit; 2 var.); d° (avec croix évidée et fleurdelisée; liard (grande H sous une couronne); liard au dauphin (dauphin couron.).

Cuivre: Double tournois (4 var.); double t. du Dauphiné; denier tournois (var. avec un soleil au-dessus du buste.

Charles **X**, cardinal de Bourbon

Or: Ecu (2 var. avec CHRISTVS etc; autre avec SIT etc); 1/2 d°.

Arg.: Franc (2 var.); quart d'écu et huitième.

Bill.: Double sol parisis (3 lis sous une cour.); douzain (écu cour. entre 2 C): liard au C (couronné).

Cuivre: Double tournois; denier tournois. — De 1589 à 1594, le parti des politiques fit frapper des écus d'or et des 1/4 d'écu, sans nom royal, avec la légende SIT.NOMEN.DOMINI.BENEDICTVM des deux côtés.

Henri **IV** (1589-1610)

Or: Double écu; écu (4 var.); demi-écu (2 var.).

Arg.: Demi-écu; quart d'écu (2 var.) et huitième d°; 1/4 et 1/8 d'écu du Dauphiné; 1/8 d'écu ayant le poids du 1/4; 1/4 et 1/8 d'écu de Navarre; d° de Béarn-Navarre; demi et quart de franc (2 var.); 1/2 franc de Béarn (vache sous le buste), et 1/4 d°; 1/4 de franc du Dauphiné.

Bill: Gros de Nesle; d° du Dauphiné; douzain (3 var.); d° de Dauphiné; d° de Navarre; d° de Béarn; vacquette de Béarn (champ écartelé de 2 H cour. et de 2 vaches; 2 var.); liard dit pied quailloux (H entre 3 lis sous une cour. ℞ croix échancrée); liard delphinal (dauphin cour.).

Cuivre: Double tournois (5 var.); d° du Dauphiné; denier tournois; d° du Dauphiné.

Louis XIII (1610-1643)

Or : Écu (4 var.) et 1/2 (2 var.) ; écu du Dauphiné et demi d⁰; *avec buste* : 10 louis (67 grammes); 8 louis 53 gr.); 4 louis (26 à 27 gr.); double louis (13 gr.); louis (6 gr. 75); demi louis (3 gr. 39).

Arg. : Quart et 1/8 d'écu ; 1/4 et 1/8 d'écu de Navarre et Béarn ; d⁰ de Navarre; *avec buste* : demi et 1/4 de franc (4 var.); demi-franc avec tête nue; 1/2 franc (avec ʟs au centre de la croix du ℞) et 1/4 d⁰ ; écu blanc ou louis d'argent de 60 sols, depuis 1641 ; d⁰ de 30 sols, de 15 et de 5 sols (tous avec ʟᴠᴅᴏᴠɪᴄᴠs.xɪɪɪ etc.): louis d'arg. de 30 deniers (avec ʟᴠᴅ.xɪɪɪ etc); pièce de 15 deniers (écu entre 2 L); pièce de 2 sols 6 deniers (℞ croix cantonnée de ·2·-·S·-·6·-·D·); pièce de 12 deniers (2 L adossées sous une couronne; dessous xɪɪ).

Bill.: Sol de 18 deniers (lis dans un grènetis au-dessus de l'écu entre 2 L); douzain et 1/2 vacquette (champ écartelé de 2 L et de 2 vaches).

Cuivre : Double tournois (5 var.); denier tournois; double tournois de Navarre avec écu de Nav. sous le buste; d⁰ avec écu de Nav. et 2 lis au ℞; double lorrain (℞ ᴅᴏᴠʙʟᴇ.ʟᴏʀʀᴀɪɴ, 2 var., à Metz, pendant l'occupation de la Lorraine, 1634-1659).

Catalogne, 1641-1643. *Arg.* : Écu blanc (1/2 et 1/4); écu blanc avec écu mi-parti de France-Navarre et Catalogne; douzième d'écu d⁰. *Cuivre* : Seiseno (écu de Catalogne brochant sur croix de Sainte-Eulalie).

Barcelone, *Arg.* : 5 réaux (ᴠ-ʀ accostant le buste 5 var.); 5 sols (ᴠ-s accostant le buste ; 2 var.). *Cuivre* : Seiseno (écu de Catalogne et Barcelone; 2 var.); menut (℞ croix coupant ʙᴀʀᴄɪɴᴏ.ᴄɪ et cant. de 2 annelets et de 6 perles).

Belpuig, 1642. Seiseno cuivre (℞ ᴠɪʟʟᴀ. ᴘᴠʟᴄʀɪᴘ. 1642).

Cervera, 1641. *Arg.* : 5 réaux (ᴄᴇʀᴠᴀʀɪᴀ); 5 sols. *Cuivre* : menut.

Girone : Seiseno (ᴄɪᴠɪᴛᴀs.ɢᴇʀᴠɴᴅᴀ.1642).

Oliana : Menut.

Puigcerda : Menut (PODICERITA. 1642).

Solsona : Seiseno (COELSONA. 1641).

Tarrega : Seiseno, 2 var. (VILLA.TARREGE).

Valls : Seiseno (VNIVERSITAS.VALS [ensis]. 1642).

Vich : (CIVITAS. VICEN [sis]). *Arg.* : 5 réaux (V-R accostant l'écu de Catalogne, 2 var.); 5 sols (V-S accostant l'écu); demi-réal (Buste de Louis XIII ℞ croix cant. d'annelets et de perles). *Cuivre* : Menut (3 var.).

Louis XIV (1643-1715)

Or : Ecu au soleil et 1/2; double louis, louis et 1/2 (℞ 8 L cour. formant croix); lis (℞ 2 anges soutenant l'écu); double louis, louis et 1/2 (buste âgé); louis (aux armes de France et Navarre-Béarn); double louis, louis et 1/2 (croix formée de 8 L, posée sur la main de justice et le sceptre); d° (croix de 8 L avec soleil au centre).

Arg.: Quart d'écu valant 21 sols; 1/8 d'écu; 1/4 et 1/8 d'écu de Navarre; d° de Navarre-Béarn; écu blanc de 6 sols, 1/2, 1/4, 1/12, 1/24, 1/48 d'écu de 1643 (ayant respectivement 40, 33, 27, 20, 17 et 14 millimètres de diamètre); 30 deniers et 15 d. (LVD. XIII, etc); écu, 1/2, 1/4 et 1/12 de France-Navarre; d° de Fr. et Navarre-Béarn; lis émis pour 20 sols (℞ DOMINE.ELEGISTI.LILIVM.TIBI), 1/2 et 1/4 de lis; pièce de 15 sols frappée pour le Canada (℞ GLORIAM.REGNI.TVI.DICENT. 1670; 28 mill.); p. de 5 sols d° (24 mill.); 1/12 d'écu du Dauphiné; 4 sols (croix fleurdelisée sous une cour.); 2 sols (2 lis sous cour.); écu blanc et divisions, buste âgé; écu blanc dit du Parlement (buste cuirassé avec perruque frisée et cravate brodée), 1/2, 1/4 et 1/12; d° de France-Navarre; d° de Fr. et Navarre-Béarn; écu blanc (avec DOMINE SALVVM FAC REGEM sur la tranche) et 1/2; écu de Flandre dit carambole émis pour 80 sols (℞ écu écartelé de France-Bourgogne), 1/2, 1/4, 1/8, 1/16 d° (modules : 43, 34, 28, 24, 21 mill.); écu aux 8 L, 1/2, 1/4, 1/8, 1/12, 1/16, 1/24 d°; quatre sols;

(℞ 2 L entrelacées); écu aux palmes (écu rond entre deux palmes), 1/2, 1/4, 1/12; dᵒ de France et Navarre-Béarn, 1/2, 1/4, 1/12 dᵒ; écu carambole aux palmes (écu Fr.-Navarre et Bourgogne), 1/2, 1/4, 1/8, 1/16; écu aux insignes (écu rond sur le sceptre et la main de justice en sautoir), 1/2 et 1/12 dᵒ; écu carambole aux insignes, 1/2, 1/4, 1/8, 1/16 dᵒ; écu aux insignes de Fr. et Navarre, 1/2, 1/4 et 1/12 dᵒ; demi-écu aux insignes du Dauphiné (écu Fr.-Dauphiné), 1/8 et 1/16 dᵒ; pièce de 10 sols tournois (3 lis entourés de 4 couronnes); vingt sols (main de justice et sceptre en sautoir, entre 3 lis, sous une couronne), 10 et 5 sols dᵒ; écu aux 8 L de France-Navarre (et Béarn en cœur), 1/2 dᵒ; écu carambole aux insignes (écu de Fr.-Bourgogne sur les insignes), 1/2, 1/4, 1/8 et 1/16 dᵒ; écu aux 3 couronnes, 1/2, 1/4, 1/10 et 1/20 (modules: 41, 34, 29, 22 et 20 mill.).

Bill. : 6 blancs (℞ SIZ.BLANS. 1657); 5 liards (℞ CINQ. LIARTS. 1657); liard de Lyon (℞ LIARD DE LION. 1655); liard (croix de Malte ℞ écu); double tournois (croix fleurdelisée, ℞ 3 lis sous une cour.); douzain (écu entre 2 L cour.) et 1/2; sol de 15 deniers tournois (4 doubles L en croix); dᵒ de Navarre-Béarn; sol de Navarre; seize deniers (écu accosté de x-vi); trente deniers (℞ PIECE DE XXX DENIERS); quinze deniers (avec xv).

Cuivre : Denier tournois; double tournois (℞ lis couronné accosté de 2 croisettes); dᵒ (℞ lis cour. entre 3-D); 3 deniers (exergue : 3 *ou* III-DENIERS); liard (L entre 2 lis sous une couronne); dᵒ (LIARD-DE-FRANCE); liard aux deux bustes (L. XIII et L. XIV); 4 deniers (PIECE DE IIII DENIERS); 2 deniers dᵒ; 6 deniers dᵒ; liard du Canada (℞ DOVBLE-DE-L'AMÉRIQVE-FRANÇOISE); deux royalins de Pondichéry, *arg.* (PONDICHERY, 1700, ℞ 8 L formant croix); quatre royalins (lis sous une couronne ℞ 8 L en croix, 18 mill.); royalin (14 mill.).

Perpignan. (PERPINIANI.VILLE) double sol (Billon, 2 var.) avec Sᵗ-Jean debout; Sol (m. type); menut (de cuivre; double P ℞ Sᵗ-Jean).

Agramont de Catalogne. Menut (ACRIMONI); autre (VILLA.AGRANV).

Barcelone. **Dix réaux** (Buste accosté de x.r) ; **Seizain** (de cuivre, 21 mill.) ; 1/2 (17 m.) ; menut (13).

Vich. (CIVITAS.VICEN). 1/2 seizain.

Puigcerda. (PODICERITA). Menut.

Modène. Billon : 15 soldi (Buste ℞ s. GEMIN.MVTINAE, PROT. Sᵗ-Géminin debout tenant une oriflamme avec AVIA, PERVIA) ; 10 soldi (℞ MVTINAE ANNO.M.DCCIV, Ecu de Modène) ; 5 soldi (℞ S.GEM PROTECT.MUTINAE, Sᵗ-Géminin en habit épiscopal) ; soldo (℞ MDCCIV MVTINAE).

Strasbourg. 30 sols (lis ℞ XXX SOLS dans le champ) ; 15, 10, 4, 2 et 1 sols ; demi-écu (écu rond de France entre 2 palmes ℞ lis) ; 1/4 dᵒ ; demi-écu (écu rond de France sur les insignes) ; 1/4 dᵒ ; demi-écu (avec 4 doubles L cour. formant croix) ; pièce de 33 sols (écu rond de France ℞ main de justice et glaive en sautoir sous une couronne, entre 3 lis) ; quarante sols (Buste âgé ℞ écu de France) ; 20 et 10 sols, dᵒ.

On peut encore classer au règne de Louis XIV les monnaies obsidionales de Aire, en 1710, de Bouchain, 1711, faites avec des cartes à jouer, de Landau, 1702, du Quesnoy, 1712, de Lille, 1708, de Saint-Venant, 1657, de Tournay, 1709.

Louis XV (1715-1774)

Or : Louis aux 8 L, 1/2 dᵒ ; double louis aux insignes ; louis et 1/2 dᵒ ; double louis dit de Noailles (2 écus de France et 2 écus de Navarre formant croix au ℞) ; louis et 1/2 do ; louis à la croix de Malte (au ℞) et 1/2 dᵒ ; louis aux 2 L (couronnées au ℞) et 1/2 ; double louis dit Mirliton (℞ 2 L cursives entrelacées sous une couronne entre 2 palmes) ; louis et 1/2 dᵒ ; louis dit aux lunettes (écu de France et de Navarre surmontés d'une couronne) et 1/2 ; double louis dit au bandeau (tête avec bandeau ℞ du précédent) ; louis et 1/2 dᵒ ; double louis (buste lauré ; même ℞) ; louis dᵒ ; quinzain (non retrouvé).

Arg. : Ecu aux 3 couronnes, 1/2 et 1/4 ; écu dit Vertugadin émis pour 5 livres (écu rond sous une couronne),

1/2, 1/4, 1/10 et 1/20 ; 40 sols de Strasbourg ; petit louis d'argent (℞ 4 doubles L cour. en croix) ; écu de Navarre émis pour 6 livres (écu écartelé de France-Navarre) ; 1/2, 1/4 et 1/10 ; 20 sols de Navarre (écu de Fr. accosté de xx-s) ; 10 sols (x-s) ; Ecu de France émis pour 9 livres (℞ écu carré), 1/2, 1/3, 1/6 et 1/12 ; Ecu aux 8 L, émis pour 4 livres (8 L séparées deux par deux par des couronnes et cantonnant la croix du ℞) 1/2, 1/4, 1/8, 1/16 ; écu aux lauriers, émis pour 5 livres (écu ovale entre 2 branches de lauriers), 1/2, 1/5, 1/10 et 1/20 ; écu au bandeau émis pour 6 livres (même ℞) 42 mill. ; petit écu au bandeau (34 mill.) ; 24 sols (27 m.) ; 12 sols (22 m.) ; 6 sols (18 m.) ; écu de 6 livres (Buste lauré ; même ℞, ; petit écu dº ; 24, 12 et 6 sols.

Bill. : Double sol (L entre 3 lis sous une couronne ℞ 2 L feuillues entrelacées sous une cour.) sol, dº.

Cuivre: Sol, 1/2 sol ; liard ; sol de Béarn (3 doubles L cour. en triangle avec vache au centre ℞ PRODVIT.DES. MINES.DE.FRANCE dans un cartouche.

•*Colonies* : 12 deniers (℞ XII — DENIERS — COLONIES — 1717; sol de 12 deniers (COLONIES FRANÇOISES au-dessus des insignes) ; autre (2 L en sautoir sous une couronne ℞ COLONIES FRANÇOISES ; livre d'argent ou pièce de 20 sols, frappée par la compagnie des Indes (℞ 2 L adossées et couronnées) : —Sol (sans lég., C couronné ℞ lisse) (1). — *Iles-du-Vent*, 12 sols (℞ ISLES-DV-VENT, 3 lis reliés par deux branches feuillues); 6 sols, dº. — *Pondichéry*: pagode d'or (couronne informe .℞ 5 lis); 8 royalins, 4 et 2 royalins (cour. ℞ champ semé de lis); royalin (cour. ℞ 3 lis); fanam de cuivre (grand lis ℞ légende de deux lignes en tamoul) : 1/2 dº ; grand fanam (grande couronne ℞ champ semé de 9 lis) 28 mill.; grand demi-fanam, dº, 20 mill.; fanam (5 lis ℞ 1752) et 1/2 dº.

(1) Ces pièces sont souvent données à Cayenne. Elles ont été frappées pour les colonies en général, d'après un édit de Versailles, en janvier 1764. On trouve de ces pièces contre-marquées pour Tabago (T-B), St-Eustache (S-E), St-Martin (St-M), St-Kitts (S-K). Nevis (NEVIS) et St-Barthelemy (une couronne). V. E. Zay, *Sur quelques monnaies des Colonies françaises*, *R. N.*, 1884, p. 455.

Louis XVI (1774-1793)

Or : Louis aux palmes (Buste drapé ℞ écu sur les insignes entre 2 palmes) ; double louis aux lunettes, louis et 1/2 ; double louis (avec double écu carré de France et Navarre) et louis dº ; louis à la corne (Buste avec une espèce de corne sur le front); louis aux lunettes.

Arg. : Ecu de 6 livres ; petit écu ; 24, 12 et 6 sols.

Cuivre : Sol, demi-sol ; liard.

Colonies : 3 sous (℞ COLONIES.FRANÇAISES.3 SOVS-1781-A).

Iles de France et de Bourbon : 3 sols (ISLES.DE.FR.ET.DE.BOVRBON.3-SOLS-1780-A) ; 2 sols dº ; *Cayenne* : 3 sous ℞ COLONIE.DE.CAYENNE.3-SOVS-1781-A) ; 2 sous (1789-A). *Pondichéry* : fanam (5 lis ℞ 1787).

Monnaies constitutionnelles : Louis d'or de 24 livres (℞ RÈGNE.DE.LA.LOI, génie); Ecu de 6 livres (même ℞) ; petit écu ; 30 sols et 15 sols ; 2 sols (℞ faisceau accosté de 2-S); 12 deniers (℞ faisceau et 12-D); 6 et 3 deniers ; Double sol constitutionnel contremarqué d'un grand is au ℞ ; sol, dº.

République (1792-1804)

Or : Pièces de 24 livres, 40 et 20 francs.

Argent : Ecus de 6 et 3 livres ; pièces de 5, 2 et 1 francs ; 1/2 et 1/4 de franc.

Bill. et *Cuivre* : 1 sou, 1/2 sou, 2 décimes, 1 centime, 5 centimes.

Consulat (ans X-XII)

Arg. : 5, 2, 1 francs, 1/2 et 1/4.

Napoléon Iᵉʳ, empereur (1804-1815)

Or : Pièces de 40 et 20 francs.

Arg. : Pièces de 5, 2, 1 francs, 1/2 et 1/4 de franc.

Bill. et *Cuivre* : 10 centimes.

Au règne de Napoléon se rattachent des monnaies de

Bade et de Turin, de 1808, 1809 ; celles de Barcelone depuis février 1808 jusqu'à mai 1814 ; les obsidionales de l'île de France, de 1810 ; les monnaies de Rome de 1809 ; d'Utrecht, 1812 ; de Cattaro en Albanie, 1813 ; de Dantzig, 1813 ; de Gênes, 1813 ; de Valcheren, 1813 ; de Venise, 1813 ; de Zara en Dalmatie, 1813 ; les obsidionales d'Anvers, 1814 ; de Strasbourg, 1814 ; de Palma Nova en Italie, 1814 ; de Huningue, 1815. On peut encore y joindre les monnaies frappées par la République cisalpine (1800-1802); par la République italienne (1802, 1805), par le royaume d'Italie (1805, 1814).

On assure qu'il y eut des monnaies d'argent frappées secrètement en 1829, à Cracovie, à l'effigie de Napoléon II, avec le titre de roi de Pologne.

Louis XVIII (1814-1824)

Or : 40 et 20 francs. *Arg.* : 5 francs et divisions. *Cuivre* : décime.

D'après une lettre du général Kellermann (publiée par Fillon, *R. N.*, 1845, p. 353 et séq.), il y aurait eu des écus de 6 livres frappés en 1795, sur le modèle de ceux de Louis XVI, et portant pour légende : *Louis 18, roi des Français* ; ils n'ont point encore été retrouvés.

On peut classer aussi au règne de Louis XVIII les obsidionales d'Anvers, postérieures au 3 avril 1814, celles de Strasbourg de 1814, et les monnaies frappées pour Cayenne et l'île Bourbon.

Charles X (1824-1830)

Or : Pièces de 100, 40, 20 et 10 francs.
Arg. : 5 francs et divisions, 1/4 de franc.
Cuivre : Pièces de 10 et 5 centimes pour les colonies.

Louis-Philippe Ier (1830-1848)

Mêmes monnaies que pour le règne précédent.
Pondichéry : Fanons en cuivre rouge, au coq, en 1836.

Deuxième République (1848-1851)

Or : 20, 10 et 5 francs. *Arg.* : 5 francs et divisions, 20 centimes. *Bronze* : 1, 5 et 10 centimes.

Louis-Napoléon Bonaparte, président (1851-1852)

Arg. : 5 francs, 1 franc, 50 centimes.
Bronze : 10 centimes (essai).

Napoléon III (1852-1870)

Or : 100, 20, 10 et 5 francs. *Arg.* : 5, 2 et 1 francs ; 50 et 20 centimes. *Bronze* : 1, 2, 5 et 10 centimes.

Troisième République (septembre 1870)

Or : 100, 50, 20, 10 et 5 francs. *Arg.* : 5, 2 et 1 francs ; 50 et 20 centimes. *Bronze* : 1, 2, 5 et 10 centimes.
Pour l'Indo-Chine française :
Arg. : Piastre et 20 centièmes de piastre.
Bronze : 1 centième de piastre ; sapèque (1/500 de piastre).

DOCUMENTS RELATIFS AUX MONNAIES DES ROIS DE LA TROISIÈME RACE

CHARTE DE PHILIPPE-AUGUSTE (1211)

« Philippus rex Franciæ salutem in Domino. Noveritis quod cum contentio verteretur inter magistros monetæ Parisiis et operarios ejusdem operis, in regno meo commorantes, tandem coram me super omnibus contentionibus motis, inter eos compositum extitit in hunc modum, videlicet, *quod ego reddidi ipsis operariis totum opus eorumdem et ipsorum libertatem, quæ libertas talis est,* quod ego volui et concessi et confirmavi eisdem operariis per totum regnum meum, quod ipsi sint liberi et immunes ab omni tallia et exercitu, et quod coram magistro monetæ eorumdem, nisi in tribus casibus videlicet in homicidio, raptu et combustione ignis. Et super his etiam taliter duximus statuendum, quod nullus in opere eorumdem commorari nec ad aliud opus evocari possit, nisi sit frater, vel filius, vel nepos eorumdem, nec etiam ubi denarii fabricantur et traduntur instanter, ut etiam ubi opus eorum sicut alias construitur, nemo interesse potest nec commorari, nisi sit de consanguinitate eorumdem operariorum ut supra dictum est et expressum. Item volui et concessi eisdem quod si aliquis extraneus manus injecit in aliquem eorum operariorum injuste, quod idem injuriator venire teneatur totus nudus ad misericordiam eorumdem habendam supra delicto perpetrato : et volui et concessi eisdem quod ipsi pro mercede operariorum eorum habeant et percipere valeant de sexdecim marchis et quadraginta stellingis novem solidos et quatuor denarios ad marcham de civitate Trecensem. Datum Parisiis, sexta kalendis decembris M. CC. XI. » (*Ord. R. Fr.*, I, p. 30).

CHARTE DE LOUIS VIII (1225)

« In nomine, etc. Ludovicus Dei gracia Francorum rex, etc. Quod nos Henrico Plartrard et heredi suo scienti facere cuneos monete Parisiensium, concedimus cuneos monete nostre Parisiensium faciendos et habendos citra Ligerim, exceptis acquisitionibus pie recordationis regis Philippi genitoris nostri, et nostris, videlicet Atrebatesio, Viromandesio, Normannia, Andegavia, Pectavia, Turonia, et Cenomania et aliis acquisitionibus in quibus moneta fabricatur, ita quod idem Henricus et heres ejus sciens facere cuneos monete Parisiensium, habebit tres solidos de singulis duobus Trossellis et una pila, et monetarii pagabunt custum fabrice de cuneis monete quamdiu fabricabitur moneta. Si autem heres dicti Henrici nesciret fa-

cere cuneos monete, idem heres faceret eosdem cuneos
fieri per assensum nostrum et consilium eorum quos ad
hoc duxerimus statuendos. Quod ut, etc. Actum Parisiis,
anno dominice incarnacionis m. cc xxv. regni vero nostri
anno tercio. Astantibus, etc. Datum per manum Garini
Silvanectensis episcopi cancellarii. » (F. de Saulcy, *Doc.
monét.* 1879, p. 120; A. de Barthélemy, *M. Parisis*, 1875,
p. 21).

CHARTE DE SAINT LOUIS (1262)

Il est esgardé que nuls ne puisse faire monoies semblant à la monoie le Roy, que il n'y ait dessemblance ap-
perte et devers croix et devers pille, et que elles cessent
des ors en avant.

Et que nulle monoie ne soit prinse ou royaume de la
Saint-Jean en avant, là où il n'a point de propre monoie,
fors que la monoie le Roy, et que nul ne vende, ne achate,
ne fasse marchié, force à celle monoie. Et peut et doit
courre la monoie le Roy.

Et ne seront refusez Parisis ne tournois tous soient pe-
lez, mes que il aient connoissance devers croix ou devers
piles, que il soient parisis ou tournois pour qui ni faille
piece. Et li Roy veut et commande que telles monoies
soient receues à ses rentes, et comme il commande à
prendre en sa terre.

Et que nuls ne puise recourre ne trebuchier la monoie,
le Roy sus paine de corps et d'avoir.

« Facta fuit hec ordinacio Carnoti, anno Domini mille-
simo ducentesimo sexagesimo secundo, circa mediam
Quadragesimam ; cui faciende interfuerant jurati Clemens
de Visiliac, Johannes dictus Rigidus, Johannes Hermam
cives Parisienses : Nicolaus de Castello, Garinus Fernet,
Jacobus Fris, burgenses Pruvinienses ; Johannes de Lori,
Stephanus Morin, cives Aurelianenses ; Evrardus Maleri,
Johannes Parorgini cives Senonenses ; Robaille de Claus-
tro, Petrus de Moncellis, cives Laudunenses. » (*Ordonn.
R. de Fr.*, t. I, p. 93).

CHARTE DE SAINT LOUIS (1265)

Li attirement que le Roy a fait des monoyes est tiex.

Que nuls ne prangnent en sa terre, fors purs tournois et parisis et lœvesiens, deus pour un parisis.

Et commande pour ce que le peuple cuide qui ne soit mie assez de monoie de tournois et de parisis, que l'en prangne nantois à l'ecu et angevins, quinze pour douze tournois, et mançois un pour deux angevins, et estellins un pour quatre tournois : et veut que icelles monoyes queurent ainsi par sa terre par tel prix devant dit, tant comme il l'y plaira. Et se aucuns estoit trouvé ou prenant, ou mettant icelles monoyes devant dites, autrement que il est devisé, cil perdroit sa monoye ou à qui elle seroit trouvée.

Et veut et commande que les monoyes qui sont contrefaites à la senne, c'est à sçavoir poitevins, provenceaux, tholosains ne queurrent à nul pris, ains veut et commande que ils soient perciez en quelconque lieu que len les trouvera entre cy, et la mi-aoust, et après ce terme, se len en trouvoit nules qui ne fussent percié en quelconque lieu que ce fust, il seroient prins et perdus à ceux qui il seroient.

Et veut le Roy et commande que cest ordonement soit tenu dans toute sa terre et es terres à ceux qui n'ont propre monoye. Et ceus qui ont propre monoye, veut le Roy que il soit aussi tenu en leurs terres fort tant que chascun puisse faire prendre sa propre monoye en sa terre et non autrefois que celles qui sont nommées dessus, en telle maniere que les monoyes dessus dites contrefaites en la monoye le Roy ne soient receues ne prinses en nul lieu. Et veut le Roy que cest attirement soit ainsi tenu par tout son royaume. (*Ord.*, I, 94).

CHARTE DE SAINT LOUIS (1265)

Il est ordenné de par le Roy que nuls estellins ne querrent en son royaume pour plus de quatre tournois jusqu'à la mi-aoust, et veut et commande que nuls ne les pran-

gnent ne ne les mettent pour plus jusques audit terme.
Et qui pour plus les prendroit ou mettroit dedans le devant du terme il en feroit l'amende au Roy de son avoir
à sa volenté.

Et veut le Roy et commande que estellins ne querrent
à nul pris en son Royaume dès la mi aoust en avant, fors
à pois et à la valur de l'argent. Et qui les prendroit ou
mettroit de la mi aoust en avans à nul pris, fors ainsi
comme il est dit par dessus, il perdroit tout ce qu'il au-
roit pris ou mis.

Et veut et commande le Roy que l'en ne vende, n'achate
et ne fasse marchié en son Royaume des ores en avant à
estellins, sur la peine devant dite. Et soit gardé ly esta-
blissement des autres monoyes estroitement si comme il
fut commandé.

« Facta fuit hec ordinacio in Parlamento omnium sanc-
torum anno Domini millesimo ducentesimo sexagesimo
quinto. Fuit primo scripta Meleduni. » (*Ord.*, I, p. 95.)

PAPIER-MONNAIE

I

Banque de Law (1)

Sans remonter jusqu'au règne de Philippe-Auguste
dont les lettres de change étaient bien une sorte de *papier-monnaie*, on peut dire que le système monétaire du
papier date des *billets d'Etat* émis au commencement
de la guerre de la succession d'Espagne. C'est alors que
parurent les billets de Chamillard dont voici l'origine :

Lorsque l'on fit une refonte générale des monnaies en
septembre 1701, la fabrication fut lente et, comme le roi

(1) A. Thiers, *Histoire de Law ;* Du Hautchamps, *Law et son
système,* 1739 ; Levasseur, *Rech. hist. sur le syst. de Law,* 1854, etc.

ne pouvait payer les matières, on donna, en échange du
métal porté à la Monnaie, des billets à long terme qui reçurent le nom de *billets de monnoie*. Le public prit
l'habitude de négocier ces papiers comme des lettres de
change. Aussi, pendant une nouvelle refonte en 1704, on
paya encore les matières, partie en monnaie, partie en billets. (Forbonnais, *Recherches sur l'état des finances de la
France*, 1758, t. II, p. 140). On attacha ensuite aux billets
de monnaie un intérêt de 7 1/2 0/0, mais, comme les
émissions en furent trop multipliées, leur valeur diminua
de 70 à 75 0/0. Pour relever le cours des papiers, on décréta, en 1707, leur cours forcé dans toute la France.

En 1715, il y avait pour 710 millions d'effets royaux
exigibles dans l'année. Le Régent ordonna que les effets
royaux ou engagements du Trésor fussent soumis à un
visa et à une réduction, puis convertis en 250 millions de
billets d'Etat successivement remboursables et jouissant
d'un intérêt de 4 0/0 (7 septembre 1715). Ces derniers
billets étaient signés du prévôt des marchands, d'un dé-
puté des six corps de métiers et du receveur de Paris.

En 1705, Law, dans un curieux écrit, *Considérations
sur le numéraire*, avait exposé son plan pour l'établissement d'une banque territoriale.

Un édit du 2 mai 1716 permit à Law de fonder une
banque, au capital de 6 millions en 1,200 actions de
5,000 livres, autorisée à escompter les lettres de change,
à se charger des comptes de négociants, enfin à émettre
des billets payables au porteur en écus du poids et du
titre de l'époque. D'après un édit du 10 avril 1717, les
billets pouvaient être donnés en payement des impôts et
les fermiers, sous-fermiers, receveurs, enfin tous les
trésoriers de l'Etat étaient tenus d'en acquitter la valeur
en espèces. Grâce au succès, la banque put émettre jusqu'à 50 ou 60 millions de billets.

Le Parlement était indisposé contre Law, parce que
celui-ci avait déclaré qu'il rendrait la Cour indépendante
des Parlements en la dispensant de recourir à des impôts extraordinaires. Le Parlement donna alors l'arrêt du
18 août 1717, défendant aux officiers dépositaires des

deniers publics de recevoir les billets de la banque de Law. Le Régent fit tenir un lit de justice et le Parlement se soumit. Le 4 décembre 1718, la banque fut déclarée *banque royale* et Law en fut nommé directeur. En avril 1719, l'émission montait déjà à 110 millions de billets. Pour en étendre l'usage, il fut défendu d'exécuter des transports de numéraire entre villes où existaient des bureaux de la banque.

En août 1719, le prince de Conti et les ennemis du système se coalisèrent et demandèrent le remboursement d'un grand nombre de billets. Law satisfit aux premières demandes, puis abaissa le cours des espèces par un édit. On redemanda aussitôt des billets. Peu à peu, les billets devinrent très recherchés pour les négociations de la rue Quincampoix, car l'histoire de la banque est étroitement liée à celle de la Compagnie des Indes. Les billets gagnaient 10 0/0 sur le numéraire et la banque fut obligée d'en émettre jusqu'à 640 millions à la fois. Par édit du 1er décembre 1719, Law déclara que la conversion des matières d'or et d'argent contre des billets était interdite à Paris et autorisée dans les provinces seulement. L'impôt devait être perçu en billets et tous les créanciers avaient le droit d'exiger leur payement sous cette forme.

Law, devenu contrôleur général des finances, donna un nouvel édit déclarant que les billets vaudraient toujours 5 0/0 de plus que les espèces métalliques et que l'or ne pourrait plus figurer dans les payements au-dessous de 300 livres et l'argent dans ceux au-dessous de 100 livres. Ensuite, pour rembourser les récépissés présentés par les créanciers de l'Etat, la banque émit jusqu'à un milliard de billets. Ces papiers tombèrent aussitôt en discrédit et on rechercha le numéraire. Mais Law, par un édit du 28 janvier 1720, donna cours forcé de monnaie aux billets ; trois jours après, les monnaies devaient être réduites, celles d'or de 900 livres le marc à 810, celles d'argent de 60 livres à 54.

Par les édits des 23 et 25 février 1720, on ordonna que les billets seraient employés exclusivement dans tout payement au-dessus de 100 livres.

Comme les créanciers de l'Etat, qui avaient été remboursés, cherchaient un placement sûr, on créa 10 millions de rentes à 2 1/2 0/0, ce qui fit rentrer 400 millions de billets. Mais, comme les actions de la Compagnie des Indes étaient échangeables à la banque contre 9,000 livres en billets, on fut obligé, pour cet échange, de créer un milliard de billets, ce qui porta la somme totale en circulation à deux milliards. En février, le papier perdait seulement un dixième; après l'édit du 5 mars, les papiers perdirent 40 et 50 0/0 (9,000 livres ne valaient plus que 5,000 livres). On accumula alors les monnaies malgré l'édit qui défendait d'en garder plus de 500 livres. L'émission des billets atteignait 2,696 millions, lorsque l'édit du 21 mai 1720 vint réduire de moitié leur valeur. Law tomba alors en disgrâce, mais sut reprendre en dessous la direction des affaires.

Le 13 juillet, on ouvrit des comptes courants à la banque pour 600 millions en billets, à l'usage des commerçants.

Voici quelle était la situation de la banque :

Il y avait en billets de	10,000 l.	1,134,000,000 l.
—	— 1,000 l.	1,223,200,000 l.
—	— 100 l.	299,200,000 l.
—	— 10 l.	40,000,000 l.
	Total.......	2,696,400,000 l.

La banque n'était tenue de rembourser que ceux de 100 livres (299,200,000 l.) et ceux de 10 livres (40,000,000 l.) soit en tout, 339,200,000 livres. C'est ce qui explique la baisse des billets non réalisables et la possibilité qu'eut la banque de payer pendant quelque temps à bureau ouvert.

Law prépara un édit qui concédait à la Compagnie des Indes des privilèges à perpétuité, sous condition de retirer 600 millions de billets de mois en mois. L'édit fut présenté au Parlement le 17 juillet. Mais ce jour-là, la banque, étant presque à cours d'espèces, ne paya plus que les billets de 10 livres. Pensant qu'on ne tarderait pas à en refuser aussi le remboursement, on courut aux bureaux pour se faire payer. Il y eut trois personnes étouffées ; la foule les porta au Palais-Royal. Le Parlement profita de l'émeute pour refuser d'enregistrer l'édit ; mais il fut exilé à Pontoise. La banque fut fermée et des changeurs, dans les principales places publiques, continuèrent le change des billets de 10 livres.

Par édit du 30 juillet, le marc d'or fut porté à 1,800 livres, le marc d'argent à 120 l.; tous deux devaient redescendre de mois en mois au premier prix de 900 l. et 60 l. Cette mesure, prise dans le but de faire reparaître les espèces dans la circulation, mettait l'argent et le papier en rapport plus vrai; mais elle ruinait les créanciers qui, ayant stipulé lorsque le marc d'argent était fixé à 60 l., étaient payés lorsqu'il était à 120 livres. Pour mettre un terme à la circulation du papier, il fut décidé que les billets de 10,000 et de 1,000 l. qui, au 1er novembre, n'auraient été employés ni en rentes sur l'Hôtel de ville, ni en rentes sur les recettes générales, ni en paiement d'actions anciennes, ni en achat des 50,000 créées récemment (au prix de 3,000 l.) cesseraient d'avoir cours et deviendraient actions rentières de la Compagnie des Indes avec revenu fixe de 2 0/0.

Le système de Law disparut entièrement en novembre 1720. Tous les billets furent changés en rentes ou en actions rentières ; puis la banque fut abolie. Le capital de la dette était à peu près le même qu'avant le système, mais l'intérêt à payer n'était plus que de 37 millions au lieu de 80. Law mourut sans ressources en 1729.

Billet de l'Etat: *Il est deub au porteur par l'Estat la somme de cinq cens livres dont il a fourni la valeur,* etc. (1716).

Banque royale : *La Banque promet payer à vue dix livres tournois en espèces d'argent. Valeur reçue à Paris le 1er avril* 1719. — Billets de 100 livres, dates diverses. Ces billets sont gravés en taille-douce. Ceux de 1720, de 10, 50, 100 et 1,000 livres sont typographiés.

II

Assignats

On a désigné sous le nom d'*assignat* le papier-monnaie non convertible en espèces, créé de 1789 à 1796, dont le remboursement reposait sur le produit de la vente des biens du clergé et autres *biens nationaux*. Le déficit étant de 178 millions en 1788, et augmentant toujours, l'Assemblée rendit le 2 novembre 1789 un décret qui mettait les biens du clergé, évalués à deux milliards, à la disposition de la nation. Il ne devait en être vendu d'abord que pour 400 millions. Aussi un décret des 19-21 décembre 1789, ordonna la création de 400 millions de billets au porteur, portant 5 0/0 d'intérêts et appelés *assignats*, parce que, à chaque papier, un lot était *assigné*, et que les biens mis en vente devaient servir à les racheter. La défiance et la rareté des capitaux s'opposèrent à une complète réussite. Les villes pour payer des acquisitions émirent des bons *municipaux*, billets à échéance qu'elles ne purent payer. Alors en avril 1790, un décret donna aux *assignats* cours forcé, avec un intérêt de 4 1/2 calculé jour par jour à partir de leur émission (*V. Moniteur Universel*, 1790 à 1793). Bientôt, sur la proposition de Mirabeau, appuyé par Barnave, l'émission fut élevée à 800 millions avec maximum de 1,200 millions, et l'intérêt fut supprimé (29 sept. 1790).

Les assignats n'avaient été jusqu'alors que de 1,000 et de 500 livres Pour suppléer à la rareté du numéraire, les municipalités créèrent des *billets de confiance, bons patriotiques*.

C'est dans cette circonstance que l'Assemblée se décida à faire fabriquer sur le total des 1,200 millions, 100 millions de petits assignats de 5 livres.

Au 5 octobre 1792, par suite d'émissions successives, la circulation des assignats, déduction faite de 617 millions de titres rentrés et brûlés, s'élevait à 1,972 millions.

La valeur du gage était élevé à chaque émission, afin de rassurer les porteurs. Ce gage était alors évalué à 3 milliards 171 millions. Dans une nouvelle émission de 400 millions, le maximum fut fixé à 2 milliards 400 millions (24 oct. 1792), mais le 7 mai 1793, la Convention autorisa une nouvelle émission de 1,200 millions, en estimant le gage à 7 milliards. Mais ces émissions successives dépréciaient la valeur du papier, et en août, un franc en argent valait six francs en papier, malgré les mesures prises pour soutenir le cours du papier.

En retirant les assignats portant l'effigie du roi et en frappant les rentes d'un impôt d'un milliard, on espérait réduire, en 1794, la circulation des assignats à 2 milliards 100 millions. Un grand nombre de personnes ayant confié leurs capitaux aux sociétés par actions, le gouvernement supprima toutes les sociétés dont les titres étaient transmissibles au porteur ou par transfert. Les peines contre le trafic des assignats au-dessous du pair, la loi du maximum sur le blé, les rentrées d'espèces, la dépouille des églises avaient ramené en décembre 1793, les assignats au pair.

Mais, en juin 1794, il y en avait pour 7 milliards en circulation et ils tombèrent au douzième de leur valeur. Après diverses mesures, la convention établit en principe que la valeur des assignats dépendait de la quantité qui était en circulation. Ainsi on fit une échelle basée sur une émission de 2 milliards, en déclarant que, dans les payements en assignats, la somme à verser serait augmentée d'autant de quarts qu'il y aurait eu d'émissions de 500 millions. Cette mesure ne profita qu'au trésor ; mais dans les transactions entre particuliers, la pratique en fut impossible.

En mai 1795, les assignats en circulation, déduction faite des rentrées, s'élevaient à 8 milliards : six mois après à 19 milliards.

Pour se faire une idée de la dépréciation rapide des assignats, il faut en comparer la valeur à celle du louis d'or de 25 livres. Ils étaient au pair à la fin de 1793. En août 1795, le louis d'or valait 1,020 livres, en papier ; en septembre, 1,200 ; en octobre, 3,000 ; en décembre, 5,100 ; en janvier 1796, 5,400 ; en février, 8,600. La variation d'un jour à l'autre était de 500 et même de 1,000 livres. Le prix des denrées éprouvait les mêmes fluctuations : un habit coûtait 6 à 10,000 livres, en assignats. Quand le Directoire fit transformer les assignats en *mandats territoriaux*, l'assignat était tombé au 344me de sa valeur. Au commencement de 1796, il y en avait pour 45 milliards en circulation, qui devaient être échangés contre 800 millions de mandats territoriaux. Les biens nationaux devaient être livrés à quiconque présenterait en mandats territoriaux 22 fois le revenu de ces biens en 1791.

Le gouvernement créa alors 1,400 millions de mandats, réservant le surplus des 800 millions à ses besoins. Mais le jour même de son émission, le nouveau papier tomba de 100 à 18 livres, malgré les dispositions pénales prises pour en soutenir le cours (11 avril 1796). La remise des biens nationaux entre les mains des porteurs releva le prix des mandats à 40 et même 80 livres. Mais le public comprenant que le nouveau papier équivalait à trois fois l'ancien assignat, crut prudent de le refuser, et le commerce se fit par voie d'échange.

Après les mandats, on créa des *promesses de mandats*, des *rescriptions de l'emprunt forcé*, des *bons de l'emprunt forcé* et des *cartes du maximum* pour avoir du pain.

Enfin, le 16 juillet 1796, un décret rendit aux transactions leur pleine liberté, pour le mode de payement, et les mandats ne furent acceptés que pour leur valeur en espèces métalliques, publiée chaque jour par le trésor. La circulation des espèces métalliques reparut aussitôt, et en quelques mois les perturbations causées dans les affaires commerciales furent réparées.

Un décret du 21 mai 1797 annula les assignats, qui n'avaient pas encore été présentés contre remboursement en mandats.

CAISSE D'ESCOMPTE (1786-1792)

Promesse d'assignat.	8 juin 1786,	200	livres
—	10 avril 1788,	300	—
—	3 septembre 1789,	200	—
—	26 novembre 1789,	300	—
—	25 février 1790,	300	—
—	24 mars 1790,	200	—
Payable en assignats.	12 mai 1790,	1,000	—
—	5 juillet 1790,		
	200, 2,000 et 3,000		—
—	28 juillet 1791,		
	25, 50, 100		—
—	10 août 1791,	60	—
—	3 novembre 1791,	1,000	—
—	16 février 1792,	1,000	—

DOMAINES NATIONAUX

Assignats à intérêt (19 et 21 décembre 1789; 16 et 17 avril 1790).

200 livres (*intérêt par jour, 4 deniers*) ; 300 livres (6 deniers) ; 1,000 livres (20 deniers).

Assignats sans intérêt (29 septembre 1790 ; 6 mai, 19 juin, 12 et 28 septembre, 1er novembre, 16 décembre 1791 ; 4 janvier, 30 avril, 27 juin, 31 juillet, 31 août, 24 octobre, 21 novembre, 14 décembre 1792 ; 23 mai, 6 juin, 7 vendémiaire, 10 brumaire, 20 pluviôse, 1793).

Assignats de 10, 15, 25 et 50 sous, de 5, 10, 25, 50, 60, 70, 80, 90, 100, 125, 200, 250, 300, 400, 500, 1,000 et 2,000 livres (signatures nombreuses). Le 18 nivôse an III, on créa des assignats de 100, 750, 1,000, 2,000 et 10,000 francs. Celui de 750 francs est le plus rare des assignats de la République.

Mandats territoriaux (28 ventôse an IV) coupures de 5, 25, 100, 250 et 500 francs, avec signatures nombreuses.

ASSIGNATS MÉTALLIQUES

On donne ce nom à des pièces que certains particuliers firent frapper pour remédier dans leur commerce à l'absence du numéraire. Ces pièces étaient généralement remboursables en assignats. Elles portent les mentions : *médaille de confiance, bon, bon payable à vue, pièce de confiance.*

Monneron frères. 1791, an III de la Liberté, 2 et 5 sols.
—   1792, an III, 5 sous.
—   1792, an IV, 5 sous.
—   (à l'Hercule). *Médaille qui se vend 2 (ou 5) sous.*

Il y eut une émission, sans le nom, car la loi du 2 septembre 1792 défendait l'émission des assignats métalliques.

Caisse de Bonne Foi. 1791, an III, 2 s. 6 den. (6 blancs) et 3 sous.

V. Givry, passage du Perron, 93 ; 1791. 5 sols.

Pottier, manufacture de porcelaine, rue de Crussol ; 1792, bon pour 5, 7, 10 et 20 sous. *Arg.*

Lefèvre, Lesage et Cⁱᵉ, nég. à Paris, 1792. 5, 10 et 20 sous.

Caisse populaire ; 1792. Pièces de confiance, 18 deniers, *billon.*

Caisse métallique ; 1792. Monnaie d'urgence, 2 sous, *billon ;* an IV, 18 deniers, *billon.*

Brun, Méd. qui se vendent 18 sous la douzaine.

Boyère. nég. à Paris ; 1792, an IV. Pièces de confiance de 1, 5, 6 deniers.

Rochon (à Lyon) ; 1791. Dizains de métal de cloche.

Mercić, Mathieu, Mouterde ; 1791, *métal de cloche,* 5 livres (*Lyon*) — autres *cuivre* et *carton.*

Clemenson ; 1792. Méd. de confiance de 2 sous, *cuivre.*

III

Billets de confiance

Émis dans les 83 *départements et qui ont eu cours de monnaie de* 1790 *à* 1793 (1).

Au printemps 1790, le numéraire commençait à manquer. L'Assemblée nationale donna cours forcé de monnaie aux bons ou assignats qu'elle avait créés pour faciliter la vente des biens du clergé. Les assignats mis en concurrence avec les espèces métalliques ne tardèrent pas à subir une dépréciation.

A la fin de 1790, l'agiotage menaçant le crédit des fabriques, les négociants et industriels de Montpellier (septembre), Nîmes, Lyon, Saint-Hippolyte, Sauve, Uzès, se réunirent en sociétés et donnèrent en payement à leurs ouvriers de petits cartons, valables pour les denrées qui leur étaient nécessaires. Ils créèrent des bureaux où l'échange au pair de ces cartons contre des assignats nationaux avait lieu chaque jour. Bientôt ces bureaux furent mis sous la garantie spéciale des communes, comme à Marseille, à Nîmes et à Montpellier. Ces mesures rendirent la confiance.

Jusqu'au 1er mai 1791, il n'existait à Paris que la caisse d'escompte dont les billets avaient tenu provisoirement lieu d'assignats. A cette époque, des associations particulières se formèrent sous le nom de *Caisses de secours, patriotiques, d'utilité,* etc., et émirent des bons donnés et reçus contre assignats. Ce système avantageux, fut bientôt adopté partout. L'Assemblée, reconnaissant le besoin de coupures de petite valeur, décréta le 6 mai la fabrication de cent millions d'assignats de 5 livres. Dans la

(1) Les départements suivants ont été formés après l'émission de billets de confiance : *Vaucluse*, le 25 juin 1793 ; le *Rhône* et la *Loire*, le 19 novembre 1793 de la division du *Rhône-et-Loire* ; le *Tarn-et-Garonne* en 1808.

séance du 5, on avait proposé de fabriquer des assignats métalliques. A Paris et à Lyon, plusieurs caisses particulières mirent en circulation des assignats métalliques qui furent décriés en août et septembre 1592.

Mais les coupures de 5 livres n'étaient pas suffisantes et les billets de confiance, destinés à l'origine au payement des ouvriers, commencèrent à circuler dans tout le royaume.

On résolut de frapper pour 40 millions de numéraire en cuivre, mais pendant ce temps les caisses patriotiques se multipliaient dans les villes, villages, bourgs et hameaux et émettaient, pour des motifs divers, des billets depuis 6 deniers jusqu'à 25 livres.

Il y eut des abus et des désordres, comme dans l'administration de la *Maison de secours* qui, après avoir mis pour vingt-trois millions de billets en circulation, suspendit ses payements.

Après de longues délibérations, l'Assemblée, pour parer au danger, rendit le 30 mars 1792 un décret (sanctionné par le roi, le 1er avril), qui enjoignait aux municipalités de vérifier la situation des caisses patriotiques créées dans l'étendue de leur ressort; de constater l'existence des fonds représentatifs des valeurs émises et d'empêcher à l'avenir toute nouvelle fabrication ou émission. L'article 3 exceptait de cette prohibition les caisses qui étaient ou seraient établies par les municipalités ou autres corps administratifs. — Les procès-verbaux de vérification devaient être envoyés aux directoires de département, qui en feraient passer des extraits au ministre de l'intérieur. Malheureusement la loi du 1er avril ne fut pas immédiatement exécutée, par suite de démêlés entre les ministres de l'intérieur et des finances.

Pendant ce temps, l'agiotage continuait, et des billets de 25 livres que l'on vendait 4 livres à Paris étaient répandus dans les campagnes par des gens qui gagnaient 21 livres à ce trafic. De nouvelles caisses avaient été créées malgré la loi.

Enfin, après divers rapports faits à l'Assemblée, le 8 juin, le ministre Roland adressa une circulaire aux administrations des 83 départements et la loi commença d'être respectée.

La ville de Beaucaire réclama la prohibition des billets de confiance hors du territoire des communes émissionnaires. Cette mesure aurait prévenu la contrefaçon, mais elle arrêtait le commerce. Un décret du 9 juillet 1792 accorda à la ville 200,000 livres en assignats de 10 et 15 sous, qui ne parvinrent qu'après la clôture de la foire.

L'Assemblée s'était déjà vue forcée de décréter des émissions d'assignats de 5, 10 et 25 livres (6 mai, 28 sept. et 1er nov., 16 déc. 1791, 30 avril, 20 juin et 31 juillet 1792). Elle ordonna, le 4 janvier 1792, la fabrication de quarante millions en assignats de 10 sous, de soixante millions en assignats de 15 sous, cent millions en assignats de 25 sous et autant en assignats de 50 sous. Le 14 septembre, ces coupures n'étaient pas encore distribuées (excepté l'envoi fait au département du Gard).

La fabrication des assignats de 10 et de 15 sous ne fut terminée que dans les premiers jours de septembre. Le timbre ne fut même apposé sur ceux de 24 sous qu'après l'avènement de la République.

Un décret du 24 octobre 1792 ordonna une seconde fabrication de coupures de 10 et de 15 sous, 10 et 25 livres. Ces assignats, républicains par la date de leur création, portent encore l'effigie de Louis XVI, car l'urgence d'une prompte émission ne permit point d'attendre la gravure de nouvelles planches et de nouveaux timbres : semblable fait se passa pour les monnaies de tous métaux, à l'effigie royale et au type constitutionnel, dont la fabrication se prolongea jusqu'en 1793.

Les municipalités, autorisées par l'article 3 de la loi du 1er avril, créèrent un grand nombre de caisses, postérieurement à cette date, en vertu de délibérations du conseil général de la commune, approuvées par un arrêté du directoire du département, donné sur l'avis de celui du district. Cependant beaucoup de communes se passèrent de ces formalités. Pour obvier aux inconvénients qui pouvaient résulter du refus des coupures, plusieurs municipalités donnèrent elles-mêmes cours forcé aux billets qu'elles avaient créés.

A partir du 14 septembre, l'échange des billets de 50 sous et au-dessous se fit, à Paris, contre des assignats de 10 et de 15 sous et on continua jusqu'à l'extinction totale des billets de confiance à Paris. La Convention consentit à prêter différentes sommes au département de Paris pour rembourser les billets de la *Maison de secours*.

Le 2 novembre 1792, Cambon fit, à la Convention, un rapport, au nom du Comité des finances et lut un projet de loi contenant : qu'à partir du 1er janvier 1793, les billets de confiance émis par les corps administratifs, les sociétés ou les particuliers, ne seraient plus reçus en paiement ; leur émission serait réputée faux monnayage, et le déficit qui se trouverait dans les caisses supporté par les habitants des communes émissionnaires, au prorata de leur fortune. Ce projet fut adopté dans la séance du 8. On devait nommer des commissaires pour vérifier la situation des caisses municipales ; les billets retirés devaient être brûlés. Les citoyens qui, avant le 1er février 1793, n'auraient pas exigé le remboursement des billets au-dessous de 25 livres devaient être déchus de leur recours ; quant aux billets de 25 livres et au-dessus, la limite du recours était fixée au 1er janvier.

Le décret du 8 novembre, bien accueilli à Paris et dans quelques départements suffisamment pourvus d'assignats et de monnaies de faible valeur, fut reçu avec consternation dans le reste de la France. Des troubles se produisirent ; des pétitions furent envoyées aux directoires de district et de département ; on dut prendre des mesures pour assurer la circulation de ces billets jusqu'à l'époque fixée par le décret. Les billets des caisses de différents départements ayant été acceptés indistinctement, on ne savait comment se les faire rembourser dans un délai si court.

Les directoires des départements cherchèrent à calmer les esprits ; beaucoup de communes retirèrent aussi les billets étrangers que l'on ne pouvait se faire rembourser dans les communes émissionnaires, car les frais de poste étaient trop considérables. Le département de la Haute-Garonne, pour simplifier les embarras, arrêta le 4 décembre « que les billets de confiance de 5 sous et au-dessou s » continueraient d'avoir cours, jusqu'à nouvel ordre, dans » l'étendue du département, sous le bon plaisir de la » Convention nationale et du pouvoir exécutif ».

La Convention se vit obligée de proroger le délai : pour les billets au-dessous de 10 !sous émis par des corps administratifs ou municipaux, jusqu'au 1er juillet; pour les autres, émis par les particuliers ou les communes, jusqu'au 1er mars. Les corps administratifs devaient jouir jusqu'au 1er juillet de la franchise des ports de lettres et paquets intitulés : échange de billets de confiance et contresignés par le procureur général syndic du département.

Le calme se rétablit. Les opérations d'échange commencèrent à s'effectuer au moyen de bureaux établis dans les districts, les chefs-lieux de cantons ou les communes.

Mais beaucoup de billets ne portaient pas le nom du district ni même de la commune. Les départements dressèrent des listes des communes qui avaient émis des coupons, mais les localités homonymes étaient difficiles à reconnaître.

Les billets faux ou à valeurs falsifiées soulevèrent naturellement des difficultés. Le 8 mars, la Convention prorogea le cours des billets jusqu'aux 1er avril et 1er août ; le 12 juillet 1793, elle prorogea la franchise postale pour l'échange jusqu'au 1er octobre.

Bon nombre de billets perdus ou cachés ne furent pas présentés et ce fait constituait un bénéfice réel pour les caisses émissionnaires.

. La Convention ordonna que les communes verseraient dans les caisses des receveurs des districts, pour la trésorerie nationale, le montant des billets non encore rentrés (11 ventôse, an II). La plupart des caisses patriotiques, pour différentes raisons, ne se pressant pas d'obéir, la Convention rendit responsables du payement les officiers municipaux et préposés des sociétés (28 floréal an II). Les opérations de l'échange général, commencées en novem-

bre 1792, n'étaient pas encore terminées au commencement de l'an IV.

En résumé, les billets de confiance ont été presque la
seule monnaie, pendant plus de deux ans. Leur utilité
est prouvée par leur circulation qui n'était pas forcée.
Mais ils avaient naturellement tous les défauts inhérents
au système du papier-monnaie.

REMARQUES SUR LES BILLETS DE CONFIANCE

Les directoires de département qui ont émis des billets
de confiance sont ceux des Ardennes, de la Charente, de
la Charente-Inférieure, d'Indre-et-Loire, des Hautes-Pyrénées, de la Corrèze et du Tarn.

Puis, on a les billets des directoires de district, des municipalités, des sociétés de banquiers et de divers spécu-
lateurs, des sociétés de négociants et fabricants.

Les billets en *carton* sont rares; on peut citer ceux de
Lyon (chapeliers), Saint-Étienne, Ménerbes et Velleron.

Les *cartes à jouer* ont été employées, soit entières,
soit partagées en deux, par les caisses patriotiques de
Châtellerault, Saint-Maixent, Saint-Marcel d'Ardèche,
Bourg-Saint-Andéol (société particulière), etc.

Le *parchemin* a été employé par la *Maison de secours*
de Paris.

Les billets, de grandeur variable, sont généralement en
carte ou papier et colorés en *rose, rouge, jaune, vert,
bleu clair* et *bleu foncé*.

L'impression ordinairement *noire* est parfois *bleue, verte*
ou *rouge* pour distinguer les différentes valeurs de même
émission. Des billets de confiance, tels que ceux du citoyen Bocquet de Bolbec (Seine-Inf.) paraissent gravés sur
bois. De rares billets sont entièrement faits à la main;
tels sont ceux de Saint-Geniès-de-Comolas (Gard), émis
par le citoyen Correnson.

Les appellations sont assez diverses, mais la plus commune est celle de *billet de confiance*. A Saint-Omer, le
terme billets de confiance est répété au bas en grec :
Βιλλετς δε κονφιανσε.

Avec le nom de la localité de l'émission, l'indication de la valeur, on rencontre des devises, les termes *caisse patriotique, atelier, travaux de charité.*

On trouve des billets de 1, 2, 3, 4, 5, 6, 7, 8, 9, 10, 15, 16, 20, 25, 30, 40 et 50 sous ; de 1 sou 6 deniers, de 6 blancs, de 2 sous 6 deniers, de 6 liards ; de 3, 4, 5, 6 et 10 livres. A Paris, la caisse patriotique en a émis de 5, 10, 20, 25 et 50 livres.

L'indication de la valeur en lettres est souvent répétée en deniers (30, 60, 120, 240 deniers) dans les départements du Cantal ou du Puy-de-Dôme ; dans la Lozère on trouve autant de points ou étoiles qu'il y a de sous.

Les devises sont patriotiques. On trouve souvent *la Nation, la Loi, le Roi.*

Les billets de Toulouse, de l'émission de 1792, portent le mot hébreu אלוים. Ceux de la Rochelle, un mot grec, ασφαλεια (garantie) et un mot hébreu פסא.

On trouve des *signatures* jusqu'au nombre de sept ; le timbre de la localité présente des armoiries, devises, noms ou sujets divers.

Les billets de confiance sont généralement imprimés sur feuilles à bords libres, mais un certain nombre ont été détachés de registres à souches.

Les falsifications ont été très nombreuses, faites à la main ou imprimées, ou pratiquées sur des billets véritables.

Les départements qui possèdent le plus grand nombre de caisses sont : l'Orne, 94 ; la Drôme, 80 ; l'Ardèche, 74 ; la Dordogne, 68 ; l'Aveyron, 53.

Les districts possédant le plus de caisses sont : dans l'Ardèche, Tanargue, 36, et Coiron, 32 ; dans la Dordogne, Sarlat, 32.

Le nombre des communes étant trop considérable, nous nous bornons à donner la liste des districts, qui n'ont pas tous émis des bons, mais qui fournissent une base géographique pour le classement.

Ain : Belley, Bourg, Châtillon, Gex, Montluel, Pont-de-Vaux, Saint-Rambert, Trévoux.

Aisne : Château-Thierry, Chauny, Laon, Saint-Quentin, Soissons, Vervins.

Allier : Cerilly, Cusset, Gannat, Le Donjon, Montluçon, Montmarault, Moulins.

Basses-Alpes : Barcelonnette, Castellane, Digne, Forcalquier, Sisteron.

Hautes-Alpes : Briançon, Embrun, Gap, Serres.

Ardèche : Coiron, Mezenc, Tanargue.

Ardennes : Grandpré, Mézières, Rethel, Rocroy, Sedan, Vouziers.

Ariège : Mirepoix, Saint-Girons, Tarascon.

Aude : Carcassonne, Castelnaudary, La Grasse, Limoux, Narbonne, Quillau.

Aveyron : Aubin, Millau, Mur-de-Barrez, Rodez, Saint-Affrique, Saint-Geniez, Sauveterre, Séverac, Villefranche.

Bouches-du-Rhône : Aix, Apt, Arles, Marseille, Orange, Salon, Tarascon, Vaucluse.

Calvados : Bayeux, Caen, Falaise, Lisieux, Pont-l'Évêque, Vire.

Cantal : Aurillac, Mauriac, Murat, Saint-Flour.

Charente : Angoulème, Barbezieux, Cognac, Confolens, La Rochefoucauld, Ruffec.

Charente-Inférieure : La Rochelle, Marennes, Monlieu, Pons, Rochefort, Saintes. Saint-Jean-d'Angely.

Cher : Aubigny, Bourges, Château-Meillant, Saint-Amand, Sancerre, Sancoins, Vierzon.

Corrèze : Brive, Tulle, Ussel, Uzerche.

Corse : Ajaccio, Bastia, Cervione, Corte, La Porta, l'Ile-Rousse, Oletta, Tallano, Vico.

Nous n'avons pas de renseignements sur les billets de ce département.

Côte-d'Or : Arnay-le-Duc, Beaune, Châtillon-sur-Seine, Dijon, Is-sur-Tille, Saint-Jean-de-Losne, Semur.

Côtes-du-Nord : Broons, Dinan, Guingamp, Lamballe, Lannion, Loudéac, Pontrieu, Rostrenen, Saint-Brieuc.

Creuse : Aubusson, Bourganeuf, Boussac, Evaux, Felletin, Guéret, La Souterraine.

Dordogne : Belvès, Bergerac, Excideuil, Montignac, Mussidan, Nontron, Périgueux, Riberac, Sarlat.

Doubs : Baume-les-Dames, Besançon, Ornans, Pontarlier, Quingey, Saint-Hippolyte.

Drôme : Crest, Die, Montélimar, Nyons, Romans, Valence, Ouveze.

Eure : Les Andelys, Bernay, Évreux, Louviers, Pont-Audemer, Verneuil.

Eure-et-Loir : Chartres, Châteaudun, Châteauneuf, Dreux, Janville, Nogent-le-Rotrou.

Finistère : Brest, Carhaix, Châteaulin, Landerneau, Lesneven, Morlaix, Pont-Croix, Quimper, Quimperlé.

Gard : Alais, Beaucaire, Nîmes, Pont-Saint-Esprit, Saint-Hippolyte, Sommières, Uzès, Le Vigan.

Haute-Garonne : Castel-Sarrasin, Grenade, Muret, Revel, Rieux, Saint-Gaudens, Toulouse, Villefranche.

Gers : Auch, Condom, l'Isle-Jourdain, Lectoure, Mirande, Nogaro.

Gironde : Bazas, Bordeaux, Bourg, Cadillac, la Réole, Lesparre, Libourne.

Hérault : Béziers, Lodève, Montpellier, Saint-Pons.

Ille-et-Vilaine : Bain, Dol, Fougères, La Guerche, Montfort, Redon, Rennes, Saint-Malo, Vitré.

Indre : Argenton, Châteauroux, Châtillon-sur-Indre, Issoudun, La Châtre, Le Blanc.

Indre-et-Loire : Amboise, Château-Regnault, Chinon, Langeais, Loches, Preuilly, Tours.

Isère : Grenoble, La Tour-du-Pin, Saint-Marcellin, Vienne.

Jura : Dôle, Lons-le-Saulnier, Orgelet, Poligny, Saint-Claude, Salins.

Landes : Dax, Mont-de-Marsan, Saint-Sever, Tartas.

Loir-et-Cher : Blois, Mer, Mondoubleau, Romorantin, Saint-Aignan, Vendôme.

Haute-Loire : Brioude, Le Puy, Monistrol.

Loire-Inférieure : Ancenis, Blain, Châteaubriant, Clisson, Guérande, Machecoul, Nantes, Paimbœuf, Savenay.

Loiret : Beaugency, Boiscommun, Gien, Montargis, Neuville, Orléans, Pithiviers.

Lot : Cahors, Figeac, Gourdon, Lauzerte, Montauban, Saint-Céré.

Lot-et-Garonne : Agen, Casteljaloux, Lauzun, Marmande, Montflanquin, Nérac, Tonneins, Valence, Villeneuve-d'Agen.

Lozère : Florac, Langogne, Marvejols, Mende, Meyrueis, Saint-Chely, Villefort.

Maine-et-Loire : Angers, Baugé, Châteauneuf, Cholet, Saint-Florent, Saumur, Segré, Vihiers.

Manche : Avranches, Carentan, Cherbourg, Coutances, Mortain, Saint-Lô, Valognes.

Marne : Châlons, Epernay, Reims, Sainte-Menehould, Sezanne, Vitry-le-Français.

Haute-Marne : Bourbonne-les-Bains, Bourmont, Chaumont, Joinville, Langres, Saint-Dizier.

Mayenne : Château-Gontier, Craon, Ernée, Évron, Laval, Mayenne, Villaines.

Meurthe : Blamont, Château-Salins, Dieuze, Lunéville, Nancy, Pont-à-Mousson, Sarrebourg, Toul, Vezelise.

Meuse : Bar-le-Duc, Clermont, Commercy, Étain, Saint-Mihiel, Stenay, Vaucouleurs, Verdun.

Morbihan : Auray, Faouet, Hennebon, Josselin, La Roche-Bernard, Ploermel, Pontivy, Rochefort, Vannes.

Moselle : Bitche, Boulay, Briey, Longwy, Metz, Morange, Sarreguemines, Saint-Louis, Thionville.

Nièvre : Château-Chinon, Clamecy, Corbigny, Cosne, Decize, La Charité, Moulins-Engilbert, Nevers, Saint-Pierre-le-Moutier.

Nord : Avesnes, Bergues, Cambrai, Douai, Hazebrouck, Lille, Le Quesnoy, Valenciennes.

Oise : Beauvais, Breteuil, Chaumont, Clermont, Compiègne, Crespy, Granvillers, Noyon, Senlis.

Orne : Alençon, Argentan, Bellesme, Domfront, Laigle, Mortagne.

Paris : Bourg-la-Reine, Paris, Saint-Denis.

Pas-de-Calais : Arras, Bapaume, Béthune, Boulogne, Calais, Montreuil, Saint-Omer, Saint-Pol.

Puy-de-Dôme : Ambert, Besse, Billom, Clermont-Ferrand, Issoire, Montaigut, Riom, Thiers.

Basses-Pyrénées : Mauléon, Oleron, Orthez, Pau, Saint-Palais, Ustaritz.

Hautes-Pyrénées : Argelez, Bagnères-de-Bigorre, La Barthe, Tarbes, Vic-Bigorre.

Pyrénées-Orientales : Ceret, Perpignan, Prades.

Bas-Rhin : Benfelden, Haguenau, Strasbourg, Wissembourg.

Haut-Rhin : Altkirch, Belfort, Colmar.
Ce département n'a pas eu de caisse patriotique.

Rhône-et-Loire : Lyon (ville), Lyon (campagne), Montbrison, Roanne, Saint-Étienne, Villefranche.

Haute-Saône : Champlitte, Gray, Jussey, Lure, Luxeuil, Vesoul.

Saône-et-Loire : Autun, Bourbon-Lancy, Chalon-sur-Saône, Charolles, Louhans, Mâcon, Marcigny.

Sarthe: Château-du-Loir, Fresnaye-le-Vicomte, La Ferté-Bernard, La Flèche, Le Mans, Mamers, Sablé, Saint-Calais, Sillé-le-Guillaume.

Seine-Inférieure : Cany, Caudebec, Dieppe, Gournay, Montivilliers, Neufchâtel, Rouen.

Seine-et-Marne : Coulommiers, Meaux, Melun, Nemours, Provins.

Seine-et-Oise : Corbeil, Dourdan, Étampes, Gonesse, Mantes, Montfort, Pontoise, Saint-Germain, Versailles.

Deux-Sèvres : Châtillon, Melle, Niort, Parthenay, Saint-Maixent, Thouars.

Somme : Abbeville, Amiens, Doullens, Montdidier, Péronne.

Tarn : Alby, Castres, Gaillac, La Caune, Lavaur.

Var : Barjols, Brignoles, Draguignan, Fréjus, Grasse, Hyères, Saint-Maximin, Saint-Paul, Toulon.

Vendée : Challans, Fontenay-le-Comte, La Châtaigneraie, La Roche-sur-Yon, Les Sables-d'Olonne, Montaigu.

Vienne : Châtellerault, Civray, Loudun, Lusignan, Montmorillon, Poitiers.

Haute-Vienne : Bellac, Le Dorat, Limoges, Saint-Junien, Saint-Léonard, Saint-Yrieix.

Vosges : Bruyères, Darney, Épinal, La Marche, Mirecourt, Neufchâteau, Rambervillers, Remiremont, Saint-Dié.

Yonne : Auxerre, Avallon, Joigny, Saint-Fargeau, Saint-Florentin, Sens, Tonnerre.

Pour la liste des communes, avec les différentes valeurs des billets, le meilleur travail à consulter est celui de A. Colson (*R. N.*, 1852, p. 257-87 et 344-468), auquel nous

avons beaucoup emprunté. Voir aussi les cat. des ventes
Charvet et Legras;¦ E. Taillebois, *Numism. de la Novempopulanie*, 1884; Lecointre-Dupont, *Bull. Soc. Antiq.
de l'Ouest*, 1849, p. 365; E. André, *Notice sur les b. de
conf. de la Côte-d'Or*, Bruxelles, 1877.

IV

Banque de France

Le 24 pluviôse an VIII (1800) fut fondée, à Paris, la
Banque de France destinée à faciliter les opérations
commerciales. Cette banque reçut bientôt le privilège
d'émettre des billets de banque (loi du 4 germinal an XI,
14 avril 1803). Ce privilège, confirmé en 1806, 1840 et
et 1857, n'a été bien établi que depuis 1848, car, à cette
époque, un décret du 27 avril réunit à la Banque de
France sept banques départementales qui avaient été
autorisées à émettre des billets.

La monnaie fiduciaire française en billets de la Banque
de France représentait, en 1881, une valeur de 2 milliards
524 millions de francs comprenant :

5 billets de 5,000 francs; —1,370,596 b. de 1,000 francs;
— 712,243 b. de 500 francs ; — 671,119 b. de 50 francs
25,587 b. de 25 francs; 289,999 b. de 20 francs; 189,095 b.
de 5 francs; et enfin 1,224 billets d'ancien types de
200, 500 et 1,000 francs.

Cette circulation fiduciaire est garantie par une encaisse
métallique de 1,800 millions de francs (634 millions en or,
et 1,240 millions en argent), par un portefeuille d'effets de
commerce, escomptés à trois mois d'échéance au plus, de
1,176 millions de francs, et par le capital des actions de
182 millions de francs (juillet 1881). Les billets, qui ont
cours légal, peuvent être échangés à vue contre espèces
aux caisses de la banque et de ses 94 succursales. La

banque est une société anonyme administrée par un conseil de quinze régents et trois censeurs élus par les ac-
tionnaires. La direction est confiée à un gouverneur as-
sisté de deux sous-gouverneurs, nommés par l'État
(A. de Malarce, *Monnaies, poids et mesures, Annuaire
du Commerce*, 1882, p. 10).

MONNAIES FÉODALES (1)

FRAPPÉES A LA SUITE DU DÉMEMBREMENT DE L'EMPIRE DE CHARLEMAGNE

Amené par la nature de ce travail à admettre dans ses grandes lignes l'ordre géographique factice généralement suivi dans la description des monnaies féodales, nous avons pensé qu'il était nécessaire d'exposer brièvement la marche du démembrement de l'empire carolingien d'où sont sortis les fiefs héréditaires de la féodalité. On pourra mieux juger ainsi l'ordre rationnel, basé sur la dépendance des fiefs, qui devrait être établi dans une classification rigoureusement scientifique. Pour cet exposé historique, nous avons cru ne pouvoir mieux faire que de conserver en partie les notices si claires écrites par M. de Barthélemy.

ANCIEN ROYAUME DE NEUSTRIE

Dès le ixe siècle, le nom de *Neustria* fut réservé au pays compris entre la Seine et la Loire, tandis que la *Francia* comprenait le pays situé au nord de la Seine, la Picardie, une partie de la Champagne, etc. (A. Longnon, l'*Ile-de-France*, *Mém. Soc. Hist. de Paris*, 1875).

En 858, Charles le Chauve, pour protéger les frontières

(1) Pour cette partie de notre travail, nous avons naturellement beaucoup emprunté aux travaux suivants : Tob. Duby, *Mon. des prélats et barons*, 1790 ; F. Poey d'Avant, *M. féodales de France*, 3 v. in-4°, 1862 ; E. Caron, *M. féodales (supplément)*. 1882-1884. Nous citons ici ces excellents ouvrages, une fois pour toutes.

de la Neustrie contre les invasions des Normands et des Bretons mit Robert le Fort à la tête du comté d'Angers, et en 861 il lui donna le *ducatus inter Sequanam et Ligerim*. Le fils de Robert, Eudes, défendit vaillamment Paris contre les Normands, fut fait duc, comte de Paris, et frappa monnaie à Orléans, puis parvint à la couronne en 888 (1), au préjudice de Charles IV, fils posthume de Louis le Bègue, qui ne réussit à recouvrer une partie des États de ses ancêtres que vers 898, date de la mort d'Eudes.

Lorsque Eudes eut été fait roi, son frère Robert lui succéda au marquisat d'entre Seine et Loire et prit le premier, en 893, le titre de *dux Francorum*.

En 923, Hugues le Grand succéda à son père Robert et porta les titres de *dux Francorum* (synonyme de *marchio regni*) et de *Omnium Galliarum dux*. Tous les documents mentionnent ces titres, mais ne parlent jamais d'un *duché de* France. Il faut en conclure que les *ducs des Francs* exerçaient un commandement en chef sur la région de la Neustrie, avec des comtes sous leurs ordres. Quant à la division territoriale que les historiens ont désignée depuis sous le nom de duché de France, elle n'a jamais existé. (A. de Barthélemy, *les Origines de la maison de France, Rev. des Questions historiques*, 1873, p. 108.)

Robert II vécut en bonne intelligence avec Charles le Simple jusqu'en 922; mais à cette dernière époque, il profita d'un prétexte pour le faire déposer et se faire couronner à sa place. Charles le Simple le vainquit l'année suivante à Soissons, dans une bataille où Robert fut tué;

(1) L'avènement d'Eudes fut le signal de l'usurpation de plusieurs princes qui lui étaient opposés. Ainsi, vers 888, Guy, duc de Spolette, descendant de Charlemagne par les femmes, se fit couronner roi de France à Rome; Rodolphe, fils de Conrad, comte de Paris, et cousin germain d'Eudes, se fit reconnaître roi de la Bourgogne transjurane; enfin Ranulf, comte de Poitiers et duc d'Aquitaine, chercha à changer ce dernier titre contre celui de roi d'Aquitaine. Arnould, roi de Germanie, inquiéta quelque temps Eudes, qui parvint à se le concilier, après la diète de Worms, en le reconnaissant pour son suzerain.

mais le vainqueur, trahi par les siens, et obligé de fuir devant Hugues le Grand, fut enfermé dans le donjon de Péronne, où il mourut en 929. A Robert succéda son gendre, Raoul, duc de Bourgogne, qui mourut en 936. A cette époque, Hugues le Grand eût pu devenir roi de France; mais il préféra rétablir sur le trône la famille de Charlemagne, et avoir un pouvoir au moins égal à celui des maires du palais mérovingiens (1) sous les trois derniers princes de la dynastie carolingienne. Son fils Hugues Capet fut appelé par les Français à la couronne en 987, après la mort de Lothaire, qui n'avait pas laissé d'héritier.

Nous avons dit qu'Eudes frappa monnaie à Orléans; Hugues le Grand en fit autant à Senlis et à Paris. Les monnaies des ducs des Francs peuvent être considérées comme étant d'origine du monnayage féodal en Neustrie et en France, et du monnayage royal des Capétiens. Les monnaies attribuées à Lothaire sont presque toutes féodales. Nous donnons ci-dessous la suite des ducs des Francs :

861. Robert le Fort, fils de Witikinnus, *advena Germanus*, comte amovible d'Anjou, et nommé par Charles le Chauve, au parlement de Compiègne, duc et marquis du pays situé entre la Loire et la Seine. Il eut aussi les comtés de Nevers, d'Auxerre, d'Orléans et de Blois.

866. Conrad, frère du précédent, comte de Paris, tige des rois de la Bourgogne transjurane. — Hugues, dit l'abbé, frère des précédents, duc de Neustrie et de Bourgogne, comte d'Anjou ; il eut les abbayes de Saint-Martin de Tours et de Saint-Germain d'Auxerre, et mourut en 886.

881. Eudes, fils de Robert le Fort, succède à Conrad en 881, et à Hugues l'abbé en 886 ; roi de France en 888.

888. Robert II, frère du précédent, duc des Francs et de Bourgogne (2), comte de Poitiers ; roi de France en

(1) Richard, duc de Normandie, désignait Hugues le Grand comme *maire du palais, son seigneur.* Cf. S. Marthe, p. 426.

(2) Le duché de Bourgogne avait été donné par Charles le Simple à Richard, qui sut le défendre contre Robert. Le comté de Tours appartenait également à Robert, qui, lorsqu'il fut couronné roi en 912, le donna à son fils Hugues le Grand. V. la note suivante.

922, mort en 923. Sa fille Emma épousa Raoul, duc de Bourgogne, qui fut élu roi de France après la mort de Robert II.

923. Hugues le Grand, fils de Robert II, comte de Paris, duc des Francs, de Bourgogne (1) et d'Aquitaine.

956. Hugues Capet, duc des Francs, comte de Poitiers, de Paris ; élu roi de France en mai 987. — Ses frères Othon et Henri furent successivement ducs de Bourgogne : le dernier mourut en 1001, et ses domaines furent alors réunis à la couronne.

Bretagne. — La Bretagne avait été soumise en partie par Charlemagne, mais bientôt après lui, elle avait su recouvrer son indépendance, s'était, un moment, constituée en royaume, et formait un État à peu près indépendant.

Normandie. — La Normandie, cédée par Charles le Simple à Rollon, chef des Normands, formait également dès lors une province indépendante régie par ses ducs.

Flandre. — La Flandre était devenue, en 862, la propriété de Baudouin Ier, qui, après l'enlèvement de Judith, fille de Charles le Chauve, avait su bon gré mal gré se faire accepter pour gendre et reconnaître comme comte.

Champagne. — La Champagne, dont les principaux prélats avaient reçu des Carlovingiens le droit de frapper monnaie, fut en partie enlevée à leurs descendants par Herbert II, comte de Vermandois, qui trahit Charles le Simple et Raoul ; réunie de nouveau à la couronne vers le milieu du Xe siècle, elle en fut ensuite détachée une seconde fois par Herbert III, qui fut maître des comtés de Troyes et de Meaux ; après la mort de son fils Etienne, arrivée en 1019, ses domaines de Champagne passèrent à son cousin Eudes II, comte de Blois (2), qui s'empara de toute la province.

(1) Hugues le Grand devint duc de Bourgogne en 943 ; à cette époque, il donna le comté de Tours à Thibault, son vicomte dans ce fief, qui avait épousé Richilde, sœur des rois Eudes et Robert : ce dernier fut le père de Thibault le Tricheur, premier comte héréditaire de Blois, de Chartres et de Tours, sire de Mortagne en Laonnais, de Vierzon et de Sancerre.

(2) Eudes II, comte de Blois, Chartres et Tours, était arrière-

ROYAUME D'AQUITAINE

Cette division comprenait les provinces suivantes :

Le Poitou.	Le Rouergue.
Le Berry.	L'Albigeois.
La Saintonge.	Le Toulousain.
Le Nivernais.	L'Agenois.
L'Angoumois.	Le Bordelais.
Le Roussillon.	Le Quercy.
Le Limousin.	Le Périgord.
L'Auvergne.	La Gascogne.
Le Velay.	La Gothie ou Septimanie[1].
Le Gévaudan.	La Marche d'Espagne[2].

Nous avons déjà signalé les monnaies frappées par les rois du premier royaume d'Aquitaine, sous les Mérovingiens. Par suite des victoires de Pépin et de Charlemagne, toute l'Aquitaine avait été réunie à l'empire, et les descendants des Mérovingiens, dans cette partie des Gaules, n'étaient plus que ducs de Gascogne; cette province, à laquelle avaient encore été ajoutées la Gothie et les Marches de Gothie et d'Espagne, fut érigée en royaume par Charlemagne, en faveur de Louis Ier qui devait lui succéder. Ce dernier donna ensuite ce royaume à Pépin Ier, mais il en sépara les Marches de Gothie et d'Espagne et la Septimanie, dont le gouvernement fut confié à des ducs. Voici la série des rois d'Aquitaine depuis Louis le Débonnaire :

781. Louis le Débonnaire.

petit-fils de Thibault le Tricheur, qui avait épousé Leutgarde, fille de Herbert II, comte de Vermandois, et veuve de Guillaume, duc de Normandie.

(1) La Gothie, ou Septimanie, était formée de la Narbonnaise presque tout entière; elle comprenait les cités de Narbonne, Béziers, Nîmes, Lodève, Carcassonne, Agde, Elne, Maguelonne.

(2) La Marche d'Espagne se composait des conquêtes que Charlemagne avait faites sur les Arabes, jusqu'à l'Ebre. La Marche d'Espagne fut ensuite divisée de manière à former : 1º la Marche de Gothie, qui correspond à la Catalogne actuelle; 2º la Marche de Gascogne, qui comprend la Navarre et la partie de l'Aragon située au nord de l'Ebre.

814. Pépin Ier; il possédait en outre l'Autunois et le Nivernais.

839. Pépin II; ce prince, qui avait. été exclu par Louis le Débonnaire, régna malgré le roi de France, et, dans la suite, eut à soutenir des combats perpétuels contre Charles le Chauve, qui parvint à lui faire abandonner en sa faveur le Poitou, la Saintonge, l'Angoumois, le Périgord, la Marche et le Limousin, en 845; ces provinces formèrent le nouveau duché d'Aquitaine, dont le gouvernement fut confié à Rainulf, comte de Poitou : dans la suite, les descendants de Rainulf, devenus héréditaires, ont ajouté la Gascogne et le Bordelais à leur duché. Pépin II mourut vers 866.

855. Charles, second fils de Charles le Chauve.

867. Louis II, le Bègue; après ce prince, le royaume d'Aquitaine ne fut plus séparé de celui de France.

A la suite de la réunion définitive de l'Aquitaine à la France, les ducs, les comtes et les vicomtes établis pour administrer au nom du roi, se rendirent indépendants, possédèrent bientôt leurs fiefs à titre héréditaire, et, s'emparant des ateliers monétaires, commencèrent par imiter les types royaux auxquels ils substituèrent, par la suite, des types particuliers.

ROYAUMES DE BOURGOGNE

A la suite des traités de Verdun, en 843, Lothaire obtint dans son partage toute la portion de l'empire de Charlemagne comprise entre l'Escaut, la Meuse, la Saône, les Cévennes, le Rhin et les Alpes, et en outre l'Italie. Lothaire étant mort en 855, son fils Charles eut le pays situé entre les Alpes, les monts Faucilles, la Saône et les Cévennes, et fonda le royaume de Provence. Charles eut deux fils, Louis II et Lothaire, qui se partagèrent encore ces contrées; Charles le Chauve parvint à leur enlever Lyon, Vienne et quelques pays voisins, et les inféoda à son beau-frère Boson, qui lui-même se fit couronner roi de Provence ou Bourgogne cisjurane, en 879. Dix ans après, Rodolphe, gouverneur de la Bourgogne supérieure, se déclarait indépendant et se faisait élire roi de Bourgogne transjurane. En 933, Rodolphe II réunit les deux Bourgognes, qui furent désignées sous le nom de royaume d'Arles ; celui-ci, par les intrigues d'Otton III, fut réuni à l'empire d'Allemagne, en 1032.

Nous donnons ci-dessous les noms des rois de Bourgogne :

843. Lothaire, roi de Lorraine et de la France orientale.
855. Charles, roi de Provence.
863. Louis II.
870. Charles II le Chauve, roi de France.
876. Boson. — Carloman, roi de France. — Charles le Gros, *id.* ?
887. Louis III l'Aveugle.
928. Hugues.
941. Charles-Constantin.
888. Rodolphe Ier, roi de la Bourgogne transjurane.
911. Rodolphe II, roi des deux Bourgognes.
957. Conrad Ier le Pacifique.
992. Rodolphe III.
1033. Conrad II le Salique, roi de Germanie. A dater de cette époque, les provinces qui avaient fait partie des royaumes de Bourgogne appartiennent aux rois de Germanie ; mais leur autorité diminua progressivement ; les grands vassaux se rendaient indépendants et se détachaient de l'Allemagne, si bien que, par suite de traités, de conquêtes et d'alliances, au milieu du xive siècle, tout l'ancien royaume de Bourgogne relevait de fait du roi de France.

Un caractère distinctif des monnaies baronniales et épiscopales de l'ancien royaume de Bourgogne, c'est que presque toutes ont été émises par suite de concessions faites par les empereurs ou rois de Germanie : un petit nombre, très anciennes, sont le résultat de libéralités faites à l'instar des rois de France, en faveur de prélats ; d'autres plus multipliées, à la fin du xie et au commencement du xiie siècle, paraissent avoir eu pour motif de conserver, au moins en apparence, la suprématie des rois

de Germanie, en légitimant des prétentions qui, bon gré
mal gré, auraient été suivies d'effets, par suite de la
puissance des prélats ou barons devenus indépendants.

Voici les pays qui étaient primitivement compris dans
le royaume de Bourgogne :

BOURGOGNE TRANSJURANE

Suisse romaine, jusqu'à l'Aar.
Franche-Comté.
Duché de Chablais.

Baronnie de Faucigny.
Duché de Genève.

BOURGOGNE CISJURANE

Comté de Maurienne.
Comté de Tarantaise.
Mâconnais (jusque sous Louis
le Bègue).
Chalonnais (jusqu'en 960).
Bresse.
Lyonnais.

Dauphiné.
Vivarais.
Comté de Forcalquier.
Comté d'Arles. } Comté de
Marquisat de } Provence.
Provence. }

ROYAUMES DE LORRAINE
et de Germanie

Nous parlerons spécialement de ces divisions territo-
riales quand nous traiterons la numismatique de l'Allemagne. Disons seulement que, parmi les contrées faisant
partie de ces royaumes, il faut comprendre le duché de
Lorraine, l'Alsace et Cambrai dont nous avons étudié la
numismatique dans ce premier volume.

LES DUCS DES FRANCS

Nous avons donné assez de détails historiques et gé-
néalogiques plus haut sur les ducs des Francs, pour nous
dispenser de revenir sur ce sujet, nous nous contenterons
de dire quelques mots sur les types de leurs monnaies.
A Orléans, Eudes avait adopté le monogramme carlovingien avec la légende GRATIA.D-I.REX.ODO. C'était simple-

ment une copie des monnaies royales, ainsi que l'a fort bien observé A. de Lońgpérier, et l'on ne doit voir ici qu'une imitation à laquelle ne doit se rattacher aucun fait historique. Hugues Ier remplaçant le mot REX par DVX, inscrivait GRATIA.D-I. DVX autour du monogramme de son nom ; la légende locale du revers cessait d'être circulaire comme sur les monnaies d'Eudes, pour être ins-crite en deux lignes dans le champ. Nous partageons entièrement l'opinion des numismatistes qui ne voient ici dans la formule GRATIA. D-I. qu'une imitation des an-ciennes légendes royales, sans aucune arrière-pensée de suprématie : la meilleure preuve de cette observation, c'est que le même Hugues, à Senlis, inscrivait dans le champ de ses monnaies HVGO DVX, et autour : GRATIA.DI.REX. (Longpérier, *Notice coll. Rousseau*, 1848, p. 259 ; B. Fil-lon, *Considérations*, 1850, p. 84). A citer encore les pièces avec HUGO.DUX.FRECO ℞ PARISI.CIVITA. M. de Barthélemy a interprété la légende du droit par *Hugo dux Fr* (an-corum) *E* (t) *Co* (mes), Hugues de France et comte de Paris (*Monnaie Parisis*, 1875, p. 5).

CORBEIL

M. E. Caron, suivant l'opinion de Fillon (*cat. Rousseau*) attribue à l'atelier de Corbeil un denier de Bouchard Ier, fils de Foulques le Bon, comte d'Anjou, que Hugues Capet avait fait comte de Corbeil et de Paris (*V. Vendôme*). Cette pièce porte : + BVCHARDVS.CO. Restes du mono-gramme de Raoul. ℞ + GRATIA.D-I.REX. Croix.

MANTES (*Vexin*)

Le Vexin fut réuni à la couronne vers 1081 par Phi-lippe Ier, qui frappa à Mantes une pièce avec *Medanteune*, M. de Barthélemy a pensé que les cadets de la maison de Vexin, seigneurs de Nanteuil-le-Haudoin, ont pu imiter la monnaie royale de Mantes. En ce cas, les légendes CASTRVM.NAT ou NATA signifieraient *Nantogilum Castrum* (*R. N.*, 1860, pl. VII, 2).

NOGENT-LE-ROI

Le château de Nogent, sur la rive gauche de l'Eure, appartint au commencement du XI° siècle à Roger I°ʳ, fils d'Eudes, comte de Chartres. Ce Roger qui était évêque de Beauvais frappa à Nogent des deniers portant: ROGERIUS EPS, châtel. ℞ NUICETE CAS, croix. Amaury III de Montfort frappa ensuite à Nogent, vers 1087 : + AMARUS EXI, châtel. ℞ NUGENTIS CAT, croix.

Quant au denier avec + HUGO COMITI, châtel ℞ NUICETE CAS, croix, plus ancien que les deux précédents, M. Caron le rapproche de celui frappé à Dreux avec le même nom. Ne trouvant aucun comte du nom de Hugues, il propose ingénieusement de voir dans ces deniers le monnayage de Hugues Capet, grand-oncle de Geoffroy, encore mineur quand il devint comte de Dreux, entre 968 et 978. C'est comme tuteur et pour le comte que Hugues Capet aurait frappé monnaie à Dreux et à Nogent.

MEULENT

Hugues II, associé vers 1056 à la dignité de comte par son père Walleran, battit monnaie à Meulent. On a de lui le denier suivant: HVGONIS-MILITIS, châtel à trois portiques. ℞ + MVILEINI.CASTA, croix.

BONDAROI (près Pithiviers)

Philippe le Bel céda cette châtellenie à Hugues de Bouville en échange de celle de la Chapelle-la-Reine et lui aurait accordé le droit de battre monnaie (Duby, t. II, 311).

NORMANDIE

Charles le Simple créa en faveur de Rollon, venu de Norvège, le duché de Normandie. Par le traité de Saint-Clair-sur-Epte, en 912, et par un autre de 946, il lui concéda le droit de monnayage.

Une trouvaille de monnaies portant + VLO TVICI REX, croix ℞ + ROTOM.CIVITA a été étudiée par Longpérier, qui a vu dans ces pièces le signe de la possession transitoire de Rouen par Louis d'Outremer, qui, à la mort de Guillaume, fils et successeur de Rollon, s'empara du jeune Richard. Louis d'Outremer aurait cherché à imiter le nom WILELMUS (*R. N.*, 1869, p. 73). C'est à tort qu'on a attribué des monnaies aux évêques de Rouen.

Au XIᵉ siècle, le numéraire des anciens ducs fut refait à bas titre. Mais l'altération des monnaies, profitable aux seigneurs, ne l'était pas pour les sujets qui, transigeant avec le duc, lui accordèrent un droit appelé *fouage* ou *monnéage*, consistant en un impôt triennal de 12 deniers par feu, sous condition que les monnaies ne seraient plus altérées. Mais le duc, trouvant la convention onéreuse, cessa de monnayer et introduisit dans ses Etats toutes les monnaies des pays voisins.

Aux XIᵉ et XIIᵉ siècles, la monnaie du Mans et les esterlins d'Angleterre devinrent les espèces courantes en Normandie. Plus tard, sous la maison d'Anjou, on ne vit plus que des angevins au monogramme de Foulques. Certaines monnaies à ces types ont peut-être même été frappées en Normandie (*V. Document* nᵒ 1).

Les ducs avaient d'abord frappé des deniers au type royal qui dégénéra à mesure que le poids allait en décroissant. Richard fut le premier duc qui mit son nom sur la monnaie, en conservant le monogramme royal. Lorsqu'il revint plus puissant, il adopta le temple des *Cristiana Religio* qui se déforma progressivement, au point que le fronton finit par paraître seul. Le nom de Richard immobilisé devint illisible dans les derniers temps. L'obole n'existe que dans les espèces au type royal ; elle était remplacée ordinairement dans les transactions par le tournois et l'angevin. Il est vraisemblable que toutes les monnaies portant le nom de Rouen n'y ont pas toutes été frappées. La ville de Bayeux aurait eu un atelier en exercice (D. Martène, *Thes, Anecd*, IV, 119). Les légendes sont : ROTVMACVS CIVII, ROTOM ; RICHARDVS, WILELMVS; anonymes avec NORMANNIA et DVX.NORMAN.

Sur de rares deniers, le nom de Richard est accompagné du titre de marquis : + RCARD MARCHIS. Un certain nombre de pièces portent le nom de saint Romain, patron de Rouen (*Sc.Roman*). M. A. Chabouillet voit dans cette légende l'indication d'une participation de l'Eglise de Rouen à la fabrication monétaire (*Discours du* 16 *décembre* 1886) à la Soc. des Antiq. de Normandie; Caen, 1888, p. 26).

Peu à peu la monnaie devient extrêmement barbare et on n'y trouve plus que le souvenir vague des anciens types.

Une curieuse découverte, faite en 1885, a révélé des deniers tout à fait nouveaux portant le nom plus ou moins complet de la Normandie, NORMAN, NORMANNI et la croix. Au ℞ le champ est occupé par une inscription en deux lignes qui donne des noms d'hommes : NIGEL, NIGO, ANDRO, GAFI, GODE, GORA, IOVER, RABO, RADVL, ROGE, ROSA, ROLAI, RINI, STEFAN, HENR et HVGO. Certaines de ces légendes renferment peut-être deux noms en abrégé. Ces noms sont certainement ceux de monnayers, comme sur les monnaies anglo-saxonnes. M. Chabouillet a supposé ingénieusement que ces monnayers ont pu signer des pièces à l'époque où les ducs de Normandie cessèrent leur monnayage. Les Etats ont peut-être essayé de continuer la fabrication du numéraire en la confiant à des personnages qui auraient inscrit leur nom en garantie de la bonté des espèces (*Soc. des Antiq. de Normandie, Discours du* 16 *déc.* 1886, Caen, 1888, p. 39 et seq.) Ces curieuses monnaies paraissent appartenir au XIIe siècle.

Au XIIIe siècle, la monnaie tournois devint la monnaie légale de la province, et même fut frappée probablement à Rouen, dès le règne de Philippe Auguste; en 1275, Philippe le Hardi établit un atelier à Saint-Lô.

Au XIVe siècle, Charles le Mauvais faisait frapper en Normandie des monnaies servilement copiées sur celles du roi de France.

En 1419, après la capitulation de Rouen, le roi d'Angleterre, Henri V, y fit frapper d'abord des monnaies françaises, ensuite des monnaies anglo-françaises, et continua pendant tout le temps qu'il tint la province sous sa domination, jusqu'en 1449. Le signe distinctif de la monnaie de Rouen était alors un *léopard*, et celui de la monnaie de Saint-Lô, une *fleur de lis*. L'atelier monétaire du Mont-Saint-Michel ouvrait pour le roi de France.

Au XVI° siècle, pendant les guerres de religion, la Normandie eut encore une monnaie particulière ; les protestants frappèrent à Rouen des monnaies sans nom royal ; on connaît un écu d'or au soleil portant un point sous la quinzième lettre, et le différent B. Avec Henri IV recommencèrent les monnaies royales à Rouen et à Saint-Lô.

Nous donnons ci-dessous la série chronologique des ducs de Normandie, en marquant d'un astérisque ceux dont on a des monnaies, et d'un point d'interrogation ceux dont les monnaies n'ont pas encore été retrouvées, mais qui peuvent exister :

    912. Rollon .
?   927. Guillaume Ier, Longue-Epée.
* .943. Richard Ier.
?   996. Richard II.
? 1026. Richard III.
? 1027. Robert le Diable.
* 1035. Guillaume le Conquérant.
  1087. Robert II, Courteheuse.
  1106. Henri Ier.
  1135. Etienne.
  1144. Geoffroi le Bel.
  1151. Henri II.
  1189. Richard II Cœur-de-Lion.
  1199. Jean sans Terre ; Arthur, prétendant.
  1204. Philippe Auguste, roi de France.
  1361. La Normandie est définitivement réunie à l couronne.

COMTÉ D'ÉVREUX

Richard Ier de Normandie créa ce comté en 989, en faveur de Robert, son fils naturel. En 1200, Amauri III

12.

céda à la couronne qui le garda jusqu'en 1307 ; Philippe
le Bel le donna alors à son frère Louis. Par la cession de
Charles le Noble, roi de Navarre, en 1397, il fut réuni à
la couronne. Il appartint dans la suite à François d'Alençon et au XVIIe siècle à la maison de Bouillon.

COMTES D'ÉVREUX
Maison de Normandie

989. Robert.	1137. Amauri II.
1037. Richard.	1140. Simon le Chauve.
1067. Guillaume.	1181. Amauri III.
1118. Amauri Ier.	

Maison de France

1307. Louis de France.	1343. Charles le Mauvais.
1319. Philippe le Bon.	1387. Charles le Noble.

Des gros avec PHVS-NAVARRE avaient d'abord été attribués à Philippe le Bon, mais Lecointre-Dupont les a restitués à Philippe de Longueville qui les aurait fait fabriquer vers 1356, pendant la captivité de son frère Charles
le Mauvais. Celui-ci a frappé avec le titre de COMES
EBROICENSIS des blancs, des gros, des sols coronnats,
imités de ceux de Provence, des deniers et des doubles
parisis à très bas titre.

BEAUMONT-LE-ROGER

Le fief de Beaumont-le-Roger en Normandie fut acquis
par saint Louis, en 1255, de Raoul de Meulan ; il passa
ensuite aux comtes d'Évreux, rois de Navarre. En 1404,
Charles III, le Noble, l'échangea contre d'autres terres
avec Charles V. Robert III d'Artois, ayant été dépouillé
de la succession de son aïeul par le parlement, le roi de
France lui donna le comté de Beaumont-le-Roger.

Leblanc, Duby et Choppin ont cru que la ville de Beaumont avait pu battre monnaie. Mais la cession faite pour
6,000 livres, au roi Charles le Bel, en 1322, par Robert,

comte de Beaumont et sire de Meun, du droit qu'il avait de battre monnaie, ne s'applique qu'à la monnaie de Meun.

COMTÉ DE DREUX

Le pays de Dreux, situé sur les confins de la Normandie et de l'Ile-de-France, fut d'abord compris dans la première de ces deux provinces. Eudes II, comte de Chartres et de Blois, en posséda une partie qui avait été donnée en dot à la fille du duc de Normandie, qu'il avait épousée. Comme il s'empara dans la suite de l'autre partie, il eut de longs démêlés avec son beau-père; le roi de France dut intervenir, il fit cesser la querelle et maintenir Eudes dans la possession du pays de Dreux, que ce dernier lui céda peu après. Ce fief, réuni à la couronne, en fut distrait en 1132 par Louis le Gros, qui le donna, avec titre de comté, à son troisième fils Robert.

Une pièce au type chinonais a été frappée à Dreux, vers 1017, par Eudes qui avait importé ce type usité dans son comté de Chartres. Mais le véritable type de Dreux est celui du châtel qui fut continué par les rois Philippe Ier et Louis VI.

Aucun comte de Dreux n'a eu le nom de Hugues. Cependant des deniers du XIᵉ siècle portent ɴvɢo.coᴍɪᴛɪ, avec le châtel.

On pensait jusqu'à présent que ces pièces devaient avoir été frappées par quelque bailliste. M. Caron a, selon nous, expliqué heureusement cette fabrication (V. Nogent).

Les monnaies des Robert de Dreux sont imitées des deniers royaux de Louis VII, qui portent ꜰʀᴀɴco, gravé dans le champ en deux lignes. La légende est ᴅʀvᴄᴀꜱ. ᴄᴀꜱᴛᴀ.

Cinq comtes Robert possédèrent le pays de Dreux de 1152 à 1359; aussi, il est difficile d'attribuer à l'un plutôt qu'à l'autre des pièces ayant toutes le même type. L'examen des trouvailles pourra seul fournir un élément de classification.

COMTES DE DREUX

1137. Robert Ier, par donation de son père Louis le Gros.

1184. Robert II.

1218. Robert III.

1234. Jean Ier, d'abord sous la tutelle de sa mère, Eléonore de Saint-Valeri, remariée à Henri de Sulli.

1249. Robert IV.

1282. Jean II.

*1309. Robert V. ROBERTVS.

1329. Jean III, frère du précédent.

1331. Pierre, frère des précédents.

1345. Jeanne Ire.

1346. Jeanne II, seconde fille de Jean II et tante de la précédente : elle épousa Louis, vicomte de Thouars.

1355. Simon de Thouars.

1365. Péronelle de Thouars et Amauri de Craon, puis Clément Ronhaut : cette dame posséda le comté de Dreux en partie avec sa sœur Marguerite épouse de Gui Turpin de Crissé ; elles vendirent leurs parts respectives en 1377 et 1378 au roi de France. Le comté de Dreux appartint à la maison d'Albret par donation de Charles VI faite en 1382.

ROYAUME puis DUCHÉ DE BRETAGNE

L'histoire monétaire de Bretagne diffère de celle des autres provinces, et les chroniques nous donnent les moyens de retrouver les causes de cette anomalie, qui a été expliquée ordinairement, plus ou moins heureusement, par les numismatistes qui cherchèrent à assimiler l'histoire des monnaies de Bretagne à celle des monnaies des autres provinces.

Depuis la fin du viie siècle, les Français avaient, à plusieurs reprises, fait dans la Bretagne des incursions qui les avaient rendus maîtres de Rennes, de Nantes, d'Alet, de Dol et peut-être de Tréguier : ces invasions, suivies d'établissements qui pénétraient insensiblement dans le pays, étaient un sujet de luttes perpétuelles, auxquelles Pépin mit fin en 753 ; quinze ans après, Charlemagne, fils de Pépin, profita d'une nouvelle insurrection, pour se rendre maître de la province, vers 786. La guerre recommença sous Louis le Débonnaire, qui, vers 818, après la mort de Morvan, comte de Cornouaille, confia la garde de la frontière au comte Gui, ancien lieutenant de Charlemagne, Nantes au comte Lambert, et Vannes à Nominoé, Breton d'origine.

Nominoé parvint à se concilier la confiance entière du roi de France, dont il fut d'abord le lieutenant général pour toute la Bretagne, puis, par une conduite adroite, il parvint à se rendre indépendant pendant les troubles qui précédèrent la déposition de Louis le Débonnaire et le partage de l'empire entre ses fils. En 847, Nominoé, vainqueur de Charles le Chauve, auquel il avait d'abord prêté serment, se fit reconnaître roi de Bretagne, et mourut en 851, laissant la couronne à son fils Erispoé, qui, après avoir battu de nouveau Charles le Chauve, se fit par lui maintenir le titre de roi, tout en lui prêtant serment de fidélité pour une partie de ses Etats : après la mort de Salomon, petit-fils de Nominoé, la Bretagne fut de nouveau partagée entre des seigneurs bretons, que les chroniques rattachent sans preuve bien évidente à la famille de Nominoé.

Nous avons donc ainsi en Bretagne : 1° la domination française par suite d'invasions depuis 691 jusqu'à 847, époque du couronnement de Nominoé ; 2° le nouveau royaume de Bretagne, depuis cette dernière date jusqu'en 874, date de l'assassinat de Salomon ; 3° le partage du royaume de Bretagne entre les comtes de Vannes et de Rennes, auxquels il faut ajouter ensuite les comtes de Cornouaille et de Poher, depuis 874 jusqu'en 992 que paraît Geoffroi Ier, duc de Bretagne, ou, pour parler plus exactement, comte des Bretons.

Pour la première période, on ne peut plus accepter la théorie du monnayage mérovingien qui reposait sur une interprétation trop hasardée.

Sous la seconde race on frappa des pièces à Rennes et à Nantes. Il est possible que ce dernier atelier ait été une concession faite par Louis le Débonnaire en faveur de l'évêque Atton, qui lui était dévoué.

D. Morice nous a conservé un acte fort intéressant qui fait évidemment allusion aux monnaies frappées en Bretagne aux types carlovingiens : « Hæc carta indicat atque conservat quod pignoravit Duil filius Rivelen et ejus homo nomine Catlowen salinam quæ vocatur Permet sitam in plebe Weran in villa Albi pro viginti *carolicis solidis*. » (t. I, col. 298).

Dans la seconde période (847-874), Nominoé parvenu à se faire reconnaître roi de Bretagne, maintient le type des monnaies de Charles le Chauve qui est postérieur à l'édit de Pîtres de 864.

B. Fillon a pensé que la légende REDONIS CIVITAS a pris place sur toutes les monnaies, même sur celles frappées à Nantes, dès le commencement du xe siècle. (*Cat. Rousseau*, 178). M. Caron conteste avec raison la certitude de cette théorie.

Fillon a proposé de diviser en cinq catégories les pièces frappées selon lui dans quatre ou cinq ateliers différents, entre 950 et 1020. Il suffira de dire ici qu'il attribue à des ateliers situés dans le nord de la Bretagne les pièces présentant des o cruciformes, comme ceux qui se rencontrent sur les pièces d'Eudon de Penthièvre.

A la faveur des troubles de la troisième période, et sous les règnes de Drogon, Hoël, Conan-le-Tort et Geoffroi Ier, le monogramme royal perd sa forme, et, sous Alain III, on voit paraître un denier signé ALEN.RIX. Quant au denier portant ALAMNUS ℞ REDONIS, étoile à cinq pointes, qui est une copie du type d'Eudes l'ancien, comte de Déols, M. de Barthélemy le reporte à Alain IV.

Sous les princes cités plus haut, l'existence de l'atelier de Rennes nous est témoignée par l'acte relaté dans D. Morice, par lequel nous voyons qu'Alain, Eudon, son frère, et Havoise, leur mère, donnent à saint Hinguetin, abbé de Saint-Jagu, appelé pour réformer l'abbaye de Saint-Meen, le change de la monnaie d'or et d'argent, *rhedonensi moneta stante vel decidente* (t. I, col. 35).

A la mort d'Alain, Eudon, son frère, eut la tutelle de son neveu Conan II, frappa monnaie à son propre monogramme comme bailliste, voulut s'emparer du duché, mais, n'ayant pas réussi, ne transmit à ses descendants que le Penthièvre, dans lequel ils frappèrent monnaie comme comtes des Bretons.

Fillon (cat. Rousseau, p. 177) a proposé d'attribuer à Eudon des deniers à légendes renversées et un autre portant + EMODGS-BRITON, monogramme ℞ REDONIS CIITAS.

Un denier portant + CONANUS, tête à droite ℞ RRDONIS CI croix, a été attribué par MM. Lecoq-Kerneven et Aussant à Conan Iᵉʳ qui aurait imité le type chinonais.

Nous n'osons adopter cette attribution qui ferait de la pièce la plus ancienne monnaie bretonne signée.

Le monnayage de Conan II est plus certain et on lui donne volontiers les pièces avec CONANUS COMES.

Les deniers d'Hoël II sont reconnaissables au chiffre HL surmonté d'un trait abréviatif (Ω) et portent DUX BRITANIAE ℞ REDONIS CIVITAS. Sous Geoffroi, comte de Rennes (1084) nous voyons paraître dans le champ des pièces les lettres VIS ou IVS qu'on a interprétées vainement de différentes façons.

Alain IV-Fergent, prit des types variés, soit deux croix, soit une rosace.

Les monnaies connues de ce duc portent le nom de Rennes, qu'il avait prise, dès l'époque de son couronnement, à Guillaume, bâtard d'Alain III. Il est possible que le type de *la croix* ait été adopté pendant les quatorze dernières années d'Alain-Fergent qui suivirent 1096, époque à laquelle il se croisa pour aller combattre en Palestine. Dans cette hypothèse, Alain aurait continué de reproduire le type de Conan Iᵉʳ pendant les douze premières années de son règne, puis il aurait adopté la croix qui, par la manière dont elle est dessinée, indique la

volonté de tenir la place qu'occupait le monogramme
auparavant.

On n'a pas encore retrouvé de monnaies qui puissent
être données à Conan III, fils d'Alain-Fergent; peut-être
continua-t-il de monnayer au type et au nom de son père.
Nous voyons sous son règne une mention de la monnaie
de Nantes, dans une charte de l'abbaye de Sainte-Croix en
Talmond. Après Conan III, nous trouvons dans les monnaies ducales de Bretagne une variété de types que l'histoire vient expliquer.

En 1148, Eudon de Porrhoet, gendre de Conan III, fut
reconnu duc par les habitants de Rennes, tandis que
Hoël, son beau-frère, désavoué par son père, était choisi
par les Nantais. Tandis que la Bretagne était divisée entre
ces deux princes, un troisième, Conan de Richemond,
beau-fils d'Eudon et petit-fils de Conan III par sa mère,
voulut reconquérir les Etats de son aïeul, et força Eudon
à lui céder sa part en 1155. Eudon, pendant longtemps,
chercha à prendre sa revanche ; deux fois il fut obligé de
se retirer à la cour de France. Il ne fut pas plus heureux
contre Conan IV que contre le roi d'Angleterre. Conan
posséda quelque temps Nantes après que Hoël en eut été
chassé, et enleva Tréguier et Guingamp au comte de
Penthièvre. Après avoir conquis le duché il se vit, à la
fin de son règne, dépouillé peu à peu par le roi d'Angleterre, qui le réduisit à ne plus avoir que Guingamp
(*V. doc. 2*).

Sur ses monnaies, Eudon de Porrhoet conserva le type
d'Alain-Fergent, d'un côté une croix simple, de l'autre
une croix ancrée, et Conan IV en adopta un nouveau qui
consista à graver dans le champ le mot DVX ou IVS.
Geoffroi d'Angleterre, son gendre et son successeur, grava
les mêmes signes. La plupart des numismatistes considèrent ce dernier type comme une réminiscence de l'ancien monogramme.

De 1186 à 1197, la monnaie de Bretagne est muette,
on n'en a retrouvé aucune qui rappelât ni le comte Ranul-
phe de Chester, second époux de la veuve de Geoffroi, et
qui se prétendait duc de Bretagne, ni Arthur, ni Cons-

tance sa mère, ni Gui de Thouars. On classe à cette période des pièces anonymes avec le titre de *Dux Britane*, frappées dans les ateliers de Nantes et de Rennes.

On vient de voir que de nombreuses lacunes existent dans la série monétaire de la Bretagne.

Un numismatiste de grand savoir a proposé récemment un système ingénieux pour la classification des monnaies bretonnes. Il a décomposé les monogrammes et analysé les éléments qui se rencontrent dans le champ des monnaies et il a cru pouvoir y trouver des noms propres, des titres et des nombres ordinaux. Il a lu ainsi les mots

princeps, Conanus tertius $\left(\begin{array}{c} \text{C} \\ \text{III} \\ \text{S} \end{array}\right)$, *Conanus quartus* (ivs),

Gaufridus quartus, etc. D'après ce système, des monnaies sont attribuées aux quatre princes ayant porté le nom de Conan. (L. Blancard, *Mémoires de l'Académie de Marseille*, 1888-89.)

On peut faire bien des objections de détails à ce système.

Nous dirons seulement qu'une innovation semblable devrait avoir laissé des traces ailleurs que sur les monnaies : on trouverait des chartes avec les noms des princes bretons accompagnés des mêmes indications numériques. Enfin, si les comtes et ducs de Bretagne ont attaché une grande importance au chiffre accompagnant leur nom, pourquoi l'ont-ils dissimulé sur leurs monnaies ?

Pour en revenir à notre classification, il nous faut maintenant parler du monnayage royal en Bretagne.

Philippe Auguste, en faisant exécuter par les armes la sentence des pairs de France, qui confisquait les fiefs de Jean sans Terre pénétra en Bretagne sous le prétexte de châtier Gui de Thouars d'avoir pris le parti du roi d'Angleterre ; le motif qui paraît avoir inspiré ce dernier est la crainte que le roi de France ne lui enlevât le gouvernement de la Bretagne, auquel il n'avait plus de droit depuis la mort de Constance. Gui, effrayé, céda au roi la souveraineté de la Bretagne, et conserva le titre de régent ; mais Philippe Auguste en profita pour faire frapper

monnaie à son nom, avec .les légendes PHILIPUS REX et
DUX BRITANIE, à Rennes, à Nantes et à Guingamp, du
25 mai 1206 au 6 octobre de la même année, suivant les
uns, et jusqu'au mariage d'Alix avec Pierre de Dreux,
suivant les autres, c'est-à-dire de 1206 à 1213. Signalons
aussi le curieux denier avec SCS MARTINUS et REDONIS
CIVI.

A l'avènement de Pierre Mauclerc, la monnaie de Bretagne redevint anonyme, mais conserva les types qui
avaient été continués sous Philippe Auguste et qui consistaient à graver une croix à l'avers et au revers.

Enfin sous Jean Ier, qui frappa des doubles deniers, des
deniers, des oboles et des demi-oboles, ce type fut remplacé par le blason même de la maison de Dreux, *échiqueté d'azur et d'or, au franc quartier d'hermines*,
blason qui, placé d'abord dans un écusson, finit par remplir tout le champ de la monnaie compris dans l'intérieur
du grènetis placé sous la légende. A signaler le double
denier avec URBS VENETENSIS.

On a voulu attribuer, sans grand fondement, à Pierre
Mauclerc et à Jean le Roux, des pièces anonymes avec
DUX BRITANIE, frappées à Guingamp.

Jean II place les hermines seules dans le champ de ses
monnaies, mais Arthur reprend l'échiqueté de Dreux, que
Jean III adopta également pour quelques pièces. Ce dernier duc imita le numéraire royal, car on instruisit une
procédure contre lui en 1338 parce qu'il avait fabriqué
des doubles qui étaient des contrefaçons de la monnaie
royale. M. Caron a rapporté à cette fabrication un
double portant BRANCORV dans le champ, mais M. Maxe-
Werly l'a revendiqué pour Yolande, comtesse de Bar
(*R. N.*, 1883, 191).

Le monnayage de Jean le Captif a été établi par
M. Robert qui a attribué à ce duc les pièces portant dans
le champ les lettres NA-NT, ou BR-IT. Ce sont des imitations du denier avec deux lis et FRAN, émis en 1340, par
Philippe VI (*R. N.*, 1869, 235).

Pendant les guerres de Charles de Blois et de Jean de
Montfort, les deux compétiteurs imitèrent les monnaies

de Flandre, et plus particulièrement celles du roi de France. A dater de Jean IV l'écusson ducal, semé de mouchetures d'hermine, ou portant l'hermine elle-même, donna aux monnaies de Bretagne un air de nationalité qui les font facilement reconnaître.

Charles de Blois frappa à Treguier (*R. N.*, 1869, 206), à Saint-Brieuc, Dinan, Guingamp, Nantes (N) et Rennes (R).

Jean IV frappa à Guérande, Quimperlé (KIPER, KEPERLET), Nantes, Rennes, Vannes (VENETEN), Dinan, Jugon (I), Ploermel (P), des blancs, doubles, gros et demi-gros.

Les demi-gros de Jean IV portant au R̸ COMES RICHEMOT ou RICAMOTS, sont postérieurs à 1372, car c'est à cette époque que le prince reçut le comté de Richemont qui appartenait jusqu'à ce moment au duc de Lancastre (*R. N.*, 1884, 150, *lettre de M. Caron*).

Lorsque Jean IV se réfugia en Angleterre, le roi Charles V fit occuper la Bretagne et ordonna, en septembre 1374, la fabrication de monnaies portant MONETA BRITANIE au lieu de IOHANNES DUX BRITANIE.

Jean V continua à imiter les monnaies françaises et frappa à Fougères (F), Morlaix (M), Dinan, Nantes, Rennes et Vannes.

Il établit en 1422, à Redon, un atelier dont les produits ne sont pas connus.

M. Caron a consacré plusieurs pages intéressantes à l'étude des imitations de monnaies royales par les princes bretons, et nous engageons nos lecteurs à s'y reporter.

Sous François Ier, on frappe des écus d'or, des blancs et demi-blancs à la targe, des doubles deniers et des deniers à l'hermine passante.

De Pierre II et d'Arthur III, on ne trouve que de rares deniers et doubles.

François II frappe à Morlaix, Nantes, Rennes et Vannes, des écus d'or, des gros, des blancs, des deniers, des doubles.

La duchesse Anne monnaya avec le titre de BRITONUM DUCISSA, puis avec la légende : ANNA.D.G. FRAN.REGINA.

ET.BRITONVM.DVCISSA. On trouve d'elle des *cadières* d'or datées de 1498.

Après la réunion de la Bretagne à la France, les rois, successeurs d'Anne, firent frapper ces monnaies semblables à celles qui avaient cours dans le reste du royaume, seulement on ajouta aux types des mouchetures d'hermine. Sous François Ier, ce signe héraldique fut supprimé et remplacé à Rennes et à Nantes, seuls ateliers conservés, à dater du xve siècle par des lettres particulières.

ROIS, COMTES ET DUCS DE BRETAGNE

843. Noménoé, roi de Bretagne.
851. Érispoé, *id.*
857. Salomon, *id.* il était neveu de Nominoé.
874. Pasquiten, comte de Vannes, mort en 877. — Gurvand, comte de Rennes, mort en 877. Le premier était gendre de Salomon, et le second gendre d'Érispoé.
877. Alain Ier le Grand, comte de Vannes, frère de Pasquiten ; il porta les titres de comte, de duc et de roi de Bretagne. — Judicaël, comte de Rennes et fils de Gurvant, lui disputa ces titres et mourut en 890.
907. Jusqu'en 937 les descendants des comtes de Rennes et de Vannes abandonnent la Bretagne, livrée aux ravages des Normands : Gurmhaillon et Mathuedoi se maintiennent seuls dans les comtés de Cornouaille et de Poher.
937. Alain II, Barbetorte, fils de Mathuedoi de Poher et petit-fils d'Alain Ier, revient d'Angleterre, où il s'était réfugié, et rentre en possession des comtés de Vannes et de Nantes : sa valeur contre les Normands lui permit de prendre le titre de *duc des Bretons*.
952. Drogon, fils d'Alain II, comte de Vannes et de Nantes, assassiné presque aussitôt par Foulques, comte d'Anjou, son beau-père.

980. Suorech, évêque de Nantes, fils d'Alain II.

953-85. Hoël I**er**, frère naturel et successeur de ce dernier.

987-92. Conan le Tors, comte de Rennes, petit-fils de Judicaël.

992. Geoffroi I**er**, fils de Conan le Tors, comte de Rennes, puis duc de Bretagne.

*1008. Alain III, duc des Bretons. ALAI.RIX.

*1040. Conan II ; son oncle Eudon de Penthièvre, tuteur. CONANVS.COMES.

1066. Havoise, sœur du précédent, et Hoël II, comte de Cornouaille.

*1084-1085. Geoffroi, comte de Rennes. GAVFRIDVS.

*1084. Alain IV Fergent. ALANVS.DVS.

1112. Conan III le Gros.

*1148. Hoël III, désavoué par son père, est reconnu par les villes de Nantes et de Quimper. — Berthe, sa sœur, et *Eudon, comte de Porhoët, son second époux, qui s'empare du duché de Bretagne. EVDO.DVX.

1156-58. Geoffroi, comte de Nantes.

*1156. Conan IV le Noir, fils de Berthe et de son premier mariage avec Alain le Noir, comte de Richemont. CONANVS DVX.

*1169. Geoffroi II d'Angleterre.

1181-1201. Constance.

1196. Arthur I**er**, fils de Constance et de Geoffroi.

1203. Gui de Thouars, comme tuteur ou bailliste de la princesse Alix, sa fille aînée.

*1206. Philippe Auguste, roi de France, force Gui à lui céder Nantes ainsi que la souveraineté de la Bretagne et la ville de Rennes : peu après Gui de Thouars étant rentré en grâce auprès du roi, il reprend le titre de duc de Bretagne.

1213. Alix de Bretagne et Pierre Mauclerc de Dreux.

*1237. Jean I**er** le Roux. IOHANNES.DVX.

*1286. Jean II.

1305. Arthur II.

1312. Jean III le Bon.

*1341. Jean de Bretagne, comte de Montfort, fils d'Arthur II, et Jeanne de Flandre, sa femme, disputent le duché de Bretagne à Charles de Châtillon, *dit* de Blois, qui avait épousé Jeanne de Bretagne, fille de Gui, comte de Penthièvre, frère du duc Jean III.

*1364. Jean IV de Montfort, fils de Jean de Bretagne et de Jeanne de Flandre.

*1399. Jean V.

*1442. François Ier.

*1450. Pierre II, frère du précédent. PETRVS.DVX.

*1457. Arthur III, oncle des précédents, d'abord comte de Richemont. ARTVRVS.

*1458. François II, d'abord comte d'Etampes et de Vertus, gendre du duc François Ier.

*1488. Anne de Bretagne et Charles VIII, puis Louis XII, tous deux rois de France.

1514. Claude de France et François Ier, comte d'Angoulème, depuis roi de France.

1536. François de France, dauphin, duc de Bretagne. — Ce prince ayant été empoisonné la même année, le titre de duc de Bretagne passa à son frère Henri, depuis roi de France, sous le nom de Henri II. Ce roi étant mort sur le trône, en 1559, la Bretagne fut dès lors réunie de fait à la couronne, et régie au nom des rois par des gouverneurs.

COMTÉ DE PENTHIÈVRE

L'origine du comté de Penthièvre est due au partage fait entre Eudon et Alain de la succession de Geoffroi, leur père, comte de Rennes et duc de Bretagne. Ce partage eut lieu vers 1008 ; cependant Eudon, auquel était échu ce qui forma le comté de Penthièvre, ne prit le titre de comte qu'en 1034. Après de vains efforts pour arriver à posséder toute la Bretagne, il légua ses prétentions malheureuses à ses héritiers, qui, jusqu'au commencement du XIIIᵉ siècle, ne cessèrent de chercher à s'emparer de la couronne ducale.

Aucun seigneur ne frappa monnaie en Bretagne. La branche de Penthièvre ne le fit que parce qu'elle ne reconnaissait pas la suprématie des ducs et que ses membres portaient comme eux le titre de comte des Bretons.

Eudon frappa monnaie comme tuteur de son neveu, au type du temple carlovingien, puis ensuite avec un monogramme : chaque fois que le Penthièvre appartint à plusieurs princes, entre lesquels Lamballe, Guingamp, Treguier et le Goëllo étaient partagés, la monnaie était frappée au nom du dernier prince qui seul avait possédé tout l'héritage d'Eudon ; c'est ainsi que les deniers d'Eudon paraissent avoir été imités sous Geoffroi Boterel II et ses enfants, Alain le Noir et Henri Iᵉʳ.

Le curieux denier avec DUX-BRITANIE, profil barbare, ℞ QUEMPERLI croix, succéda aux deniers émis par Eudon avec le titre de DUX BRITANIE. C'est le prototype des deniers à la tête de Guingamp. Il faut sans doute le rapprocher également du denier à la tête avec CONANVS (voyez p. 215).

A partir d'Etienne Iᵉʳ, le monnayage prend un type immobilisé et toutes les monnaies peuvent être décrites ainsi : + STEPHAN.COM. Croix pattée cantonnée d'une étoile aux 1ᵉʳ et 2ᵉ cantons ℞ + GVINGAMP. Profil informe.

On trouve quelquefois, sur des deniers de toutes les époques, une étoile devant le profil. Il s'agit sans doute d'une marque d'atelier.

D'Alain de Goëllo, qui réunit tout le Penthièvre en sa puissance (1205), on a une curieuse monnaie qui nous montre un des rares exemples du nom en langue vulgaire : + ALEN.CONES. Croix cantonnée d'une étoile. ℞ + GVINGAMP. Tête.

Philippe Auguste réduisit ces princes à n'être plus que sires de Goëllo et d'Avaugour. Il frappa des deniers aux types et nom de Guingamp.

On a attribué sans preuve suffisante des anonymes de Guingamp à Pierre Mauclerc.

COMTES DES BRETONS DE LA BRANCHE CADETTE
DEPUIS COMTES DE PENTHIÈVRE

1008. Eudon, premier seigneur du Penthièvre, comte des Bretons, fils de Geoffroi Ier et de Havoise de Normandie.

1079. Geoffroi, seigneur de Lamballe ou du Penthièvre : Etienne, seigneur du Goëllo, de Guingamp, Chatelaudren et Avaugour : tous deux, fils d'Eudon, étaient désignés comme comtes des Bretons.

1093. Etienne réunit tous les domaines d'Eudon.

1136. Geoffroi Boterel II, seigneur du Penthièvre ; il était fils d'Étienne et eut pour successeurs dans ce fief son fils Rivallon, qui fut aussi seigneur de Guingamp, et ses petits-fils Étienne II et Geoffroi III (qui céda ses fiefs à son cousin Alain, en 1205 ; voy. plus bas). — Alain le Noir, comte de Richemont et seigneur de Guingamp. — Henri Ier, seigneur du Goëllo. Geoffroi II, Alain et Henri étaient fils d'Etienne. Tous ces princes portaient le titre de comtes des Bretons.

1205. Alain, fils de Henri, seigneur du Goëllo.

1212. Henri II, sire d'Avaugour, fils d'Alain.

1235. Yolande de Bretagne et Hugues de Lusignan.

1272. Jean Ier de Bretagne, Arthur et Jean III.

1317. Gui de Bretagne, 2e fils d'Arthur.

1334. Jeanne de Bretagne, fille de Jeanne d'Avaugour et de Gui de Bretagne. Jeanne de Bretagne épousa Charles de Châtillon dit de Blois.

1384. Jean de Blois dit de Bretagne, comte de Penthièvre, vicomte de Limoges.

1404. Olivier de Blois, id.

1454. Nicole de Blois, nièce du précédent, fille de Charles, seigneur d'Avaugour, et Jean de Brosse, sire de Saint-Sévère et Boussac.

1405. Jean de Brosse dit de Bretagne, comte de Penthièvre.

1502. René de Brosse *dit* de Bretagne : sa sœur Madeleine épousa Janus de Savoie, comte de Genève, et en secondes noces François, bâtard de
Bretagne comte de Vertus, dont les descendants
furent seigneurs de Goëllo et d'Avaugour.
1524. Jean de Brosse, duc d'Etampes, comte de Penthièvre.
1566. Sébastien de Luxembourg, vicomte de Martigues,
neveu du précédent.
1569. Marie de Luxembourg, duchesse de Penthièvre et
d'Etampes, et Philippe-Emmanuel de Lorraine,
duc de Mercœur.
1623. Françoise de Lorraine, duchesse de Penthièvre
et Mercœur, et César, duc de Vendôme, bâtard
de Henri IV.
1669. Louis-Joseph, duc de Vendôme. Il vendit en 1687
le duché de Penthièvre à Marie-Anne de Bourbon, princesse de Conti. En 1696, ce duché fut
vendu par Mme de Conti à Louis-Alexandre de
Bourbon, comte de Toulouse, légitimé de
France.
Louis-Jean-Marie de Bourbon, duc de Penthièvre,
Château-Vilain et de Rambouillet.

COMTÉ D'ANJOU

Jusqu'en 888, il y eut deux comtés d'Anjou séparés par
la rivière de la Maine. La marche d'Anjou ou comté
d'Outre-Maine avait pour capitale Châteauneuf. Il fut
donné en 858, par Charles le Chauve à Robert le Fort, pour
le défendre contre les Bretons et les Normands. Eudes,
fils de Robert, lui succéda en 866, et devint roi de
France. Certains auteurs donnent comme premier comte
amovible du comté proprement dit, ayant Angers pour
capitale, Ingelger, nommé en 870. Les deux comtés furent
réunis en un seul, vers 886. Confisqué par la couronne en
1204, l'Anjou fut donné en apanage en 1246, repris en
1328, apanagé de 1332 à 1350 et de 1356 à 1480, époque

à laquelle il fut réuni définitivement. François Ier le donna comme douaire à sa mère, Louise de Savoie, de 1516 à 1531.

On connaît un denier d'Angers avec la curieuse légende + EST.REX.ODO et le monogramme de Charles. Un denier postérieur montre le monogramme dégénéré d'Eudes.

Les comtes d'Anjou modifièrent l'ancien type carolingien. En cela, ils se conduisirent comme leurs parents et suzerains les ducs de France : ils maintinrent la forme circulaire des légendes et le monogramme royal, mirent le mot COMES à la place du mot REX, et substituèrent leurs noms à celui de Charles. Ils mirent, dans le principe, sur leurs monnaies, la formule : *Dei gratia comes.* Quelques numismatistes veulent voir dans ces mots l'intention chez les comtes d'Anjou de marquer qu'ils étaient les égaux ou les antagonistes du roi de France; tandis que les autres pensent, avec raison, que cette formule n'était qu'un débris de la légende carlovingienne, et que l'on voulut seulement conserver à la légende une forme analogue à celle que l'on avait coutume de lire sur la monnaie la plus usitée. Les découvertes de trésors de cette époque établissent clairement que les Plantagenets continuèrent à frapper des monnaies à Angers suivant les types dont nous venons de parler.

Quant au titre *cos* qui paraît sur les monnaies de Foulques Nerra et de Geoffroi, M. Caron a pensé que c'est l'abréviation de consul. (*Op. cit.*, p. 63.)

A partir de Charles Ier, l'attribution devient certaine. Ce prince frappe avec les légendes CAROLUS COMES et K. REX SICILIE COMES ANDEGAVIE. Il substitue au monogramme la clef, emblème héraldique de la capitale de l'Anjou. Charles II a des deniers et oboles avec KAROLUS COMES ℞ ANDEGAVENSIS.

Il paraît que les comtes d'Anjou frappèrent monnaie à Beaulieu, près de Loches, en Touraine; mais on n'est pas fixé sur le point de savoir si c'étaient des monnaies angevines ou tournoises.

Le roi Philippe V acheta à Charles III, le 14 mai 1319, les monnaies de Chartres et d'Anjou, moyennant cin-

quante mille livres de petits tournois. Les anciens comtes
d'Anjou avaient donné au chapitre de Saint-Laud d'Angers le dixième de leurs émoluments sur le monnayage.
Lorsque Louis XV, en 1716, voulut rétablir un hôtel des
monnaies dans cette ville, le chapitre fit valoir ses anciennes prétentions sur le dixième du monnayage et vendit ses
droits au roi moyennant six mille livres.

COMTES ET DUCS D'ANJOU

?   879. Ingelger (1).

   899. Foulques Ier le Roux, d'abord vicomte.

   940. Foulques II le Bon.

   962. Geoffroi Ier Grisegonelle.

* 987. Foulques III le Noir, ou Nerra. — Monogramme.

*1040. Geoffroi II Martel. — GOSFRIDVS . COS.

*1060. Geoffroi III le Barbu, neveu du précédent.

*1069. Foulques IV le Réchin, frère du précédent.

*1109. Foulques V, roi de Jérusalem. ✝ FVLCO.COMES.

*1129. Geoffroi IV Plantagenet, comte d'Anjou et du
       Maine, puis duc de Normandie.

 1151. Henri, roi d'Angleterre.

 1189. Richard Cœur de Lion, roi d'Angleterre.

 1199. Jean sans Terre,   *id.*

 1204. Philippe Auguste, roi de France, par confiscation.

*1246. Charles Ier de France, neuvième fils du roi
       Louis VIII.

*1285. Charles II de France, roi de Naples.

*1290. Marguerite d'Anjou et Charles de Valois.

 1325. Philippe de Valois, qui réunit le comté à la cou-
       ronne, en 1328.

 1356. Louis Ier de France, roi de Naples, fils du roi
       Jean (2).

(1) Ingelger aurait été fils de Tertulle, sénéchal du Gâtinais, et de
Pétronille, fille de Hugues l'Abbé, qui lui-même avait pour père Conrad, comte d'Auxerre. Jusqu'à la fin du xe siècle, les premiers comtes
d'Anjou n'étaient évidemment que les lieutenants des ducs de
France.

(2) Le 17 février 1332, Jean, fils de Philippe de Valois avait été in-
vesti des comtés d'Anjou et du Maine : Jean étant parvenu au trône
donna ces mêmes fiefs en apanage à son second fils. En 1360, l'Anjou fut érigé en duché.

1384. Louis II de France, roi de Naples.

1417. Louis III de France, roi de Naples.

1434. René, frère du précédent.

1480. Charles IV, roi de Naples, cousin du précédent.

1481. Réunion à la couronne sous Louis XI, par testament.

Henri III, depuis roi de France, d'abord duc d'Anjou.

1576. François, duc d'Alençon, puis d'Anjou.

Philippe d'Orléans, frère de Louis XIV.

1668. Philippe de France,
1672. Louis-François de France, } fils de Louis XIV.

Philippe V, roi d'Espagne.

1710. Louis XV, depuis roi de France.

17... Louis Stanislas Xavier, depuis Louis XVIII.

SAUMUR

L'abbaye de Saint-Florent de Saumur conservait les reliques de saint Florent. Au xᵉ siècle, on les porta à Saumur; mais les religieux chassés par Foulques Nerra fondèrent, sur les bords du Thouet, l'abbaye de Saint-Florent vers 1026. Un denier, aujourd'hui perdu, paraît avoir été frappé entre 950 et 1026. En voici la description :

+ BEATI.FLORENTII Croix ℞ + CASTRV.SALMVRV. Dans le champ, une clef.

COMTÉ DU MAINE

Le plus ancien comte connu est Roricon mort en 841. Hugues le Grand, duc de France, établit comte du Maine, en 965, Hugues, fils d'un puissant seigneur du pays, David. Le comté resta dans cette famille jusqu'au xiiᵉ siècle. Henri, duc de Normandie, le fit passer sous la domination anglaise. Philippe le confisqua après le meurtre d'Arthur, par Jean sans Terre. Ensuite le comté passa à Bérengère, veuve de Richard Iᵉʳ, et ensuite à Marguerite de Provence que saint Louis venait d'épouser, en 1234. Saint Louis le donna en 1246, à Charles Iᵉʳ, comte de Provence, son frère, dont les descendants en jouirent jusqu'au moment où Louis XI le réunit à la couronne (1481). Donné en douaire en 1516, il fut réuni définitivement en 1531.

L'origine de la monnaie du Mans n'est pas bien connue. Une charte de Louis le Débonnaire, de 836, reconnaît à l'évêque du Mans le droit de frapper monnaie, mais M. de Barthélemy la déclare apocryphe (*R. N.*, 1868, 262).

Malgré cela, il y a lieu de croire que les évêques du Mans avaient primitivement la possession et le revenu de l'atelier monétaire qui émettait les pièces carlovingiennes ; quoique les chartes se taisent sur ce fait, il semble qu'on puisse le conclure d'un denier de la fin du Xe siècle portant : CENOMANIS CIVITAS—GRACIA.DEI.REX, avec un type formé de quatre temples disposés en croix.

M. de Barthélemy serait disposé à y voir un produit du monnayage des Normands quand ils s'emparèrent du Mans. Il est probable que ce type est une suite du système carlovingien auquel aurait succédé le monnayage épiscopal au type si connu du XPISTIANA. RELIGIO. Au XIe siècle, les comtes du Mans s'emparèrent du monnayage, et rien ne fait connaître si les évêques y conservèrent une part (cf. E. Hucher, *Essais sur les m. frappées dans le Maine,* 1845-48 ; Cartier, *R. N.*, 1837, p. 37).

Les monnaies des comtes du Mans sont de deux espèces différentes : l'une au monogramme d'Herbert Ier ; l'autre, ayant pour type une couronne, fut frappée par les comtes de la race royale de France depuis 1246. Le monnayage des comtes de la maison de France subsista jusqu'en 1360 ; à cette époque, lorsque le roi Jean donna le Maine à Louis, son second fils, il lui enleva le droit de frapper monnaie, et l'acte de donation dit formellement : *Salvis tamen et nobis retentis et reservatis juribus nostræ regaliæ, monetis et exceptionibus ecclesiarum cathedralium.*

Le monogramme d'Herbert fut conservé par la maison d'Anjou sur quelques pièces.

Il faut aussi se rappeler que les ducs de Normandie ont dû frapper des deniers au type immobilisé du Mans, car ils leur donnaient cours dans leurs possessions.

On ne connaît pas d'obole et il n'y en eut probablement pas, car les deniers du Maine avaient une valeur double de celle des espèces des provinces voisines qui pouvaient servir de monnaies divisionnaires. Enfin, la fabrication des oboles était plus onéreuse que celle des deniers.

Les pièces d'Herbert portent : + COMES CENOMANNIS. Monogramme : ꝶ + SIGNUM DEI VIVI. Croix cantonnée de besants, de l'A et de l'ω.

A citer aussi l'intéressante pièce de Charles Iᵉʳ, avec K. FIL. REGIS. FRANCIE. ꝶ + ANIEVINS DOBLES (ou DOUBLES).

On attribue à Charles de Valois des pièces anonymes avec MONETA CENOM et une couronne.

En 1425, Henri VI d'Angleterre établit au Mans un atelier monétaire qui émit des saluts d'or, des grands blancs, des petits blancs et des deniers tournois ; ces monnaies avaient pour différent un signe que l'on désigne par la dénomination de *racine*, et qui, d'abord envisagé par M. Hucher comme une allusion au ruisseau miraculeux de saint Julien, a été considéré depuis comme se rattachant aux souches avec racines qui se trouvent dans les armes du duc de Bedford (André Joubert, *M. anglo-fr. frappées au Mans*, Mamers, 1886).

COMTES DU MAINE

955. Hugues Iᵉʳ.
1015. Herbert Iᵉʳ, Éveille-chien.
1036. Hugues II.
1051. Herbert II.
1062. Gauthier, comte de Vexin, gendre de Herbert Iᵉʳ.
1063. Guillaume le Bâtard, duc de Normandie.
1087. Robert Courteheuse, fils du précédent.
1090. Hélie de Beaugency, seigneur de la Flèche, petit-fils d'Herbert Iᵉʳ.
1110. Foulques V d'Anjou, comte d'Anjou et du Maine et gendre du précédent.
1129. Geoffroi IV Plantagenet, comte d'Anjou et du Maine.
1151. Henri II, duc de Normandie, comte d'Anjou et du Maine, roi d'Angleterre.
1189. Richard Cœur de Lion, comte d'Anjou et du Maine.

1199. Jean sans Terre et Arthur.

1204. Bérengère, veuve de Richard Cœur de Lion.

1234. Marguerite de Provence.

1246. Charles Ier, comte de Provence, d'Anjou et du Maine.

1285. Charles II, comte de Provence, d'Anjou et du Maine.

1292. Charles III de Valois, fils de Philippe le Hardi, par son mariage avec Marguerite de Provence, fille du précédent.

1317. Philippe de Valois, depuis roi de France.

1332. Jean, depuis roi de France.

1356. Louis Ier, fils du précédent.

1384. Louis II.

1417. Louis III.

1424. René.

1440. Charles IV, troisième fils de Louis II.

1472. Charles V.

1481. Réunion à la couronne.

ABBAYE DE SAINT-MARTIN DE TOURS

L'abbaye de Saint-Martin, fondée en 590 par saint Perpète, eut de bonne heure le droit de monnayage, mais non cependant à l'époque mérovingienne. La concession véritable fut faite sous les Carolingiens, probablement par suite d'une libéralité de Louis le Débonnaire ou de Charles le Chauve : le premier texte que nous connaissions à cet égard est un diplôme de Charles le Simple, daté de 926, qui contient ces mots : *Et ut eidem sancto in eodem castro, sicut priscis temporibus a predecessoribus nostris regibus concessum fore probatur, propriam monetam et percussuram proprii numismatis nostra auctoritate concederemus.* Cette donation, ajoute M. Cartier, fut encore confirmée par le roi Raoul en 934, par Louis IV en 940, et par Hugues Capet en 988 ou 989, toujours avec cette formule : *Ut percussuram numismatis que et moneta dicitur, secluso fisci jure, iidem canonici ex more semper habeant.*

Lorsque les ducs de France eurent la Touraine avec le titre d'abbés de Saint-Martin de Tours, ils frappèrent monnaie à Tours, au type royal, puis peu après à Chinon, aux légendes : TVRON. — CAINONI. CASTRO.

On trouve également des deniers à la tête avec : TUROII. ℞ AURILNS CIVITAC. Ce type ne resta pas à Orléans.

A l'abbaye de Saint-Martin, nous trouvons des deniers avec SCI MARTN MONETA ou + RATIO SCI MARTINI ℞ Tête nue accostée de S-M, ou encore : CAPUT SCI MARTINI.

Puis viennent les deniers avec SCS MARTINUS et le temple carolingien. ℞ + TVRONIS.CIVITAS. Peu à peu le type se modifie et s'immobilise pour devenir le châtel-tournois composé de deux tourelles réunies par un fronton, universellement copié en Europe et si fréquent sur les monnaies des Croisés. Ce type devint la marque de la *monnaie tournois*, qui, à dater de Philippe Ier, eut cours concurremment avec la *monnaie parisis* plus forte qu'elle d'un quart. Les rois de France firent frapper des monnaies tournois pour leurs provinces d'outre-Loire. Celles de l'abbaye portent SCS. MARTINVS — TVRONVS. CIVI. Celles des rois de France portent tantôt TVRONVS. CIVI., tantôt SCS. MARTINVS, avec le nom du monarque régnant. A dater de saint Louis, on grava TVRONVS. CIVIS.

Citons encore les gros avec SANCTV MARTINV à la bordure formée de 12 et 13 *lis*, qui ont été l'objet d'études intéressantes de F. de Saulcy, de MM. de Barthélemy et ·Maxe-Werly (*Bulletin des Antiq. de France*, 1880).

Contrairement à l'opinion de Fillon qui pensait que Philippe Auguste avait fermé l'atelier de Saint-Martin de Tours, M. Maxe Werly établit que l'abbaye continua à frapper monnaie. Une lettre du 12 mai 1316 confirmerait ce droit.

CHINON

Le monnayage de Chinon remonte à l'année 938, sous Thibaut Ier. Lorque Hugues le Grand fit comte héréditaire de Tours Thibaut le Tricheur, celui-ci mit sur ses espèces les noms de Chinon et de Tours.

A partir du x⁰ siècle, il paraît y avoir eu à Chinon deux ateliers, dont l'un monnayait avec la légende TVRON et l'autre avec LVDOVICVS.REX, du côté de la tête et au ℞ toujours CAINONI CASTRO.

Quant au type chinonais qui a donné naissance au type chartrain, Lelewell et Fillon ont démontré qu'il est une modification de la tête turonienne de Louis le Débonnaire.

Cartier a fait la monographie des monnaies à ces types (*R. N.*, 1844-46-49). L'atelier de Chinon cessa probablement après Thibaut le .Tricheur, et les comtes se contentèrent d'une indemnité sur le droit de seigneuriage, indemnité qui passa plus tard (1042, 1044) à Geoffroi Martel, puis aux rois d'Angleterre, et en dernier lieu aux rois de France.

LOCHES

Gariel a publié un denier du XI⁰ siècle, portant LOCAS CASTRO des deux côtés, avec trois besants, une barre et deux annelets (*Ann. Soc. num.*, 1867, pl. X, 27).

COMTÉ DE CHARTRES

Il paraît évident que sous les rois de la seconde race les évêques de Chartres jouissaient, probablement par suite d'une concession royale dont les termes ne nous sont pas connus, des émoluments de l'atelier monétaire établi à Chartres : des numismatistes placent l'origine de ce droit à la fin de la seconde race. Un denier avec CARLVS.REX.ES et au ℞ CARNOTIS.CIVITAS (temple), semble prouver l'intervention de l'évêque de Chartres.

Thibaut le Tricheur, comte de Blois, Chartres et Tours, s'empara du monnayage, qui évidemment avait été déjà pris en partie aux évêques de Chartres par les ducs des Francs ; sous ses successeurs, on frappa des monnaies anonymes portant un type bizarre, qui pendant longtemps a exercé la sagacité des numismatistes, et qui a son origine dans le profil carolingien gravé sur les plus anciennes monnaies de Tours. Cette tête paraît très distinctement sur les monnaies des comtes de Tours frappées à Chinon, et plus ou moins barbare sur les pièces de Saint-Aignan, de Celles, de Blois, de Vendôme, de Châteaudun, de Romorantin, etc., c'est-à-dire dans tous les ateliers situés dans les anciens domaines de Thibaut le Tricheur.

Le monnayage de Chartres est d'abord à peu près le même que celui de Blois, et présente trois besants ou tourteaux, dont un devant le profil, et en bas trois petits pieux. Plus tard, ces pieux font place à une fleur de lis. On trouve aussi des rosaces combinées de diverses manières. Les anonymes portent CARTIS.CIVITAS.

Charles de Valois, qui signe + K. KOM. CARTIS.CIVIS est le seul prince qui ait mis son nom sur les monnaies à Chartres. Il conserva pour lui seul les bénéfices de la fabrication. En 1305, on le trouve au nombre des barons consultés par Philippe le Bel au sujet des améliorations à apporter aux monnaies royales et baronales. Il commit des abus et fut obligé de rendre son droit de monnayage au roi.

COMTES DE CHARTRES ET DE BLOIS

922. Thibaud Ier le Tricheur, comte de Blois, Chartres et Tours.
978. Eudes Ier, comte de Blois, Chartres, Tours et Meaux.
995. Thibaud II, eut en plus Beauvais et Troyes.
1004. Eudes II, comte de Blois, de Chartres, de Tours et de Champagne.
1037. Thibaud III; il perdit le comté de Tours en 1044.
1089. Etienne, appelé aussi Henri.
1102. Thibaud IV le Grand, comte de Blois, Chartres et Brie.
1152. Thibaud V le Bon, comte de Blois et Chartres seulement.
1191. Louis, comte de Chartres, Blois et Clermont, sire de Nicée.
1205. Thibaud VI, comte de Chartres, Blois et Clermont, sire de Nicée.
1218. Isabelle, fille de Thibaud V : quand son neveu

Thibaud VI fut mort sans laisser de descendants, Isabelle eut le comté de Chartres. Elle était alors veuve de Sulpice III, sire d'Amboise et remariée à Jean d'Oisy.

1249. Mahaut, fille d'Isabelle et de Sulpice, et Richard de Beaumont, mort en 1243, puis Jean II, comte de Soissons.

1269. Jean de Châtillon, comte de Blois.

1279. Jeanne de Châtillon et Pierre, comte d'Alençon, Jeanne devenue veuve et sans enfants vendit, en 1286, le comté de Chartres à Philippe le Bel.

1293. Charles Ier, comte de Valois, frère de Philippe le Bel.

?1325. Charles II de Valois.

1346. Réunion du comté de Chartres à la Couronne.

COMTÉ DE BLOIS

Robert avait été comte de Blois avant son avènement au trône, en 922. Thibaud le Tricheur, qui lui succéda, fut le premier comte héréditaire de Blois et de Chartres. Il joignit au comté de Blois plusieurs villes du Berry, telles que Vierzon, Celles, Saint-Aignan, Romorantin. Pour récompenser quelques-uns de ses compagnons d'armes, il leur inféoda ces fiefs. Ces barons frappèrent des monnaies dont nous nous occuperons quand nous traiterons la partie de notre travail relative au Berry.

Les deux comtés divisés en 1218 furent réunis en 1269 par Jean de Châtillon ; séparés en 1292, ils ne furent plus réunis jusqu'à Gui II de Châtillon, avec lequel finit la branche de Blois en 1397. Le comté fut réuni à la couronne en 1498. On ne connaît pas de monnaies antérieures à Thibault le Tricheur.

On trouve des monnaies d'Eudes et de Charles le Simple, portant le nom de Blois, qui, par leur titre et leur fabrique, semblent indiquer que l'on forgea longtemps après ces rois des pièces à leurs types ; ce sont là évidemment les plus anciennes monnaies des comtes de Blois. Le

type blésois qu'ils adoptèrent ensuite est celui qui a conservé le plus de ressemblance avec son prototype chinonais. Devant la tête dégénérée, une pièce présente
une petite tête de loup (en celtique *blez* veut dire loup).
Les monnaies anonymes portent BLESIS OU BLESIANIS
CASTRO.

Signalons l'intéressante pièce de Gui de Châtillon avec :
G.CO.BLESIS, type blésois. ℞ + MONT.LADRIVIE, croix.
Poby d'Avant (p. 236) pense que ce nom désigne la loca-
lité de Mont-Lavi, près Blois.

Une obole de Thibaut le Tricheur portant : + TETIABDVS.
CM.I, monogramme de Raoul et au ℞ + BALCNTI.CIVIA, croix,
paraît pouvoir être donnée à Baugency. Les lettres CM.I
signifient *comes inclitus* (*R. N.*, 1849, 283). En 1328, Philippe de Valois, beau-frère de Gui Ier de Châtillon, acheta
à ce dernier, moyennant 15,000 livres tournois le droit de
frapper monnaie.

COMTES DE BLOIS

1218. Marguerite, fille aînée de Thibault V, a le comté
de Blois à la mort de son neveu : elle était alors
mariée en troisièmes noces à Gauthier d'Avesnes.

1230. Marie d'Avesnes et Hugues de Châtillon, comte
de Saint-Pol.

*1241. Jean de Châtillon, comte de Blois, et Chartres
(1269).

*1279. Jeanne de Châtillon, I.COITISSA, et Pierre, comte
d'Alençon.

*1292. Hugues de Châtillon, cousin germain de la pré-
cédente. — H.COMES.

*1307. Gui, comte de Blois et Dunois, seigneur d'Aves-
nes. — GVIDO.COMES.

1342. Louis Ier, comte de Blois et Dunois.

1361. Louis II,   *id.*

1372. Jean II, frère du précédent.

1381. Gui II, frère des deux précédents, vendit, en
1391, les comtés de Blois et de Dunois à Louis
de France, duc d'Orléans.

1407. Charles d'Orléans.

1466. Louis d'Orléans, depuis roi de France en 1498.
Réunion à la couronne.

COMTÉ DE VENDÔME

Le Vendômois a d'abord fait partie de l'Anjou. Foulques II en forma un comté en faveur de Bouchard, son fils (958). Celui-ci aurait été fait *comte royal* de Corbeil et de Paris : *dedit Hugo rex sibi fideli comiti castrum Milidunum, atque jam dictum Corboilum comitatumque Parisiacæ urbis, taliterque regalis comes efficitur* (Duchesne, *Hist. Franc.*, V, 116). Le Vendômois fut réuni à la couronne en 1589, par l'avènement d'Henri IV, duc de Vendôme depuis 1562.

On connaît de Vendôme une monnaie au type de Charles le Chauve qui semble indiquer que l'origine de son monnayage dérive de celui des évêques de Chartres : en effet, suivant D. Clément, le Vendômois faisait primitivement partie du diocèse de Chartres dont les évêques étaient même suzerains du château de Vendôme : les comtes d'Anjou, qui possédèrent le Vendômois jusqu'à Hugues Capet, étaient donc, dans ce fief, vassaux des évêques de Chartres.

Jusqu'à la fin du XII⁰ siècle, les stipulations dans le Vendômois se faisaient en monnaies tournoises et angevines, qu'émettaient les comtes d'Anjou. Nous pensons que les comtes de Vendôme commencèrent à avoir un numéraire particulier vers 1050, époque à laquelle Geoffroi, comte d'Anjou, céda à Foulques, son neveu, le comté entier, à la condition de lui en faire hommage. Les comtes de Vendôme adoptèrent un type dérivé de celui de Chartres, mais se rapprochant singulièrement de celui de Blois, et mirent leurs noms seulement au commencement du XIII⁰ siècle. Suivant quelques auteurs, la monnaie de Vendôme aurait été achetée en 1320 par Philippe le Long.

L'ancien type bléso-chartrain fut modifié dans la suite, pour prendre la forme d'un portail ou d'un château, par imitation, très probablement, du châtel de Saint-Martin de Tours.

Les anonymes portent VINDOCINO CASTRO OU UDON CAOSTO OU VEDOME CASTR. Une très curieuse obole portant ✛ IDVNI CASTR., type tournois ℞ ✛ VIDOCINENSIS, Croix (*Soc. Arch. Vendômois*, 1869) paraît indiquer une association monétaire entre Raoul de Clermont, vicomte de Châteaudun et Jean V, comte de Vendôme. Cartier avait déjà remarqué la présence du croissant de Châteaudun sur la monnaie anonyme de Vendôme.

COMTES PUIS DUCS DE VENDÔME

958. Bouchard Ier, comte de Vendôme, de Paris et de Corbeil.

1012. Renaud, évêque de Paris, son fils.

1016. Eudes, fils de Landry, comte de Nevers : il avait épousé Adèle, fille de Foulques Nerra, comte d'Anjou, et d'Elisabeth, sœur de Renaud.

10... Bouchard II, associé par sa mère Adèle, mort avant elle.

10... Foulques l'Oison, frère du précédent, associé également par sa mère Adèle qui, mécontente de lui, vendit en 1031, à Geoffroi Martel son frère, tout le Vendômois.

1031. Geoffroi Martel, comte d'Anjou.

1050. Foulques, rétabli par son oncle dans le comté de Vendôme.

1066. Bouchard III. Gui de Nevers, son oncle et tuteur.

1085. Euphrosine, sœur du précédent, et Geoffroi Jourdain, sire de Preuilly en Touraine.

1102. Geoffroi Grisegonelle.

1136. Jean Ier.

1192. Bouchard IV.

1202. Jean II, petit-fils du précédent.

*1207. Jean III de Lavardin, petit-fils de Jean Ier, IEHA OU IOHAN.

*1218. Jean IV de Montoire, fils d'Agnès de Vendôme, fille de Bouchard IV et de Pierre de Montoire. Il était neveu du précédent, IOHAN . COMES.

*1239. Pierre de Montoire, PETRVS.

*1249. Bouchard V, BOCARD.

*1271. Jean V, IOHS.

*1315. Bouchard VI, seigneur de Castres, BO.COMES.

1354. Jean VI, en 1336.

1366. Bouchard VII. Jeanne de Castille sa mère et tutrice.

1374. Catherine, sœur du précédent, et Jean de Bourbon.

1412. Louis Iᵉʳ de Bourbon.

1466. Jean VII de Bourbon.

1478. François de Bourbon, comte de Saint-Pol et de Soissons.

1495. Charles de Bourbon, premier duc de Vendôme.

1537. Antoine de Bourbon, duc de Vendôme, roi de Navarre en 1555, par suite de son mariage avec Jeanne d'Albret, fille unique de Henri, roi de Navarre.

1562. Henri de Bourbon, depuis Henri IV, roi de France.

1599. César, bâtard du précédent et de Gabrielle d'Estrées.

1665. Louis II.

1669. Louis III Joseph.

1712. Réunion à la couronne.

ROMORANTIN

Cartier a supposé que les monnaies connues avaient été frappées par les comtes de Blois antérieurement à l'avènement de la maison de Châtillon (*R. N.*, 1845). Cependant, on sait que Romorantin eut plus tard le titre de comté.

Les pièces sont des deniers et oboles au type chartrain, avec : REMORANTINI ou : REMERENSIS. On connaît un denier au type blésois, avec : T.CO.REMOR, attribué à Thibaut V, de Blois.

VICOMTÉ DE CHATEAUDUN

La formation et l'histoire de ce vicomté sont peu connues. On peut considérer les plus anciennes monnaies anonymes de Châteaudun comme faisant suite au monnayage établi dans leurs domaines par les comtes de Chartres et de Blois : jusque-là, selon M. de Barthélemy, les vicomtes n'auraient été que les officiers de ces barons, et si, dans les dernières années du XIIe siècle, ils se permirent de frapper des deniers anonymes, ils ne firent qu'imiter leurs suzerains.

Des deniers avec le monogramme altéré de Raoul semblent contemporains de ceux de Thibaud le Tricheur, comte de Blois.

Après ce type, celui de Chinon fut adopté. Le croissant introduit d'assez bonne heure sur les monnaies de Châteaudun y persista, combiné de différentes manières, jusqu'à la fin. Le type tournois parut momentanément sous Geoffroi V.

Les anonymes portent : DUNIS CASTLL, OU DUNIO STILI, OU CASTRI DUNI.

Guillaume de Flandre a frappé monnaie comme époux d'Alix de Nesles, car l'ordonnance de 1315 dit : *La monnoie de Chastiau-Dun qui est a ma dame de Néelle.*

On a tenté d'attribuer à Château-du-Loir un denier au type blésois, avec : CASTR.MILITUM, mais cette pièce appartient à Château-Meillant.

VICOMTES DE CHATEAUDUN

9... Hugues Ier, vicomte de Châteaudun, pour les comtes de Chartres.

1004. Hugues II, archevêque de Tours.

1020. Melissende, sœur du précédent, et Guérin, sire de Mortagne.

1026. Geoffroi Ier, vicomte de Châteaudun et comte de Mortagne.

1040. Rotrou Ier, vicomte de Châteaudun et comte de Mortagne.

1079. Hugues III, vicomte de Châteaudun.
1110. Geoffroi II.
1136. Hugues IV.
1166. Geoffroi III.
1183. Hugues V, frère du précédent.
*1215. Geoffroi IV. — GAVFRIDVS.
*1235. Geoffroi V. — GAVFRID'.
1253. Clémence de Châteaudun et *Robert de Dreux, — ROB'TVS.
1259. Alix de Dreux et *Raoul de Clermont, seigneur de Néelle. RADVFVS. VICONS. On connaît un denier de Châteaudun portant : SIMONIS.VI-CONES. On pense qu'il a été frappé après 1264 par Simon de Clermont, comme bailliste de la vicomté, alors qu'Alix était mineure et seulement fiancée à Raoul, fils de Simon.
1291. Alix de Clermont-Néelle et *Guillaume de Flandre, GVILL.VICONS, sire de Tenremonde, deuxième fils de Guillaume de Dampierre, comte de Flandre, puis Jean de Châlon, sire d'Arlai.
*1317. Guillaume II de Flandre. — GVILLVI.CONS.
1320. Jean de Flandre, seigneur de Crèvecœur et des Alleux, frère du précédent.
1325. Marguerite de Flandre et Guillaume de Craon. Charles VI confisqua tous les biens de Pierre de Craon, dernier vicomte de Châteaudun, à cause de l'assassinat du connétable de Clisson, et donna ce fief à son frère Louis, duc d'Orléans, qui venait d'acquérir le comté de Blois de Gui II de Châtillon.

COMTÉ DU PERCHE

Sous les Carolingiens, le Perche eut des comtes particuliers dont la race s'éteignit en 1226. Louis VIII s'empara du comté et, en 1257, Jacques de Château-Gontier céda tous ses droits à saint Louis, en se réservant seulement Nogent-le-Rotrou. Philippe le Bel donna le comté du Perche à Charles de Valois, son frère, dont la descendance en jouit jusqu'à la réunion à la couronne, en 1509.

Rotrou II se trouva dans une position véritablement indépendante. Sa capitale était Nogent-le-Rotrou, ancien fief de l'Eglise de Chartres, puis possession de la maison de Châteaudun ; d'un autre côté, il s'était attaché au parti du duc de Normandie, qui lui avait donné Bellême, à la condition que le Perche relèverait de la Normandie.

Cependant, la plus ancienne mention de la monnaie du Perche ne remonte qu'à 1195, dans un accord passé entre le comte Geoffroi III et les moines de Saint-Denis-de-Nogent. Les trouvailles permettent également de fixer l'apparition de la monnaie du Perche dans la seconde moitié du xii⁰ siècle.

Si la pièce avec : NUIENTUS CASTR (et le monogramme dégénéré de Eudes) est bien de Nogent-le-Rotrou, ce serait la plus ancienne monnaie du Perche.

Les anonymes présentent le même type que celles de Châteaudun, dans un sens différent ; la légende est : PER-TICENSIS.

Une pièce de lecture incertaine paraît présenter : (I ou P) . COMES.PERTICI et être attribuable à Jacques de Château-Gontier, qui revendiqua le comté de Perche, en 1227.

Une charte du 13 juin 1265 nous montre également que Pierre, fils de Jean, comte de Bretagne, avait le droit de battre monnaie dans les comtés du Perche et de Chartres (*Revue des Provinces de l'Ouest*, 3⁰ année, 465). Poey d'Avant, s'appuyant sur ce titre, est disposé à attribuer la pièce à ce seigneur.

COMTES DU PERCHE

Av. 954. Hervé, comte de Mortagne.

? Guillaume de Bellême, comte d'Alençon.

10... Guérin ou Warin d'Alençon, sire de Domfront, Nogent et Mortagne, et Melissende de Château-dun.

1026. Geoffroi Ier, vicomte de Châteaudun, sire de Mortagne.

1040. Rotrou I*r, vicomte de Châteaudun, sire de Mortagne.

1079. Geoffroi II, sire de Mortagne, Domfront et Nogent.

1100. Rotrou II, comte du Perche.

1144. Rotrou III.

1191. Geoffroi III.

1202. Thomas.

1217. Guillaume, évêque de Châlons-sur-Marne, oncle du précédent.

1226. Jacques de Châteaugontier, descendant de Rotrou III par les femmes, obtient la ville de Nogent et ses dépendances ; saint Louis se met en possession de la partie normande.

1263. Le roi saint Louis seul maître de tout le Perche.

1268. Pierre, cinquième fils du précédent (apanagé), comte de Blois et Chartres.

1284. Le roi de France.

1293. Charles de Valois, par donation de son frère Philippe le Bel.

1325. Charles II de Valois, comte d'Alençon, et du Perche.

1346. Robert, comte du Perche et de Porhoet.

1377. Jean I*r, comte d'Alençon et du Perche.

1415. Jean II, duc d'Alençon et comte du Perche.

1476. René,   *id.*   *id.*

1492. Charles,   *id.*   *id.*

1525. Marguerite d'Orléans, veuve de ce dernier, épousa en secondes noces, le 24 janvier 1526. Henri, roi de Navarre.

BERRY

Le Berry a eu des seigneurs qui ont porté le nom de comtes de Bourges. mais il a toujours été morcelé. On peut compter dix-neuf ateliers différents dans cette province. Nous n'avons pas les monnaies de quatre de ces ateliers.

En examinant les noms des barons qui ont frappé monnaie dans le Berry, on reconnaît que les sires de Châteaumeillant, de Brosse, de Chauvigny, d'Argenton et d'Issoudun représentaient la famille de Déols ; les Graçay et les Linières leur étaient étroitement liés par les liens de la parenté, ainsi qu'avec les Sully ; on voit enfin que les seigneurs de Sancerre, de Vierzon, de Celles, de Saint-Aignan, tenaient leurs droits monétaires de ce qu'ils représentaient la maison de Blois de Champagne.

VICOMTÉ DE BOURGES

Le comté de Berry, réuni par le roi Raoul au domaine de la couronne, en 928, après la mort de Guillaume II, fut gouverné par des vicomtes qui s'y succédèrent jusqu'en 1101, que le dernier, Eudes-Arpin, vendit la vicomté au roi Philippe Ier, pour 60,000 sols d'or. Pendant leur administration, on frappa monnaie à Bourges aux noms des rois Louis IV et Lothaire, et il est probable que ces vicomtes, s'étant emparés du monnayage frappé au nom du roi, le continuèrent jusqu'à la fin du XIe siècle ; c'est à eux que l'on doit les derniers deniers carolingiens de Bourges, qui, avec les noms de Charles ou de Lothaire, portent le temple et les mots : BITVRICES. CIVI. Cette opinion est confirmée par ce fait que les deux plus anciennes maisons de Berry, ayant le droit de frapper monnaie, les princes de Déols et les sires de Sully, leurs proches parents, comptaient, au Xe et au XIe siècle, leurs ancêtres parmi les anciens vicomtes héréditaires de Bourges (*Manuel* de 1851, p. 207).

COMTES DE BOURGES

778. Humbert, créé comte de Bourges par Charlemagne.
.... Sturmius.
82.. Wifred ou Acfred.
838. Gérard, comte de Provence et Acfred II.
872. Boson, plus tard roi de Provence.
878. Bernard, marquis de Septimanie.
879. Guillaume, comte d'Auvergne.

918. Guillaume II le Jeune.

VICOMTES DE BOURGES

927. Geoffroi Ier Papabos, vicomte de Bourges.
      Geoffroi II Bosboras.
10... Geoffroi III le Noble, gendre de Raoul de Déols,
1037. Geoffroi IV le Meschin.
      Etienne.
1093. Mahaut de Sully, nièce |du précédent, fille de
      Gillon de Sully, épousa Eudes-Arpin, seigneur
      de Dun, dernier vicomte de Bourges.

DÉOLS (Châteauroux)

La ville de Châteauroux, fondée au xe siècle, fut possédée par les seigneurs de Déols jusqu'en 1176, époque à laquelle la seigneurie de Déols passa dans la maison de Chauvigny, par le mariage de Denise de Déols fille de Raoul VII, avec André de Chauvigny. Philippe Auguste s'empara en 1188, de Châteauroux, qui fut érigé en comté, en faveur d'André IV de Chauvigny, vicomte de Brosse (16 juillet 1497).

En 1213, Guillaume Ier confirmait à l'abbaye de Bourg-Dieu de Déols les deux sous huit deniers de rente que ce monastère avait l'habitude de percevoir sur chaque millier de monnaie frappé à Châteauroux. (*Arch. Nat.*, K. 902, no 1). Guillaume III de Chauvigny, ayant altéré sa monnaie en 1316, fut obligé de céder aux plaintes de ses vassaux : le lundi, jour de la Saint-Nicolas d'hiver, il s'engagea a ne pas en battre de toute sa vie : ses héritiers ne pourraient recommencer eux-mêmes que vingt-neuf ans après sa mort. Il se réservait seulement le pouvoir de faire frapper pour une valeur de 280 livres, au poids et titre des petits tournois au bout de quinze ans, et décidait que quinze ans après ses héritiers pourraient en émettre pour une pareille somme. Cette condition ne nous paraît avoir été consentie que pour empêcher que le droit lui-même ne fût prescrit (6 décembre 1316 ; *Arch. Nat.*, K. 902). Du reste, on peut remarquer que depuis 1316 les mon-

14.

naies des barons de Châteauroux ne se retrouvent plus.
(Cf. La Thaumassière, *Histoire du Berry*, p. 520.)

Le titre de seigneur de Déols venait de l'abbaye de ce
nom, fondée en 917, qui renfermait peut-être l'atelier
monétaire. C'est à l'avènement de la maison de Chauvigny qu'on vit sur les monnaies le nom de Châteauroux,
CASTRUM RADULPHI. Antérieurement, on trouve : DOLEO
CIVES, puis DEDOLIS, avec l'étoile à cinq ou six pointes.
Les Chauvigny mirent leurs armes (des fusées) sur la
monnaie.

Une obole porte à la fois : DOLI et CASTRI.RADULFI.DNS ;
elle appartient à Guillaume II (1235-70).

A citer également un denier portant le type blésois,
avec les *fusées* de Chauvigny et la légende : CASTRI RADULFI
(E. Caron, *op. laud.*, p. 396).

ARGENTON

Cathelinot (*Philippes de Berri*, p. 2) a prétendu qu'il
y avait eu des monnaies d'Argenton. Il est possible que
cette ville ait été un atelier des seigneurs de Déols.

ISSOUDUN

Après avoir appartenu à Eudes l'Ancien, seigneur de
Déols, cette ville passa aux cadets de la maison de Déols,
puis à la maison de Chauvigny. Philippe Auguste l'avait
cédée à Richard Cœur de Lion, qui l'occupa de 1188
à 1195. Tous deux y frappèrent monnaie.

Le type d'Issoudun, qui n'a pas varié, est un M oncial,
surmonté d'un trait, et ayant au-dessus et au-dessous un
large annelet. Ce type paraît venir de l'A qui se trouve sur
un denier d'Eudes l'Ancien, avec : + ODO.SENIOR, et
+ EXOLDVN.CASTRO. Cartier pense que le mot : *Senior*
signifie seulement : *Seigneur* (R. N., 1846, pl. 17,9).

Anonymes avec : + DTRES + V . ℞ ODO +XET. Croix.

SIRES DE DÉOLS, ISSOUDUN, CHATEAUROUX ET BROSSE

900. Launus, prince de Déols.

9... Ebbes Ier, prince de Déols et vicomte de Bourges.
Raoul Ier, sire de Déols et Châteauroux.

952. Raoul II,   *id*.

?1102. Eudes, sire de Déols, Châteauroux, Issoudun et
Argenton.

10... Raoul III, seigneur de Déols, Argenton et Châteauroux.

1052. Raoul IV, seigneur de Déols, Argenton et Châteauroux.

1058. Raoul - Thibaut, frère du précédent, mêmes titres.

?1112. Raoul V, frère du précédent, mêmes titres.

* Ebbes II, frère du précédent, mêmes titres. EBODE.

*1161. Raoul VI, frère du précédent, mêmes titres. RADVLFVS.

1176. Denise de Déols et André de Chauvigny. De 1185 à 1201. Richard Cœur de Lion et Philippe Auguste sont possesseurs de Déols et de Châteauroux, et y frappent monnaie.

? Eudes II, seigneur d'Issoudun.

1085. Raoul Ier, seigneur d'Issoudun.

*1092. Geoffroi, seigneur d'Issoudun. GOFRIDVS.

1127. Raoul II, seigneur d'Issoudun. RADVLFVS.

*1164 Eudes III, seigneur d'Issoudun. ODO. DNS.

*1168. Gui de Nevers, époux de Mahaut de Bourgogne, veuve d'Eudes II, frappa monnaie pendant la minorité d'Eudes IV. GVIS. COMES.

Eudes V, seigneur d'Issoudun.

1199. Raoul III, seigneur d'Issoudun.

*1212. Mahaut, sœur du précédent, et Guillaume de Chauvigny, seigneur de Déols et de Châteauroux.

*1202. Guillaume Ier de Chauvigny, seigneur de Déols,
Châteauroux et Issoudun. — GVILERMVS.

*1235. Guillaume II, seigneur de Déols, Châteauroux et Issoudun.

*1270. Guillaume III, seigneur de Déols, Châteauroux et Issoudun. — GLM.DE.CHAVIG.

1317. André II, baron de Châteauroux, vicomte de Brosse; son fils André, vicomte de Brosse, mourut en 1356.

1356. Gui Ier, fils d'André II, baron de Châteauroux, vicomte de Brosse.

13... Gui II, comme le précédent.

1422. Gui III, fils   *id.*

1482. François,   *id.*

1490. André de Chauvigny.

SEIGNEURS DE DÉOLS ET CHÂTEAUMEILLANT

1176. Eudes de Déols, deuxième fils d'Ebbes II, sire de Déols, sire de Châteaumeillant.

Raoul de Déols, sire de Châteaumeillant.

Ebbes, frère du précédent, mêmes titres.

Mahaut de Déols et Robin de Bomès.

Marguerite de Bomès et Henri III de Sully.

VIERZON

Vierzon avait été donné par les comtes de Chartres à un seigneur nommé Humbaud. En 1270, Vierzon passa dans la maison de Brabant par le mariage de Jeanne de Vierzon avec Geoffroi de Brabant. Marie de Brabant, l'aînée de leurs filles, eut Vierzon, qu'elle transmit, en 1330, à sa sœur Elisabeth, femme de Gérard VI, comte de Juliers. Vierzon, réuni à la couronne à la fin du xve siècle, a depuis été joint au Berry.

Le type des monnaies de Vierzon est une large fleur de lis que Fillon considère comme ayant été formée par une dégénérescence du type des monnaies de Celles : il le définit *la combinaison ornementée et renversée des lignes servant à indiquer l'oreille, la mâchoire infé-*

rieure, le menton, le ruban du diadème et le col de l'ancien profil adopté par les sires de Celles. Cette origine n'est pas certaine.

Le monnayage ne commença probablement pas avant le XIIe siècle.

Un denier avec ALBA DOMINA, portant au ℞ un écu chargé d'un fleuron, doit être attribué à Blanche de Joigny, veuve de Guillaume, vers 1250, qui l'aurait frappé comme tutrice de son fils Hervé. Le type héraldique du denier serait peut-être un composé maladroit des armoiries de Vierzon et de Joigny (*R. N.*, 1884, 273). On attribue à Guillaume (1302), époux de Marie de Brabant, des deniers avec VILLERMUS et ℞ VIRSIONIS.

SIRES DE VIERZON

970. Humbaud Ier, sire de Vierzon.
     Humbaud II.
1000. Humbaud III le Tortu, sire de Vierzon et de Celles.
1031. Geoffroi Ier, sire de Vierzon et de Celles, puis de Mehun-sur-Yèvre, par son mariage avec Béatrix, fille d'Etienne.
1040. Arnould, sire de Vierzon ; son frère cadet Humbaud eut Mehun et Celles.
1110. Arnould II.
1142. Geoffroi II.
1144. Hervé Ier.
*1164. Guillaume Ier. — GVILLERMVS.
*1197. Hervé II, frère du précédent. — HERVEVS.
*1219. Guillaume II.
1258. Hervé III, frère du précédent.
*1270. Jeanne de Vierzon et Geoffroi de Brabant; sire d'Arschot. — GODEFR.DE.BRABA.
*1362. Marie de Brabant, sœur de Geoffroi. MARIA.DE. BRABAN.
1380. Isabeau de Brabant et Guillaume III, duc de Juliers.

1393. Guillaume IV, duc de Juliers : la terre de Vierzon, confisquée sur ce dernier et donnée à
Jean, duc de Berry, fut vendue par Charles VII, en 1445, à Renaud de Chartres, archevêque de Reims, et passa ensuite, par mariage, dans la maison de Lévis, puis dans
celle d'Amboise. Elle fut réunie à la couronne
à la fin du xvᵉ siècle.

MASSAY

Selon Duby, l'abbaye bénédictine de Massay aurait
frappé monnaie (t. II, 242). Aucune pièce n'est connue.

SEIGNEURS DE DONZY

Nous parlerons maintenant des monnaies des sires de
Donzy, dont le droit de monnayage semble avoir pris naissance dans celui des ducs des Francs.

Les sires de Donzy frappèrent monnaie à Saint-Aignan
et à Gien. Saint-Aignan, fief du Berry, placé sur les limites de la Touraine, avait d'abord été réuni au comté de
Blois par Thibaud le Tricheur : Thibaud II, vers l'an 1000,
le donna à Geoffroi de Donzy, deuxième fils de Geoffroi
de Semur et de Mahaut de Châlon.

SAINT-AIGNAN

Jusqu'à présent les monnaies de Saint-Aignan qui
ont été retrouvées sont toutes anonymes, du xiᵉ au xiiᵉ
siècle, d'après leur fabrique, et portant soit un type ressemblant à une tête grossièrement gravée dans le genre
du type blésois, soit un château tout différent du châtel tournois : cette imitation du type blésois est facile à
comprendre, étant donnée l'origine de la seigneurie.

Les monnaies portent SANCTI AINIANO avec nombreuses
variantes. Le mot CASTRUM accompagne le château qui
remplace la tête blésoise.

GIEN

Quant à Gien, situé en Mirepoix ou en Gâtinais, et qui devait son origine à un château construit par Charlemagne, c'était un fief relevant des évêques d'Auxerre, et qui, dès le xi° siècle, appartenait à Geoffroy de Semur, beau-frère de l'évêque Hugues, qui le transmit à ses descendants les barons de Donzy. En 1197, la terre fut cédée par Hervé IV à Philippe Auguste, moyennant 3,000 marcs d'argent du poids de Troyes.

Les monnaies frappées à Gien sont au type Angevin, avec un monogramme imité de celui de Foulques. Elles portent le nom de Geoffroi (GOSEDVS . COS . ₣GIEMIS . CAS).

DONZY

Le marquis de Lagrange a attribué deux monnaies à Donzy (*R. N.*, 1837, 441). Mais G. de Soultrait rejette cette attribution et Poey d'Avant classe ces monnaies à Châtel-don en Auvergne.

SIRES DE DONZY, GIEN ET SAINT-AIGNAN

1000. Geoffroi, sire de Donzy et de Gien, puis de Saint-Aignan, par donation des comtes de Blois.

1037. Hervé Ier, sire de Donzy, Gien, Cosne et Saint-Aignan.

1055. Geoffroi II.

1112. Hervé II, frère du précédent.

1120. Geoffroi III ; le comte de Blois, Thibaut IV confisqua sur lui la terre de Saint-Aignan, qu'il conserva longtemps.

1160. Hervé III.

1187. Guillaume Gouët.

1191. Philippe.

1194. Hervé IV, frère du précédent, sire de Gien et Saint-Aignan, comte de Nevers.

1222. Agnès de Donzy, dame de Saint-Aignan, et Gui de Châtillon, comte de Saint-Pol.

1226. Gaucher de Châtillon.

1250. Yolande, sœur du précédent, et Archambaud de Bourbon.

1259. Mahaut de Bourbon et Eudes de Bourgogne.

1267. Alix de Bourgogne, troisième fille de Mahaut, eut Saint-Aignan et fut mariée à Jean de Châlon, comte d'Auxerre et de Tonnerre, seigneur de Celles, par sa mère. (Pour la suite, voyez les comtes d'Auxerre et de Tonnerre.)

SUITE DES SEIGNEURS DE SAINT-AIGNAN

1291. Guillaume de Châlon.

1304. Jean II de Châlon.

1346. Jean III.

1379. Louis Ier.

1398. Louis II.

1423. Jean de Husson, neveu du précédent. A la fin du xve siècle la seigneurie de Saint-Aignan passa, par alliance, dans la maison de Beauvilliers, où elle est restée pour passer, par une autre alliance, dans la maison de Chalais-Périgord.

MEHUN-SUR-YÈVRE et CELLES-SUR-CHER

Mehun avait des seigneurs particuliers dès le xe siècle. La seigneurie de Celles avait été donnée, en 970, par Thibaut II, comte de Blois, à Humbaud III, seigneur de Vierzon. La terre passa, au xiie siècle, dans la maison de Courtenay par le mariage de Mahaut avec Robert de Courtenay, et au xiiie siècle dans la maison d'Artois par le mariage d'Amicie de Courtenay avec Robert II, comte d'Artois, neveu de saint Louis.

Ce fief passa ensuite, avec celui de Saint-Aignan, dans la maison de Husson; Louis de Husson, en 1426, le vendit à Louis de La Trémouille : la fille de ce dernier ayant épousé Charles de Husson, seigneur de Saint-Aignan, ces deux terres se trouvèrent de nouveau réunies, puis Celles passa, par alliance, dans la maison de Clermont, et enfin, par vente, dans celle de Béthune, à qui elle appartient aujourd'hui.

Les monnaies de Celles ont été frappées à la fin du XIIᵉ siècle, au type bléso-chartrain : elles paraissent avoir été par la suite communes aux fiefs de Mehun-sur-Yèvre, et de Celles qui furent réunis dans la même main.

On connaît les deniers suivants de Robert d'Artois (1298-1315) : + ROBERTI ATBATES et ℞ DNI DE MAGDUNO Châtel ; + ROBERT D'ARTOI ℞ + MONOIE DE MEU Champ MEU : — MONETA ℞ ROBERTI.

Les deniers portant + ROBERT DE MAU ℞ + SIRES DE CELES sont donnés à l'époux de Mahaut.

SEIGNEURS DE CELLES-SUR-CHER ET DE MEHUN-SUR-YÈVRE.

970. Humbaud Iᵉʳ de Vierzon et de Celles.
985. Humbaud II.
1000. Humbaud III.
1031. Geoffroi Iᵉʳ, seigneur de Vierzon, Celles et Mehun.
1040. Humbaud IV.
1072. Gimon Iᵉʳ.
1102. Humbaud V.
1141. Gimon II.
*1178. Robert Iᵉʳ. ROB' DE CELE, ROBERTVS . DE . CELLIS.
1189. Raoul.
       Philippe, frère du précédent.
1198. Mahaud, épouse de Robert de Courtenai.
1267. Isabeau de Courtenai, épouse de Jean de Châlon.
1267. Jean de Châlon.
1291. Guillaume de Châlon.
1304. Jean de Châlon, seigneur de Celles et de Saint-Aignan.

CHATEAU-MEILLANT

Les seigneurs de Château-Meillant connus depuis le XIᵉ siècle étaient de la maison de la Roche-Guillebaut. Le fief passa ensuite dans la maison de Déols, puis au XIIIᵉ siècle dans la maison de Bomés par le mariage de Mahaut de Déols avec Robin de Bomès. Il entra ensuite dans la maison de Sully par le mariage de Marguerite avec Henri de Sully, en 1282.

En 1315, Marguerite de Bomès, dame de Châteaumeillant, dont on a des monnaies, étant veuve, dès 1285, de Henri III de Sully, qu'elle avait épousé en 1282, était chargée de la tutelle de son fils Henri IV, au nom de qui, probablement, elle exerçait ce droit régalien. Le fief de Châteaumeillant, du reste, avait longtemps appartenu à la maison de Déols.

Le fief passa dans la maison d'Albret par l'union de Marie de Sully avec le connétable Charles d'Albret.

Enfin, en 1456, dans la maison de Nevers par le mariage de Marie d'Albret avec Charles de Bourgogne.

A la fin du XIVᵉ siècle, les seigneuries de Sully, de Châteaumeillant, de Boisbelle et d'Orval qui formaient l'ancienne sirerie de Sully, furent divisées entre plusieurs familles, par suite de mariage. En 1597, Boisbelle fut vendu par Charles de Gonzague à Maximilien de Béthune, marquis de Rosny, qui acheta aussi Sully aux La Trémouille. Maximilien de Béthune fonda à Boisbelle une ville à laquelle il donna le nom d'Henrichemont, en l'honneur de son maître Henri IV.

Boisbelle avait été une terre de franc alleu. Le nouveau fief, Henrichemont, fut également une souveraineté, avec titre de principauté : les Béthune y frappèrent monnaie. Louis XIV leur reconnut ce droit en 1644, et, en 1654, le duc de Sully établissait à la tête de son atelier monétaire deux ouvriers, l'un Lyonnais et l'autre Parisien ; cet atelier était alors composé, comme les ateliers royaux, de deux gardes, d'un procureur, d'un graveur et d'un essayeur ; en 1719, le duc de Sully faisait encore une ordonnance contre les faux monnayeurs.

Les types sont différents sous chaque famille. La famille de Déols a copié les barbarins de Limoges.

Anonymes avec ✠ CHASTELLOMS croix. ℞ ✠ MELHIARES. Tête barbue de face.

Ebbes de Déols frappe des deniers avec : ✠ EBO DE DOLIS croix ℞ MELIANES tête barbue.

De Marguerite de Bomès (1282-1323), on a une obole
avec ╋ M. DAME DE SOULI croix cantonnée d'un s ℞ ╋ MEL.
CASTRO, type blésois dégénéré; et des deniers avec : ╋
MARGARETA DNA Lion ℞ ╋ CASTRI MELLA croix.

Les deniers et oboles autrefois attribués à Château-du-
Loir, ont été restitués à Château-Meillant depuis l'apparition du denier avec CASTRI. MILITUM, échiqueté a un franc
quartier de trois pals ℞ M. DAME DE SOULI. Cette pièce
appartient évidemment. à Marguerite de Bomès, veuve
d'Henri de Sully, qui est nommée dans l'ordonnance de
1315 : *damme de Chastiau Villain, mère au seigneur de
Sully* (*R. N.*, 1867, 139).

M. E. Caron a signalé récemment un denier portant les
légendes DO.SOLIACO ℞ CASTRO.MIL avec les cinq annelets
du type périgourdin Cette pièce appartiendrait à un Henri
de Sully, sire de Château-Meillant (*Annuaire Soc. Num.*,
1887, p. 664).

MAISON DE SULLY

8... Hercenaud de Sully.
8... Herbert.
9... Hercenaud II (mort avant 1064).
109.. Gilon II de Sully, gendre du vicomte de Bourges.
11... Mahaut de Sully et Eudes Arpin, vicomte de Bourges, par son mariage, Mahaut ayant hérité de
son oncle Etienne, vicomte de Bourges.
110.. Agnès de Sully, sœur de la précédente et Guillaume de Champagne, comte de Chartres.
1150. Eudes-Archambaud de Champagne, sire de Sully.
1163. Gilon de Champagne, sire de Sully.
1177. Archambaud II.
1217. Henri Ier.
1252 Henri II, seigneur de Sully, Boisbelle, Orval.
1269. Jean Ier.   *id.*
1281. Henri III, frère du précédent, seigneur de Sully,
Boisbelle, Orval ; il avait épousé, vers 1282,
Marguerite de Bomès, dame de Châteaumeillant.

1285. Henri IV de Sully; sa mère Marguerite tutrice.
1320. Jean II.
1360. Louis.
1381. Marie de Sully, dame d'Orval, Châteaumeillant, Boisbelle, et Gui VI de La Trémouille, puis Charles d'Albret, comte de Dreux.

SEIGNEURS DE SULLY.	SEIGNEURS DE BOISBELLE.
1398. Georges de La Trémouille.	1415. Charles II d'Albret.
1446. Louis, vicomte de Thouars.	1455. Arnaud-Amanieu d'Albret, seigneur d'Orval.
1483. Louis, id.	1463. Jean d'Albret d'Orval.
1515. François, prince de Talmond.	1528. Marie d'Albret et Charles de Clèves, comte de Nevers.
1524. Charles, id.	
1541. Louis, duc de Thouars.	1538. François I de Clèves.
1577. Claude de La Trémouille.	1665. Henriette de Clèves et Louis' de Gonzague-Mantoue.
	1695. Charles de Gonzague, duc de Nivernais.

1597. Maximilien de Béthune, seigneur de Sully par acquisition, prince de Henrichemont et de Boisbelle, marquis de Rosny, etc. Son fils, Maximilien II de Béthune, mourut en 1634, avant lui.
1641. Maximilien III François, duc de Sully, prince d'Henrichemont et de Boisbelle.
1661. Maximilien IV Pierre-François.
1694. Maximilien V Pierre-François-Nicolas.
1712. Maximilien VI Henri, frère du précédent.

SANCERRE

En 1014, le comté se trouva en la possession d'Eudes II de Champagne, par échange avec son frère Roger, évêque de Beauvais, qui reçut la part d'Eudes dans le comté de Beauvais. Ses descendants, comtes de Blois et de Champagne, furent aussi comtes de Sancerre jusqu'à Thibaut le Grand. Le fils de ce dernier, Etienne, eut en 1152, Sancerre en partage. Au xve siècle, le comté passa dans la maison d'Auvergne. Il fut ensuite revendiqué par la maison de Bueil qui l'obtint par arrêt du parlement de Paris et le vendit en 1640 à la famille de Condé.

L'origine du monnayage sancerrois dérive du droit qu'exerçaient les comtes de Blois et de Champagne.

Etienne frappa monnaie à son propre nom : STEPHANVS. COME. ᚱ IVLIVS. CESAR. Le comte adopta pour type une tête couronnée qui était celle de Jules César, que Sancerre reconnaissait pour son fondateur ; derrière on voyait une étoile en souvenir de la comète qui apparut à la mort du dictateur.

La tête, d'abord de profil, puis de face, revint encore de profil, mais couronnée. Après Etienne, les monnaies deviennent anonymes et portent SACRUM CESARIS, DOMINUS CESAR.

Etienne de Sancerre introduisit dans son comté l'imitation des types esterlins à la croix cantonnée de besants.

COMTES DE SANCERRE

1014. Eudes II, comte de Champagne, échange avec son frère Roger, évêque de Beauvais, le comté de Sancerre contre celui de Beauvais.

1037. Etienne II et Thibaut III, comtes de Champagne et de Blois.

1047. Thibaut III, seul.

1089. Hugues Ier et Etienne Ier, comtes de Champagne et de Blois.

1092. Thibaut IV le Grand, comte de Champagne et de Blois.

*1152. Etienne (II de Champagne), comte de Sancerre.

1191. Guillaume,   *id.*

*1218. Louis Ier, comte de Sancerre et de Charenton.

1268. Jean Ier,   *id.*

*1280. Etienne II,   *id.*

1306. Jean II, frère du précédent.

1327. Louis II.

1346. Jean III.

1403. Marguerite de Champagne et Girard de Retz, puis Béraud II d'Auvergne, puis Jacques de Maulevrier, puis Jean Lourdin.

1409. Béraud III d'Auvergne.

1426. Jeanne d'Auvergne et Louis Ier de Bourbon-Montpensier.

1451. Jean IV, sire de Bueil, neveu de Béraud d'Auvergne.

1477. Antoine de Bueil, etc. (V. La Thaumassière, p. 438).

SEIGNEURIE
PUIS COMTE DE CHARENTON

La seigneurie de Charenton, sise en Bourbonnais, appartenait à une branche de la maison de Déols, et comprenait primitivement Bruières, Orval, Epineuil et Meillant : Bruières, Orval et Epineuil passèrent aux Sully en 1250.

La plus ancienne monnaie de Charenton fut frappée par Renaud de Montfaucon, à l'imitation des pièces de Nevers ; il suffit d'examiner cette pièce pour reconnaître que ce seigneur qui, par sa femme, était proche parent de Pierre de Courtenai, comte de Nevers, s'empressa de copier les nouvelles monnaies que le comte avait fait frapper à Nevers.

Renaud frappa encore les deniers suivants : + CIARENTONIS tête de profil. — ℞ R. DOMINUS, croix cantonnée de 4 besants. (Imitation du type de Saint-Maurice de Vienne). + SCI AMANTIS, main bénissante. ℞ R. DNI. D.CHAR, croix (Imitation des estevenants de Besançon).

Renoul (II ou III) de Culent, agissant peut-être comme bailliste, imite la monnaie de la Marche sur le denier portant : RENOS DE CULEN ℞ DNS CARENTON. Dans le champ, I, E, lis et deux croissants. Guillaume de Courtenay place ses armes (d'or à trois tourteaux de gueules, lambel) sur son denier qui porte au ℞ + S. DE CHARANTO. La monnaie de Louis de Sancerre, citée par Duby, n'est pas retrouvée mais celle de Jean (1268-80) au type chartrain, porte

✝ CHARET ℞ ✝ I. C. DE SANSERE. C'est ce dernier mot que Cartier (*R. N.*, 1845, 386) avait lu *Ansile*. D'Etienne III de Sancerre (1280), on a la pièce avec ✝ STE. DE CANCERE ℞ DE CHARENTO, MON et écusson. Un denier avec ✝ R. DOMINUS ℞ ✝ CARENTONIE, grand lis, appartient peut-être à Renaud de Montfaucon (E. Caron, *Op. laud.* p. 398.)

SIRES DE CHARENTON

Ebbes de Déols, sire de la Châtre et Charenton, sixième fils de Raoul II, prince de Déols.
Ebbes II.
Ebbes III, sire de Charenton seulement.
1109. Ebbes IV.
1136. Ebbes V.
1160. Ebbes VI.
1190. Ebbes VII.
*1194. Renaud de Montfaucon (RENAVDVS.DNS), deuxième fils du précédent, épousa en 1194 Isabeau, fille de Robert de Courtenai, seigneur de Champignelles, frère de Pierre, comte de Nevers.
1244. Isabeau de Courtenai, veuve du précédent, et Jean Ier, comte de Châlon et de Bourgogne.
*1255. Guillaume de Courtenai, seigneur de Champignelles, frère de la précédente. — G.DE.CORTENA.
*12... Louis Ier, comte de Sancerre (LVDOVICUS.CNS), par acquisition. Voy. la suite des comtes de Sancerre.

LINIÈRES

Baronnie qui entra dans la maison de Beaujeu, au xv⁰ siècle. Elle aurait également eu le droit de monnayage selon Cathérinot. Mais il s'agit probablement d'une participation aux bénéfices de la monnaie.

PRINCES DE LINIÈRES

Eudes, prince de Linières, Rezé et Thevé.
1072. Séguin, *id.*

1094. Guillaume, sire de Linières.

1113. Jean Ier.

1148. Guillaume II, baron de Linières, etc.

1171. Jean II.   *id.*

1213. Guillaume III.   *id.*

1227. Guillaume IV.   *id.*

1268. Guillaume V.   *id.*

1286. Jean III.   *id.*

133.. Godemar.   *id.*

1340. Jean IV.   *id.*

138.. Jean V.   *id.*

1400. Philippe.   *id.*

1412. Jean VI.   *id.*

143.. Jacqueline, baronne de Linières, et Edouard de Beaujeu.

147.. François de Beaujeu.

1486. Jacques de Beaujeu, frère du précédent.

150.. Philbert de Beaujeu.

154.. Catherine d'Amboise, veuve du précédent, et son mari Louis de Clèves, comte d'Auxerre.

Antoinette d'Amboise, nièce de la précédente, et Antoine de la Rochefoucauld, baron de Barbezieux.

1545. Charles de la Rochefoucauld.

157.. Antoinette de la Rochefoucauld et Antoine de Brichanteau, seigneur de Nangis.

GRAÇAY

Baronnie vendue en 1371, à Jean de France, duc de Berri. Elle aurait eu des monnaies selon Cathérinot. (Duby, t. II, 269).

SEIGNEURS DE GRAÇAY

8... Renaud Ier.

99... Renaud II, prince de Graçay.

100.. Sulpice,   *id.*

. . . .

1108. Renaud III,   *id.*

1125. Etienne Ier, baron de Graçay.

?1145. Renaud IV.

1180. Pierre Ier.

1198. Etienne II.

1222. Pierre II et Étienne III, son fils (mort av. 1248.)

1285. Étienne IV, fils d'Étienne III.

130.. Pierre III.

133.. Renaud V.

136.. Renaud VI vend, en 1370, la baronnie de Graçay à Jean de France, duc de Berry.

COMTÉ DE NIVERNAIS

Ce fief, après avoir fait partie de l'ancien royaume d'Aquitaine, passa, à la fin du IXe siècle, en la possession des ducs de Bourgogne qui le faisaient administrer par des comtes relevant d'eux : c'est ainsi que l'on voit le comte Rathier gouverner le Nivernais sous la suzeraineté de Richard le Justicier. A Nevers, comme à Auxerre et à Chalon-sur-Saône, il est probable que le monnayage féodal débuta avec le type carlovingien, grâce à l'influence des ducs de Bourgogne, vers le milieu du Xe siècle : nous voyons ensuite un grand changement s'opérer et les monnaies de Nevers porter le nom d'un roi Louis. M. de Barthélemy pensait que ce nom est celui de Louis d'Outre-Mer, et qu'il n'est pas impossible d'expliquer ce changement.

A la fin du Xe siècle, vers 987, le Nivernais passa au pouvoir d'Otte-Guillaume, fils du premier lit de Gerberge et de Henri le Grand, duc de Bourgogne. Otte-Guillaume fit la guerre à Robert, roi de France, à cause du duché de Bourgogne auquel il prétendait; il échoua et ne conserva que le comté de Bourgogne et le Nivernais : c'est à lui que M. de Barthélemy attribue le changement de type précité : il abandonna l'ancien type carlovingien adopté par les ducs des Francs pour prendre celui de Louis d'Outre-Mer, qui était en faveur en Aquitaine.

On peut donc classer ainsi les monnaies nivernaises les plus anciennes :

De 888 à 1001 : imitation des monnaies carlovingiennes.

De 1001 à 1161 : imitation des monnaies de Louis d'Outre-Mer.

En 1188, Pierre de Courtenay fit probablement une grande réforme dans sa monnaie. Comme le premier comte dont on lit le nom sur les monnaies nivernaises est un Guillaume, ʘVILLEM, M. de Barthélemy est amené à en conclure que ces pièces furent muettes jusqu'à Guillaume IV. La réforme fut poursuivie par Pierre de Courtenay, ainsi que par ses deux gendres, Henri de Donzy et Gui de Forez, ses successeurs.

Dans le mot REX, le R devient le croissant d'une faucille, l'E un I ou jambage devant lequel se trouve trois points ; l'x est changé en une croisette.

En joignant l'I au croissant, la faucille était complète.

Les anonymes portent NEVERNIS CIUT avec variantes et LUDOVICUS.

Sous Guillaume, Pierre, Hervé et Gui, la faucille persiste, mais elle disparaît sous Mahaut II dont le type est une fasce accompagnée en chef d'une fleur de lis et en pointe de deux étoiles. Eudes frappe avec les armes de Bourgogne ancien, brisées d'une bordure engrêlée.

Jean Tristan adopte deux lis appointés et deux étoiles, type dérivé probablement de celui de Mahaut. Robert qui continue encore le type de Jean, prend aussi l'écusson de Flandre brisé d'un lambel à quatre pendants, qui est adopté par Louis de Flandre.

Le monnayage de Nevers s'arrêta évidemment dans le courant du XIVᵉ siècle, époque à laquelle la maison de Bourgogne, qui possédait ce fief par le mariage de Marguerite de Flandre avec le duc Philippe le Hardi, fit courir en Nivernais les monnaies bourguignonnes (*V. doc.* nᵒ 3).

COMTES PUIS DUCS DE NEVERS

888. Richard le Justicier, duc de Bourgogne.
918. Séguin.

943. Hugues le Blanc, duc de Bourgogne et des Francs.

956. Otton, duc de Bourgogne.

965. Henri le Grand, duc de Bourgogne.

987. Otte-Guillaume, comte de Bourgogne et Nevers, beau-fils de Henri-le-Grand.

992. Mathilde, fille du précédent, comtesse de Nevers, et Landry, seigneur de Maers et Monceaux : ce dernier s'empara de l'Auxerrois en 1015.

1028. Renaud Ier, comte d'Auxerre et Nevers.

1040. Guillaume Ier.

1076. Renaud II, comte de Nevers seulement.

1089. Guillaume II, fils du précédent, comte d'Auxerre en 1095.

1147. Guillaume III.

*1161. Guillaume IV (COMES.GNIIELM ou GVIIEMO), comte d'Auxerre, Nevers et Tonnerre.

*1168. Gui, frère du précédent. COMES.GVIDONIS.

1175. Guillaume V.

*1181. Agnès de Nevers et Pierre de Courtenay. — COMES.PETRVS.

1192. Mahaut de Courtenay, avec

*1199. Hervé de Donzy. (COMES.ERVEVS) ; — puis avec

*1226. Gui de Forez. — GVIDO.COMES.

*1257. Mahaut II de Bourbon (M. COMITISSA), petite-fille de la précédente, et Eudes de Bourgogne (ODO-COMES).

*1166. Yolande de Bourgogne, comtesse de Nevers, (I. COMITISSA), et Jean Tristan de France, comte de Valois. (I.F.REGIS.FRANCIE) ; — puis avec

*1271. Robert de Dampierre. ROBERTVS.COMES.

*1296. Louis Ier de Flandre. LVDOVICVS.COMES.

1322. Louis II de Flandre.

1346. Louis III de Mâle.

1384. Marguerite de Flandre et Philippe le Hardi, duc de Bourgogne.

1404. Philippe de Bourgogne, comte de Nevers, Rethel, baron de Donzy, duc de Brabant et de Limbourg.

1415. Charles de Bourgogne ; il fut d'abord sous la tutelle de sa mère, Renne d'Artois.

1464. Jean de Bourgogne, frère du précédent, comte de Nevers, Rethel, Etampes et Eu.

1491. Engilbert de Clèves, déjà comte d'Auxerre. Il était petit-fils du précédent : sa mère, Elisabeth de Bourgogne, fille de Jean, avait épousé, en 1455, Jean, duc de Clèves.

1506. Charles Ier de Clèves.

1521. François Ier de Clèves, premier duc de Nevers.

1562. François II.

1563. Jacques, frère du précédent.

1564. Henriette de Clèves, sœur des précédents, mariée à Louis de Gonzague-Mantoue.

1601. Charles II de Gonzague-Mantoue.

1637. Charles III de Gonzague, petit-fils du précédent, vendit, en 1659, tous ses domaines de France au cardinal Mazarin.

BROSSE-HURIEL

Huriel est situé en Bourbonnais, mais a fait longtemps partie des domaines de la maison de Brosse. Mais, plus tard, le fief fut partagé entre deux branches.

En même temps qu'André de Chauvigny faisait frapper monnaie à Brosse, Pierre Ier et Pierre II en faisaient autant à Huriel, après s'être fait maintenir dans ce privilège par le règlement de 1315. Il est peu probable que les ancêtres de Pierre de Brosse, seigneur d'Huriel, aient eu ce droit précédemment, mais le représentant de la branche cadette de la maison de Brosse prétendit avoir les mêmes privilèges que les Chauvigny, qui représentaient la branche aînée : comme eux, ils copièrent les types des monnaies de Chartres.

Hugues Ier, seigneur de Brosse et d'Huriel, fils de Bernard IV, qui lui-même descendait des vicomtes de Limoges, eut deux fils : l'un, Hugues II, fut seigneur de Brosse, et sa petite-fille, Jeanne, épousa, comme nous l'avons vu, André II de Chauvigny, baron de Châteauroux; l'autre fils de Hugues Ier, Roger, transmit à ses descendants les seigneuries d'Huriel, Boussac et Sainte-Sévère, qui, par un mariage, vinrent encore augmenter les domaines de la maison de Chauvigny.

On possède un denier avec + HUNBAUDUS ℞ + DE URIACO qui doit appartenir à un certain Humbaud d'Huriel, mort au commencement du XIIIe siècle.

Pierre Ier de Brosse a frappé avec les légendes PETRUS BRUCIE ℞ DNS HUR ou DOMINU HURCE et le type chinonais ou une gerbe.

André de Chauvigny (1317) copia soit les monnaies au type chartrain, soit les monnaies aux armes de Dreux, frappées en Bretagne et à Limoges. On a des deniers et oboles avec + AND. D. CHAUVIGNI, écusson à ses armes, ℞ + VICECOMES BRUCIE, croix cantonnée d'une N. + ANDREAS. VISCE ℞ + DOMES BRUCIE, écu à une gerbe. (Duby, pl. 71). Un denier d'André portant dans le champ les armes de Dreux au franc quartier d'hermines, est une imitation de la monnaie de Jean III de Bretagne, vicomte de Limoges (*R. N.*, 1883, 204).

SAINTE-SÉVÈRE

Sainte-Sévère était un fief de la maison de Brosse. On a un denier d'Hugues Ier (1256) avec + VGO.VICECOMES, croix ancrée ℞ SANCTA.SEVERA, croix.

SEIGNEURS DE BROSSE

Bernard Ier, seigneur de Brosse, issu de Bernard, vicomte de Limoges.

1136. Giraud.
1167. Bernard II.
1175. Bernard III.
Bernard IV.
1256. Hugues Ier.
Hugues II, vicomte de Brosse.

Jean.
*Jeanne et André de Chauvigny.
Roger, seigneur d'Huriel.
1287. Pierre Ier.
1305. Pierre II.
Louis, frère du précédent.
1356. Guy de Chauvigny, vicomte de Brosse.

(Voyez page 248.)

LA FERTÉ-CHAUDERON

La Ferté-Chauderon (*Firmitas Calderonis*) est la première des quatre principales baronnies du Nivernais. Elle appartint aux Chauderon, puis aux familles de Chatel-Perron, dauphins de Jaligny, de Bourbon-Classy, de Montaigu, de Vienne, de la Chambre, Cochet et Andrault de Langeron, dont elle prit le nom qu'elle conserva depuis.

Duby a parlé du droit de battre monnaie que possédait les barons de Chauderon (II, 274). M. de Soultrait a retrouvé dans l'*Inventaire manuscrit des titres de Nevers*, par l'abbé de Maroles, des extraits qui mentionnent le droit de monnaie de la Ferté-Chauderon, confirmé en 1317. par Louis, comte de Nevers. En 1322, dans un aveu rendu au comte de Nevers par Ysabeau de Chatelle-Perron, dame de la Ferté, le droit de battre monnaie en la baronnie de la Ferté-Chauderon est encore mentionné. Aucun spécimen de ce monnayage ne nous est parvenu.

SOUVIGNY

Le prieuré de Souvigny, fondé en 926, fut placé à cette époque sous la dépendance de l'abbaye de Cluny, par Aimar, sire de Bourbon. Il fut d'abord régi par des doyens, puis par des prieurs. (*V. doc*, n° 4).

Une charte, datée de 994, paraissait établir que Hugues Capet, guéri après un pèlerinage à saint Mayeul, le plus célèbre des prieurs de Souvigny, avait accordé à l'abbé de Cluny, pour le prieuré de Souvigny, le droit de battre monnaie à l'effigie de saint Mayeul. Cette monnaie devait avoir cours dans les domaines du sire de Bourbon. Mais MM. Chazaud et A. de Barthélemy ont démontré que ce document avait été inventé au XVIIe siècle (*R. N.*, 1868, 357).

Le plus ancien acte qui parle des monnaies de Souvigny émane de l'archevêque Aldebert de Bourges (1095-98). Du reste, M. de Barthélemy, par l'étude des monnaies, avait déjà établi que le monnayage ne commença probablement qu'au xie siècle. On y vit toujours la tête du saint, d'abord de face, avec une crosse à droite ou à gauche, et, plus tard, la tête de profil, à droite ou à gauche (*R. N.*, 1845, p. 365 et seq.).

Les sires de Bourbon, qui n'avaient pas à l'origine de droit monétaire, empiétèrent au xiie siècle sur les droits des prieurs en battant monnaie. Pour mettre fin à des démêlés incessants, Gui de Dampierre et le prieur Hugues convinrent, en 1213, de monnayer à frais communs dans l'atelier de Souvigny.

Archambaud IX et Archambaud X, en 1242, agirent de même. Eudes de Nevers, qui leur succéda, ouvrit un atelier à Montluçon. Jean de Bourgogne, qui avait épousé Agnès, renouvela en 1263, l'accord avec les prieurs de Souvigny ; mais il frappa cependant à son nom seul comme sire de Bourbon. En 1268, Agnès eut avec les prieurs des démêlés qui se terminèrent par un accord avec le prieur Yves de Vergy, dans lequel elle se réservait pour elle et ses successeurs un droit perpétuel dans l'association (16 janvier 1272 ; *R. N.*, 1884, 446). Aucune contestation ne s'éleva plus à partir de ce moment.

En 1320, Philippe le Long racheta le droit de monnayage de Souvigny, moyennant 15,000 bons petits tournois, somme qui pourrait représenter aujourd'hui 240,000 fr.

Les légendes sont : SCS.MAIOLUS ℞ SILVINIACO. Pour les monnaies communes aux prieurs et aux sires de Bourbon, on trouve des deniers aux types suivants : BORBONENSIS, buste de saint Mayeul, ℞ LUDOVICUS REX, et d'autres avec SCS MAIOLUS, ℞ R. DNS.BORBON. Ces derniers appartiennent à Robert de Clermont qui, en 1272, avait épousé Beatrix, fille d'Agnès, et qui, par la mort de cette dernière, devint duc de Bourbon, en 1283.

BOURBON

Le Bourbonnais avait été formé par Charles le Simple, en faveur d'Aymar, de terres situées dans le Berry, le Nivernais, l'Autunois et l'Auvergne et peut être considéré comme ayant fait partie de l'ancien duché ou marquisat de Bourgogne. On vient de voir que les sires de Bourbon avaient empiété sur les droits monétaires des seigneurs de Souvigny.

Les premières émissions remontent au XIII⁰ siècle. Les types sont d'abord une tête et une main bénissante avec les légendes LODVICUS.REX et BORBONENSIS. Ensuite on imita les pièces anonymes de Nevers. On possède un denier de Jean (1262-68) avec I.DNS.BORBONIE ℞ LODOICUS REX qui présente la faucille.

M. Caron est disposé à attribuer à Archambaud IX et Archambaud X les deniers autype de saint Mayeul dont la croix est cantonnée des lettres D.B (*Dominus Borbonie*). Il donne à cette même période le denier de billon noir, considéré comme faux par Poey d'Avant, qui porte LODOCUS RX BORBO ℞ + EMRICUS DE BRAN ; Dans le champ, CIE entre deux croissants. Ce denier, qui est une imitation de ceux de la Marche, est connu aujourd'hui à trois exemplaires. Son authenticité n'est plus niable, mais son attribution reste toujours à trouver (E. Caron, *Op. laud.*, p. 400).

A de Longpérier avait publié dans le *Catalogue Dassy* (1840, 16), une obole portant MEAT, ℞ + BORBONENSIS, château avec deux tourelles ; au dessus, o ; au dessous, B. M. Caron pense que cette pièce est de Mahaut II, comtesse de Nevers, qui était suzeraine de Bourbon-Lancy par son mari, Eudes de Bourgogne dont les initiales se retrouveraient sur la pièce, O.B (*Odo Burgundi*). D'autres oboles avec + IO : D : CAST : VILLANO et le même ℞ appartiennent peut-être à Jean de Châteauvillain, sire de Bourbon au commencement du XIV⁰ siècle (*R. N.*, 1887, 402).

MONTLUÇON

En 1202, Philippe-Auguste donna la ville de Montluçon à Gui de Dampierre, époux de Mahaut, héritière des sires de Bourbon. Gui frappa monnaie en imitant le type de Gien, vraisemblablement pour des raisons commerciales.

Les monnaies dé Gui furent frappées jusqu'en 1214, date à laquelle il fit une convention avec le prieur de Souvigny. Elles portent les légendes + GUIDONIS, croix cantonnée de deux clous ℞ + MONLUCON, type angevin.

L'atelier de Montluçon fut rouvert par Eudes (1249-1269) qui frappa des deniers avec le titre ODO. DOMINUS ℞ MONLUCONIS qui portent une fasce avec trois coquilles, type imité des deniers que Mahaut, épouse d'Eudes, faisait frapper à Nevers et qui portaient une fasce accompagnée de deux étoiles et d'un lis.

Les coquilles figurent dans les armes des sires de Bourbon et on les trouve également à côté du buste de Saint-Mayeul et de la croix qui figurent sur les monnaies de Souvigny.

SIRES, BARONS, PUIS DUCS DE BOURBON.

- 916. Aimar, sire de Bourbon.
- 944. Aimon Ier fils d'Aimar.
- 980. Archambaud Ier.
- 1034. Archambaut II.
- 1078. Archambaud III.
- 1104. Archambaud IV.
- 1105. Aimon II, frère d'Archambaud III.
- 1116. Archambaud V, fils d'Aimon II.
- 1171. Mahaut Ier de Bourbon et Gautier de Vienne, puis Gui II de Dampierre.
- 1215. Archambaud VI de Dampierre, sire de Bourbon.
- 1242. Archambaud VII.
- 1249. Mahaut II de Dampierre et Eudes de Bourgogne.
- 1262. Agnès, sœur de la précédente, et Jean de Bourgogne.
- 1287. Béatrix de Bourgogne et Robert de France, comte de Clermont.
- 1310. Louis Ier de France, premier duc de Bourbon.
- 1342. Pierre Ier.
- 1356. Louis II.
- 1410. Jean Ier.
- 1434. Charles Ier.
- 1456. Jean II.

1488. Pierre II, fils de Charles Iᵉʳ.

1505. Susanne de France et Charles II de Bourbon.

1527. Réunion à la couronne par confiscation.

1651. Louis XIV donne le duché de Bourbon à Louis II, prince de Condé, en échange du duché d'Albret et d'autres domaines.

AUVERGNE

En 928, l'Auvergne entra dans la maison de Poitiers qui la garda jusqu'au moment où Philippe-Auguste s'en empara.

Saint Louis en donna à son frère Alphonse une partie qui revint à la couronne en 1272. En 1421, le comté d'Auvergne passa à la maison de la Tour qui le garda jusqu'en 1524. A cette époque, Jeanne donna par testament son héritage à Catherine de Médicis et le comté fut définitivement réuni à la couronne sous Louis XIII.

Les comtes d'Auvergne paraissent avoir joui de très bonne heure du droit de frapper monnaie. Le monnayage fut établi par Guillaume III, premier comte héréditaire d'Auvergne et duc d'Aquitaine, ou par Guillaume Taillefer, comte d'Auvergne et de Toulouse ; mais ces premières monnaies comtales furent probablement des copies des anciennes pièces carolingiennes.

On connaît une charte du comte Guillaume, datée de 1044, par laquelle, avec le consentement de sa femme et de ses enfants, il donnait à l'église cathédrale de Clermont sa monnaie et ses monnayers, (V. *Doc.*, nº 5). Le privilège devint ensuite commun aux évêques et au chapitre. Ce changement arriva au xɪɪᵉ siècle et est probablement marqué sur les m. par l'apparition de la tête de face de la Vierge.

Les deniers, en 1315, devaient être à 3 deniers 16 grains de loi, argent le roi, et de 19 sous de poids au marc de Paris. Les mailles devaient être à 3 deniers de loi, argent le roi, et de 14 sous 9 deniers mailles doubles de poids, de sorte que 13 deniers valaient 12 petits tournois. Jus-

qu'en 1360, l'évêque, en prenant possession du siège épiscopal, jurait de ne rien changer à la monnaie sans le consentement du chapitre. En 1290, le roi Philippe le Bel
ayant établi un atelier monétaire à Montferrant, l'évêque
Aimar du Cros voulut s'y opposer : mais le roi passa outre,
en disant que, pour *la nécessité de ses affaires*, l'atelier
royal serait maintenu.

Les lég. sont : ARVERNA, champ : URBS. ℞ SCA. MARIA
croix; puis URBS.ARVERNA ℞ S OU SCA.MARIA, tête de
la Vierge.

SAINT-ANDRÉ DE CLERMONT

Un titre montre que cette abbaye avait droit à une
redevance de la m. de Clermont, en 1271, (Duby, t. II, 245).

COMTES DU VELAY ET VICOMTES DE POLIGNAC

Selon Duby ces seigneurs auraient frappé monnaie. La
charte de Raoul, de 924, pour le Puy, permet de croire
que les comtes du Velay possédaient alors le droit de fabrication. Mais, comme le dit Fillon, leurs monnaies devaient être à un type carolingien immobilisé.

BRASSAC

Poey d'Avant attribue à cette ville du Puy-de-Dôme une
obole de Pierre de Brosse avec : PETRUS DE BROCIA ℞
BRASAU, tête de la Vierge de face, à cause du type qui est
celui des évêques de Clermont; mais ce Pierre de Brosse
est inconnu.

RIOM

La partie de l'Auvergne donnée par saint Louis à son
frère Alphonse avait Riom pour capitale. Alphonse y frappa
des deniers au châtel tournois, imité des monnaies royales.
Le nom d'abord en idiome vulgaire, ANFOURS, paraît ensuite en latin, ALFUNSUS, toujours accompagné du titre
comes. La légende du ℞ est RIOMENSIS OU DE RIOMENSIS.

CHATELDON

Poey d'Avant classe à cette ville les deniers suivants :
LVDOVICVS. VIVIT. Monogramme d'Erbert du Mans ℞ CAS-
TELLVM.DON, croix avec A et ω. — PHILIPPVS.REX, même
type ℞ le même. Ces pièces avaient été attribuées autrefois à Hervé de Donzy (Mis de la Grange, *R. N.*, 1837, 441).

BRIOUDE

Aucun document ne parle de l'atelier de Brioude, dont
les monnaies sont cependant assez nombreuses.

Le nom de Guillaume qui figure sur les deniers de
Brioude a été immobilisé aux Xe et XIe siècles. Légendes :
VLELMO.COMS ℞ BRIVITES OU BITIRITES.

M. Chassaing a pensé que les pièces à la légende VIC-
TORIACO auraient été battues par les comtes d'Auvergne,
avant la fin de la dynastie carolingienne. Poey d'Avant y
reconnaissait un nom de lieu que M. de Gourgues iden-
tifiait avec VICTORIACUM CASTRUM, ancien nom de Vieille-
Brioude (*R. N.*, 1838,432 et 1850,198).

LE PUY

L'évêché du Velay fut transféré, au Ve siècle, sur le
mont Anis (*Podium Aniciense*). La nouvelle cité fut
d'abord nommée *Anicium*.

Adalard, 28e évêque du Puy (919-925), reçut du roi
Raoul, avec le consentement de Guillaume II, duc d'Aquitaine, le bourg contigu à l'église du Puy et le droit de
battre monnaie. La charte de concession, du 8 avril 924,
fut confirmée par le roi Lothaire, le 8 mars 955 (*V. doc.* 6).

A la fin du XIe siècle, les vicomtes de Polignac se dé-
sistèrent en faveur d'Adhémar, évêque du Puy (1087-1102)
de tous les droits qu'ils avaient usurpés pendant le voyage
de l'évêque en Terre sainte, pour 25,000 sols, monnaie du
pays. (*Hist. Languedoc*, p. 275, *Preuves*, p. 8.)

En 1134, le roi Louis confirma le droit de battre monnaie à Humbert, évêque du Puy. En 1171, Pons, vicomte

de Polignac, et son fils Hercule remettent à l'évêque Pierre III un prétendu droit sur la monnaie de la ville, à l'instigation du roi Louis le Jeune, qui avait donné le comté de Velay à l'évêque, après l'avoir confisqué sur Guillaume VII, comte d'Auvergne. Cependant, en 1173, l'évêque Pierre consentait à céder la moitié des émoluments au vicomte Pons.

Un successeur de ce dernier, Pons V, partant pour la croisade en 1248, vendit au chapitre, pour 20,000 sols viennois, ses droits qui consistaient en cinq deniers par livre d'espèces.

Le monnayage durait encore sous Philippe IV, qui écrivit à l'évêque du Puy au sujet de la réforme des monnaies. Il cessa au commencement du XIVᵉ siècle. Le type de la monnaie du Puy a toujours été une dégénérescence du chrisme, une croix à 4 et 6 branches aux extrémités d'abord carrées, puis arrondies. La croix devient ensuite la rosace à plusieurs folioles que l'on retrouve à Gap et à Saint-Paul-Trois-Châteaux. Les légendes sont : MONETA ⲒꞶ SCE MARIAE puis BEATE MARIE Ꞷ PODIENSIS. L'attribution à Manosque de la pièce avec SCE.MANVE semble définitivement acquise (Voy. *Manosque*).

Enfin, il faut citer les intéressantes pièces avec POIES PUEI, rosace, et POIES Ꞷ DEL PUEI, rosace.

M. Aymar (*R. N.*, 1855, p. 311) a interprété ces mots par *monede del Puey* et par une contraction de *Podiensis*. Le premier mot *poies* est le nom de la *pougeoise*, monnaie dont l'usage a été répandu à une certaine époque et qui valait la moitié de l'obole. Une pièce de ce genre frappée à Acre porte le terme PVGES (Voy. *Atlas*, fig. 586). Il existe également des pougeoises d'Alphonse de Poitiers et de différentes villes.

COMTES ET DAUPHINS D'AUVERGNE

819. Warin.
839. Gérard, gendre de Pépin, roi d'Aquitaine.
841. Guillaume Iᵉʳ, père du précédent.
846. Bernard Iᵉʳ.

858. Guillaume II.

862. Etienne.

864. Bernard Plantevelue.

886. Guillaume III, premier comte héréditaire d'Auvergne, marquis de Gothie, comte de Velay, duc d'Aquitaine.

918. Guillaume IV le Jeune, fils d'Acfred, comte de Carcassonne.

926. Acfred, frère du précédent.

928. Ebles, comte de Poitiers.

932. Raymond-Pons, comte de Toulouse.

951. Guillaume Tête-d'Etoupe, comte de Poitiers.

963. Guillaume III Taillefer, comte de Toulouse, et Pons son fils.

979. Gui, fils de Robert II, vicomte d'Auvergne.

989. Guillaume IV, frère du précédent.

1016. Robert Ier.

1032. Guillaume V.

1060. Robert II.

1096. Guillaume VI.

1136. Robert III (1).

1145. Guillaume le Jeune, premier dauphin d'Auvergne.

1169. Robert, dauphin, comte de Clermont.

1234. Guillaume, *id.*

1240. Robert II, *id.*

1262. Robert III, *id.*

1282. Robert IV, *id.*

1324. Jean Dauphinet, *id.*

1351. Béraud Ier, *id.*

1356. Béraud II, dit le comte Camus.

1155. Guillaume VIII, le Vieux, comte d'Auvergne.

1182. Robert IV.

1194. Guillaume IX.

1195. Gui II, frère du précédent.

1224. Guillaume X.

1247. Robert V, comte d'Auvergne et de Boulogne.

1277. Guillaume XI.

1279. Robert VI, frère du précédent.

(1) Robert III eut de Marquise d'Albon un fils, Guillaume VII, qui se vit enlever presque tout son héritage par son oncle Guillaume VIII. Guillaume VII, à l'exemple de son aïeul Guigues d'Albon, qui prit le premier le titre de dauphin de Viennois, se fit désigner sous le nom de dauphin d'Auvergne; la petite portion de l'héritage paternel qu'il transmit à ses descendants fut toujours désignée sous la dénomination de Dauphiné d'Auvergne.

1400. Béraud III, comte de
   Clermont et de San-
   cerre, dauphin.
1426. Jeanne et Louis de
   Bourbon, comte de
   Montpensier.
1436. Le même Louis de
   Bourbon.
1486. Gilbert de Bourbon.
1496. Louis II de Bourbon.
1501. Charles, duc de Bourbon, frère du précé-
   dent.
1527. Le roi de France.
1582. François de Bourbon,
   fils de Louis II.
1602. Henri de Bourbon.
1608. Marie de Bourbon-
   Montpensier et Jean-
   Baptiste-Gaston, duc
   d'Orléans.
1617. Anne - Marie - Louise
   d'Orléans, Mlle de
   Montpensier.

1314. Robert VII le Grand.
1326. Guillaume XII.
1332. Jeanne et Philippe de
   Bourgogne.
1360. Philippe de Rouvre, duc
   de Bourgogne.
1361. Jean Ier, grand-oncle
   du précédent.
1386 Jean II.
1394. Jeanne II et Jean, duc
   de Berry.
1422. Marie de Boulogne et
   Bertrand, seigneur
   de la Tour.
1437. Bertrand Ier de la Tour
1461. Bertrand II.
1494. Jean III.
1501. Anne et Jean Stuart,
   duc d'Albanie.
1524. Catherine de Médicis,
   femme de Henri II,
   roi de France.
1589. Charles de Valois.
1606. Marguerite de Valois.
   Louis, dauphin de
   France, depuis
   Louis XIII.

LIMOGES

Foucher fut le premier vicomte, en 887. La vicomté
fut réunie à la couronne en 1370 et séparée en 1371. Elle
vint dans la maison d'Albret en 1470, et fut réunie au
domaine royal par l'avènement de Henri IV.

Le type d'Eudes fut d'abord immobilisé. On voit paraître les barbarins au commencement du XIIe siècle jusqu'à la fin du XIIIe C'est à cette dernière date que les
vicomtes commencèrent à monnayer et firent concurrence
à l'abbaye : Gui V (1199-1230) fit frapper des barbarins
dans son château d'Aixe : Eodem anno (1211) Guido vicecomes Lemovicensis, novos barbarinos fecit apud Axiam »
(*Chron. S. Mart.*, an. 1212) Gui VI adopta un nouveau
type qui, repoussé par le peuple habitué aux barbarins,
fut bientôt remplacé par ces derniers : « Burgenses castri

Lemovicensis fecerunt pactum cum Margareta filia ducis Burgundie relicta vicecomitis Lemovicensis, ut moneta que vocatur *Lemona* (alias *Lemocia*), ubi erat nomen vicecomitis, omnino cassaretur, licet esset legalis. » (Ap. *Chron. S. Steph.*, ad. ann. 1263).

La rivalité dura jusqu'au moment où la maison de Bretagne prit possession de la vicomté de Limoges. Un acte de Philippe le Hardi défend aux consuls, communes, hommes, bourgeois et leurs successeurs de rien prétendre dans la partie de la monnaie qu'ils avaient réclamée, attendu que cette monnaie appartient à Marie, vicomtesse de Limoges ou à son mari (1276). A partir de ce moment les types deviennent plus variés. Ce sont d'abord des combinaisons de pièces de blason, puis ensuite des imitations de monnaies royales et bretonnes. Ainsi, à l'avènement de la maison de Bretagne en Limousin, les monnaies portèrent les armoiries de Dreux, modifiées suivant les diverses alliances des comtes de Limoges : on y voit figurer successivement le château de Castille, les bandes de Bourgogne, la croix de Savoie, combinés avec les hermines de Bretagne et l'échiqueté de Dreux.

Il y a des anonymes avec : VICECOMES, croix ℞ LEMOVICENSIS, champ : S. M. (type imité de Vienne). A signaler le denier avec le nom de Jean où Isabelle de Castille a mis sur le champ échiqueté de Dreux un franc-quartier à ses armes.

Le piéfort de Jean III, avec TURONUS LEMOVIC et châtel, paraît ne pas avoir servi de modèle à des monnaies au même type.

Charles de Blois frappa, comme vicomte de Limoges, des monnaies qui étaient des imitations de pièces royales : le gros tournois, le denier tournois, le double à la couronne et le gros à la fleur de lis sans nombre. Malgré la défense de battre monnaie qui lui fut faite, en 1359, par Charles, lieutenant général du royaume, Charles de Blois n'en continua pas moins sa fabrication (*Arch. Basses-Pyrénées*, E., 626).

L'atelier de Limoges fut ensuite abandonné au roi d'Angleterre par le traité de Bretigny (1360).

En 1365, l'atelier de Limoges, avec Michel Bize comme
maître, monnaya, pour le Prince Noir, des demi-gros
guienois d'argent ayant cours pour 10 petits guienois, des
petits esterlings guienois d'argent ayant cours pour 5 deniers petits guienois et des petits guienois noirs ayant
cours pour 1 denier petit guienois (*Arch. Basses-Pyrénées*, E, 628).

ABBAYE DE SAINT-MARTIAL

On a pensé que l'abbaye avait eu le droit de battre
monnaie dès la fin du xᵉ siècle et qu'elle conserva le type
du roi Eudes jusqu'au commencement du xııᵉ siècle : à cette
époque commença la fabrication des barbarins, jusqu'à la
fin du xıııᵉ siècle ; c'est à ce moment que le monnayage de
l'abbaye fut dénitivement remplacé par celui des vicomtes,
seul reconnu dans le règlement de 1315.

En 1307, le vicomte Jean III de Bretagne fit hommage
à Gaillard de Miraumont, abbé de Saint-Martial, pour le
château, la châtellenie et la monnaie qu'il tenait de l'abbaye.

Les véritables espèces de l'abbaye sont les *barbarins*
qui furent copiés servilement au xıııᵉ siècle par les vicomtes de Limoges. Le type ordinaire est : scs marcial
tête barbue de face ℞ lemovicensis, croix.

VICOMTES DE LIMOGES

8... Aldebert.
91.. Hildegaire.
948. Foucher.
.... Aimar.
963. Géraud.
1000. Gui Iᵉʳ.
1025. Aimar II.
1036. Gui II.
1052. Aimar III, frère du précédent.
1090. Aimar IV, le Barbu et Gui III, son fils.

16

1139. Aimar V et Gui IV de Comborn, petit-fils d'Aimar III.

1148. Aimar VI dit Boson, fils d'Aimar V.

1199. Gui V.

1230. Gui VI.

*1263. Marie et *Arthur de Bretagne. ARTVRI. VICE. C.

*1301. Jean, depuis duc de Bretagne sous le nom de Jean III. IHES.VICECOMES.

*1314. Gui VII, frère du précédent. GVIDO. VICECOM.

*1317. Isabelle de Castille, femme de Jean III duc de Bretagne. — I. DVX. BRITANIE.

?1329. Jeanne de Savoie, deuxième femme de Jean III de Bretagne. IHA. DVCTI. BRIT.

*1338. Jean III, duc de Bretagne. I. DVX.

*1341. Jeanne de Penthièvre, fille de Gui VII, épouse de *Charles de Blois (KO ou K.DVX, etc.), et Jean de Montfort.

1384. Jean de Blois-Penthièvre, fils de la précédente.

1404. Olivier de Blois-Penthièvre.

1433. Jean de Blois-l'Aigle, frère du précédent.

1454. Guillaume de Blois, frère du précédent.

1455. Françoise de Blois et Alain d'Albret. Après la mort de ce dernier, arrivée en 1522, la vicomté de Limoges passa à son petit-fils Henri, roi de Navarre.

TURENNE

Louis d'Outre-Mer, avec le consentement du comte de Poitiers, suzerain du Limousin, érigea Turenne en une vicomté qui fut donnée à Bernard dont la descendance la garda jusqu'en 1304. Elle passa alors dans la maison de Comminges, dans celle de Beaufort (1350), puis dans celle de la Tour (1345). Charles-Godefroi, duc de Bouillon, la vendit à Louis XV, en 1738.

Les vicomtes de Turenne frappèrent monnaie dès le XIe siècle, puisque les ducs de Guienne s'obligèrent à donner cours à leurs monnaies dans les diocèses de Cahors;

de Limoges et de Périgueux ; ils furent confirmés dans ce droit par la reine Blanche, en 1251 ; par Philippe le Hardi, en 1280 ; par le roi Jean, en 1351 ; et, en 1380 par Louis, duc d'Anjou, comme régent. (Cf. les *Ordonnances des rois de France*, t. VI, p. 522. — *Libertés et Franchises du vicomté de Turenne*, Paris, 1658, p. 19.)

A partir du XIVe siècle, quoique les libertés de Turenne aient été confirmées successivement par tous les rois, il est probable que le droit de monnayage leur fut enlevé.

Le 22 avril 1263, par un acte fait à la prière de saint Louis, Raymond VI de Turenne transféra au roi d'Angleterre, Henri II, l'hommage qu'il devait directement au roi de France pour ses châteaux, ses fiefs, *et etiam pro moneta sua et jure cudendi eam.*

Duby (t. II, p. 239) dit que Raimond II, en partant pour la croisade en 1190, accorda à l'abbé Humbert que, lorsqu'il ferait battre monnaie en sa vicomté, ce serait à Beaulieu, et que l'abbaye percevrait la dîme des émoluments.

Ces libéralités en faveur de la même abbaye se retrouvent dans des chartes de 1197, 1209 et 1214.

M. Caron pense qu'il faut reconnaître une trace des droits de l'abbé dans les deniers et oboles portant : + R. VICECOMES, champ : A entre deux annelets et deux croissants (*Abbas*). ℞ + TURENNE, croix cantonnée d'un B (*Belli loci*).

Les premières monnaies de Turenne portent le nom de Raimond Ier et le type d'Eudes ; elles sont contemporaines des pièces analogues que nous avons dites avoir été frappées par l'abbaye Saint-Martial de Limoges. Les légendes sont RAIMUNDUS ℞ DE TURENA OU R. VICECOMES ℞ TURENNE. Vers le milieu du XIIIe siècle, on voit paraître les armoiries de la maison de Turenne (*cotice d'or et de gueules*).

VICOMTES DE TURENNE

8... Raoul, comte de Turenne.
     Godefroi,   *id.*
     Rainulf.
897. Robert.

Bernard, premier vicomte.

Aimar.

Archambaud, vicomte de Comborn, gendre du précédent.

Ebles.

Guillaume.

Boson Ier.

*1091. Raimond Ier.

1122. Boson II.

?1143. Raimond II.

?1191. Raimond III.

?1214. Ralmond IV.

?1243. Raimond V, seigneur de Serrières, frère du précédent.

*1245 Raimond VI.

*1287. Raimond VII.

1304. Marguerite et Bernard, comte de Comminges.

1335. Jean de Comminges.

1339. Cécile de Comminges et Jacques d'Aragon. Cécile vendit Turenne à

1350. Guillaume-Roger, comte de Beaufort en Vallée, baron d'Alais, d'Anduze, etc.

1395. Raimond Louis de Beaufort.

1417. Eléonore, sœur du précédent.

1420. Amanieu de Beaufort, cousin de la précédente.

1420. Pierre de Beaufort-Limeuil, frère du précédent.

1444. Anne de Beaufort, épouse d'Agne de la Tour.

1490. François Ier de La Tour.

1494. Antoine de La Tour, frère du précédent.

1528. François II de La Tour.

1532. François III de La Tour.

1557. Henri de La Tour, maréchal de France. (Voy. les ducs de Bouillon.)

POITOU

On sait que Rainulf, comte de Poitiers, fut nommé duc d'Aquitaine par Charles le Chauve (845). Plus tard, lorsque Hugues Capet fut devenu roi, on réunit l'Aunis et

le Limousin à l'Aquitaine. En 1038, Eudes, héritier de la
Gascogne, la joignit à l'Aquitaine.

Ces domaines immenses passèrent à l'Angleterre lorsque son roi, Henri, épousa Eléonore d'Aquitaine répudiée
par Louis VII. Philippe-Auguste confisqua le Poitou en
1204.

Saint Louis le donna à son frère Alphonse ; il revint à
la Couronne qui le céda aux Anglais par le traité de Bré-
tigny (1356). Charles V, qui le reconquit, le donna à son
frère Jean, duc de Berry. Après avoir appartenu au fils de
Charles VI, le Poitou revint définitivement à la Couronne.

Dans l'histoire monétaire du Poitou, la ville de Melle
tient la plus grande place. Les riches mines d'argent qui
s'y trouvaient furent la cause de l'établissement de cet
atelier. Mais il ne faudrait pas croire que toutes les monnaies portant le nom de Melle y ont été fabriquées. On
pense que beaucoup de pièces avec METALO ont été faites
dans différentes parties du Poitou. C'est ainsi que l'on a
des deniers portant à la fois les noms de Poitiers et de
Melle (PICTAVI. CIVIS ℞ METXULLO). Il faut également obser-
ver que les deniers avec METALLUM n'appartiennent pas au
Poitou et sont à ranger dans la classe qui comprend déjà
les pièces avec METALLUM GERMANICUM et EX METALLO
NOVO.

Il faut distinguer deux types principaux, le nom de
Melle inscrit circulairement et en deux lignes. Pour les
oboles, on adopta aussi le monogramme de Charles remplissant tout le champ.

On a aussi un denier avec ╼ CARLUS REX FR., croix ℞
╼ MET ╼ ULLO, monogramme, frappé en or et pesant 3 gr. 30.
Une obole semblable en or pèse 1 gr. 69. On ne sait si ces
pièces ont été monnaies courantes ou bien frappées excep-
tionnellement pour acquitter quelque redevance, comme
l'obole d'or de Moissac. (V. *Introduction*, p. 14).

C'est seulement à l'époque de Richard Cœur-de-Lion
que la monnaie cessa d'être anonyme. Lecointre-Dupont
et Poey d'Avant donnent à Richard des deniers ou le s de
CARLUS est couché, comme sur les pièces du prince anglais. Celui-ci frappe avec RICARDUS REX, croix, ℞ PICTA-

VIENSIS en trois lignes. Le nombre considérable de variétés fait présumer que l'atelier de Montreuil-Bonnin n'a pas été seul à émettre des espèces à ce type.

En effet, en 1784, on découvrit à Salle-le-Roy, un ancien atelier monétaire avec un denier de Richard. Il est possible que Salle-le-Roy, qui était un rendez-vous de chasse de Richard, fût en même temps un atelier à proximité des minerais de l'Essart. (Fillon, *Études historiques du Poitou.*)

Poey d'Avant attribue à Jean sans Peur des pièces avec ÇARLUS REX R. ℞ METALO, qui portent un croissant et une étoile, en se basant sur ce que ces deux emblèmes étaient appelés la livrée du roi anglais. (Note du *Manuel* d'Akermann, Londres, 1840 .)

Une charte de 1221 parle également de l'ancienne monnaie poitevine. Enfin Jean sans Terre avait intérêt à émettre ces monnaies qui étaient plus faibles que celles de Richard, tout en ayant cours pour la même valeur. Mais une trouvaille faite à Saint-Saviol démontrerait, selon M. Caron, que ces pièces sont antérieures à Richard Cœur-de-Lion.

Alphonse reprend d'abord le type de Richard et inscrit sur ses monnaies : ALFUNSUS COMES. ℞ PICTAVIENSIS en trois lignes. Ensuite il copie la monnaie royale, en adoptant au ℞ le châtel avec une légende circulaire.

Louis IX, qui avait interdit aux barons, en 1262, de contrefaire la monnaie royale, agit de même avec son frère, et Alphonse ordonna, en 1263, à Aubert, maître de la monnaie de Montreuil-Bonnin, de cesser la fabrication des tournois. En 1265, le nouveau maître, Pierre Gadel, parle dans un compte de *poitevins nouveaux*. Ces monnaies étaient évidemment au nouveau type adopté par Alphonse, c'est-à-dire, au champ parti des armes de Castille et d'un demi-lis, avec la légende PICTAVIE.ET.THOL.

En 1267, les monnayeurs de Montreuil-Bonnin furent poursuivis et payèrent au comte 1250 livres tournois, pour défaut de taille. Enfin, d'après un bail de la monnaie poitevine fait en mars 1270, le comte désire que sa monnaie soit faite *en tèle manière et condition comme elle a esté*

*fecte en notre tems puisque le contés de Poitou vint en
nostre mein.* (Boutaric, *R. N.*, 1868). Quant. au denier
portant IOANNES DUX et PICTAVININSIS, il ne faut y voir
que l'œuvre d'un faussaire du XIIIᵉ siècle.

Philippé de France (de 1311 à 1316), fils de Philippe IV,
frappa avec les titres PHS . FILI . REG . FRAC ꝶ COMES PICTA-
VIES, châtel. D'après Duby, il aurait d'abord imité les
dernières monnaies d'Alphonse.

COMTES DE POITOU

778. Abbon, comte de Poitiers.
832. Ricuin et Bernard Iᵉʳ, comtes de Poitiers.
838. Emenon, frère de Bernard Iᵉʳ.
839. Rainulf Iᵉʳ, fils de Gérard comte d'Auvergne,
      comte de Poitiers ; il fut duc d'Aquitaine en
      845.
867. Bernard II, fils de Bernard Iᵉʳ, comte de Poi-
      tiers : de Bourges en 867, de Mâcon, marquis
      de Septimanie depuis 864 ; duc d'Aquitaino.
880. Rainulf II, comte de Poitou; duc, puis roi d'Aqui-
      taine de 887 à 893.
893. Aimar, fils d'Emenon et neveu de Bernard Iᵉʳ,
      comte de Poitiers.
902. Ebles-Manzer, fils de Rainulf II, comte de Poi-
      tiers : duc d'Aquitaine en 928, comte d'Auver-
      gne et de Limousin jusqu'en 932.
932. Guillaume Iᵉʳ Tête d'Etoupe, comte de Poitou ;
      comte d'Auvergne et duc d'Aquitaine en 951.
*963. Guillaume II, comte de Poitiers et duc d'Aqui-
      taine.
*990. Guillaume III, comte de Poitiers, de Saintes,
      d'Aunis, de Limousiu et duc d'Aquitaine.
* 1029. Guillaume IV, comme le précédent.
1038. Eudes, frère du précédent, comte de Poitiers, de
      Saintes, d'Aunis, de Limousin, de Bordeaux ;
      duc d'Aquitaine et de Gascogne.

1039. Guillaume V, frère du précédent, mêmes titres,

1058. Gui-Geoffroi, dit Guilloume VI, frère des précédents, mêmes titres.

1087. Guillaume VII, frère des précédents, mêmes titres.

1127. Guillaume VIII,   *id.*

*1137. Eléonore d'Aquitaine et Louis VII le Jeune, roi de France ; puis en 1152 Henri, duc de Normandie, depuis roi d'Angleterre.

1169. Richard Cœur-de-Lion, roi d'Angleterre.

1136. Otton de Brunswick, neveu du précédent.

1199. Jean sans Terre. En 1204, Philippe-Auguste s'empare du Poitou et le réunit aux domaines de la Couronne ; en 1241, saint Louis le donne à son frère Alphonse. Après la mort de ce dernier, arrivée en 1271, le Poitou est définitivement réuni à la France.

MAULÉON

Mauléon, maintenant Châtillon-sur-Sèvre, appartenait au XIᵉ siècle à une famille puissante qui s'allia aux vicomtes de Thouars. La ville prit le nom de Châtillon lorsque Louis XV l'érigea en duché-pairie, en mars 1736. C'est le roi Jean sans Terre qui donna à Savary de Mauléon, sénéchal de Poitou, puis d'Aquitaine (en 1209), le droit de frapper une monnaie de mêmes poids et loi que la monnaie poitevine (Lettre du 27 mai 1215) qui devait avoir cours dans les trois sénéchaussées de Poitou, Angoumois et Gascogne. Une autre lettre du 31 août confirma ce droit que Savary reçut à perpétuité pour lui et ses héritiers, mais cette fois, la monnaie devait avoir la valeur des tournois.

On considère les deniers avec : SAVARICUS et ℞. METALO, en deux lignes, comme ayant été émis avant 1215, époque à laquelle Savary devint seigneur de Mauléon.

C'est à partir de ce moment qu'il frappa avec le ℞ MALLEONIS. Grand S couché dans le champ.

On lui donne encore des monnaies avec : IISLEOCIII, trois

croisettes. ℟ ✠ IHESVS, croix. Ce serait une imitation de
la monnaie de Saintes.

Après la mort de Savary et celle d'Amable, sa veuve, les
fiefs des sires de Mauléon vinrent dans la maison de
Thouars : Gui Ier, vicomte de Thouars, avait épousé la fille
unique de Savary.

VICOMTÉ DE THOUARS

Par une charte du 18 décembre 1226, Henri III, roi
d'Angleterre, concéda à Hugues Ier, vicomte de Thouars,
le droit de battre monnaie et de la faire circuler en
Poitou : *Concessimus etiam eidem et heredibus suis
praefatis, quod habeat et fieri faciat monetam suam
apud Thoars aequalem monetae Pictaviae et quod aequa-
liter currat in Pictavia cum nostra* (Rymer, t. I, p. 294.)
On n'a pas encore retrouvé de monnaies qui puissent
être attribuées à Aimery ; son privilège dut finir forcément en 1243, lorsque Alphonse de France fut seul maître
du Poitou.

SIRES DE PARTHENAY

Duby (t. II, p. 225), s'appuyant sur un passage de
Laroque (*Traité de la Noblesse*, p. 52), a attribué
aux sires de Parthenay le droit de frapper monnaie :
ce fait mérite d'être rectifié. A l'exemple de Charles VII,
qui établissait des ateliers monétaires temporaires
tels que Montaigu, Fontenay-le-Comte, etc., plusieurs
seigneurs, qui suivirent sa fortune, se livrèrent pour
leur propre compte à la refonte et à l'altération des
monnaies royales. De ce nombre fut le connétable Arthur de Richemont, sire de Parthenay, qui marquait
de la lettre P ses contrefaçons frauduleuses. Le roi
transigea d'abord avec le connétable, et lui fit des
concessions. Ce dernier n'en continua pas moins
à faire des monnaies de bas aloi, et le roi supprima,
en 1431, les ateliers établis à Nontron, Aisse, Saint-Cyr,

Massères, Ternère, Montignac, Angoulême, Fourras et *Parthenay*.

Atelier de Montreuil-Bonnin. — On a vu que les comtes de Poitou eurent à Montreuil-Bonnin leur principal atelier monétaire(p. 282). En 1227, cette seigneurie fut cédée par Blanche de Castille au comte de la Marche, et on pense que Hugues de Lusignan y frappa sa monnaie (V. p. 287).

ANGOULÊME

Louis le Débonnaire établit des comtes à Angoulême en 839. En 1181, par le mariage de Mathilde avec Hugues IX de Lusignan, comte de la Marche, les deux comtés furent réunis. Après la confiscation opérée par Philippe le Bel, le comté d'Angoulême resta à la Couronne, puis fut donné à Louis de France, duc d'Orléans, en 1380.

Le type des monnaies est toujours une croix formée par quatre annelets avec une croisette au centre. Vers le XIIIe siècle, un des annelets fut remplacé par un croissant.

Malgré un texte d'Adhémar de Chabanais, il n'est pas absolument certain que Louis le Débonnaire ait frappé monnaie en son nom à Angoulême et à Saintes. C'est jusqu'à Louis d'Outre-Mer qu'il faut descendre pour trouver le monnayage royal qui a été l'origine du nom de LODOI-CUS, inscrit sur les monnaies, avec : EGOLISSIME. Quant au type, c'est probablement une dérivation du type odonique.

On donne à Hugues XI des pièces portant : VGO DE LIZINIACO R COMES.ENGOLISME, et d'autres avec : + HUGUO BRUNNI. R + ENGOLI ; dans le champ, SME entre un croissant, un annelet et deux points.

D'autres, avec : HUGUO BRUNNI, peuvent être réparties entre Hugues XI, Hugues XII et Hugues XIII. Le surnom de *Brun* paraît avoir été porté par plusieurs comtes.

Hugues XII, ayant voulu altérer sa monnaie, l'évêque d'Angoulême, le chapitre et le clergé se plaignirent au roi, et deux arrêts du Parlement, en 1265 et 1281, firent rentrer le comte dans le devoir.

LA MARCHE

Boson Ier fut le premier comte de Marche. Les successeurs devinrent séparément seigneur de la Haute et de la Basse-Marche. Bernard Ier réunit les deux fiefs. Hugues Adelbert V, partant pour Jérusalem, vendit le comté de la Marche au roi d'Angleterre, Henri II, le 7 octobre 1177. Après la mort de Richard Cœur de Lion, en 1199, Hugues de Lusignan obtint d'Eléonore d'Aquitaine, mère de Richard, la restitution du comté de la Marche. Hugues X de Lusignan fut à la fois comte de la Marche et d'Angoulême ; mais Philippe le Bel, ayant confisqué les deux comtés, donna celui de la Marche à son fils Charles, qui le réunit à la couronne, lorsqu'il devint roi en 1322.

En 1208, Hugues donna à l'église de Grandmont l'essai de sa monnaie.

D'après un passage de la chronique de Bernard Itier, Hugues de la Marche établit à Bellac, en 1211, un nouvel atelier, qui devait frapper des monnaies appelées *Marques*. Ce terme doit se rapporter aux monnaies portant : UGO COMES MARCHIE.

Les types des monnaies de la Marche sont des combinaisons de croissants, d'étoiles et d'annelets, imités du type d'Angoulême. On rencontre le nom de Louis qui vient également des monnaies d'Angoulême.

Lorsque les deux comtés furent réunis, les comtes commencèrent à signer leurs espèces qui sortirent de trois ateliers, Lusignan ? Angoulême, et un autre dans le pays de Marche. Lecointre-Dupont a pensé que l'atelier de Lusignan avait peut-être été établi à Montreuil Bonnin (*Essai*, p. 114) M. P. de Cessac a pensé que les comtes avaient eu un atelier à Bellac (*Mélanges de Num.*, t. III, 1882, 361.)

Hugues XI a frappé avec les titres de : VGO COMES MARCHE ꝶ DNS LEZINIACI.

On attribue ordinairement à Hugues X les pièces avec : VGO COMES ꝶ MARCHIE ; et d'autres avec : UGO COMES MARCHE ꝶ LODOICUS ENGOL. A Hugues XI et XII, celles qui portent : HUGUO BRUNNI ꝶ COMES MARCHE ; à Hugues XIII, des pièces avec ces mêmes légendes, mais avec des armes composées de cinq barres posées horizontalement, (Armes de Lusignan.)

P. de Cessac, dans un très intéressant mémoire sur la chronologie des comtes de la Marche, attribue à Hugues IX et Hugues X la légende vɢo. Hugues XI aurait conservé cette orthographe sur sa monnaie d'Angoulême, et inscrit ʜvɢo sur celle de la Marche.

Enfin Hugues XII et Hugues XIII auraient signé : ʜvɢvo (*R. N.*, 1886, p. 85).

Gui signe : ɢ . ᴅo . ᴅᴇ ʟᴇᴢɪɴɪᴀᴄo, et place l'écu de Lusignan sur sa monnaie. Charles de France a des pièces avec : ᴋ : ғɪʟɪ. ʀᴇɢ. ғʀᴀᴄɪᴇ, ℞ ᴄoᴍᴇs ᴍᴀʀᴄʜɪᴇ ou ᴋᴀʀoʟus ᴄoᴍᴇs ℞ ᴍoɴᴇᴛᴀ ᴍᴀʀᴄʜᴇ. Il adopte le châtel et un type composé de lis et de croisettes.

PÉRIGORD

Le comté de Périgord, fondé par Charlemagne en 778, était déjà héréditaire en 966. En 1006, Guillaume le Grand, duc d'Aquitaine, pris comme arbitre dans les affaires de la succession d'Adelbert, attribua le comté de Périgord à Hélie II, comte de la Marche, et le comté de la Marche à Bernard, fils d'Adelbert. Les descendants d'Hélie Talleyrand conservèrent le Périgord jusqu'au moment ou il fut confisqué par arrêt du Parlement, sur Archambaud VI, et donné à Louis d'Orléans (1399.) Il passa ensuite dans la maison de Limoges, dans celle d'Albret et revint à la Couronne par l'avénement d'Henri IV.

Le type ordinaire est celui d'Angoulême ; seulement, la croisette du milieu est remplacée par un cinquième annelet. Ce changement eut lieu probablement au xiiᵉ siècle. Il est fait mention de cette monnaie particulière dans un titre de 1266 qui dit : *et quod sint denarii petrag. cum quinque oculis: ex utraque parte denarii et forma et litteris consimiles.* Un compromis en patois, de 1276, dit aussi : *Et li peregozi deven esser fachs blancs ab V ols.*

Ces deux documents apprennent aussi que les comtes battaient monnaie conjointement avec la ville, dont les consuls firent diverses réclamations pour des monnaies frappées par Hélie VI en dehors de l'association.

Archambaud III de Périgord eut des démêlés avec les consuls parce qu'il voulait frapper monnaie, ainsi que son père l'avait fait, d'après de nouveaux règlements, dans la ville de Puy-Saint-Front ; il y eut un accord, à la suite duquel il fût décidé que le comte ferait ouvrer suivant des règles invariables. En 1322, l'atelier était au château de Sale-au-Comte. Nous devons noter que le comte Aldebert au Xe siècle, avait déjà eu des difficultés au sujet de la monnaie avec les évêques qui, à cette époque, défendaient les intérêts du peuple, comme les consuls trois siècles après.

En 1292, la monnaie avait cessé d'être commune. Philippe le Bel refusa à Hélie-Talleyrand la permission de convertir sa monnaie blanche en monnaie noire, et il adressa une lettre au sénéchal de Périgord pour lui ordonner de faire une enquête au sujet du titre des monnaies du comte de Périgord. Un peu plus tard, le comte Hélie VII passa un bail avec deux Florentins, Banquolo Hugolin et Lopez Arniguo qui s'engagèrent à fournir 20,000 marcs de monnaie blanche de *pierregordins*, du 20 mai au 25 juillet 1305 (Arch-Basses-Pyr., E. 616).

La Chambre des Comptes de Paris adressa, en 1312, à Archambaud IV, une lettre au sujet du cours de sa monnaie. Le numéraire des comtes paraît avoir persisté jusqu'en 1396, époque à laquelle le Périgord fut confisqué sur Archambaud VI. Le roi Charles VII fit frapper des monnaies à Périgueux et à Dôme, où on ouvrait déjà depuis longtemps. En 1280, Philippe le Hardi avait acheté cette place pour que ses gens de guerre eussent un lieu de retraite sur la Dordogne, et parmi les motifs énoncés dans l'acte de la confiscation faite sur Archambaud on lit que, en 1384, il avait assiégé le mont de Dôme, *in qua erat fabrica monete nostre*, et pillé l'argent qui appartenait au roi. Lorsque la ville fut reprise sur les Anglais en 1438, le roi promit d'y fabriquer des monnaies d'or et d'argent.

BERGERAC

C'est après la prise de Bergerac, en 1345, par Henri de Lancastre, comte de Derby, qu'Edouard III donna à ce seigneur le droit de monnayage. La concession est datée du 1er Juin 1347, et confirmée le 14 mars 1349 (Rymer, *Fœdera*, III, p. 12, 42).

Il est probable qu'Edouard monnaya dans cet atelier, après son lieutenant.

Henri a frappé des blancs, des gros et demi-gros et des esterlins à la tête barbue de face. Il prend le titre de HEN . COMES . LANC. ℞ DNS . BRACAIRACI OU BRAGAIRAC, OU celui de H . DUX LANCAST ℞ DNS BRAGAIRAC. Il copie les types d'Edouard, la couronne, le châtel et le léopard.

COMTES D'ANGOULÊME

839. Turpion, frère de Bernard comte de Poitiers, comte d'Angoulême et de Périgord.

863. Emenon ou Imon, frère du précédent, mêmes titres.

866. Wulgrin, mêmes titres.

886. Alduin.

886. Guillaume, comte de Périgord.

916. Guillaume Ier Taillefer, comte d'Angoulême.

962. Arnaud Bouration, comte de Périgord et d'Angoulême.

975. Arnaud Manzer, comte d'Angoulême. (Voy. ci-après les comtes de Périgord.)

1001. Guillaume Taillefer II.

1028. Alduin II.

1033. Geoffroi Taillefer.

1048. Foulques Taillefer.

1089. Guillaume III Taillefer.

1120. Wulgrin II Taillefer.

1140. Guillaume IV Taillefer.

1178. Wulgrin III Taillefer.

1181. Mathilde, Guillaume V Taillefer et Aimar ses oncles.

COMTES DE PÉRIGORD ET HAUTE MARCHE

886. Guillaume, 2e fils de Wulgrin, comte d'Angoulême.
920. Bernard.
Arnaud Bouration, cte de Périgord et d'Angoulême.
944. Boson Ier, beau-frère de Bernard, comte de la Marche et de Périgord ; ses fils Hélie Ier et Aldebert associés à lui.
1006. Hélie II, petit-fils de Boson Ier, comte de la haute Marche et Périgord.
417. Hélie IV, Rudel.
1031. Aldebert II Cadenat et Hélie III son fils.
1146. Boson III de Grignols, oncle du précédent.
1166. Hélie V Talleyrand.
1205. Archambaud Ier.
1212. Archambaud II.
*1245. Hélie VI. ELIAS . COMES.
1251. Archambaud III.
*1295. Hélie VII.
*1311. Archambaud IV.
1336. Roger-Bernard, frère du précédent.
1369. Archambaud V.
1395. Archambaud VI. Le Périgord est confisqué (1399).

COMTES DE LA BASSE MARCHE PUIS DE LA MARCHE

944. Boson Ier, le Vieux.
Aldebert Ier.
995. Boson II.
Bernard Ier, comte de haute et basse Marche.
1047. Aldebert II.
1088. Boson III.
1091. Almodis, sœur du précédent, et Roger de Mont-gommery.
1116. Aldebert III, Eudes et Boson IV, fils d'Almodis.
1143. Bernard II, fils d'Aldebert III.
1150. Aldebert IV.
1177-1199. Domination anglaise.
1199-1202. Hugues IX, de Lusignan.
1202-1203. Domination anglaise.

*1203-1219. Hugues IX.

*1219-1249. Hugues X ; ayant épousé Isabelle, veuve de Jean sans Terre, il devint comte d'Angoulême en 1220.

*1249-1250. Hugues XI ; était devenu comte d'Angoulême, en 1246.

*1250. Hugues XII. (*Marche et Angoul.*)

*1270. Hugues XIII.   *id.*

*1302. Gui,   *id.*

1308. Yolande, comtesse usufruitière, (*Marc. et Angoul.*)

*1315-1322. Charles le Bel. (*Marche.*)

1327. Louis Ier, duc de Bourbon (par échange.)

1342. Jacques Ier de Bourbon.

1361. Jean de Bourbon.

1393. Jacques II de Bourbon.

1435. Beatrix de Bourbon et Bernard d'Armagnac.

1462. Jacques d'Armagnac.

1477. Pierre de Bourbon, sire de Beaujeu (par suite de confiscation.)

1505. Suzanne de Bourbon et Charles II de Bourbon-Montpensier.

1527. Réunion à la couronne par confiscation.

La liste des comtes de la Marche que nous donnons est empruntée, pour la période comprise entre 1177 et 1322, aux travaux de MM. Léopold Delisle et P. de Cessac (*R. N.*, 1886, p. 61.)

SAINTONGE

Après avoir eu des comtes particuliers, Saintes passa aux comtes d'Angoulême, aux ducs d'Aquitaine, aux comtes d'Anjou, revint au duc d'Aquitaine et fut réunie à la couronne par Chares V. La monnaie de Saintes, imitée de celle d'Angoulême, servit de transition entre le type odonique de Limoges et le type adopté par les ducs d'Aquitaine. En voici la description ; + LODOICVS, croix. ℞ + STEINAS. Dans le champ, trois croisettes. M. de Barthélemy a cité une bulle papale du XIe siècle, portant la stipulation à Saintes d'un paiement en monnaie poitevine (*R. N.*, 1843, 405.) Le monnayage de Saintes s'est peut-être continué par des espèces avec METALO.

Abbaye de Sainte-Marie de Saintes.— Vers le milieu du xiᵉ siècle, Geoffroi-Martel, comte d'Anjou, étant maître de la Saintonge, donna à l'abbaye de Sainte-Marie, fondée par lui dans cette ville, la monnaie de Saintes, que le monastère paraît avoir conservée jusqu'à l'avènement de Louis le Jeune au duché de Gascogne. Cette monnaie appartenait depuis longtemps aux comtes, puisque dans le cartulaire de l'abbaye on trouve le passage suivant : « Moneta xantonnensis civitatis est comitis propria, et si quis refutaverit eam in justicia est comitis sicut hoc manifesta probatione probatur. Willelmus comes filius Guidonis fecit fundere monetam suam que dicebatur de Goilart, etc. » Voici encore un texte important qui prouve que ces monnaies, frappées à l'imitation de celles d'Angoulême, d'après un prototype de Louis d'Outre-mer, étaient alors fabriquées par des personnages qui jouissaient des émoluments de l'atelier : « Deinde (Gaufridus) fecit ecclesiam in honore sancte Dei Genitricis Marie, et in dedicatione ipsius dedit ei dimidiam partem istius monete, scilicet Franconis de Capitolio, audiente illo et vidente et absque calumpnia, et fecit monetarios jurare et fidelitatem facere sancte Dei Genetricis Marie, et domine abbatisse Constancie. et omnibus sub castimonio jugo sibi parentibus. Aliam vero partem dimidiam, scilicet partem Marcelini de Tauniaco emit Agnes comitissa quam dedit ecclesie beate Marie. » (V. l'article de M. de Barthélemy, *R. N.*, 1843, 402.)

DUCHÉ DE GASCOGNE

La Gascogne, dernière possession des descendants des rois mérovingiens d'Aquitaine, était à peu près indépendante des rois de France, dès la fin du ixᵉ siècle. Les ducs de Gascogne devinrent héréditaires en 872, en la personne de Sanche-Mitarra, c'est-à-dire le Montagnard. Ses descendants possédèrent le comté de Bordeaux jusqu'en 1040, époque à laquelle mourut Eudes, comte de Poitou, qui avait succédé au comte de Bordeaux, du chef de sa femme, sœur de Sanche - Guillaume. Gui-Geoffroi réunit alors la Gascogne à l'Aquitaine. Ils prirent le type et le nom de Charles le Chauve sur leurs monnaies, à Agen, remplacèrent, à la fin du x⁰ siècle, le nom royal par leurs propres noms, en conservant le monogramme carolin, et adoptèrent le type odonique dans la seconde moitié du x⁰ siècle, avec le nom royal LODOICVS, employé dans beaucoup de villes d'Aquitaine d'après des prototypes de Louis d'Outre-mer. A partir de la fin du xi⁰ siècle, les monnaies de Gascogne se confondent dans la numismatique du duché d'Aquitaine, ces deux provinces ayant été réunies.

A. de Longpérier a attribué à Vaifre Iᵉʳ (745-768) une monnaie portant VVFARIVS. Dans le champ, un grand A. ℞ FLAVLEFES. Au centre une rosace. Une autre porte ✠ KRL ✠ RX . F, le tout attaché à un annelet central. ℞ FIVF ✠ AR. Disposition semblable ; cette pièce de Charlemagne appartient peut-être aussi à l'Aquitaine (*R. N.*, 1858, 322-35.)

Nous ne mentionnons cette attribution que pour mémoire, car elle ne nous paraît pas absolument certaine. En tous cas, sur ces deniers, le nom de Waifre ne serait là que comme celui d'un monétaire de Charlemagne (cf. p. 102).

On a retrouvé récemment des pièces qui paraissent être les premiers produits du monnayage féodal de Bordeaux. Ces monnaies portent LEUTARIO. Dans le champ, des lettres. ℞ BURDELAG, croix. C'est probablement un de ces deniers que Combrouse a attribué à Lothaire. Il est difficile d'expliquer ce type, car d'après les historiens, Lothaire ne paraît pas avoir eu de possessions dans cette partie de la Gaule.

Quant aux deniers avec LODOICVS croix, ℞ ✠ BVRDEGALV, trois croisettes en triangle autour d'un annelet, M. Caron pense qu'il faut les reculer au commencement du xi⁰ siècle (*op. laud.*, p. 159). Nous sommes disposé à admettre cette opinion et nous sommes convaincu que par l'étude comparée des monnaies de La Marche, d'Angoulême, de

Saintes et de Bordeaux, on arriverait à des résultats importants. Déjà Fillon a reconnu que le nom immobilisé sur le denier de Bordeaux était probablement celui de Louis IV.

On attribue à Sanche-Garcie ou Sanche-Guillaume (984) les pièces portant SANCHIUS, et au ℞ BUDELAL, monogramme carolingien altéré. Sur des pièces de Sanche-Guilloume avec GVILELMVS, on trouve dans le champ un grand S qui peut être l'initiale de *Sanchius*. Mais il faut remarquer que cette lettre se trouve à la même époque sur les pièces de Vienne, Mâcon et Lyon.

A Bernard-Guillaume (984-1010) un curieux denier portant une main avec les légendes BERNARDU ℞ BURDIGAS croix.

Nous devons dire que la répartition des monnaies au nom de Guillaume ne nous paraît pas encore établie sur une comparaison sérieuse des poids. Il nous paraît peu probable que des deniers de Guillaume IX pèsent 1 gr. 15 lorsque d'autres donnés à Guillaume VIII pèsent seulement 0 gr. 80. (Voy. *Aquitaine*.)

DUCS DE GASCOGNE

872. Sanche Ier, petit-fils de Loup-Centule, duc héréditaire.

Sanche II.

Garcie-Sanche le Courbé.

Sanche-Garcie.

Sanche-Sanchez.

*977. Guillaume-Sanche, frère du précédent.

*984. Bernard-Guillaume. (Il se qualifiait quelquefois de comte, marquis et duc de Gascogne).

*1010. Sanche-Guillaume, frère du précédent. GVILELMVS.

1032. Béranger, petit-fils de Sanche-Guillaume.

*1036. Eudes, comte de Poitiers, neveu de Sanche-Guillaume. ODO COMES.

1040. Bernard d'Armagnac.

1052. Gui-Geoffroi ou Guillaume VI, comte de Poitiers, réunit le duché de Gascogne et le comté de Bordeaux au duché de Guyenne ou d'Aquitaine.

DUCHÉ D'AQUITAINE

Le duché d'Aquitaine, dont nous nous occupons ici est celui qui fut créé par Charles le Chauve en 845, et dont Rainulf Ier, fils de Gérard, comte d'Auvergne, fut le premier titulaire : on sait que ce duché avait été formé des provinces enlevées à Pépin II, roi d'Aquitaine, c'est-à-dire du Poitou, de la Saintonge, de l'Angoumois, du Périgord, de la Marche et du Limousin. En 1070, Guillaume VI, comte de Poitou, y ajouta le duché de Gascogne et le comté de Bordeaux, et toutes ces provinces réunies furent comprises sous le nom collectif de duché d'Aquitaine et de Guyenne.

Les ducs d'Aquitaine exploitèrent bientôt des ateliers monétaires royaux, et M. de Barthélemy pense que cette usurpation dut avoir lieu sous Rainulf II, qui paraît avoir pris quelque temps le titre de roi ; ce duc s'empara de l'atelier de Melle, et commença ainsi le monnayage du comté de Poitou.

Ils s'emparèrent également du monnayage de Bourges et d'Auvergne, car nous voyons que, dès le xe siècle, ils faisaient des libéralités aux églises sur leurs émoluments monétaires.

Après 1029, ils s'emparèrent également du monnayage des anciens ducs de Gascogne, et c'est à Bordeaux qu'ils paraissent avoir inscrit leurs noms tout d'abord, conservant les légendes avec les types royaux dans les autres provinces soumises à leur domination. Richard, duc d'Aquitaine, donna, en 1186, à Saint-André de Bordeaux le tiers des émoluments de sa monnaie ; cette libéralité fut confirmée ensuite par la duchesse Eléonore. (Cf. *Gallia Christiana*, t. II, col. 285.)

Des pièces avec GUILELMO, GUIGEIMUS, etc. ℞ BURDEGALA (variantes) sont à classer aux différents comtes qui ont porté le nom de Guillaume au xie siècle.

A Gui Geoffroi (1052 1086) les pièces avec GODERICUS COMES ᴚ BURDECAIE et GOFRIDUS CO ᴚ AQUITANIE, champ : *rex* en triangle.

A Guillaume IX, le denier avec GUILLELMO ᴚ VICTORIA trois croisettes, qui paraît indiquer un atelier (V. Brioude); autre avec AQUITANIE DUX.

On attribue à Eléonore des pièces avec DUCISIT, deux croisettes ᴚ AGUITANIE.

Louis VII, roi de France, a frappé monnaie avec les type des croisettes, avec le mot *rex* en triangle dans le champ et avec la légende DUX AQUITANIE en quatre lignes ou simplement ET DUX.

Henri II, roi d'Angleterre, a des pièces avec HENRICUS REX ᴚ AQUITANIE en trois lignes.

. Richard met son nom en deux ou trois lignes. Avec Edouard Iᵉʳ commence la période des monnaies anglo-françaises. Ce monnayage sortit d'un nombre considérable d'ateliers désignés sur les pièces par les lettres initiales de leur nom.

A. Agen ou Auch. B. Bordeaux. F. Figeac ou Fontenay-le-Comte. G. Guessin (Guiche, près Bayonne). L. Limoges. P. Poitiers. R. La Rochelle. T. Tarbes.

Edouard III a eu aussi trois ateliers particuliers, Bergerac, Dax et Lectoure dont le nom est inscrit en entier sur les monnaies (CIVITAS.BRAGIE ; AENQIS,CIVITAS ; LACTORA CIV.). Ce prince a frappé des blancs, doubles, deniers, esterlins, gros, demi-gros (gros avec TURONUS REGEM); en *or*, des guyennois (le prince debout), des florins (avec DUX ACITANIE, des moutons, des écus, des léopards (léopard dans une rosace.)

Depuis 1355, le prince Noir frappa monnaie en Aquitaine et prit sur ses espèces l'appellation suivantes, : ED. PO. GNS REGIS.ANGLIE, DNS AGITANIE (E. primogenitus). D'autres fois il prend le titre de PRINCEPS AQUITANIE. Beaucoup de ses monnaies portent des légendes tirées de textes liturgiques. Les espèces qui lui sont propres sont, en *or* : les pavillons (le prince sous un dais) les hardis, les chaises, les nobles (le prince dans une nef); en *billon*, les gros avec son buste armé.

17.

Nous avons parlé ¹ plus haut (p. 279) de l'atelier du prince Noir à Limoges, d'après un document inédit qui fournit de curieux renseignements sur la valeur et le nom des monnaies.

Le monnayage de Richard II ne se compose que de hardis d'or et d'argent. Ce prince prend les titres de : RICARDUS. REX. ANGLIE. FRANCIE. DNS. AGUITANIE qui sont conservés par Henri IV (1399-1413).

Charles de France continua les types de ses prédécesseurs et frappa en outre des francs à cheval et une monnaie d'or unique dans son genre et qui mérite une description particulière :

Nef. KAROLUS . REGIS . FRANCOR . FILIVS . ACQVITANOR DUX. Le prince terrassant un lion ; dans le champ, deux léopards et deux lis. ℞ nef. FORTITVDO . MEA . ET . LAUX . MEA . TV . ES . DNE . DEVS . MEVS. Ecusson écartelé de France et d'Angleterre, (léopard) sur une croix feuillue cantonnée de lis et de léopards. Cette monnaie appelée *fort* est connue à deux exemplaires et pèse 7 gr. 76.

Un gros d'argent de Charles porte aussi l'écusson écartelé de France et d'Angleterre.

Comme nous l'avons dit plus haut (p. 296), le chapitre de Saint-André de Bordeaux tenait des anciens ducs un droit monétaire qui fut racheté par Louis XIV, en 1709 (*R. N.*, 1884, 268).

DUCS D'AQUITAINE

845. Rainulf Iᵉʳ, comte de Poitou (mort en 867).
880. Rainulf II,   *id.*
893. Guillaume, comte d'Auvergne, de Velay et de Bourges, marquis de Gothie.
918. Guillaume II, comte de Berry et de Mâcon.
926. Acfred, comte d'Auvergne et de Velay.
928. Ebles Manzer, comte de Poitou, Auvergne et Limousin.
932. Raimond-Pons, comte de Toulouse et d'Auvergne.
951. Guillaume III, comte de Poitou et d'Auvergne.
963. Guillaume IV, comte de Poitou, Limouzin, Saintonge.

990. Guillaume V, comte de Poitou, Limouzin, Saintonge.
1029. Guillaume VI, *id.* et de Gascogne.
1038. Eudes, *id.* *id.*
1039. Guillaume VII, *id.* *id.*
1058. Guillaume VIII, *id.* *id.*
1087. Guillaume IX, *id.* *id.*
1127. Guillaume X, *id.* *id.*
*1137. Eléonore d'Aquitaine et Louis VII, roi de France,
jusqu'en 1152, puis Henri, comte d'Anjou, duc
de Normandie et roi d'Angleterre.
1169. Richard.
1196. Otton de Brunswick.
1199. Jean sans Terre.
1216. Henri III, roi d'Angleterre.
*1272. Edouard Ier.
1307. Edouard II.
*1327. Edouard III.
*1362. Edouard IV, dit le Prince Noir.
*1376. Edouard III.
*1377. Richard II.
*1399. Henri IV.
1413. Henri V.
1422. Henri VI.
*1469 à 1474. Charles de France, frère de Louis XI.

ÉVÊQUES D'AGEN

D'après Duby, les évêques d'Agen auraient tenu le droit
de battre monnaie de Gombaud de Gascogne, qui devint
archevêque de Bordeaux en 892. Le 18 avril 1217, un accord fut passé entre Arnaud de Rovinhan, évêque d'Agen,
et Simon de Montfort, duc de Narbonne et comte de Toulouse, par lequel l'évêque s'engage à tenir du comte sa
monnaie en fief, et le comte, de défendre l'église de l'évêque. Cette convention fut renouvelée en 1224 entre le
même prélat et Raymond VII. En 1233, Raoul de Pinis ou
Peyrinis, évêque d'Agen, s'engagea à ne rien changer à la
monnaie *arnaudinque*. Il est encore fait mention de la
monnaie *arnaudine*, en 1364. Guillaume VIII de Gascogne

confirma les droits monétaires de l'évêque d'Agen, Adalbert, dans une charte postérieure à 1118 (*cf. doc.* n° 8). Deux autres confirmations de la monnaie arnaldèse, l'une de Raoul évêque en 1233, l'autre de Bertrand de Goth, de 1292, portent: *monetam nostram arnaldensem.*

Dans un registre de la Chambre des Comptes de Paris, cité par Ducange (*V° Arnaldensis*), on voit que les *arnaldenses*, les *chapotenses* et les *petragoricenses* avaient cours à Agen, et que cinq *arnaldi* et *chipolois* valaient quatre deniers tournois. Dans un compte de 1252, on trouve 1,200 livres arnaldèses valant 1,000 livres tournois.

Pendant bien longtemps, on est resté sans connaître la monnaie d'Agen. C'est seulement en 1880, que le docteur Galy l'a révélée en publiant la pièce suivante : + A. EPISCOPVS. Quatre croisettes formant croix et alternant avec des étoiles. ℞ + AGENENSIS, croix pattée. Cette monnaie doit être attribuée à un évêque du XIIe siècle employant un type immobilisé, créé probablement par l'évêque Arnaud Ier de Boville (1040). La pièce pèse seulement 0 gr. 32 et pourrait bien être une *pite* ou demi-obole, car la chronique patoise de Castera-Bouzet (vers 1300) parle de la *petita arnaudina* (cf. p. 273).

COMTÉ DE FÉZENZAC

Les comtes de Fézenzac, avec Auch pour capitale, ne devinrent héréditaires qu'au xe siècle, époque à laquelle Sanche le Courbé, duc de Gascogne donna le comté de Fézenzac à Guillaume-Garcie, son second fils, dont la descendance le posséda jusqu'en 1240. A cette date, la comtesse Béatrix étant morte, le Fézenzac passa à Géraud III d'Armagnac, son plus proche héritier.

On possède des deniers de Guillaume-Astanove (1032-50) avec + ASTANOVA croix ℞ + AUSCIO CIV. A et ω suspendus dans le champ.

Un denier d'Aimeri II (1050-97) porte : + AIMERICO . CO croix avec A et ω ℞ + AUSCIO CIV. Dans le champ les lettres S, O, V disposées en triangle, restes d'un ancien monogramme,

COMTÉ D'ARMAGNAC

En 960, Guillaume-Garcie, comte de Fézenzac, avait donné l'Armagnac à son second fils Bernard. En 1311, ce comté fut réuni à celui de Lomagne par le mariage de Régine de Goth avec Jean Ier.

VICOMTÉS DE LECTOURE ET DE LOMAGNE

Les vicomtes de Lectoure descendaient des vicomtes de Gascogne : les historiens racontent que les anciens comtes de Lectoure, ayant perdu le titre de comte et les fiefs de Béarn et de Dax, reçurent des ducs de Gascogne celui de vicomte de Gascogne, qu'ils conservèrent jusqu'au milieu du XIe siècle. Jusqu'au XIIIe siècle, ils prenaient le titre de vicomtes de Lomagne et d'Auvilars. En 1280, Philippe, fille d'Arnaud-Othon, épousa Hélie-Talleyrand VIII, comte de Périgord, et lui apporta les vicomtés de Lomagne et d'Auvilars. Hélie les céda en 1301 à Philippe le Bel qui les donna, le 14 décembre 1305, à Arnaud-Garcie de Goth, frère du pape Clément V. Régine de Goth, nièce de ce pontife, légua les deux fiefs à son époux Jean Ier, comte d'Armagnac (1335). Le roi de France prononça confiscation de ces biens contre Charles Ier d'Armagnac (1481) et la vicomté de Lomagne, après avoir passé dans les maisons d'Alençon et d'Albret, revint à la couronne, à l'avènement d'Henri IV.

Duby a publié des deniers avec LACTOR CIV. et d'autres de Jean Ier (1319-73) avec JOHANNI COMI ℞ LATO CI, ou COMITIS ARNANIA ℞ LACTORA CIVITAS MIB. Ces pièces n'ont pas été retrouvées, mais M. E. Caron a révélé l'existence de trois monnaies de Lectoure dont voici la description :

1. + SANCTIGINO. Champ : V, annelet et croisette, ℞ IIIO TIEL'ITOR, croix cantonnée d'un point.

2. + LECTORAM, quatre croisettes, ℞ CIVITAS EPI. Croix. Denier et obole.

La légende SANCTIGINO se rapporte à saint Génie ou Hygin sous le vocable duquel une église fut élevée dans un des faubourgs de Lectoure et transformée ensuite en abbaye (982).

Le second denier a été frappé dans la *civitas episcopi*. L'évêque possédait en effet un des trois quartiers de Lectoure, les deux autres appartenant au roi et au vicomte de Lomagne.

VICOMTES DE LOMAGNE

960. Odoat, vicomte de Gascogne.
990. Raimond-Arnaud,   *id.*
10... Arnaud,   *id.* (1).
1071. Odon Ier, vicomte de Lomagne et d'Auvillars.
1091. Vézian Ier.
11... Odon II (2).
1178. Vézian II.
1221. Odon III.
..... Arnaud-Odon II.
*127.. Philippe, vicomtesse de Lomagne et d'Auvillars,
        . et *Hélie-Talleyrand VIII*, comte de Périgord.
1301. Le roi de France, par acquisition.
1305. Arnaud-Garcie de Goth, par donation du roi.
*1311. Regine de Goth et Jean Ier, comte d'Armagnac.
1373. Jean II, comte d'Armagnac.
1384. Jean III,   *id.*
1391. Bernard,   *id.*   frère du précédent.
1418. Jean IV,   *id.*
1450. Jean V,   .   *id.*
1473. Charles, comte d'Armagnac. Ses biens confisqués par Louis XI et donnés par ce roi à la maison d'Albret, lui furent rendus en 1483 : il les donna, en 1497, au duc d'Alençon, son neveu.

VICOMTÉ DE FEZENZAGUET, COMTÉS D'ASTARAC ET DE PARDIAC

Le Fézenzaguet fut détaché de l'Armagnac en 1163 par

---

(1) Il avait cédé avant 1060 à Bernard Tumapaler, comte ou duc de Gascogne, ses droits à la vicomté de Gascogne, ainsi que les fiefs de Brulhois et Gimoëz.
(2) Il se disait vicomte *par la grâce de Dieu*.

former l'apanage d'un cadet de cette maison. L'Astarac fut détaché du duché de Gascogne par Sanche le Courbé qui le donna à son huitième fils dont la descendance l'a gardé jusqu'au XVIᵉ siècle. Le Pardiac fut détaché de l'Astarac, en 1025, en faveur de Bernard, fils de Bernard II, comte d'Astarac. Ce pays passa, au XIVᵉ siècle, dans la maison d'Armagnac.

COMTÉ DE COMMINGES

Saint-Bertrand était la capitale de ce comté qui passa en 1419 à Mathieu de Foix par son mariage avec Marguerite, fille de Pierre-Raimond II. Le comté réuni provisoirement à la couronne, à la mort de Mathieu, le fut définitivement en 1540.

BAYONNE

Jean de Gand, quatrième fils d'Edouard III, roi d'Angleterre, fut successivement duc d'Aquitaine et de Lancastre, comte de Richemond, Derby, Lincoln et Leicester, enfin roi de Castille et de Léon. Il mourut en 1399. Par une ordonnance du 12 juin 1377, le roi Edouard III lui accorda le droit de battre monnaie d'or, d'argent et d'autre métal et aloi dans la ville de Bayonne, au château de Guissen (Guessin) ou dans tout endroit des *Grandes-Landes*, pendant deux ans, à condition que cette monnaie ne serait pas aux types d'Angleterre et d'Aquitaine (*V. doc.* nº 7). Une seconde ordonnance du roi Richard II, neveu de Jean de Gand, datée du 7 mars 1380, lui concéda le même droit pour deux ans. Le château de Guessin est remplacé par la ville de Dax.

C'est en s'appuyant sur ces textes qu'on a pu pouvoir attribuer à Bayonne des deniers portant IOHANNIS REX, buste ℞ CASTELE . E . LEGIONIS, château à trois tours ; en haut, B-S ; dessous, B. Mais comme on retrouve cette même initiale sur d'autres monnaies des rois de Castille et qu'elle indique l'atelier de Burgos, il faut retirer cette pièce des séries françaises.

BÉARN

Le Béarn qui faisait primitivement partie du duché de Gascogne était possédé au commencement du ix⁰ siècle par Centulle-Loup et par Scimin ou Seguin qui se révoltèrent contre Louis le Débonnaire. Ils furent vaincus. Centulle-Loup, qui se retira en Espagne, laissait en France deux fils, Donat-Loup et Centulle dont l'un obtint le comté de Bigorre, l'autre la vicomté de Béarn (820). Le Béarn resta dans cette famille jusqu'en 1290. Par le mariage de Marguerite, fille de Gaston VII avec Roger-Bernard, il passa ensuite dans la maison de Foix qui le garda jusqu'en 1471. François Phœbus le réunit à la Navarre dont il suivit le sort. Cependant, c'est seulement en 1607 qu'il fut définitivement réuni à la couronne de France.

Les premières monnaies du Béarn ne remontent pas au delà du xi⁰ siècle. La monnaie de Morlaas, si répandue pendant le moyen âge, était encore frappée au nom de Centulle au milieu du xiii⁰ siècle. En 1077, Centulle IV avait donné au prieur de Sainte-Foix de Morlas la dime de ses émoluments monétaires. Cette donation fut confirmée par Gaston V, comme nous le voyons par une sentence qui rappelle que le monnayer Géraud, possédant le privilège de fabriquer les coins de Morlaas, par droit héréditaire, avait été inquiété par le vicomte Gaston. Géraud gagna sa cause par le *jugement du fer*, et obtint des lettres de confirmation en donnant cent sous et le dixième de ses émoluments à Sainte-Foy (L. Cadier, *Cartulaire de Morlaas*, 1884, p. 35.)

A dater de la fin du xiv⁰ siècle, la série numismatique des monnaies béarnaises comprend les pièces frappées par les rois de Navarre de la maison d'Albret.

Gaston IX de Foix, vicomte de Béarn, eut un fils cadet, nommé Roger-Bernard, qui lui-même eut pour fils Roger-Bernard II : cette branche posséda la vicomté de Castelbon et la seigneurie de Moncade. (Voy. p. 311.)

En 1421 et 1422, Mathieu de Foix, qui était comte de Comminges, par son mariage avec Marguerite, héritière de ce comté, se permit de faire frapper monnaie dans ses châteaux de Salies et de Saint-Julien : elles furent supprimées en 1425 par ordre de Charles VII.

Les lettres inscrites dans le champ présentant des formes irrégulières, on a hésité sur la manière de les interpréter, après les lectures *Percussa Morlani* (Lelewell) et *Pax Morlanis* (De Boze). Mais il paraît bien certain qu'il faut y voir le mot *Pax* (cf. E. Taillebois, *la Monnaie morlane au nom de Centulle*, Dax, 1883). Quant à la signification de la légende ONOR FORCAS, elle a également exercé la sagacité des numismatistes. *Honor* signifie *droit honorifique, domaine*, etc. *Forcas, Forquia, Furcia,* est synonyme de *Palatium* ou *Castellum*, d'après M. de Barthélemy. M. Bascle de Lagrèze ajoute que le château de Morlaas où se trouvaient les ateliers monétaires portait le nom de la *Hourquie* qui est encore celui de la place où se tiennent les foires à Morlaas. Pour le terme ONOR, comparez les monnaies de Saint-Gilles, atelier des comtes de Toulouse.

La première monnaie qui ne puisse plus être considérée comme anonyme est un florin de Gaston Phœbus (1343) qui porte la légende + FEBVS . COMES (*Num. Zeitschrift* de Vienne, 1885, pl. VIII, et Th. de Sevin, *Mém. Soc. Arch. Midi de la France*, 1883, p. 42).

Le monnayage immobilisé au nom de Centulle cesse à l'avènement de Jean (1412) qui, en conservant les types inscrit son nom, IOAN LO CONS en langue vulgaire. Sous le règne de ce dernier on voit paraître la vache comme type principal et on trouve un souvenir de ce type dans les petites monnaies de billon appelées *bacquettes*. Gaston de Foix frappe ensuite des écus d'or, un florin avec la légende + ARNI . G . DNS . BE disposée pour imiter le mot ARAGO des florins d'Aragon. De Gaston on a aussi des grands blancs, blancs et 1/2, des deniers et des petits deniers qui sont probablement des bacquettes. François-Phœbus fait frapper des écus d'or, des blancs et des deniers. Catherine a le même monnayage. D'Henri d'Albret on a seulement des espèces de billon. La numismatique du Béarn devient ensuite inséparable de celle de la Navarre.

VICOMTES ET PRINCES DE BÉARN

819. Centulfe Ier.

845. Centulfe II.

905. Centulle Ier ou Centoing.

*940. Gaston-Centulle.

*984. Centulle-Gaston Ier.

*1004. Gaston II.

1012. Centulle-Gaston II, et Gaston III, son petit-fils, mort avant lui.

*1058. Centulle IV, fils de Gaston III.

1088. Gaston IV.

*1130. Centulle V, CENTVLLO. COM.

1134. Pierre, vicomte de Gavaret, neveu de Centulle V.

1153. Gaston V.

1170. Marie, sœur du précédent, et Guillaume de Moncade. Sous le règne de Marie, les Béarnais se révoltèrent plusieurs fois et se livrèrent à des aventuriers.

1173. Gaston VI, fils de Marie.

1215. Guillaume-Raymond, frère du précédent.

1223. Guillaume Ier de Moncade.

1229. Gaston VII.

1290. Marguerite et Roger-Bernard, comte de Foix.

1302. Gaston VIII.

1315. Gaston IX.

*1343. Gaston X Phœbus.

1391. Mathieu de Foix, seigneur de Castelbon, arrière-petit-fils de Gaston VIII.

1398. Isabelle, sœur du précédent, et Archambaud de Grailly.

*1412. Jean de Grailly.

*1436. Gaston XI de Grailly.

*1472. François-Phœbus, petit-fils du précédent et roi de Navarre.

*1482. Catherine de Foix, sa sœur, et Jean d'Albret.

*1516. Henri d'Albret, roi de Navarre.

*1555. Jeanne d'Albret et Antoine de Bourbon.

*1572. Henri II, (IV comme roi de France).

SEIGNEURIE DE LESCUN

La seigneurie de Lescun, une des douze premières baronnies du Béarn, passa dans la maison de Foix, en 1470, par le mariage de Jean de Foix, vicomte de Lautrec, avec Jeanne d'Aydie, fille d'Odet, comte de Comminges et seigneur de Lescun. Un titre de 1374 nous apprend que le sire de Lescuinh battait monnaie (V. Castelbon). Aucun spécimen de cette fabrication ne nous est parvenu.

ROYAUME DE NAVARRE

Bien que la Navarre fasse partie de l'Espagne, son histoire est si étroitement liée à celle de la France qu'il est nécessaire de la considérer comme une province française.

Il semble que dans ce pays, comme dans les Asturies, les habitants chrétiens cherchèrent à résister aux musulmans. Néanmoins cette partie de l'Espagne était un territoire dont la possession était disputée par les Sarrasins, par les Carolingiens et par les antagonistes de ces derniers, c'est-à-dire les ducs de Gascogne.

Lorsque Charlemagne réunit la Navarre à l'empire, ce pays fit partie du royaume d'Aquitaine possédé d'abord par Louis le Débonnaire, ensuite par Pépin, fils de ce dernier. Aznar ou Asinaire, fils de Loup-Sanche, duc de Gascogne, s'étant révolté contre Pépin, s'empara de la Navarre et sut s'y maintenir avec l'agrément du roi. Son neveu Garcie fut nommé souverain par les Navarrais et prit le titre de roi. Au xie siècle, la Castille, la Navarre et l'Aragon étaient réunis sous la domination de Sanche III, dit le Grand, qui, en partageant ses Etats entre ses fils, forma les royaumes de Navarre, de Castille, de Sobrarve, d'Aragon et de Cantabrie. En 1234, le royaume de Navarre passa à Thibaut, comte de Champagne qui avait épousé Blanche, fille de Sanche VII ; il fut ensuite réuni à la couronne de France, de 1284 à 1328.

Vers la fin du xve siècle, Eléonore appela à lui succéder son petit-fils François Phœbus, et depuis cette époque les souverains furent les mêmes que ceux du Béarn.

En 1512, le roi d'Aragon s'empara de la partie de la Navarre qui était au delà des Pyrénées, de telle sorte que, depuis le commencement du XVIe siècle jusqu'à l'avènement de Henri IV à la couronne de France, le royaume de Navarre ne forma plus qu'un état très restreint contenant les villes de Saint-Jean-Pied-de-Port, Saint-Palais et Grammont. Les sires de Grammont prétendaient avoir le droit de frapper monnaie dans leur principauté de Bidache. Les rois de Navarre, à cette époque, possédaient les provinces voisines, savoir : le Béarn, le pays de Soule, le Labourd, la Chalosse et les Landes.

Le monnayage de Navarre était semblable à celui d'Aragon, dont nous parlerons dans le chapitre consacré à l'Espagne (V. tome II) ; les comtes de Champagne y importèrent le type champenois ; les comtes d'Evreux imitèrent les monnaies royales de France ; quant à celles des rois de la maison d'Albret, leurs types héraldiques les rendent faciles à discerner. Nous donnons, dans le paragraphe de l'Espagne, la liste des rois de Navarre, en notant ceux dont nous connaissons des monnaies (V. tome II).

On a tenté diverses explications des armes de la Navarre et on pense généralement qu'elles tirent leur origine du jeu des Marelles (*Magasin pittoresque*, 1840, 32).

Charlemagne et ses successeurs ont dû frapper monnaie en Navarre, car un denier de Sanche III, portant *Imperator* et une tête, paraît être la suite de ce monnayage.

Après les deniers de Garcie et de Sanche, nous avons le monnayage de la maison de Champagne, de Thibaut Ier (TEBALD 'REX Ṇ DE NAVARE) et de Thibaut II (TIOBALD'REX). Jeanne Ire met sur ses deniers une fasce avec appendices imitant les rateaux de Champagne. La numismatique de Charles le Mauvais est très variée. Il frappa des écus d'or, des florins avec NAVARRA. REX. K. Il aurait également fait faire des couronnes d'or et des doubles florins (en 1356) qui ne sont pas retrouvés. Le monnayage de billon se compose de gros, de blancs, de deniers, de doubles parisis. Notons aussi le denier avec PARISIVS . CIVIS (Gariel, *Ann. Soc. Num.*, t. V, 115). Beaucoup de ces monnaies sont

imitées de monnaies royales. Quelques gros portent PRO-
PRIETARIUS. NAV (arrae).

Charles le Noble n'a probablement pas frappé monnaie,
car il reçut des Cortès, au commencement de son règne,
30,000 florins, sous la condition de ne pas faire monnayer.

Jean et Blanche frappèrent des blancs, des gros et des
deniers. Jean y ajouta des écus et demi-écus d'or.

François Phébus frappa avec le titre seul de roi de Navarre, des demi-écus d'or et des blancs ; Jean et Catherine
placèrent leurs noms sur des écus et des blancs. Sous
Ferdinand le Catholique (1512-1515) parurent des quadruples et doubles ducats et des demis. Henri d'Albret frappe
des écus au soleil qui eurent cours pour 49 sous et pour
47 sous 15 deniers. Ces pièces portaient la devise *Gratia
dei sum id quod sum*. Des douzains et des liards présentent la même légende qui parut sur toutes les monnaies
postérieures de la Navarre. Antoine de Bourbon et Jeanne
d'Albret frappèrent des testons portant leurs deux bustes.
A partir de Jeanne d'Albret, une série de documents monétaires nous renseignent sur le monnayage du Béarn et
de la Navarre. Dans les trois ateliers de Morlaas, Pau et
Saint Palais on frappa des écus et des doubles ducats d'or,
des pièces de 20 sols, des testons et demi-testons, des
pièces de 15 sols, des francs, quarts d'écus et demi-francs
huitièmes d'écu, des liards et des bacquettes (quart de
liard). Parmi ces monnaies, les plus curieuses sont les
écus d'or de Jeanne d'Albret qui portent une croix formée
de S barrés, emblème que l'on retrouve seul sur un écu et
sur des jetons de la même princesse. Les monnaies de
Jeanne se recommandent par leur mérite artistique. Beau-
de ces pièces portent comme différent un croissant et une
étoile, marque d'Etienne Bergeron, maître de la monnaie
de Pau, de 1560 à 1572 (cf. nos *Documents pour servir
à l'Hist. monét. de la Nav. et du Béarn, Ann. Soc. fr.
de Num.*, 1887, p. 129-180). M. Caron a publié une curieuse imitation du Gros de Nesle, avec un H accosté de
trois vaches, daté de 1587.

FOIX

Le comté de Foix ne date que de 1050. Au xiv⁰ siècle, il fut réuni au Béarn, puis à la Navarre.

Duby a signalé un denier avec R.COMES ℞ FUXII, mais cette pièce appartient probablement au marquisat de Provence, dont on possède des pièces analogues (V. p. 319). Mais ce pourrait être aussi une imitation monétaire réelle.

Jean de Grailly, comte de Foix, vicomte de Béarn, fit battre à Pamiers une monnaie appelée des *guishems* ou *guillems*. Mais ces monnaies à bas titre furent interdites à deux reprises par le dauphin Charles, en 1421 et 1422 (cf. L. Flourac, *Jean Ier*, 1884, p. 82). Il faut dire que Jean se réservait les bénéfices de la fabrication au lieu d'en verser le montant dans le trésor du dauphin. Les produits de l'atelier de Pamiers ne sont pas connus.

COMTES DE FOIX

1012. Bernard-Roger, second fils de Roger Ier, comte de Carcassonne.
1038. Roger Ier.
1064. Pierre, frère du précédent.
1070. Roger II.
1125. Roger III.
1149. Roger-Bernard Ier.
1188. Raymond-Roger.
1223. Roger-Bernard II.
1241. Roger IV.
1265. Roger-Bernard III.
1302. Gaston Ier.
1315. Gaston II.
1343. Gaston III Phébus.
1391. Mathieu de Castelbon.
1398. Isabelle, sœur du précédent, et Archambaud de Grailli.
?1412. Jean de Grailly.
1436. Gaston IV.
1470. François Phébus, qui devint roi de Navarre.
V. *Navarre.*

CASTELBON

Castelbon, seigneurie située dans le Bigorre, passa dans la maison de Foix, en 1202. En 1381, Isabelle de Foix, fille du comte Roger-Bernard II, apporta la vicomté de Castelbon à Archambaud de Grailly, captal de Buch, qui commença la seconde branche des comtes de Foix. Le domaine fut réuni par Henri IV à la couronne de France. En juin 1374, le duc d'Anjou accorda à Roger-Bernard de Foix, vicomte de Castelbon, le droit de frapper des monnaies comme celles du sire de Lescun, c'est-à-dire aux poids et titre des monnaies du roi de France, à condition que la moitié des émoluments appartiendraient à ce dernier (*Hist. du Languedoc*, Preuves, c. 340). Ces monnaies n'ont pas encore été retrouvées.

MARQUISAT DE GOTHIE

On a déjà vu que les premiers Carolingiens avaient étendu le territoire au delà des Pyrénées par leurs conquêtes. Ces pays conquis étaient désignés sous le nom de Marches d'Espagne : ils se divisaient en deux parties. Celle qui était limitrophe de la Gascogne porta le nom de Marche de Gascogne, puis Navarre ; elle fut dans la suite divisée entre les descendants des ducs de Gascogne : nous en parlons aux chapitres consacrés à l'Espagne et au Béarn.

La partie orientale des Marches d'Espagne était limitrophe de la Septimanie, ou Gothie, et portait le nom de Marche de Gothie et ensuite de comté de Barcelone, du nom de sa capitale. Les comtes de Barcelone, à la fin du XIIe siècle, devinrent rois d'Aragon par un mariage.

Le comté de Barcelone fut formé d'une division du royaume d'Aquitaine. En 817, Louis le Débonnaire l'érigea en duché ; et en 864, Charles le Chauve, divisant ce duché en deux marquisats, donna pour capitales, à l'un, Narbonne, à l'autre, Barcelone. Sous Charles le Chauve, les comtes de Barcelone, successeurs héréditaires des marquis amovibles de Gothie, s'empressèrent de frapper monnaie à leur bénéfice. Nous voyons en effet Wifred II, second comte de

Barcelone, donner en 911 à l'église d'Ausonne le tiers de
la monnaie qu'il faisait frapper dans cette ville : à la fin
du x⁰ siècle, nous avons la preuve que l'évêque de Gironne
avait aussi le tiers de la monnaie fabriquée dans sa cité,
probablement par suite d'une donation analogue.

Les comtes de Barcelone partagèrent la Marche de Gothie entre leurs enfants ; c'est ce qui donna naissance aux
comtés de Cerdagne, de Bésalu, d'Ampurias, de Roussillon
et d'Urgel.

Les premiers comtes de Barcelone se servirent de monnaies imitées des deniers carolingiens pour l'argent, et
des monnaies arabes pour l'or. Au xiᵉ siècle ils frappaient
des *mancuses* d'or et des *terns*, au xiiᵉ des *querns* ; au
xiiiᵉ siècle, devenus rois d'Aragon, ils émettaient de la
monnaie brune, puis *bossonaya*, puis *doblenca* ou *duplo*.

On donne à Bérenger-Raimond (1017-35) une pièce d'or
avec RAIMUNDUS COMES renversé et des légendes arabes.
(*R. N.*, 1856, 63). On peut y voir un de ces *marabotins* si
célèbres au moyen âge. Des mancuses d'or de Raimond-
Bérenger IV portent BERENGARIUS ℞ BARKINOT.

MARQUIS DE GOTHIE ET COMTES DE BARCELONE

844. Sunifred Iᵉʳ, fils de Borel, comte d'Ausonne, de
    Gironne et d'Urgel, créé marquis de Gothie ou
    Septimanie par Charles le Chauve;
848. Aledran,   *id.*
852. Odalric,   *id.*
857. Humfrid,   *id.*
864. Wifred Iᵉʳ, comte de Barcelone ; l'un de ses fils,
    Sunifred ou Suniaire, devint comte d'Urgel en
    884.
906. Wifred II.
913. Miron, frère du précédent; son fils, Oliba Cabrera,
    est la tige des comtes de Cerdagne et de Bésalu.
918. Sunifred II.
967. Borrel, comte d'Urgel, cousin germain du précé-
    dent.
993. Raimond-Borrel Iᵉʳ.

1017. Bérenger-Raimond Ier.
1035. Raimond-Bérenger II?
1076. Raimond II Bérenger et Bérenger-Raimond, frères.
1093. Raimond III Bérenger.
1131. Raimond IV Bérenger, qui devint roi d'Aragon par
      son mariage avec Pétronille, fille d'Alphonse,
      roi d'Aragon et de Navarre, mort en 1134. (Voy.
      les rois d'Aragon.)

ÉVÉCHÉ DE GIRONE

Duby, d'après une lettre du pape Sylvestre II, montre
que les évêques de Girone avaient le tiers de la monnaie
de cette ville. On ne connaît cependant qu'un denier carolingien (GERVNDA).

COMTÉ DE BÉSALU

En 928, Miron, comte de Barcelone, donna à son fils
puîné Oliba, les comtés de Bésalu, Conflans et Valespir.
En 1111, Bésalu revint au comte de Barcelone.
En 1072, Bernard, comte de Bésalu, donna à l'église
Sainte-Marie la dîme de la monnaie d'or et d'argent fabri-
quée à Bésalu (*Hist. Languedoc*, t. III, 219).
On n'a pas encore retrouvé ce monnayage.

COMTES DE CERDAGNE ET DE BÉSALU

928. Oliba Cabrera, comte de Cerdagne, Bésalu, par do-
      nation de son père Miron, comte de Barcelone.

988. Bernard, comte de Bé-
      salu.
1020. Guillaume Ier.
1052. Guillaume II et Ber-
      nard II.
11... Bernard III, fils de
      Guillaume II.
1111. Réunion au comté de
      Barcelone.

988. Guifert, comte de Cer-
      dagne.
1025. Raymond.
1068. Guillaume-Raymond.
1095. Guillaume-Jourdain et
      Bernard-Guillaume.
1117. Réunion au comté de
      Barcelone.

18

AGRAMONT

Duby mentionne la monnaie d'Agramont d'après des traités du XIIIᵉ siècle.

VICH

Vich, d'abord Ausonna, puis Vicus Ausoniæ, est en Catalogne. D'après un titre de 911, cité par Duby, Wilfred II, comte de Barcelone, donna par son testament à l'église d'Ausonne le tiers de la monnaie de cette ville. Fillon (*Etudes*, p. 89) croit que l'atelier était en pleine activité sous les premiers Carolingiens. Louis XIII établit un atelier à Vich, pendant l'occupation de la Catalogne.

On a un denier anonyme des évêques de Vich, qui porte ✝ EPISCOPI VICI. Buste ℞ SANTI PETRI, croix de Catalogne et clefs.

COMTÉ D'URGEL

Charles le Chauve comprit Urgel dans le comté de Barcelone, mais Wilfred le Velu le donna, en 884, à son fils Sunifred.

En 1234, Urgel passa dans la maison de Cabrera, puis, au XIVᵉ siècle, à l'Aragon.

On donne des deniers portant URGELLENSIS, COMES UR-GELLI, COMES URGELLI ET V(alladolid) à Pons II et Ermengaud.

On a également des monnaies de Pèdre II, roi d'Aragon, et de Pierre d'Aragon, comte d'Urgel, de 1347 à 1408. La La première a été frappée lorsque ce fief était disputé, en 1210, entre le roi, Aurembiax, fille d'Ermengaud VIII, dernier comte, et Géraud de Cabrera, cousin germain de cette dernière. Le type de la monnaie du XIVᵉ siècle, sur laquelle on aperçoit une crosse, d'après le dessin de Duby, porterait à penser qu'il y eut, sous les anciens comtes d'Urgel, issus de Wifred Iᵉʳ, comte de Barcelone, une monnaie particulière dont quelque évêque avait une partie des émoluments.

COMTES D'URGEL

884. Sunifred ou Suniaire, fils de Wifred le Velu, comte de Barcelone.

950. Borel, ensuite comte de Barcelone.

993. Ermengaud Ier.

1010. Ermengaud II.

1040. Ermengaud III.

1065. Ermengaud IV.

1092. Ermengaud V.

1102. Ermengaud VI.

1154. Ermengaud VII.

1183. Ermengaud VIII.

1208. Aurembiax, fille du précédent. — Géraud de Cabrera, son cousin germain. — Pierre II, roi d'Aragon.

1228. Aurembiax, rétablie dans l'héritage de son père, et son mari Pierre, fils de Sanche, roi de Portugal.

1231. Jacques, roi d'Aragon. — Pons de Cabrera. PONCI. COMES.

1243. Ermengaud IX, fils de Pons de Cabrera. — Rodrigue Alvar, son frère.

*1269. Ermengaud X. ERNMENGAVDVS.

1314. Alphonse IV, roi d'Aragon.

1336. Jacques d'Aragon.

*1347. Pierre, vicomte d'Ager. PETRVS.

1408. Jacques II.

1412. Réunion à la couronne d'Aragon.

COMTÉ D'AMPURIAS

Le comté d'Ampurias et de Peralada, un des plus importants de la Marche d'Espagne, fut joint au comté de Roussillon jusqu'en 991. A cette époque, Gausbert partagea ses domaines entre ses fils Eudes et Guilabert. Le premier eut Ampurias.

En 1321, le roi d'Aragon donna le comté d'Ampurias à son fils Don Pèdre.

Avec les rares deniers de Charlemagne et de Louis, le monnayage du comté offre un denier portant + HUGO.COMES. croix ℞ IMPURIARUM, main tenant une épée. Poey d'Avant attribue cette pièce à Hugues III, mort en 1230.

Un autre denier porte : VGO.POCI, croix coupant la légende ℞ COMES.EMPVR. Grande épée (*R. N.*, 1860, 380). C'est peut-être une imitation des monnaies de Bertrand, comte de Toulouse.

COMTES D'AMPURIAS

812. Ermenger.
820. Gaucelm, comte de Roussillon et d'Ampurias.
850. Suniaire I er, comte de Roussillon ; Alaric, comte d'Ampurias.
     Suniaire II, comte de Roussillon et d'Ampurias.
915. Bencion et Gausbert.
740. Gausfred.
992. Hugues, comte d'Ampurias.
1040. Pons I er.
1070. Hugues II.
*   Pons-Hugues I er. VGO.POCI.
*1160. Hugues III. HVGO.COMES.
1230. Pons-Hugues II.
1268. Hugues IV.
1277. Pons-Hugues III.
1310. Malgaulin.
1321. Réunion au royaume d'Aragon.

LANGUEDOC ET TOULOUSE

Charlemagne rétablit, en 778, l'ancien royaume d'Aquitaine, en faveur de son fils Louis le Débonnaire; mais celui-ci étant trop jeune pour gouverner, il y a eu dans la plupart des villes des comtes ou gouverneurs. Chorson fut le premier comte de Toulouse. Ces comtes devinrent héréditaires à partir de Raymond I er, en 852. La descendance de ce dernier garda Toulouse jusqu'en 1249. Alphonse de France, qui avait épousé Jeanne, fille de ·

Raimond VII, devint alors possesseur de Toulouse. A sa mort, en 1274, le comté revint à Philippe III ; mais il ne fut définitivement réuni qu'en 1561.

Poey d'Avant a fait remarquer que Toulouse avait été un grand centre monétaire. Les deniers avec le nom de Eudes ODDO disposé en croix ont servi de point de départ aux monnaies de Narbonne et de Maguelonne.

Sous Charles le Simple, un des évêques mit, dans le champ, son nom VGO qui, subissant diverses transformations, devint plus tard le mot PAX, lorsque cette formule devint populaire.

Fillon (*Catalogue Rousseau*, 49), a prétendu que ce mot UGO n'était qu'une dégénérescence du type odonique ; mais M. Caron a suffisamment prouvé que ce changement de type était volontaire et raisonné.

A défaut de textes, il semble que les monnaies font connaître : 1° que les comtes de Toulouse s'étant emparés de l'atelier monétaire royal de Toulouse entre 888 et 896, continuèrent la fabrication des deniers et des oboles au monogramme d'Eudes ; 2° que les évêques de Toulouse, voulant aussi avoir une monnaierie, firent forger des deniers au type de Charles le Simple ; 3° que l'atelier des comtes l'emporta sur celui des évêques, et qu'on vit paraître alors les noms des seigneurs laïques sur les monnaies de Toulouse. On peut ajouter que le mot PAX, que l'on voit figurer plus ou moins lisiblement sur un assez grand nombre de monnaies toulousaines, permet de penser que les deux monnayages ayant été réunis, l'évêque conserva certains droits sur les monnaies qui portaient les noms des comtes. (A. de Barthélemy, *Manuel*, édit. 1851, p. 172).

D'autres numismatistes croient que les comtes, devenus puissants, écartèrent l'immixtion épiscopale tout en conservant le type de l'évêque Hugues. Les comtes eurent probablement plusieurs ateliers ; l'un fut Saint-Gilles, qui employa sur la monnaie *Egidienne* le type de l'agneau pascal.

Des deniers et oboles de Pons (1037-60) portant au ℞ ✠ ΛΙΛΝRGO et dans le champ REX, disposé en triangle, ont suscité diverses interprétations. On y a vu d'abord les

8.

restes de *Christiana religio*, puis les éléments du mot *Aragoni*. Enfin, A. de Longpérier a démontré qu'il fallait y voir le nom du roi Henri, écrit *Aianrico* et *Anrigo* sur les chartes (*R. N.*, 1858, 71). Le nom VGO, sous Alfonse-Jourdain et Raymond VII, est devenu un ᴀ évasé, un ᴏ en forme de crosse et une croisette, ensemble qui peut être lu PAX.

Ch. Robert a publié un denier de Raimond VI ou VII, frappé sur or (*R. N.*, 1860, 199).

Alfonse de France prit pour types, à Toulouse comme à Poitiers, le châtel et les armes au parti de Castille et de France (*V. doc.* n° 9).

SAINT-GILLES

En 1095, on trouve la mention de la monnaie de Saint-Gilles. Mais l'existence de l'atelier remonte peut-être plus haut encore.

Alfonse-Jourdain y frappa des deniers et oboles portant : ✝ ᴀɴꜰᴏꜱ.ᴄᴏᴍᴇꜱ ℞ ᴏɴᴏʀ.ꜱᴄɪ,ᴇɢɪᴅɪ, agneau pascal surmonté d'une croix grecque à long pied. Raimond V continua ce monnayage avec la légende ✝ ᴏ ʀᴀᴍᴜɴᴅᴜꜱ et le même ℞.

Quant au type de l'agnel on le retrouve sur des poids monétiformes de Toulouse des xvᵉ et xvıᵉ siècles et dans les armoiries actuelles de la ville.

COMTES DE TOULOUSE

778. Chorson ou Torsin.
790. Guillaume Iᵉʳ, parent du roi Pépin.
810. Raimond Rafinel.
818. Bérenger.
835. Bernard, duc de Septimanie.
844. Guillaume II.
850. Fredelon.
852. Raimond Iᵉʳ, premier comte héréditaire.
864. Bernard.
875. Eudes.
919. Raimond.

923. Raimond Pons.

*950. Guillaume Taillefer. vvilelmo ou gvilelmvs.co. ℞ tolosa. civ. (vgo.)

*1037. Pons. poncio. comes.

*1060. Guillaume IV. vvielmo. come.

*1088. Raimond IV de Saint-Gilles. ramvndo. come. Guillaume, duc d'Aquitaine, de 1098 à 1100.

*1105. Bertrand. bertran.

*1112. Alphonse Jourdain. anfos. — Guillaume le Jeune, de 1114 à 1120.

*1148. Raimond V. raimvndo. — Alphonse II. anfos.

*1194. Raimond VI, (mort en 1222).

1214. Simon de Montfort, compétiteur de Raimond VI. Amauri, fils de Simon, devient compétiteur à la mort de son père (1218).

*1217. Raimond VI.

*1222. Raimond VII. ramon.cones.

*1249. Alphonse de France. a.comes.fil.reg.fran. ou alfos.com.

1271. Réunion à la couronne.

MARQUISAT DE PROVENCE

Le marquisat de Provence passa aux comtes de Toulouse, en 990, par le mariage de Guillaume Taillefer, avec Emma, fille de Rotbold, comte de Provence.

L'atelier du marquisat, établi peut-être à Pont-de-Sorgues, a frappé des deniers et des oboles pour les comtes de Toulouse. On attribue à Raymond VI ou VII les pièces suivantes :

1. ✠ r.comes, le soleil et la lune, ℞ croix coupant la légende dvx.m, évidée et avec trois besant à chaque extrémité.

2. ✠ r. comes. palatii, croix ℞ dux.marchio.pu. Le soleil et la lune. Ce type se retrouve sur les monnaies de Raimond II à Tripoli.

Alfonse (1249-71) prend sur ce monnayage les titres suivants : a. comes.tolose ℞ marci. puincie. Le type est un châtel.

NARBONNE

La vicomté de Narbonne fut d'abord régie par des vidames amovibles. Le plus célèbre fut Milon, vers 760. Les vicomtes héréditaires parurent avant Aimery Ier. La descendance de celui-ci garda Narbonne jusqu'en 1447. A cette date, Guillaume de Tinières vendit sa vicomté à Gaston IV de Foix. Narbonne fut échangée, le 19 novembre 1507, à Blois, contre le duché de Nemours, donné par Louis XII, puis réunie à la couronne l'année suivante.

Le premier type est celui de Milon ; il fut ensuite remplacé par l'empreinte odonique. Au xiiie siècle, l'influence ecclésiastique fit admettre le type de la clef. Dès 1215, les évêques et les comtes conclurent un arrangement pour fabriquer la monnaie en commun. Mais des démêlés retardèrent l'exécution de cette mesure. Lorsque le monnayage fut fabriqué d'après cet accord, à la fin du xiiie siècle, les évêques marquèrent les espèces de la mitre, et les vicomtes de la clef avec l'écu-cadenas.

Milon, qui a frappé le denier de Pépin avec MILO ꝶ P. RE, est probablement le même personnage que l'on trouve à Narbonne, inscrivant son nom dans les quatre cantons, d'une croix (ꝶ NRBO dans les cantons d'une croix ancrée).

Depuis Raimond Ier, on a ensuite une série de monnaies des vicomtes jusqu'à Amaury Ier (1239-70).

M. Caron donne à Aimeri IV les pièces avec AIMERICUS ꝶ NARBONE.CIVI, clef dans le champ. Il est possible que ce soit un produit du monnayage commun d'Aimeri III et de Arnauld Amaury, archevêque de Narbonne, en 1212. Le vicomte avait, en effet, donné au légat, en 1215, en compensation des torts qu'il lui avait faits et en reconnaissance du pardon qu'il en avait obtenu, la moitié de sa monnaie, à la condition qu'elle serait battue au nom de tous deux et le profit partagé : cette libéralité fit naître des discussions dans la suite, car on voit, en 1242, l'archevêque Pierre Amelii se plaindre de ce que le vicomte Amaury IV s'était, par force, emparé de la moitié de la monnaie donnée à Arnauld Amaury.

En 1266, un accord entre le vicomte Amaury IV et

l'archevêque Maurice. Ce document établit en commun la
fabrication, les bénéfices, les criées et la proclamation de
la monnaie qui devait porter le nom, la mitre ou la crosse
de l'archevêque et le nom du vicomte avec le bouclier et
la clef. Comme le fait remarquer M. Caron, cet acte pré-
cise la date de la monnaie d'alliance et montre que l'objet
pris pour un cadenas représente l'écu du vicomte.

On trouve ensuite une série de deniers émis par l'archevêque Gilles-Aycelin et par le vicomte Amaury II
(1298-1311). Ces pièces portent, avec la mitre, la clef et
l'*écu-cadenas*, les légendes suivantes : + E. ARCHIEPS.
NARB. ℞ + A. VICECONS NARB. Duby a signalé un gros
qui n'a pas été retrouvé.

Ce monnayage est cité dans un texte où il est dit que
Gilles-Aycelin et le vicomte de Narbonne firent fabriquer
de *nouvelles espèces ou de la petite monnaie de Narbonne pour deux petits tournois de l'aloi du roi saint
Louis, en sorte qu'elle serait de trois deniers de douze
grains de l'argent du roi, et du poids au marc de Narbonne de vingt-sept sols narbonais blancs susdits.*

On trouve un certain nombre de ces monnaies offrant
des deux côtés la légende de l'archevêque ou celle du
vicomte. L'explication n'en est pas certaine.

VICOMTES DE NARBONNE

* 78.. Milon. MILO.
  802. Cixilane.
  851. Alaric et Francon Ier.
  878. Lindoin.
       Mayeul.
  911. Gaucher et Albéric.
       Francon II.
  924. Odoo et Wlérad.
  933. Matfred.
* 966. Raymond Ier. RAIMVN.
* 1023. Raymond-Bérenger. BERINGARI.
** 1067. *Raymond II*, Bernard et *Pierre*. PETRVS.EPOS.
* 1080. Aimery, fils de Bernard. EIIMERICVS.

*1105. Aimery II.

1134. Alphonse Jourdain, comte de Toulouse. ANFCS.DV.

*1143. *Ermengarde*, fille d'Aimery II, et Alphonse, son époux, puis Bernard d'Anduse. ERMENGARD.

1192. Pierre de Lara, neveu d'Ermengarde.

**1194. Aimery III, AIMERICVS.

*1239. Amaury Ier, AMALRICVS.

*1270. Aimery IV.

*1298. Amaury II.

*1328. Aimery V.

1336. Amaury III.

1341. Amauri IX, frère du précédent.

1388. Guillaume Ier.

1397. Guillaume II.

1424. Pierre de Tinières, dit Guillaume III, frère utérin du précédent.

1447. Gaston Ier, comte de Foix, quatrième du nom.

1472. Jean de Foix.

1500. Gaston, en 1507, échange avec le roi de France la vicomté de Narbonne contre le duché de Nemours.

Archevêché de Narbonne. — Nous donnons ici la série des archevêques de Narbonne depuis 1215, date de la libéralité faite par Aimery III, jusqu'au xive siècle, époque à laquelle cessa probablement le monnayage narbonnais : la monnaie de l'archevêque Pierre, avec PETRVS. EPOS est plutôt une pièce baronale qu'une pièce archiépiscopale.

1212. Arnauld II Amaury.

1226. Pierre III Amelii.

1245. Guillaume Ier de Broue.

1258. Jacques.

1259. Gui Foulquoys, cardinal en 1261, pape en 1265, sous le nom de Clément IV.

1263. Maurin.

1272. Pierre IV de Montbrun.

*1290. Gilles Aycelin.

1311. Bernard II de Fargis.

1341. Gausbert Ier du Val.

1347. Pierre V de la Jugie.
1375. Jean Ier Roger.
1391. François Ier de Conzié.
1433. François II, cardinal Condolmerio, etc.

CARCASSONNE

Etabli par Charlemagne, le comté fut mis sous la dépendance de Bernard, comte de Toulouse, en 872. Le premier comte héréditaire de Carcassonne paraît avoir été Oliba II.

En 1067, Raymond-Bernard d'Albi, qui avait épousé Ermengarde de Carcassonne, vendit le comté moyennant onze cents onces d'or, à Raimond-Bernard Ier, comte de Barcelone, et lui transmit en même temps la monnaie. Trois ans après, le comte de Barcelone inféoda le comté à ses anciens possesseurs, en leur laissant le titre de vicomte. Il se réserva celui de comte avec la ville de Carcassonne et ses environs (1).

Pendant la guerre des Albigeois, le gouvernement fut donné à Simon de Montfort qui prit le titre de vicomte de Carcassonne. Raimond-Trancavel II essaya vainement de rentrer en possession de son comté, qui fut cédé au roi de France, en 1247.

Après la cession de Carcassonne au comte de Barcelone, les successeurs de Bernard-Aton frappèrent monnaie à Béziers. Cependant Raimond-Trancavel, vicomte de Carcassonne, donna une charte, en 1159, par laquelle il rétablissait un atelier dans cette ville (*V. doc.* n° 10).

Le type odonique qui se rencontre sur les premières monnaies de Carcassonne fut probablement emprunté aux monnaies de Toulouse. Cependant quelques auteurs, entre

(1) En 1125 et 1126, on trouve des textes qui prouvent que Bernard Aton donna à ses chevaliers les anciens bâtiments de l'atelier monétaire : *Damus tibi, Nichola, ad fevum propter castellaniam, ipsam estagam et ipsum mansum qui fuit Raymundi Cathallani in civitate Carcassona, cum ipsa turre monetaria veteri.* (Voy. D. Vaissette, t. II, *Preuves*, col. 429 et seq.)

autres Fillon, donnent au monnayage de Carcassonne une origine carolingienne.

Des pièces portant RUMANDO ℞ CARASONA, ont été attribuées à un Raimond qui aurait été comte de 1002 à 1012; mais il vaut mieux les donner à Raimond, fils aîné de Guillaume, qui gouverna en 1034. On trouve dans le champ de ces pièces soit les lettres L, V, X, soit trois I en triangle.

Une monnaie avec PITRUS.CO ℞ RAIMUNDO; champ : LU et deux annelets, formant une croix, est donnée soit à Pierre Raimond (1012-1061), soit à Guillaume Raimond (1012-1061), soit enfin à Raimond Guillaume (1034-1068) qui ont tenu successivement et en paréage le comté de Carcassonne.

Pierre, évêque de Girone, frappa des deniers avec les légendes PETRUS EPIS ℞ CARCASONA. Dans le champ, AT +.

On peut donner à Roger (1050-1064) des deniers portant RODGER et au ℞ PETRUS.

Un denier avec CARCASONA CI. Champ : ATE et ℞ LIOBA. CI est encore inexpliqué.

COMTES ET VICOMTES DE CARCASSONNE

? 819. Oliba Iᵉʳ, issu de la famille de saint Guillaume, duc de Touraine.

836. Louis Eliganius.

?86.. Oliba II et Acfred Iᵉʳ.

906. Bencion.

908. Acfred II.

934. Arsinde, épouse d'Arnaud de Comminges.

957. Roger Iᵉʳ.

* 1002. Raimond Iᵉʳ. RVMANDO ou RAMVIN.CO.

* 1012. Pierre et Guillaume, tous deux petits-fils de Roger Iᵉʳ; Pierre-Roger et *Bernard*, fils de Roger Iᵉʳ.

* 1034. *Raimond*-Guillaume, Pierre-Guillaume et Bernard-Guillaume, fils de Guillaume-Raimond.

* 1060. Roger III, fils de Pierre. RODGER ou ROIGER.

1067. Ermengarde, sœur du précédent, et Raimond-Bernard, vicomte d'Alby et de Nîmes.

1070. Raymond-Bérenger Ier, comte de Barcelone.

1076. Raymond-Bérenger II.

* 1083. Bernard-Atton, vicomte d'Albi, et premier vicomte de Carcassonne. BERNARDVS.CO.

* 1130. Roger Ier. ROGER.COMES ou CON.

* 1150. Raymond-Trencavel Ier, frère du précédent, à *Béziers*.

* 1167. Roger II. ROGER.COMES.

* 1194. Raymond-Roger, à *Béziers*.

1209. Raymond-Trencavel II. En 1247, Raymond-Trencavel II céda tous ses États au roi de France, entre les mains du sénéchal de Carcassonne.

ÉVÊQUES DE CARCASSONNE

Saint Hilaire.
589. Serge.
633. Solemnius.
653. Silvestre.
683. Étienne Ier.
791. Hispicien.
800. Roger.
813. Senior.
851. Liviula.
860. Eurus.
876. Arnoul.
883. Gisleran.
903. Saint-Gimier.
933. Abbon.
936. Guisand.
965. Francon.
984. Emmeric.
1004. Adalbert.
1028. Foulques.
1031. Guifred.
1056. Arnaud Ier.

1072. Bertrand Ier de Rochefort.
* 1077. Pierre Artaud.
* 1085. Pierre II.
1106. Guillaume Ier Bernard.
1107. Raimond Ier.
1113. Arnaud II, de Gironne.
1131. Raimond II.
1142. Pons Ier, de Tresmals.
1159. Pons II, de Brugal.
1170. Othon.
1201. Bérenger I.
1209. Bernard-Raimond de Rochefort.
1210. Gui.
1226. Clarin.
1248. Guillaume II Arnaud.
..... etc.

COMTÉ DE RAZEZ

Une pièce de Charlemagne portant REDS a été considérée comme appartenant à ce pays. Le comté de Razez fut réuni au comté de Carcassonne, et il est probable qu'aucun seigneur n'y fit frapper monnaie.

BÉZIERS

Garsinde, vicomtesse de Béziers et d'Agde, en épousant Raimond, fils aîné de Roger Ier, vicomte de Carcassonne, apporta ses domaines dans la maison de son mari, où ils restèrent jusqu'à la cession faite au roi de France par Raymond-Trencavel II. Jusqu'à cette époque, Béziers resta sous la suzeraineté du comte de Toulouse.

Une obole portant XRISTIANA REIGIO, et BITIRRES, en deux lignes au ℞, est considérée comme une monnaie municipale de Béziers, par MM. Gariel et E. Caron (p. 402). Après les pièces de Charlemagne et de Charles le Gros, Poey d'Avant a placé une pièce à inscriptions barbares, sur laquelle il a lu RAMUND' ℞ PITERRIS, et qui serait une imitation d'un denier melgorien. Il faut peut-être rapprocher cette pièce de celles de Carcassonne.

Le monnayage devient plus certain à partir de Bernard-Aton, dont les pièces portent BITERRIS CIVI, avec REX en triangle dans le champ, ou PE, avec deux annelets.

On a également des pièces de Roger Ier, ROGER VICE-COME.

On en donne aussi à Bernard Aton II (1150), avec BERNARDU CO.

Raymond Trencavel (1150), frappa, à Béziers, des deniers et oboles, dont voici la description : ℞ : TRENCAI, croix ; ℞ BITERRIS CIV', Deux étoiles à six rayons; percées en annelets au centre, et les lettres RE, le tout en croix.

Le type du ℞ devient PP, et deux annelets en croix sur les monnaies de Roger II (ROGER. VICECOME), et les P sont remplacés par des I sur celles de Raimond-Roger

(R. ROGER VICECO). Sur quelques pièces de ce dernier vicomte, on voit paraître une croix à pied entre deux I.

SUBSTANTION-MELGUEIL

La ville de Maguelonne, fondée par les Wisigoths, fut ruinée en 737. Les évêques se réfugièrent alors à Substantion, ville qui a disparu. Au XIᵉ siècle, Maguelonne fut relevée par l'évêque Arnaud Iᵉʳ, qui y rétablit le siège épiscopal, transféré ensuite à Montpellier en 1536.

La monnaie melgorienne a été très répandue dans le midi de la France. On en trouve déjà la mention en 949. Le privilège de fabrication, qui appartenait aux comtes de Melgueil, passa aux évêques, lorsque Innocent III, étant devenu possesseur du comté et ne pouvant l'administrer, l'inféoda à l'évêque de Maguelonne (14 avril 1215).

Des documents montrent que le monnayage des évêques avait déjà commencé en 1211. Le seigneur et les consuls de Montpellier eurent un droit de seigneuriage prélevé sur chaque émission. Vers le milieu du XIVᵉ siècle, les évêques possédaient encore le droit de monnayage.

On a cherché pendant longtemps l'explication de la monnaie de Maguelonne, que beaucoup d'auteurs ont étudiée.

Grâce aux travaux de M. Germain, on connaît l'histoire de ce monnayage. Le type royal immobilisé de Carloman fut remplacé par le type odonique, venu de Narbonne, et qui persista toujours. Les seigneurs de Melgueil empruntèrent également aux espèces de Narbonne le nom de Raimond. La croix des deniers melgoriens se transforma en pal, accosté de deux pennons, que l'on a pris à tort pour des mitres. Cette forme de croix se retrouve sur des sceaux des évêques de Melgueil.

Dans une bulle de 1266, le pape Clément IV reprocha à l'évêque de Maguelonne de frapper de la monnaie avec le nom de Mahomet. On avait d'abord pensé qu'il s'agissait des deniers ordinaires de Maguelonne. Mais M. Germain a publié une charte du cartulaire de Maguelonne, donnée par l'évêque Bérenger de Fredol, et datée du 23 février 1262 (1263, n. s.).

C'est un bail de la monnaie appelée *millares, moneta miliarensis.* Aux termes de l'acte, cette monnaie est en argent, au titre de dix deniers moins une pougeoise d'argent fin et au poids de dix deniers moins une pougeoise, également par groupe de douze deniers ; ce qui donne deux cent trente-sept pièces ou deniers au marc et un poids de 10 grains 44/1000 ou 1 gr. 033 à chaque denier. Cartier a conclu que ce *millaret* était le *dirhem,* frappé pendant le XIIᵉ siècle dans tous les pays mahométans. La contrefaçon de Melgueil était destinée à faciliter le commerce avec l'Egypte et les côtes de Barbarie (*R. N.*, 1855, 199).

Poey d'Avant attribue à Substantion un denier avec : + SVCTANTIAI, croix. ℞ CTVSIL.CAITILLIS. Champ : deux annelets et deux croissants.

Les monnaies de Maguelonne portent RAIMUNDUS ou RAIMUNO, croix à pointes ℞ NARBONUS ou NAIDONA, etc., et quatre annelets. Les légendes sont en caractères bizarres.

COMTES DE MELGUEIL

892. Ami, comte de Maguelonne.
　　　Robert.
9... Bernard Iᵉʳ, comte de Melgueil et de Substantion.
950. Bérenger.
9... Bernard II.
989. Bernard III.
?10... Raimond Iᵉʳ et Adèle sa mère.
1079. Pierre.
*11... Raimond II et Almodis de Toulouse, sa mère.
1120. Bernard IV.
1132. Béatrix et Bérenger-Raimond, comte de Provence, puis Bernard de Narbonne-Pelet, seigneur d'Alais.

1171. Bernard de Narbonne-Pelet.

1172. Ermessinde de Narbonne Pelet, et Raimond de Toulouse.

A dater de 1177, les évêques-comtes de Maguelonne.

AGDE

D'après un passage d'une lettre du pape Clément IV, on a pensé que les évêques d'Agde pouvaient avoir battu monnaie, mais aucun texte n'est venu confirmer cette supposition.

Les seigneurs d'Agde semblent avoir eu au moins la prétention de battre une monnaie particulière à Agde, car dans un accord de 1150, entre Raimond-Trencavel et Bernard-Aton, il est dit qu'il ne pourra être fait aucune monnaie dans la ville d'Agde, *sed moneta Biterrensis currat per totum Agathensem.*

OMELLAS

Omellas, aujourd'hui Aumelas (Hérault), était une baronnie qui dépendait, en 1034, des vicomtes de Béziers. Elle passa aux seigneurs de Montpellier, et en 1121, elle devint le partage du fils de Guillaume V de Montpellier, qui prit le nom de *Guillaume d'Omellas.* Ce personnage devint comte d'Orange en 1129. Raimond-Aton de Murviel possédait le château d'Omellas en 1187. Guillaume VIII, seigneur de Montpellier, s'en empara ensuite. En 1194, il en rendit hommage au comte de Melgueil, alors Raimond V, comte de Toulouse. Le château passa ensuite à Marie de Montpellier, qui l'apporta en mariage à Pierre d'Aragon, en 1204.

Il est probable que c'est à Raimond-Aton que le denier suivant appartient : + RAIMUNDUS, dans le champ ATO en triangle ℞ + OMELLADIS, croix. Poey d'Avant voit dans le mot ATO du droit un souvenir des monnaies de Toulouse et non le surnom du seigneur.

MONTPELLIER

Au x_o siècle, les deux villages de Montpellier et de Montpellieret devinrent la propriété de l'évêque de Maguelonne, qui était alors Ricuin, élu en 975, mort en 999. Celui-ci donna le village de Montpellier à un gentilhomme nommé Gui ou Guillaume, dont les descendants le gardèrent jusqu'au commencement du xiiie siècle. Mais en 1204, Pierre d'Aragon s'en empara en épousant Marie, fille de Guillaume. Montpellier passa ensuite aux rois de Majorque, et fut vendu au roi de France par Jaime ou Jacques III, moyennant 120,000 écus d'or (1349).

En 1273, Jaime Ier résolut de fabriquer une monnaie qui devait avoir cours en même temps que la monnaie melgorienne. A la requête des consuls de Montpellier, il ordonna de frapper une grosse monnaie d'argent fin, consistant en deniers et oboles, équivalant chaque denier à douze deniers melgoriens, et chaque obole à six deniers melgoriens. Il devait être fabriqué soixante deniers ou cent vingt oboles par chaque marc d'argent fin de Montpellier. Deux actes de 1273 établissent cette fabrication. Jaime Ier s'était réservé le droit d'établir son atelier dans un lieu quelconque de sa seigneurie : il choisit Castelnau, par des lettres de 1273. Jaime II ratifia les ordonnances de son prédécesseur, en 1277.

Le monnayage de Montpellier se compose de gros, dont voici la description : + JACOBUS. DEI. GRA. REX. ARAGONU, croix dont les branches sont terminées par des couronnes ℟ + DOMINUS MONTISPESULANI. Écu aux armes. d'Aragon et de Montpellier (un *tourteau*), dans une rosace.

SEIGNEURS DE MONTPELLIER

975. Gui ou Guillaume, seigneur de Montpellier par suite de donations faites par l'évêque Ricuin et par Bernard II, comte de Melgueil.

1019. Bernard-Guillaume.
1059. Guillaume II.
1085. Guillaume III.
1121. Guillaume IV.
1149. Guillaume V.
1172. Guillaume VI.
1204. Marie de Montpellier et Pierre d'Aragon.
1213. D. Jayme Ier d'Aragon.
1276. D. Jayme II, roi de Majorque.
1311. D. Sanche,   *id.*
1324. D. Jayme III,   *id.*
1349. Le roi de France.
1371. Charles le Mauvais, roi de Navarre.
1378. Le roi de France.

ANDUSE

Les seigneuries d'Anduse et de Sauve appartinrent à la maison de Bermond, du Xe au XIIe siècle. L'atelier des seigneurs d'Anduse était placé à Sommières. Lorsque Bernard fit sa soumission au roi de France, en 1236, une officine royale fut établie à Sommières (*V. doc.*, n° 11).

Le monnayage se compose de deniers et oboles portant ANDUSIENSIS et DE ANDUSIA I℟ SALVIENSIS OU DE SALVE. Les types sont un grand B et une croix ancrée.

ROQUEFEUIL

Ce château, situé dans l'ancien diocèse de Nîmes, appartint d'abord aux marquis de la Roquette. Adélaïde de Roquefeuil porta cette seigneurie dans la maison d'Anduse par son mariage avec Bertrand, et leur fils Raymond prit le surnom de Roquefeuil. Le monnayage de cette localité est circonscrit entre 1169 et 1239. De rares deniers, imités de ceux d'Anduse, portent : ✝ ROCAFOLIENS. Dans le

champ, R entre deux points. ℞ ✝ LEX.PRIMA M', croix
ancrée, Duby expliquait cette légende par : *l'argent est
la première loi.* M. E. Caron, prenant *lex* dans le sens
d'aloi(Ducange), lit avec beaucoup de bonheur : *lex prima
monete, monnaie de premier aloi* (*Ann. Soc. fr. de Num.*,
1889, 14).

ROUSSILLON

Le Roussillon, sous la domination des Wisigoths, de 462
à 720, sous celle des Arabes, de 720 à 760, fut conquis
par les Francs. Il eut, dès 807, des comtes qui devinrent
héréditaires en 904. Par testament de Girard II, mort
sans héritiers, il passa à Alphonse, roi d'Aragon. Jacques Ier
reçut, en 1262, cette province, qui resta sous la domination des rois de Majorque jusqu'en 1344. A cette époque,
elle fit retour à la couronne d'Aragon, qui la garda jusqu'en 1462. Jean II ayant engagé le revenu des comtés de
Roussillon et de Cerdagne au roi de France, Louis XI,
chercha à s'emparer du Roussillon. Enfin, en 1493, les
deux comtés furent remis au roi d'Aragon.

En 1659, par le traité des Pyrénées, la Catalogne, qui
s'était donnée à la France, en 1641, fut rendue à l'Espagne.
Mais le Roussillon et le Conflans furent attribués à la
France.

Duby parle d'une monnaie de *Malgone* qui aurait eu
cours en Roussillon, et qui ne paraît être autre chose que
la monnaie melgorienne de Montpellier.

La numismatique du Roussillon a été étudiée par Colson
(*Recherches sur les M. du R.*, 1854) et Longpérier
(*R. N.*, 1844 et 1857).

A Arnaud-Gausfred, on donne un denier portant GAU-
FREDUS, ℞ ROSILONUS, croix accostée de C.O.N.T.
Gérard II (1163-1172) a frappé des deniers et oboles avec
GIRARDUS CONE et PAS dans le champ du ℞. C'est une imi-
tation de la monnaie d'Alby.

Don Pèdre, roi d'Aragon, ayant pris possession de tous les
États de D. Jayme, roi de Majorque, le Roussillon fut consi-

déré comme une annexe de la Catalogne, et les monnaies de Barcelone eurent cours dans les deux provinces : ce n'est que dans la première moitié du xv⁰ siècle, que le nom du Roussillon parut associé à celui de Barcelone sur les gros d'argent, et seul sur les deniers.

En 1611, Philippe III frappe des pièces de cuivre à Perpignan, avec la figure de saint Jean.

PERPIGNAN

Dès 1115, on trouve une stipulation en monnaie de Perpignan

Quand la province fit retour à l'Aragon, on frappa dans cette ville des florins, des réaux, des demi-réaux, des deniers et des oboles de billon. La marque de l'atelier, un double P, figure sur les pièces d'argent seulement. Des titres nombreux établissent que des florins furent frappés à Perpignan, ainsi que des écus d'or fin, au poids de ceux de France, par l'ordre du roi d'Aragon (1349). Le différent devait être un A renversé.

Pendant la première occupation française, on y frappa monnaie. Quant au monnayage municipal, la première concession faite aux consuls et à la ville est de 1427. La commune fabriqua des deniers et mailles de billon semblables à ceux de Valence, mais avec COMES.ROCIL. De nouvelles concessions en 1438 et 1457, permirent de fabriquer des gros et demi-gros d'argent. Puis en 1495, 1496, 1499, 1503 et 1515, la ville obtint le droit de faire des deniers et des *menuts*, portant le double P.

Enfin, en 1528, une ordonnance de Charles-Quint fixa la monnaie de Perpignan, qui se composa, dès lors, de *sous doubles, sous sanars, sixains* et *menuts*.

Les types furent l'écu couronné aux quatre pals, la figure de saint Jean-Baptiste et la figure de la Vierge, et la légende INTER NATOS MULIERUM. (S. Luc, 7, 28).

En 1644 et 1646, des privilèges semblables furent accordés par le roi de France, mais l'hôtel des monnaies fut supprimé en 1659.

COMTES DE ROUSSILLON

812. Gaucelm, fils de saint Guillaume et frère de Bernard, duc de Septimanie, comte d'Ampurias.
84.. Suniaire Ier, comte de Roussillon seulement,
ainsi que son successeur.
89.. Raoul, frère de Miron, comte de Barcelone.
Suniaire II, comte d'Ampurias et de Roussillon.
915. Bencion et Gausbert,   id.
9... Gausfred,   id.
100.. Guislebert Ier, comte de Roussillon seulement,
ainsi que ses successeurs.
10... Gausfred II.
1075. Guislebert II et Hugues.
1102. Guinard Ier.
1113. Arnaud-Gausfred.
1163. Guinard II.
1172. Alphonse, roi d'Aragon.
1185. Sanche, troisième fils de Raymond-Bernard IV,
comte de Barcelone (comte de Roussillon et
Cerdagne).
1222. Nunès-Sanche.
1241. D. Jayme Ier, roi d'Aragon.
1251. D. Pèdre, deuxième fils du précédent, comte de
Barcelone, Tarragone, vicomte d'Ausonne, Roussillon et Cerdagne. (Voy. les rois chr. de Majorque.)

UZÈS

Les évêques d'Uzès obtinrent de Raoul le droit de frapper monnaie, et cette concession fut confirmée par Louis IV
d'Outre-mer ; c'est ce qui résulte d'une charte en date de
1156, par laquelle Louis le Jeune confirme à l'évêque Raimond les libéralités faites à ses prédécesseurs. Il paraît que
le chapitre avait quelque part dans ce privilège, et qu'en
1145 il avait aliéné sa portion en faveur de Bermond de

Caylar, seigneur d'Uzès en paréage. Alphonse, comte de Toulouse, tint un plaid à l'occasion de ce différend.

Une obole publiée par Fillon (*Etudes*, pl. 4, nº 5) peut être attribuée à l'évêque Raimond III (1208-1212). Elle porte : ✠ R EPISC. Buste de profil, ℞ ✠ USE.., Croix ancrée.

LODÈVE

L'évêché de Lodève fut créé au VIᵉ siècle. On voit par les chartes que, dès 1122, l'évêque Pierre Iᵉʳ Raimond nommait Pierre Guibert maître de sa monnaie, et que, en 1188, le roi Philippe-Auguste confirmait à l'évêque Raimond-Guillaume de Montpellier le droit de frapper monnaie : cette monnaie, en 1210, était reçue comme celle du roi, et, en 1285, elle était, avec celle de Paris et de Tours, la seule qui fut autorisée dans le diocèse. Les auteurs de la *Gallia Christiana* affirment que les évêques de Lodève conservèrent ce privilège jusque sous François Iᵉʳ, mais on peut croire que dès les premières années du XIVᵉ siècle, ils cessèrent d'en user. (t. VI, 566 et *Preuves*, col. 284).

Les monnaies portent ✠ FULCRANNUS, croix. ℞ EPS.LO-DOVENS. Buste mitré de face. Un denier porte FULCRANNUS et SCS dans le champ. Fulcran était un ancien prélat de Lodève, mort en odeur de sainteté.

VIVIERS

L'évêché de Viviers remonterait au Vᵉ siècle avec saint Janvier, comme premier évêque. D'après l'*Histoire du Languedoc*, (II, p. 462), l'empereur Conrad accorda en 1149, aux évêques de Viviers, le droit de battre monnaie. Le privilège fut confirmé par Frédéric Iᵉʳ en 1177 et par Frédéric II, en 1214. En 1293, le roi de France, Philippe le Bel permit à l'évêque Bernard de Fulgard ou Falguier, de donner cours à la monnaie qu'il faisait battre dans son château de l'Argentière. Puis en 1307, un accord donna à cette monnaie cours en dehors du diocèse de l'évêque. Ce privilège fut confirmé en 1365.

Une première série de monnaies présente une tête de profil, adoptée assez fréquemment dans le Midi. On voit ensuite paraître une crosse dans le champ.

Les monnaies anonymes portent EPISCOPUS ℟ VIVARII ou VIVARIENSIS. On trouve aussi des deniers et oboles avec + A ou AI.EPISCOPI que l'on attribue à l'évêque Aimon (1260). Un denier avec légendes frustes portant une tête couronnée de la Vierge est donné à H. de Villars (1331-1336) ou Aimar de la Voulte (1336-1365). (Fillon, *Cat. Rousseau*, pl. III, 9).

MENDE

L'évêché de Javouls fut transporté à Mende vers l'an 1000. Les évêques prenaient le titre de comtes de Gévaudan. En 1265, saint Louis ordonnait que la monnaie royale eût cours dans le diocèse de Mende. L'année suivante le prélat se plaignait de ce qu'Ernulfe de Curia Ferrandi, sénéchal de Beaucaire, l'avait dépossédé de son droit, sans doute en faisant exécuter les ordres royaux susmentionnés. L'évêque fit faire une enquête à laquelle assistèrent de nombreux témoins, et le parlement décida que l'évêque de Mende avait le droit de frapper monnaie dans son diocèse, d'autant plus justement que ce droit paraissait avoir son origine dans une *concession* royale. En 1306, Philippe le Bel reconnaissait que : « Ad episcopum et ecclesiam mimatensem pertinet jus cudendi monetam ære contaminatam et monetam argenteam. » Enfin on voit, en 1272, un nouvel ordre donné par le roi au sénéchal de Beaucaire pour ne pas s'opposer au cours des monnaies de l'évêque de Mende, qui paraissent avoir disparu et cessé au commencement du XIVᵉ siècle.

Les monnaies de Mende présentent la tête de saint Privat de face avec les légendes s.PRIVATUS, ℟ + MIMA ou MIMAS.CIVITAS. Saint-Privat est le premier évêque de Mende et le patron de la cathédrale.

RODEZ

Charlemagne institua des comtes de Rouergue. La famille du premier, Gilbert, garda le comté jusqu'en 1088. A cette époque, il passa au comte de Toulouse, Raimond de Saint-Gilles. qui céda le comté de Rodez à Richard, vicomte de Carlat, de Lodève et de Milhau (1096), et dès lors les comtes eurent un monnayage particulier. Les comtes donnèrent à l'évêque douze deniers par semaine, pendant que la monnaie était fabriquée ; cette redevance est exprimée dans une sentence arbitrale de 1161 faite entre l'évêque Pierre et le comte Hugues II ; elle est renouvelée en 1195.

En 1319, Jean réunit Rodez au comté d'Armagnac. Louis XI confisqua Rodez sur Bernard V et réunit ce pays à la couronne.

Les premiers types de Rodez furent l'empreinte odonique, puis le type toulousain modifié. Les monnaies portent RODES DUCO ou RODES CIVIS.

COMTES DE ROUERGUE ET RODEZ

.... Gilbert, comte de Rouergue, établi par Charlemagne.
820. Fulcoald, comte de Rouergue.
845. Frédelon, comte de Rouergue et Toulouse.
852. Raymond Ier, frère du précédent, comte de Rouergue et Toulouse.
865. Bernard, comte de Rouergue.
875. Eudes, frère du précédent, comte de Rouergue.
918. Ermengaud, comte de Rouergue.
937. Raymond II,   *id.*
961. Raymond III,   *id.*
1010. Hugues,   *id.*
1053. Berthe, comtesse de Rouergue et Gévaudan, et Robert, comte d'Auvergne.

1066. Raimond IV de Toulouse, dit de Saint-Gilles.

*1096. Richard, vicomte de Carlat et de Lodève, achète à Raymond de Saint-Gilles le comté de Rodez, qui formait le tiers du Rouergue. RICARD. COMES.

*1132. Hugues Ier. VGO.COMES.

?1156. Hugues II ; son frère Richard, vicomte de Lodève·

?1195. Hugues III.

1196. Guillaume, frère du précédent.

1208. Gui II d'Auvergne, par héritage.

1209. Raymond VI, comte de Toulouse, par acquisition.

*1214. Henri, bâtard du comte Hugues II, par acquisition. HENR' COMES.

1227. Hugues IV.

*1274. Henri II.

*1302. Cécile de Rodez et Bernard VI, comte d'Armagnac. CECILIA.COMIT.

*1319. Jean Ier, comte d'Armagnac et de Rodez. IOHES. COMES.

1373. Jean II, comte d'Armagnac et de Rodez.

1384. Jean III,   *id.*

1391. Bernard VII, frère du précédent, comte d'Armagnac et de Rodez.

1418. Jean IV, comme le précédent.

1450. Jean V,   *id.*

1473. Charles Ier, deuxième fils de Jean IV.

1497. Charles II, duc d'Alençon, petit-neveu du précédent.

1525. Marguerite, veuve du précédent, et Henri d'Albret, roi de Navarre.

ALBI

On connaît peu de choses sur les seigneurs d'Albi dont l'*Art de vérifier les dates* ne donne même pas la liste. Leur monnaie souvent appelée *Raymondine* ou *Raymondesque* tirait son nom de celui de Raimond qui avait été immobilisé (probablement le nom de Raimond-Pons, comte de

Toulouse, 927). La plus ancienne mention du monnayage d'Albi est de 1037. A cette date, Pons, comte de Toulouse, épousant Majore de Carcassonne ou de Foix, lui assigna pour douaire, entre autres choses, les émoluments qu'il percevait sur la fabrication de la monnaie dans cette ville. Mais cette monnaierie ne lui appartenait pas complètement, et l'évêque d'Albi en avait une partie.

En 1278, le roi permettait au maître de la monnaie de l'évêque d'avoir des petits tournois et des oboles tournois, à la charge de lui payer trente livres et pareille somme au prélat. La crosse, signe de la participation de l'évêque dans la fabrication, ne paraît que dans la première moitié du XIII⁰ siècle.

Les monnaies portent ✠ RAIMUNE, croix. ℞ ALBIECI; dans le champ : VICOC. Un autre denier porte : ✠ RAMUIU.MC. Croix en fuseaux, ℞ ✠ALBIECI; Dans le champ, une crosse entre deux jambages ; au-dessous, un v.

ALBI-BONAFOS

Un arrangement fait en 1248, entre Raimond VII, comte de Toulouse, Durand, évêque d'Albi, et Sicard d'Alaman, ministre et favori de Raimond, établit que la monnaie d'Albi serait battue au Château-Neuf de Bonafos (Château-Neuf de Lévis, Tarn) que Raimond avait donné à Sicard en 1241. La monnaie devait appartenir par tiers aux contractants.

Un bail de 1278, entre Bernard de Castanet, évêque d'Albi, le roi de France, comme étant au droit du comte de Toulouse et le même Sicard d'Alaman, donne des renseignements sur la fabrication des monnaies. Dans chaque marc, il ne devait pas y avoir plus de dix deniers forts et dix faibles ; on devait frapper un dixième d'oboles. D'après un autre cité par D. Vayssette, la monnaie était commune entre le roi, l'évêque et Sicard, depuis 1272 (t. IV, p. 16).

On a des deniers et des oboles portant ✠ R.BONAFOS ; champ VGO ressemblant à *Pax* ℞ ALBIENSIS, croix en fuseaux.

CAHORS

Un acte de 1090, dit que l'évêque Géraud, donna à des chanoines la dîme de la monnaie qu'il faisait battre (*Hist. du Languedoc*, II, 281). Les évêques de Cahors devaient probablement leur droit monétaire aux comtes de Toulouse, leurs suzerains (cf. Chaudruc de Crazannes, *R. N.*, 1839, 152). Au xiiᵉ siècle, l'évêque Barthélemy fit frapper une nouvelle monnaie d'un aloi moindre que celles qui avaient été forgées jusque-là ; le peuple s'en émut, et les consuls, au nom de leurs administrés et des communes de Figeau, Montauban, Moisy, Gordon, *Rupes-Amatorii, Lauserta* et Montaigu, obtinrent que Barthélemy rétablît sa monnaie à l'ancien titre : *in lege duorum denariorum et oboli et unius grani ad argentum montis Pessulani et in pondus viginti trium solidorum minus duobus denariis pro qualibet marcha* (cf. *Olim*, éd, Beugnot, t. II, 186, 187).

La plus ancienne monnaie épiscopale de Cahors est un denier récemment découvert qui porte : GERALDUS EPS, ฿ + CATURCIUS, deux croisettes et deux T formant croix. Cette pièce peut être attribuée à Géraud II de Gourdon, qui donna, en 1090, aux chanoines de la cathédrale la dîme des monnaies qu'il faisait battre (E. Caron, p. 401.)

En 1224, l'évêque de Cahors, Guillaume de Cardaillac, afferma aux consuls et à la ville de Cahors le droit de frapper de la monnaie d'argent pendant six ans, moyennant la somme de 600 sous ; dès 1212, il avait fait un arrangement semblable ; on pense que les consuls cherchèrent alors à frapper une véritable monnaie municipale.

Cela expliquerait pourquoi la crosse ne paraît pas sur certains deniers, et pourquoi la légende *Episcopus Caturcensis* est remplacée par *Civitas Caturcis*. Le type ordinaire de Cahors présente trois croisettes, dégénérescence du type d'Eudes ; la croisette du milieu est surmontée d'une crosse. Contrairement à M. de Crazannes, Poey d'Avant pense que les lettres qui se trouvent sur des monnaies de Cahors sont les initiales des noms de certains évêques de cette ville. On admet donc généralement que les lettres V, R, et H désignent Guillaume de Cardaillac (1208-34), Raymond de Cornil (1280-93), et Hugues Géraud (1311-1316).

En 1280, le droit de monnayage fut exclusivement reconnu aux évêques par arrêt du Parlement. Raymond de Cornil était alors évêque et frappa des monnaies portant une crosse et la lettre R, initiale de son nom, dans un canton de la croix.

COMTÉ DE PROVENCE

Les comtes bénéficiaires établis en Provence au xe siècle, devinrent héréditaires vers le milieu du xie siècle. En 1113, Raimond-Bérenger, comte de Barcelone, acquit, par sa femme Douce Ire, la Provence et le Gévaudan. Sous ce prince, se forma le marquisat de Provence, et la Provence même fit ensuite partie du royaume d'Aragon. En 1226, par le mariage de Béatrix avec Charles d'Anjou, frère de saint Louis, la Provence passa dans la maison d'Anjou. En 1481, Charles du Maine, petit-neveu et héritier du roi René, légua son comté à Louis XI et depuis cette époque, les rois de France ont porté le titre de comte de Provence jusqu'à Louis XVIII.

Les Carolingiens frappèrent monnaie à Marseille.

Pendant les xe et xie siècles, on donna cours en Provence aux deniers *othoniens* frappés par l'empereur d'Allemagne à Pavie. Plus tard on se servit de la monnaie melgorienne.

Dès le xiie siècle, les deniers de Forcalquier, appelés *guillemins*, avaient cours concurremment avec la monnaie des comtes de Provence. Ceux-ci avaient obtenu de l'empereur d'Allemagne, Frédéric Ier, le droit de frapper monnaie : ce droit qui avait appartenu successivement aux anciens rois de Provence, puis à ceux de Bourgogne, avait passé aux empereurs qui représentaient ces derniers. Il paraît, du reste, que l'on n'avait pas frappé monnaie en Provence depuis la fin du IXᵉ, ou le commencement du Xᵉ siècle, car on connaît une charte de 1146 par laquelle l'empereur Conrad III donne à Raimond de Baux et à Etiennette sa femme, le droit de frapper à leur coin de la monnaie qui aurait cours, à l'exclusion de toute autre, dans le royaume de Provence, *où, depuis les temps les plus reculés, on n'en avait pas frappé* ; Raymond pouvait la faire fabriquer à Arles, à Aix et à Trinquetaille (*V. doc.*, nᵒ 12).

En 1162, la veuve et les enfants de Raimond de Baux s'étant soumis à Raimond-Bérenger III, ce comte obtint le droit entier de frapper monnaie.

La plus ancienne monnaie du comté de Provence remonte à 1177, selon M. Blancard. A cette époque, un acte fut passé entre Raimond de Bollêne, archevêque d'Arles, et Raimond-Béranger IV, comte de Provence et frère d'Alfonse, roi d'Aragon La mitre indiquerait la participation de l'évêque ; on la trouve sur des monnaies qui portent REX ARAGONE ꜰ POVINCIA. Cette association prit fin en 1185. A partir du 19 février 1186 (*n. s.*), on fabriqua en Provence des deniers avec la tête de profil et aux légendes REX ARAGON ꜰ PROVINCIA. Ces monnaies étaient frappées à Marseille et portaient le nom de *Novorum Regalium Coronatorum* ou de *Regalium Massilie Coronatorum*. Alfonse II confirma cette monnaie en 1202, et la continua. Raymond VII, comte de Toulouse, en fit autant, après avoir obtenu, en 1230, la seigneurie de Marseille. Raimond-Béranger V autorisa les Marseillais à frapper des gros d'argent valant six deniers royaux coronats. A partir de 1243, le comte inscrivit sur les monnaies marseillaises son nom R.BE.COMES et remplaça la tête couronnée par l'écusson de France.

Les monnaies de Charles Iᵉʳ d'Anjou dont M. Blancard (*M. de Charles Iᵉʳ*) a cité onze émissions peuvent être classées en trois périodes. En 1257, Charles s'empare de Marseille et met son nom sur les espèces de cette ville ; en 1266, la conquête du royaume de Naples lui donne le

titre de roi de Sicile ; en 1277, il prend le titre de
roi de Jérusalem (*V. doc.* n°s 13 *et* 14). Les légendes sont
KAROL. IERL'ET. SICIL. REX etc, OU K.COME P.FI RE.F. Au
℞, on trouve COMES PUINCIE OU PROVINCIALIS. Il continua
la fabrication, commencée sous Raymond-Béranger, des
gros Marseillais portant COMES PUINCIE. ℞ CIVITAS MASSI-
LIE, porte de ville. Il adopta ensuite la légende MASSI-
LIENSIS. il faut signaler aussi le monnayage au type tournois qui offre une véritable contrefaçon dans le denier
portant TURONUS SCIVIS. Les baux de monnaies nous font
connaître les ateliers de Saint-Remy, Nice, Tarascon.

Quant aux monnaies de fabrication italienne, ce sont le
salut d'or et le salut d'argent, le *tarin* et le *réale*, plus
connu sous le nom d'*augustale*. Cette belle monnaie, qui
présente le buste couronné du roi, était imitée des au-
gustales de Frédéric II, faites elles-mêmes à l'inspiration
de l'antique.

Le tarin présente un K entre deux lis, ℞ croix longue
entre deux Ω et IE.XS. Charles II d'Anjou introduit les
gillats ou *carlins* (cf. *R. N.*, 1883, 432), dont le type assez
remarquable présente le roi, avec le globe et le sceptre,
assis entre deux lions. Ce type fut copié sur celui des sé-
nateurs de Rome, qui représentait Rome assise sur un
pliant à têtes de lion. Le terme *Gillat* vient de l'italien
Gigliati.

Il frappe aussi des saluts d'or et d'argent avec la scène
de l'Annonciation.

Les comtes de Provence frappaient à Saint-Remy une
monnaie que l'on appelait *tournois de Saint-Remy*, et qui
avait cours dans tous les pays voisins: en 1302, Philippe
le Bel, qui voulait arrêter le cours des monnaies étrangères dans ses États, ordonna au sénéchal de Beaucaire
de les faire saisir.

Robert a émis des carlins, des sols couronnats, avec
une grande couronne dans le champ, des liards, des oboles et des deniers. A signaler, les doubles deniers dont la
valeur est indiquée au ℞ par la légende DEN.DUPLEX,
ainsi que les grands deniers portant le buste barbu et couronné du roi. La monnaie de Robert eut une telle vogue

que des actes de 1372 et 1411, nous montre que l'on frappa des gillats semblables à ceux de Naples avec *ymago bone memorie domini regis Roberti.*

Le monnayage de Jeanne de Naples est très varié. Il fournit des francs à pied (dont quelques-uns représentent Jeanne en robe longue) ; des florins avec la tête de face et le champ parti de Jérusalem et d'Anjou ; d'autres florins aux types de saint Jean et du lis, ou de saint Jean avec le champ parti aux armes de Jérusalem et d'Anjou ; d'autres avec une couronne fleurdelisée et entourée de sept lis (cf. Blancard, *R. N.*, 1886, 48) ; des sols couronnats, des carlins, des liards et des deniers doubles.

Louis de Tarente et Jeanne frappent ensuite avec leurs deux noms, L. et I., etc., ou L.REX.E.I.REG, des florins, des sols et des gros (℞ TURONUS.PUICE).

De Louis II, on a des écus, des francs à pied, et des florins ; des carlins, des sols et des doubles. Sur quelques-unes de ces monnaies, il prend le titre de : LUDOVICS.REX. KALABI.ET.AND.

René frappe des demi-écus d'or, des blancs, des carlins, des demi-blancs et des deniers. Un certain nombre de ces monnaies portent au commencement de la légende une *tarasque*, qui est la marque monétaire de l'atelier de Tarascon. Ce différent se retrouve également sur des pièces de Charles III. Ce prince a fait frapper des monnaies d'or avec la figure de sainte Madeleine. On appela ces pièces des *magdalons* (*Rev. Belge*, 1876, 191, Laugier).

Charles III continue la frappe des magdalons. A signaler une monnaie en billon, sur laquelle le prince se nomme : KAROL.TERCIUS. DEI. GRA (*R. N.*, 1860, pl. III, 13).

Le roi de France Charles VIII a émis quelques monnaies à Marseille (v. *R. N.*, 1883, 103).

COMTES DE PROVENCE

926. Boson Ier, premier comte bénéficiaire.
948. Boson II.
968. Guillaume Ier.

992. Rotbold, frère du précédent.
1008. Guillaume II, premier comte propriétaire.
1018. Geoffroi Ier, Bertrand Ier, fils du précédent ; Guillaume III leur cousin, premiers comtes héréditaires.
1063. Bertrand II, fils de Geoffroi Ier.
1093. Etiennette, veuve de Geoffroi Ier.
1100. Gerberge, fille d'Étiennette, et Gilbert, vicomte de Gévaudan.
1112. Douce, fille de Gilbert et Raimond-Bérenger Ier, comte de Barcelone.
1130. Bérenger-Raimond, fils du précédent, et Raimond de Baux, son oncle et compétiteur.
1144. Raimond-Bérenger II.
*1166. Douce II, Raimond-Bérenger III, frère d'Alphonse II, roi d'Aragon.
1181. Sanche d'Aragon, autre frère d'Alphonse.
*1196. Alphonse d'Aragon.
*1209. Raimond-Bérenger IV.
*1245. Béatrix et Charles de France, frère de saint Louis.
*1285. Charles II de France.
*1309. Robert, duc de Calabre.
*1343. Jeanne de France et Louis de Tarente.
*1382. Louis Ier d'Anjou, fils adoptif de Jeanne.
*1384. Louis II.
1417. Louis III.
*1434. René, frère du précédent.
*1480. Charles III d'Anjou, neveu du précédent.
1486. Réunion de la Provence à la couronne.

ARLES

L'évêché aurait été fondé par saint Trophime au IIIe siècle. Constantin, qui eut un palais à Arles, donna à la ville le nom de Constantina. Après avoir été suffragant de Vienne, l'évêché devint métropole, et les évêques prirent le titre de *primat.*

Boson accorda aux évêques le droit de battre monnaie ; il leur fut confirmé en 918 ou 921, par Louis l'Aveugle, en faveur de Manassé. (*Gall. Christ.*, Instr., t. I, col. 94-95.) De nouvelles confirmations furent données par Conrad III, en 1143, par Frédéric-Barberousse, en 1164, et par le pape Urbain III en 1186. Raymond-Bérenger III, comte de Provence, avait reçu, de l'empereur Frédéric-Barberousse, la monnaie d'Arles en partage avec l'archevêque. Mais le comte ayant été tué au siège de Nice en 1166, Ildefonse, roi d'Aragon, d'accord avec l'archevêque, continua le monnayage arlésien. C'est à cette fabrication que se rattacheraient les pièces autrefois attribuées à l'évêque Itier (963), qui portent sci. stephani et au ℟ arela civi, dans le champ, un grand J, initiale du nom du prince.

En 1177, l'archevêque Raymond de Bollène et le comte Raymond-Bérenger IV, frère d'Ildefonse, convinrent de frapper une monnaie qui aurait cours dans toute la Provence. Un seigneur nommé Bernard d'Auriac devait avoir les quatre douzièmes du bénéfice de cette fabrication, et l'archevêque la dîme du reste (Blancard, *Monnaies de Charles Ier*, 149-152). Cette convention prit fin en 1185, et les archevêques frappèrent monnaie en leur nom.

Le 10 août 1186, Pierre Aymard, archevêque d'Arles, chargea Pierre de Thor de frapper de la monnaie à Arles, au nom de l'église Saint-Trophine et du sien, moyennant une redevance de douze deniers par livre de monnaie fabriquée (*Gallia Christ.*, Instr. Eccl. Arel., XX, 103). Les statuts d'Arles de 1245-47 parlent d'une convention entre l'archevêque et le podestat d'Arles. Cet acte, daté de 1232, partageait les bénéfices et les dépenses du monnayage.

L'atelier de fabrication, d'abord à Arles, fut transféré à Beaucaire, sous l'évêque Michel de Mourèze (1203-17), qui le céda à Simon de Montfort ; puis sous Eustache de Lévis, en 1483, il y eut une officine à Montdragon. A cette date, l'archevêque d'Arles accordait à noble Laurent Pons, maître de la monnaie de Tarascon, la permission de battre monnaie à Montdragon, à la condition qu'il payerait au prélat

v ingt écus d'or, du coin du roi de France, chaque année
où il ouvrerait dans cet atelier.

Les types des monnaies d'Arles ont apparu dans l'ordre
suivant : le temple carolingien ; la crosse et la main
bénissante ; saint Trophime assis ou debout.

Les évêques ont pris le titre de PRINCEPS, puis celui de
PRESUL.

On attribue : à Rostan Ier (870-913) un denier avec
CRIANA RIIGIO ꝶ CONSTANTINA, Petit temple.

Nous avons parlé de ceux qu'on avait attribués à Itier.

Viennent ensuite des anonymes qui portent ARCHIEPIS-
COPUS, crosse ꝶ ARELA OU ARELATEN ; puis d'autres aux
types de saint Trophime et de la mitre.

Gaillard de Saumate frappe des florins; son exemple est
suivi par Etienne de la Garde. Guillaume de la Garde
imite le franc à pied royal. Avec Eustache de Lévis et
Nicolas Cibo, on ne trouve que du monnayage de billon.
Mais Jean Ferrier frappe des écus d'or à ses armes.

ARCHEVÊQUES D'ARLES

871. Rostan Ier.
914. Manassez.
963. Itier.
979. Annon.
995. Pons.
1030. Raimbaud.
1061. Aicard de Marseille.
1090. Gibelin.
1115. Atton.
1129. Bernard Ier.
1134. Guillaume Ier.
1142. Raimond II de
Montrond.
1156. Silvius.
1163. Raimond III de
Bolène.
1183. Pierre Ier d'Isnard.
1190. Imbert d'Aiguières.

1203. Michel de Mourèze.
1217. Hugues Ier.
1217. Hugues II Beroard.
1233. Jean III de Baux.
1259. Bernard Ier de
Saint-Martin.
1262. Florent.
1267. Bertrand II de
Saint-Martin.
1273. Bernard II de Lan-
guissel.
1281. Bertrand III d'A-
maury.
1286. Rostan II de Capra.
1303. Pierre II de Fer-
rières.
1308. Arnaud de Falguiè-
res.

1311. Galhard Ier de Fal-
guières.
1318.Galhard de Saumate.
— G OU GAL.DS.
1324. Gaubert de Laval.
1341. Jean IV de Car-
donne.
1349. Etienne Ier Alde-
brand.
*1350. Etienne II de La
Garde. — s.
*1359. Guillaume II de La
Garde. — GVILLS.
1374. Pierre III de Gros.
1389. François Ier de
Conzié.
1391. Jean V de Roche-
chouart.
1404. Artaud de Mehelle.
1410. Jean VI de Bro-
gnier.
1423. Louis d'Alleman.

1450. Pierre IV de Foix.
1463. Philippe de Levis.
*1476. Eustache de Levis,
— EVSTAC.
*1489. Nicolas Cybo. — NI-
COLAVS.SIBAVTI.
*1499. Jean VII Ferrier.
— IO.FER.
*1521. Jean VIII Ferrier.
1551. Jacques Ier de
Broullat.
1560. Robert de Lenon-
court.
1562. Antoine d'Albon.
1562. Hippolyte d'Este.
1567. Prosper de Sainte-
Croix.
1573. Silvius de Sainte-
Croix.
1599. Horace Montano.
1603. Gaspard de Lau-
rent.

BEAUCAIRE

Un arrangement conclu entre le seigneur de Beaucaire
et l'évêque d'Arles, en 1215, a fait supposer à Duby que
les seigneurs de Beaucaire avaient le droit de frapper
monnaie.

APT

Les auteurs de la *Gallia christiana* affirment que l'on
connaissait encore de leur temps des monnaies épiscopales d'Apt, *aerei nummi* (t. I, p. 350).

Dès la fin du xe siècle, Apt appartenait à une famille
qui porta depuis le nom de Simiane. Cette ville avait
primitivement deux seigneurs, l'évêque et le comte de
Forcalquier, mais la portion de ce dernier fut ensuite

donnée à la maison de Simiane, qui en faisait hommage à l'évêque. Une sentence arbitrale du 6 janvier 1252 conserva à Guiraud IV de Simiane, seigneur d'Apt et de Caseneuve, et à Raimbaud, son frère, le droit de frapper monnaie, qui leur était contesté par les consuls. On n a pas encore retrouvé ces monnaies.

ABBAYE DE SAINT-HONORAT DE LÉRINS

Nous mentionnons ici ce monastère, bien qu'il ait exercé le droit de frapper monnaie hors de France. Saint-Honorat de Lérins fut fondé au IVe siècle, sur une petite île de la côte de Provence, située à deux lieues d'Antibes. Le 28 mars 954, Gui Imperiali, comte de Vintimille, donna en souveraineté à Saint-Honorat le Sabourg ou Sépulcre, lieu situé en Italie, entre le royaume de Sardaigne et le territoire de la république de Gênes. En 1669, l'abbé Louis de Vendôme faisait un arrentement de la fabrique de la monnaie de la principauté de Sabourg ; c'est le premier acte que l'on connaisse relativement à l'exercice de ce droit régalien. En 1686, un arrêt du conseil d'Etat interdit au monastère le droit de continuer ses émissions monétaires. On connaît de ces monnaies frappées en 1667 et en 1671 : elles représentent la tête de saint Benoît et les armes de l'abbaye, avec ces légendes : MONAST. LERINENSE. *Princeps*. SEPVLcri. — SVB. VMBRA. SEDI., ou : MONASTERIVM. LERINENSE. PRIN. SEPUL. — DECVS.ET.ORNAMENTVM. ECCLESIÆ. (Cf. *R. N.*, 1866, 453.)

AVIGNON

L'évêché d'Avignon, établi dès le IIIe siècle, devint métropole au XVe siècle. Mais, de 1318 à 1390, Avignon devint la propriété des papes. Raymond VII, comte de Toulouse, par un traité fait à Paris, en 1229, avait cédé au Saint-Siège tous les biens, au delà du Rhône, qui dépendaient du marquisat de Provence. Mais l'empereur Frédéric II ayant fait opposition, Grégoire IX renonça à ses prétentions en 1234. Mais lorsque le roi Philippe le

Hardi fut devenu possesseur des Etats du comte de Toulouse, Grégoire fit admettre, en 1274, ses prétentions basées sur le traité de Paris. Les papes obtinrent la possession définitive d'Avignon, en 1348, par cession de la reine Jeanne, moyennent 80,000 florins.

Les premières monnaies d'Avignon présentent une clef accompagnée de la légende + AVINIO, qui se termine au ℞ par |NENSIS. Cartier avait donné ces monnaies aux papes (*R. N.*, 1839, 256); Poey d'Avant les restitue aux évêques.

Le droit de monnayage des évêques ne paraît pas remonter plus haut que la concession qui leur fut faite par l'empereur Charles IV, en 1365.

M. Blancard les attribue à la commune qui s'était fait donner le droit monétaire par Frédéric II, en 1239. Cette fabrication dura jusqu'à la soumission de la commune à Charles d'Anjou et Alphonse de Poitiers.

M. Caron, rapprochant ces pièces de la monnaie émise par Arnauld Amaury, légat et archevêque. à Narbonne, croit que ces pièces ont pu être émises pour le pape et part l'ordre de Adam de Milly, vice-gérant royal de la province de Narbonne.

Après le *schisme d'Occident*, qui donna à Avignon les deux antipapes Clément VII et Benoît XIII, les papes firent frapper à Avignon des monnaies semblables à celles qui étaient fabriquées pour eux en Italie, puis chargèrent leurs légats et vice-légats de veiller sur la monnaie d'Avignon. Ces prélats frappèrent soit au type de Rome, soit à ceux du roi de France, et, outre le nom du pape régnant, y inscrivirent leur propre nom ainsi que leurs propres armes.

La numismatique des papes, à Avignon, quoique nombreuse, n'offre pas une grande variété de types ; c'est toujours l'effigie du pape ou la tiare et les clefs.

C'est à partir du pontificat de Jules II que les légats commencent à frapper monnaie en y mettant leurs noms et leurs armoiries. L'auteur de cette innovation fut Georges d'Amboise, ministre de Louis XII, qui disputa la tiare à Jules II.

Le monnayage papal comprend : des deniers, florins, carlins, gros, des jules (le pape assis et bénissant), des sequins, des testons, des écus d'or, des douzains, des écus d'argent ; certaines pièces d'or, à partir de Clément VIII, sont du poids de 2, 4 et 8 écus.

Il y a également quelques pièces avec SEDE VACANTE, qui ont été frappées au XIVe siècle.

Outre les noms des papes, en général suivis d'une indication numérique, on trouve les légendes : COMIT. VENASINI, SANCTUS PETRUS, SANT.PETR.ET.PAUL, PROVINCIAE DUCATUS., S.PETRUS AVIGNIONIS, AVENIO.

Des douzains portent le nom de Henri III et celui du légat Charles de Bourbon.

En 1693, se termina le long différend qui s'était élevé entre Louis XIV et la cour de Rome, au sujet de la régale et du droit de franchise dont jouissaient, à Rome, les ambassadeurs : Avignon avait été saisi en 1690. Il paraît que le cardinal Ottoboni fut le dernier légat d'Avignon, qui fut, depuis, gouverné par un prélat d'une moindre importance, et ne frappa plus monnaie.

PAPES QUI ONT FAIT FRAPPER MONNAIE A AVIGNON

1227-1241. Grégoire IX.

· ·

· ·

1271. Grégoire X.
1276. Innocent V.
1276. Adrien V.
1276. Jean XXI.
1277. Nicolas III.
1281. Martin IV.
1285. Honoré IV.
1288. Nicolas IV.
1294. Célestin V.
*1294. Boniface VIII. DOMINI.BO.PAPE.
1303. Benoît XI.
*1305. Clément V (Bertrand de Goth). CLES.PAPA.QVINT.
*1316. Jean XXII (Jacques d'Euse.) IOHES.PAPA.XXII.
*1334. Benoît XII (Jacques Fournier).

*1342. Clément VI (Pierre-Roger).

*1352. Innocent VI (Etienne d'Abert).

*1362. Urbain V (Guillaume de Grimoard).

*1370. Grégoire XI (Pierre-Roger, neveu de Clément VI).

*1378. *Clément VII*, antipape (Robert de Genève).

*1394. *Benoit XIII*, antipape (Pierre de Lune).

 1409. Alexandre V.

*1410. Jean XXIII (Balthasar Cossa).

*1417. Martin V (Othon Colonna).

*1431. Eugène IV.

 1440. Félix V.

*1447. Nicolas V.

*1455. Calixte III.

*1458. Pie II.

*1464. Paul II.

*1471. Sixte IV.

*1484. Innocent VIII.

*1492. Alexandre VI.

*1503. Jules II (Georges d'Amboise, GEORGIVS.DE.AMBA-
      SIA, légat).

*1513. Léon X.

 1522. Adrien VI.

 1523. Clément VII.

*1534. Paul III (Alexandre Farnèse, ALEX.FAR., légat).

*1550. Jules III,   *id.*

*1555. Marcel IV.

*1555. Paul IV (Alexandre Farnèse et Charles de Bour-
      lon, légats).

*1559. Pie IV (mêmes légats).

*1566. Pie V (Charles de Bourbon. et Georges. GEOR.
      CA., légats).

*1572. Grégoire XIII, mêmes légats.

*1585. Sixte V (Charles de Bourbon, légat).

 1590. Urbain VII.

*1590. Grégoire XIV (Charles de Bourbon, légat).

 1591. Innocent IX.

*1592. Clément VIII (Octave d'Aquaviva, OCT.CAR.AQVA-
      VIVA;   Charles Conti, CAROL.DE.COMITIBUS,
      légats ; Sabellus, SIL.SABELLVS, vice-légat).

1605. Léon XI.

*1605. Paul V (Scipion Cafarelli, dit Borghèse ; Philippe-Philonardi, PHI.S.R.E.CARD.PHILONARDVS, légats).

*1621. Grégoire XV (Louis Ludovisi, LVD. LVDOVISIVS, légat).

*1623. Urbain VIII (François *Barberini, C. Bardus*, Antoine Barberini, ANT.CARD.BARBERINVS, légats).

*1644. Innocent X (Antoine Barberini, Camille Pamphili, Laurent Cursius, légats).

*1655. Alexandre VII (Fl. Chigi, légat). FLAVIUS.CHISIVS.

*1691. Innocent XII (Pierre Ottoboni, Marc Delphini vice-légat). OTTOBONVS.

ORANGE

Le premier comte d'Orange aurait été un certain Guillaume au *court* ou *cort-nez*, établi par Charlemagne, selon la légende.

Jusqu'en 1173, Orange eut des comtes pris dans la maison d'Adhémar. Bertrand Ier de Baux reçut, en 1178, de l'empereur Frédéric, le droit de prendre le titre de prince et de frapper monnaie. Guillaume IV reçut de Frédéric, en 1213, confirmation du privilège monétaire.

Lorsque Orange passa dans la maison de Baux, ce ne fut pas en entier, car Tiburge III, en 1180, et Rambaud V avaient légué leurs biens aux chevaliers de Saint-Jean-de-Jérusalem qui se trouvèrent ainsi propriétaires de la moitié de la principauté, l'autre moitié appartenant à Bertrand II de Baux, qui l'avait héritée de Tiburge II. La maison de Baux garda Orange jusqu'en 1393 ; à cette date, la maison de Chalon lui succéda, et en 1531, ce fut le tour de celle de Nassau.

La principauté d'Orange avait été confisquée en 1673 par le roi de France, qui fit raser le château et les fortifications. Elle fut rendue au prince en 1678, par suite de la paix conclue avec la Hollande ; mais Guillaume ayant usurpé le trône d'Angleterre sur Jacques II, son beau-

père, la guerre recommença, et Orange fut de nouveau
enlevé à la maison de Nassau. Ce domaine, après de longues discussions, fut adjugé, en 1702, au prince de Conti,
et les descendants du prince de Nassau-Dietz, institués
héritiers par Guillaume-Henri, n'eurent plus que le titre
honorifique de princes d'Orange.

La réunion à la couronne arriva en 1731.

Il y eut aussi quelques princes intérimaires qui ne gou-
vernèrent Orange que momentanément.

Le souvenir de Guillaume au *cornet* ou *cort-nez* fit
adopter par les seigneurs d'Orange le type du *cornet*.

On donne à Guillaume (1183) les pièces portant : vv.
PRICEPS. ARASC, cornet ℞ IMP. FREDERICUS. Elles rappellent
la concession accordée par l'empereur.

Viennent ensuite des anonymes avec PRINCEPS ℞ AURA-
SICE, cornet. Sur un certain nombre de ces pièces, le
cornet est remplacé par une L barrée, imitée de monnaies
de Lyon. La légende, qui est quelquefois PRINCIPES, indique peut-être une alliance entre Guillaume et Bertrand Ier. En tous cas, comme l'a fait remarquer Poey
d'Avant, elle simule la légende PRIMA SEDES.

Un denier, avec BEATE MARIE et une rosace, est [cité par
Duby. Un autre porte PR. I. N. SEPS, tête de la Vierge de
face avec bandeau. Ces types, qui sont ceux du Puy, de
Gap et de Saint-Paul-Trois-Châteaux, prouvent que les
princes d'Orange ont eu un monnayage d'imitation. On
trouve également des copies de la monnaie d'Avignon et
des estevenants de Besançon à la main bénissante. A
partir de Bertrand, on a des gros et des deniers.

Une pièce de Raimond III ou IV, porte la légende :
R. DEI. GRA. PRINCPS ℞ AUR. DU.D'III. G. XX. A. de Longpérier l'a expliquée par *Auraice Duplex Denarius tria
Granarum et viginti pensans*, et la pièce pèse effective-
ment 23 grains (*R. N.*, 1844, 56 et 108, art. de Duchalais). M. Blancard interprète cette légende de la façon
suivante : *Duplex Denarius Denarii III, Grana XX* (en
répétant le D). Ces trois deniers vingt grains seraient l'indication du titre (*Ann. Soc. Num.*, 1884, 61).

D'autres pièces avec ALATELINA et S. CATERIN. DE AU-
RAICA, se rapportent, selon Cartier, à Catherine de Baux,
dame de Courthézon, qui les aurait frappées par suite d'une
alliance avec Raimond IV. Poey d'Avant pense que ce
nom peut se rapporter à la sainte qui aurait été patronne
de quelque fief. Cette hypothèse est assez vraisemblable
car d'autres deniers portent S. FLORENTIUS, buste mitré de
face, ou AVE S.MAGDELENA. Selon M. Caron la légende
alatelina se rapporterait à Alataïs, sœur de saint Florent.

La monnaie d'or commence avec Raimond IV dont on a
des francs à pied (avec champ semé de cornets) et un
florin. Des francs à cheval signalés par Saulcy n'ont pas
encore été retrouvés (*Docum. mon.*, t. I, 73).

Un gros de Louis de Chalon (1418) porte au ℞ GROS.
MONT.D.IONKE, que M. Laugier a considéré comme l'indication de l'atelier de Jonquières à 8 kilom. d'Orange (*Rev.
Belge*, 1876, pl. XVIII, 11.) M. Caron préfère y voir l'atelier de Jougne où Louis aurait frappé monnaie, en 1419.

Jean II de Chalon s'étant attiré la colère du roi de
France, celui-ci donna Orange à Philippe de Hochberg,
qui frappa monnaie de 1477 à 1482. Avec la maison de
Nassau, les monnaies changent et on voit paraître les
grands écus, les douzains, les liards, les pistoles et demi-
pistoles d'or, les demi et quarts d'écu, les demi-francs,
enfin les doubles tournois sur lesquels on voit les trèfles
simulant les lis, type qui se retrouvent aussi sur les
monnaies d'argent. A signaler le sequin de Guillaume-
Henri (1650-1702).

COMTES, PUIS PRINCES D'ORANGE

1173. Bertrand II, prince en 1178.
1183. Guillaume II.
1225. Guillaume II et Raimond Ier.
1239. Raimond Ier et Guillaume IV.
1248. Raimond Ier et Raimond II.
1279. Raimond Ier et Bertrand II.

*1282. Bertrand III et Bertrand IV. BT OU BTDVS.

*1314. Raimond III. R.PRICEPS.

*1340. Raimond IV et Catherine de Courtrezon. R.DE BAVCIO.

*1393. Jean Ier de Chalon et Marie de Baux. IOHS.DE. CABIL.

*1418. Louis de Chalon. LVDVEVS.

*1470. Guillaume V de Chalon. GVILLM.D.CAB.

*1475. Jean II de Chalon. IOHS.D.CABILLONE.

*1502. Philibert de Chalon. PHS.DE.CABILLON.

 1530. René de Nassau, neveu du précédent.

*1544. Guillaume VI de Nassau-Dillenbourg, cousin du précédent. GVILL.3.

*1584. Philippe-Guillaume de Nassau. PHILIP.GVILLI.

*1618. Maurice de Nassau.

*1625. Frédéric-Henri de Nassau.

*1647. Guillaume VII de Nassau.

 1650. Guillaume VIII.

 1702. François-Louis de Bourbon-Conti.

 1717. Louis Armand de Bourbon.

 1718. Louis François de Bourbon.

PRINCES INTÉRIMAIRES

*1478-82. Philippe de Hochberg. PHS.DE.HOCBERG.

 1522-26. Gaspard de Coligny.

 1524. Philibert de Luxembourg.
　　　　L'amiral Chabot.

 1543. Jean de la Chambre.

 1552. Marie Stuart.

*1673-79. Godefroi-Maurice de Bouillon, comte d'Auvergne (deniers tournois).

Louis XIV lui avait donné Orange lorsque le marquisat de Berg-op-zoom avait été confisqué par Guillaume-Henri.

CADENET

La seigneurie de Cadenet appartenait depuis le xɪᵉ siècle à la maison de Cadérousse. Elle fut érigée en vicomté, en 1225, par Guillaume, comte de Forcalquier, en faveur de Bertrand de Cadenet. En 1356, Robert donna cette vicomté par testament à son neveu Elzéar d'Oraison. Elle passa ensuite dans les maisons de l'Aigue et du Mas de Castellane, puis revint à celle de Cadérousse.

Dans un hommage rendue à Béatrix, comtesse de Provence, Agnès, vicomtesse de Cadenet, veuve de Bertrand, constate qu'elle a le droit de frapper des monnaies d'or et d'argent (1245). Poey d'Avant a voulu attribuer à Cadenet les pièces données aux comtes de Seyne, et qui portent COMES ED'NE (V. Seyne.)

COMTÉ DE SEYNE

MM. de Longpérier et Deloye (*R. N.*, 1844, 124), ont attribué aux comtes de Seyne, des deniers et oboles portant BERTRAND' OU BERTRANDUS ₨ COMES ED'NE OU EDNE. Ces pièces appartiendraient à Bertrand Iᵉʳ, de la maison de Forcalquier, mort en 1150, où à son fils Bertrand II ; la légende EDNE serait pour *Sedena*. Fillon et Poey d'Avant se fiant à une charte mal lue, ont attribué ces pièces à un Bertrand, comte de Cadenet. En réalité, la charte de 1225, crée un *vicomte*, lequel est nommé *R. de Cadeneto*. M. Blancard (*Monnaies de Charles Iᵉʳ*), étudiant l'histoire des comtes de Seyne, pense que les monnaies précitées ont été frappées par un comte Bertrand, fils de Guillaume III, comte de Forcalquier et d'Embrun. Ce Bertrand aurait reçu le comté d'Embrun en partage. Comme Seyne est en Provence, c'est à Embrun que le comte aurait frappé monnaie de 1195 à 1207, pendant que l'archevèque en faisait autant. Par suite, la légende devrait se lire *EbreDuNEnsis*. M. Caron considère avec raison le problème comme étant encore à résoudre.

COMTÉ DE FORCALQUIER

Le comte de Provence, Geoffroi Ier, démembra de ses fiefs le comté de Forcalquier, ou 'Sisteron, en faveur de Guillaume-Bertrand et de Geoffroy ses neveux, fils de Bertrand Ier ; Geoffroi étant mort sans héritier, le comté de Forcalquier passa à Adélaïde, fille de Guillaume-Bertrand qui épousa Ermengaud IV, comte d'Urgel.

Les monnaies de cette branche de la maison de Provence sont faciles à reconnaître ; elles sont appelées *guillelmines*, parce qu'elles portent le nom de Guillaume que nous ne retrouvons pas dans la liste des comtes de Provence (*V. doc.* no 15). On les attribue à Guillaume II ou IV de Forcalquier (1150-1220) ; ✠ WILELMVS. Champ : COME disposé en croix. ℞ ✠ PROENCIE, croix.

COMTES DE FORCALQUIER

1054. Guillaume-Bertrand et Geoffroi, fils de Bertrand Ier.
1092. Guillaume II, Bertrand, comte de Provence, son tuteur.
1129. Bertrand Ier et Guignes.
1150. Guillaume III et Bertrand II.
1208. Réunion au comté de Provence.

MANOSQUE

A. de Longpérier avait attribué à la ville de Manosque et aux comtes de Forcalquier un denier portant : MANVE .˙. SCE en rétrograde, croix à six branches. ℞ ✠ MONETA. Croix. Poey d'Avant (t. Ier, 340) repoussant cette interprétation, pensait qu'il fallait y voir une dégénérescence de la légende du Puy, SCE MARIE. Mais le type du Puy a été copié à Orange, à Gap, à Saint-Paul-Trois-Châteaux. Dans des chartes de 1149 et 1208, Manosque est appelée *Manuesca* ; enfin dans deux bulles des Hospitaliers, on trouve la forme *Manuasche*. Les trois points en triangle se retrouve dans PODI .˙. ENSIS (Carpentin, *R. N.*, 1865, 182). L'attribution paraît donc devoir être acceptée.

SAINT-PAUL-TROIS-CHATEAUX

L'évêché, qui remonterait à l'an 169, était dans la ville nommée d'abord *Augusta Tricastrinorum*, puis saint Paul, au IVᵉ siècle. L'évêché fut supprimé en 1790.

En 1154, Frédéric Barberousse confirmait à l'évêque Guillaume le droit de frapper monnaie, concédé par ses prédécesseurs. Au XVᵉ siècle, on voit le roi Charles VI faire avec l'évêque Jean III un accord par lequel le dauphin pouvait faire frapper monnaie d'or et d'argent à Saint-Paul, à condition d'y graver une crosse et de partager les émoluments avec le prélat (*V. doc.* nº 16).

Le monnayage débute par des anonymes portant ✠ AVE. GRA.PLENA. Buste mitré. ℞ ✠ SANTI PAULI, croix ancrée (Duby) ou EPISCOPUS ou EPIS ℞ S.PAULI, mitre. D'autres offrent les légendes : EPS.SANTI PAULI ℞ TRICASTRIN (*ensis*). Ces monnaies sont des deniers, des oboles, des pites et des florins. Les monnaies de Benoît portent deux clefs en sautoir ; celles de Dragonet, un buste ou un écusson ; celles de Guillaume de Cardaillac *ou* Guillaume-Guitard, un écusson ou un double aigle éployée. Hugues copie d'abord la tête des évêques de Die, puis la mitre des papes à Avignon, enfin le léopard d'Aquitaine. De Jean Iᵉʳ Costi, on a plusieurs variétés de florins.

A signaler un florin anonyme dont la légende FLOR.EP. TCA est disposée de manière à simuler le mot FLORENTIA.

D'après les récents travaux de l'abbé Albanès, les noms des évêques Raymond de Montuejols (1326) et de Guillaume de Cardaillac doivent être rayés de la liste de la *Gallia Christiana* (*Ann. Soc. Num.*, 1888, *Procès-verb.* p. 4 ; cf. J. Roman, *R. N.*, 1886, 488).

ÉVÊQUES DE SAINT-PAUL

1076. Geraud Iᵉʳ.	1189. Bertrand II de Pierre
1095. Pons IV.	Latte.
1142. Guillaume Iᵉʳ.	1206. Josserand.

1210. Geoffroy Ier.
1240. Laurent.
1251. Bertrand III de Clansayes.
1288. Benoît. BE.EPIS.
1295? Guillaume II d'Aubenas.
1306. Dragonet de Montauban. DRAGON.
1328. Hugues Ier Aimeri. HVGO ou H.
1348. Guillaume IV Guitard.
*1349. Jean Ier Costi. I ou IH.
1364. Bertrand IV.
1365. Jacques-Artaud Ier.
1366. Raimond II de Raimonds.

1378. Adhémar d'Adhémar,
1385. Jean II de Murol.
1389. Dieudonné d'Estaing.
1409. Jean III.
? Raimond III Mairose.
1411. Hugues II de Thesy.
1446. Romanet de Delhien.
1450. Etienne Genevès.
1471. Imbert de Laye.
1479. Astorge Aimery.
1480. Jean IV Sirat.
1482. Guillaume V de Monteil.
1516. Antoine Ier de Lévis.

ÉVÈCHÉS DE VALENCE ET DE DIE

Ce n'est qu'en 1157, que les évêques de Valence eurent le droit de battre monnaie, par concession donnée à Eudes de Chaponnay par l'empereur Frédéric Ier. Ce droit fut confirmé en 1238. Le premier type des monnaies de Valence semble rappeler ce fait historique, car il présente une aigle à deux têtes. Plus tard, on adopta l'aigle à une seule tête qui persista jusqu'à la fin du monnayage.

Quant au nom de saint Apollinaire, qui paraît sur toutes les monnaies anonymes, c'est celui du troisième évêque de Valence (517). L'évêché de Die fut réuni à celui de Valence, en 1276, par le pape Grégoire X. Ce n'est qu'à partir de cette époque que les évêques signèrent leurs monnaies et y mirent leurs armoiries en prenant le titre de comtes de Valence et de Die. Ce comté était différent de celui de Valentinois et de Diois, qui appartenait aux comtes. Ce dernier fut réuni à la couronne en 1439, et l'autre seulement en 1456, lorsque l'évêque Louis de Poitiers céda ses droits à Louis XI. Le monnayage des évêques comprend des deniers, des gros, des demi-gros et des carlins.

La monnaie d'Amédée II porte : $+$ A.DE : SALUC.ADMI-
NISTRATOR ℞ $+$ ECCLESIAR.Z.COMITAT.D.VALEN.E.DN. Ecusson entre trois croisettes. Un carlin de Guillaume de la
Voulte représente la Vierge sur un siége à deux têtes de
lion.

ÉVÊQUES DE VALENCE

1156. Odo de Chaponnay.	*1283. Jean de Genève.
1186. Lantelme.	IOHANES.
1188. Foulques.	*1298. Guillaume de Rous-
1200. Umbert de Miribel.	sillon. GVILLS.
1220. Gerold.	1334. Aimar de la Voute.
1227. Guillaume de Sa-	*1337. Henri de Villars. HER.
voie.	1342. Pierre de Chastellux.
1239. Boniface de Savoie.	1352. Jean Jofevry.
1242. Philippe de Savoie.	*1354. Louis de Villars Thoire
1275. Gui de Montlaur, évê-	LVDOVICVS DE VLARS.
que de Valence et	*1378. Guillaume de la
de Die.	Voulte. GVILLS.
1267. Bertrand.	*1383. Amédée de Saluces.
1275. Amédée de Roussil-	A.DE SALVC.
lon, évêque de Va-	1390. Jean de Poitiers.
lence et de Die.	Louis de Poitiers.

ÉVÊCHÉ DE DIE

Le siège de Die placé dans l'antique cité des Voconces
date peut-être du IIIe siècle. Avant la réunion au siège de
Valence (1276), les évêques de Die avaient une concession
monétaire que leur avait octroyée Frédéric Ier, en
1178, par une bulle donnée à Arles le premier jour des
calendes : *Diam civitatem cum sua propria moneta, mer-
catu, plateis, furnis, molendinis, et hujusmodi omnibus
quæ ad nostram specialem coronam pertinere noscuntur.*

Sur les monnaies de Die, on trouve la Vierge représen-
tée de diverses manières. Des monnaies anonymes portent
AVE GRATIA PLENA ℞ CIVITAS DIENSIS. Un denier avec CIVITAS
DIEN des deux côtés et un écusson armorié est attribué à
Amédée de Roussillon, évêque de Valence (1275-81).

VALENTINOIS ET DIOIS

Ce comté vint au XIIe siècle en la possession de la maison de Poitiers. En 1419, mourut Louis II, qui avait institué pour son héritier le dauphin Charles, fils de Charles VI, qui réunit le comté à la couronne. Louis créa un duché de Valentinois, en faveur de César Borgia (1498), et à la mort de celui-ci, le fief revint à la couronne. Henri II le donna à Anne de Poitiers ; les princes de Monaco le possédèrent ensuite et il fut définitivement réuni au domaine national en 1793.

On a retrouvé une procédure contre des ouvriers de la monnaie de Puygiron condamnés à être brûlés vifs, pour avoir émis de la fausse monnaie, en 1327 (*Invent. Archives Isère*, t. II, 128).

En 1357, par un échange, Louis de Villars, évêque de Valence et de Die, céda ce qu'il possédait dans la seigneurie de Crest au comte Aimar VI qui y établit sa monnaie.

Le monnayage des comtes, composé de florins, deniers, gros, carlins et oboles, porte les armes de Poitiers, la tête du type esterlin et quelquefois l'aigle qui se trouve sur les monnaies des évêques. La légende du ℞ est généralement : COM. VALENT ET DES, avec variantes.

COMTES DE DIE ET VALENCE

11. ... Aimar de Poitiers, bâtard de Guillaume IX, comte de Poitou.

1135. Guillaume, comte de Valentinois.

1189. Aimar II, comte de Diois et Valentinois.

1230. Aimar III, petit-fils du précédent.

*1277. Aimar IV. AMARIVS.DE.PITA.

*1329. Aimar V, dit Aimaret. A.

1339. Louis Ier.

*1345. Aimar VI. AMARIVS.DE.PITAVI.

*1373. Louis II, cousin du précédent. LVDOVICVS OU L. DE.PICTA.COMES

1419. Louis III de Poitiers-Saint-Vallier, prétendant.

1423. Charles VII, roi de France.

ARCHEVÊQUES D'EMBRUN

Embrun avait, dès le IVe siécle, un évêché dont six autres étaient suffragants. Ses archevêques reçurent en 1147, de l'empereur Conrad III, le droit de frapper monnaie (*V. doc.* 17); Rodolphe confirma ce privilège, en 1276. A. de Longpérier a pensé que c'était seulement après cette confirmation que la monnaie d'Embrun avait commencé à être frappée, (*R. N.*, 1837, 365). On ne connaît jusqu'à présent que deux pièces, dont l'une est attribuée à Raimond IV Rabaud ; elle porte + R. ARCHIEPS. Buste mitré ℞ + EBREDUNENSIS, croix feuillue. L'autre, avec PASTOR ARCHIEPS, l'évêque debout (℞ analogue), appartient à Pasteur de Sarrats. Ce type de l'évêque paraîtra sur les gros de Thierry de Boppart, à Metz.

ARCHEVÊQUES D'EMBRUN DEPUIS 1135

1135. Guillaume II de Bénévent.
1170. Raimond Ier.
1177. Pierre II Romain.
1189. Guillaume III de Bénévent.
1208. Raimond Sedu.
1212. Bernard Ier Chabert.
1236. Aimar.
1246. Humbert.
1250. Henri de Suze.
1267. Melchior.
1275. Jacques II Serène.
1286. Guillaume IV.
1289. Raimond II de Médullion.
1295. Guillaume V de Mandagot.
1311. Jean Ier du Puy.
*1319. Raimond II Rabaud.
1323. Bertrand Ier de Deaulx.
*1338. Pasteur de Sarrats.
1351. Guillaume VI des Bordes.
1361. Raimond V de Salg.
1364. Bertrand II de Castelnau.
1365. Bernard II.
1366. Pierre III Ameil.
1379. Michel-Etiènne.
1427. Jacques III Gelu.
1452. Jean II Gerard.
1456. Jean III Bayle, et Jacques de Caulers son compétiteur.
1494. Rostaing d'Ancezune.
1510. Jules de Médicis.

GAP

Les évêques de Gap obtinrent probablement une concession impériale, vers le xiᵉ siècle. On a bien donné à Gap des pièces qui sont certainement postérieures au xiiᵉ siècle, mais la rosace qu'elles portent peut aussi bien indiquer le Puy, et les légendes sont généralement rognées.

Les monnaies de Gap sont les suivantes :

1. ✝ VAPIENSIS, rosace ℞ ✝ BEATE MARIE, croix.

2. ✝ S. H. ESPIQOPUS, tête. ℞ ✝ VAPINCENSIS, croix. Ce dernier est une imitation de ceux de saint Maurice de Vienne.

3. ✝ ESPIQOPUS, tête, ℞ VAPITENSIS, etc.

Les pièces avec les lettres S. H, peuvent appartenir à Hugues, évêque de Gap en 1215, qui aurait mis sur les monnaies le nom de son saint patron (Laugier, *R. N.*, 1866, 352).

MONTÉLIMART ET GRIGNAN

La famille d'Adhémar était divisée en trois branches, de Grignan, de la Garde et de Rochemaure, qui étaient copropriétaires de Montélimart.

En 1383, Giraud Adhémar abandonna au pape Clément VII tous ses droits sur Montélimart. En 1419, Louis II de Poitiers légua au dauphin Charles, fils de Charles VII ses droits sur Montélimart, et un peu plus tard, Louis XI racheta la part du pape.

Raimond-Bérenger, comte de Provence, aurait confirmé, en 1164, le droit de battre monnaie que possédait Gérard-Adhémar, de Montélimart. Mais la charte n'est pas digne de foi.

D'après Fauris de Saint-Vincent, l'empereur Charles IV permit à Gaucher-Adhémar, vicomte de Grignan, de battre des monnaies d'or et d'argent. La charte est datée de 1356 ; elle ne parle pas de monnaies, et fut donnée à un certain Gaucher Adhémar de Monteil, qui n'était pas vicomte de Grignan. Ce seigneur frappa monnaie, et la branche cadette de la Garde paraît jusqu'à présent avoir seule joui de cet avantage.

Le monnayage de Montélimart présente beaucoup d'imitations :

Gaucher-Adhémar ; ╺╋╸ GAUCHERII-ADEMARII, couronne ; dessous SEX. ℞ ╺╋╸ DOMINUS MONTILII. Sol couronnat ; — G. DNS MOTIL, lis, etc.. florin ; ╺╋╸ GAUCHERII ADEMARI, croix. ℞ ╺╋╸ DEI GRA. DOMINUS, champ : MO-NT. Le mot SEX placé dans le champ est destiné à imiter le mot REX des sols couronnats de Robert et de Jeanne de Provence.

Hugues-Adhémar : ╺╋╸HUGO ADEMARII, champ : MO-NT. ℞ ╺╋╸ DOMINUS MONTILII, denier ; avec MONETA MONTILLI, carlin. Une pièce avec H simulant K, et DE GARDIA (℞ HUGO ADEMARII MOTILII..DE DNS et DE GARDA DOMINUS), est une contre-façon du *blanc de donne* de Charles V. (*R. N.*, 1885, 78).

DAUPHINS DU VIENNOIS

Au XIe siècle, les dauphins du Viennois prirent le titre de comtes d'Albon. Le comté de Viennois resta dans la famille des Guigues jusqu'à Humbert II. Mais ce dauphin ayant conclu, en 1343, un arrangement avec le roi de France, le comté fut donné, après abdication d'Humbert, à Charles, fils aîné du duc de Normandie. Depuis cette époque, le fils aîné du roi prit toujours le titre de dauphin.

Le dauphin Guigues V, comte d'Albon, étant allé à la cour de l'empereur Frédéric Ier, ce prince l'arma chevalier de sa propre main, le maria à une de ses parentes, et lui donna en 1155, avec une mine d'argent dans le Briançonnois, le droit de frapper monnaie : « Praeterea potestatem cudendi et fabricandi novam monetam in villa que dicitur Sesana, que sita est ad radicem montis Jani, quia ibidem monetæ fabrica non erat a nostra majestate impetravit. » Cette concession fut confirmée en 1238 par l'empereur Frédéric II. (*V. aussi doc.* n° 18.)

On donne, à Humbert Ier, les deniers avec + DALPHS VIEN., dauphin ℞ + COMES ALBONIS.

Jean II frappe des deniers et des gros au cavalier, imités de ceux de Valenciennes.

De Guigues VIII, on a des florins, des carlins et des deniers. Humbert II frappe des florins, des deniers, des douzains et des sixains très curieux, avec les légendes + DOSINI OU SISENI.DALPHINALS.

L'histoire du Dauphiné (preuves, aux années 1327, 1339 et 1340) contient des détails assez intéressants sur les florins, les deniers blancs, appelés aussi *grossi dalphinales*, les oboles, les doubles, les deniers noirs, et les douzains : les types arrêtés par la Chambre des comptes y sont soigneusement décrits.

Charles V et Charles VI frappèrent des monnaies comme dauphins. Sous Louis, fils aîné de France, on voit paraître l'écu en losange, écartelé, de France et de Dauphiné ; sous Jean (1415-16), l'écusson est carré, portant deux lis et deux dauphins dans des cercles. Charles VII monnaya d'abord comme fils aîné de France, puis comme roi. Louis XII termine la série comme dauphin.

Un titre de 1329 fait connaître les ateliers d'Avisans, de Chabeuil, de Veynes, de Grenoble et de Pisançon. En 1377 il y avait également des ateliers à Crémieu, à Serve, à Romans et à Tronche, près Grenoble.

COMTES ET DAUPHINS DE VIENNOIS

1040. Guigues Ier le Vieux, comte d'Albon.

1063. Guigues II.

1080. Guigues III.

1140. Guigues IV, dit Dauphin.

1148. Guigues V, premier comte de Viennois.

1162. Béatrix d'Albon, et Albéric Taillefer de Toulouse, puis Hugues III, duc de Bourgogne, puis Hugues de Coligny, seigneur de Revermont.

1228. André de Bourgogne, dit Guigues VI.

1237. Guigues VII, dauphin de Viennois, comte d'Albon, Gap et Embrun.

1269. Jean Ier.

1281. Anne, sœur du précédent et Humbert Ier de La Tour du Pin.

*1307. Jean II de La Tour du Pin. i ou IOHES.

*1319. Guigues VIII. G ou GVIGO.

*1333. Humbert II, baron de Faucigni, frère du précédent. HV.

*1349. Charles V, avant d'être roi de France. KAROL. Charles VI. *id.*

1409-1415. Louis, fils aîné de France.

1415-1416. Jean, fils aîné de France.

Charles VII.

Louis XI.

VIENNE

Il y a des monnaies impériales de cette ville qui portent le nom de Maurice-Tibère, des triens mérovingiens, puis des deniers des premiers Carolingiens, de Boson et de Louis III, rois de Bourgogne. Lors de la ruine du royaume de Provence, les archevêques de Vienne devinrent comtes de cette ville, et se firent concéder le droit de frapper monnaie.

Dès le premier quart du xe siècle, il y eut une association monétaire entre les archevêques de Vienne et les rois de Provence. Cette conséquence est déduite de monnaies avec *Sc. Maur. Viens.* ℞ *Lu.* (ce serait le nom de Louis l'Aveugle).

Plus tard, on voit Burcard, qui fut archevêque de 1002 à 1030, se plaindre à Otton, marquis d'Italie, de ce que l'on contrefaisait ses monnaies à Aiguebelle : ces abus ayant recommencé en 1065, Léger, successeur de Burcard, se transporta en Italie auprès d'Adélaïde, veuve du marquis Otton, qui s'engagea à défendre que les monnaies de Vienne fussent désormais imitées ou altérées dans ses Etats. (D'Achery, *Spicileg*, III, 393, vers 1043).

Le siège de Vienne aurait d'abord été occupé par saint Crescent, en 160. Vienne eut le titre de primatiale des Gaules, avant Lyon, et mit sur ses monnaies : CAPUT GALLIE, PRIMA GALLIARUM, NOBILIS, MAXIMA, etc. Ces titres rappellent que Vienne fut proclamée métropole des Gaules, dans le concile qui se tint dans l'église Saint-Maurice (892).

Quelques pièces avec + TEUBAUDUS V, champ, R barré, ℞ + SCS.MAURICIS. champ, R. On voit, sur ces pièces, l'initiale de Rodolphe III et le mot *rex* dégénéré. Elles remonteraient à l'épiscopat de Thibaut (952-1000). Certains deniers portant un grand S dans le champ sont considérés, par quelques numismatistes, comme remontant à l'époque de Sobon, archevêque en 946. Cette lettre n'est peut-être que l'initiale de *Sedes*.

Puis viennent les pièces où les légendes S.MAURICIUS ℞ URBS VIENNA accompagnent le monogramme de l'empereur Henri III, la tête de saint Maurice, et le chrisme.

On voit ensuite paraître les légendes CAPUT GALLIE, MAXIMA.GALL, NOBILIS.

Au XIVe siècle, Vienne frappe des gros, des demi-gros, des doubles, toujours avec la tête de saint Maurice.

GRENOBLE

L'évêché remonte au IVe siècle. La série monétaire ne commence qu'au XIe siècle, avec des deniers portant : + S.VINCENCIU, buste, ℞ GRANOPOLIS, croix cantonnée de l'A et de l'ω, de D et de S. Ce type de la tête a dû être créé à peu près à la même époque que celui de Vienne.

Vient ensuite une catégorie de curieuses pièces frappées par suite d'une alliance entre le dauphin de Vienne et l'évêque de Grenoble. Cette alliance monétaire dura probablement jusque vers le milieu du xiv* siècle. Les pièces portent : + DALPHINUS VIEN, dauphin ℞ + EPS.GRONOPOL., croix (vers le règne d'Humbert Ier de La Tour, 1280-1307). Certaines de ces pièces portent H.DA..VIEN. D'autres avec : G ou GUIGO DALPHS VIENE, dauphin ; ℞ + SANTUS VINCENCIUS (deniers et carlins).

On donne ces dernières pièces au dauphin Guigues VIII, (1319-33). A signaler aussi un denier avec + DALPHINVS.VIEN. ℞ + SCS.VINCENCIVS (R. N. 1887,191).

LYON

Au xe siècle, l'évêché de Lyon se subdivisait en comtés de Lyon, de Feurs et de Roanne. A la fin du même siècle, le comté de Roanne disparut, la ville de Lyon passa aux archevêques, le comté de Feurs ou de Forez désigna tout le Lyonnais. Guillaume Ier fut le premier comte héréditaire de Lyon, en 921. Conrad, ayant épousé Mathilde, fille de Louis IV, roi de France, prit possession de Lyon, vers 955. Au xiie siècle, Ide-Raimonde ayant épousé Guigues-Raymond d'Albon et de Viennois (1107), le comté de Lyon fut réuni au Forez. C'est sous Guigues que le dauphin prit la place du lion dans les armoiries des comtes de Forez.

Le 18 novembre 1157, l'empereur Frédéric Ier, en qualité de roi de Bourgogne, donna à l'archevêque Héraclius de Montboissier le droit de frapper monnaie : « Concessimus itaque praefato archiepiscopo, et primati Eraclio et, per eum, omnibus successoribus ejus in perpetuum, totum corpus civitatis Lugdunensis, et omnia jura regalia, per omnem archiepiscopatum ejus citra Ararim, infra vel extra civitatem, in abbatiis et earum appenditiis, ubicumque

sint, comitatibus, foris, duellis, mercatis, monetis, etc. »
On a des monnaies royales frappées à Lyon au nom de
Pépin, Charlemagne, Louis le Débonnaire, Charles de Pro-
vence, Charles le Chauve, Conrad le Pacifique, Rodolphe III,
Conrad le Salique et Henri III de Bourgogne : ce dernier
cessa de régner en 1056.

L'atelier de Lyon fut peut-être donné à l'archevêque par
Charles le Chauve, et repris ensuite par les rois de Bourgogne ; ce qui le donne à penser, c'est que l'on voit,
dans l'obituaire de Lyon, qu'à la fin du XIᵉ siècle, et par
conséquent peu après la mort de Henri III, le dernier dont on ait des monnaies, l'archevêque Humbert
recouvra le droit de monnayer : *Humbertus Lugdunensis
archiepiscopus monetam sancto Stephano recuperavit.*
Dans cette hypothèse, la concession de l'empereur Frédéric Iᵉʳ ne serait qu'une reconnaissance d'un droit déjà
acquis. Les archevêques de Lyon usèrent ensuite tranquil-
lement de leur privilège, jusqu'au commencement du
XIVᵉ siècle. A cette époque, ces prélats, soutenus par le
pape Clément V et par Pierre de Savoie, obtinrent d'être
maintenus et de figurer dans le règlement de 1315. On a
encore de leurs monnaies, qui furent frappées jusqu'en 1413,
que le roi Charles IV ayant ordonné que son atelier de
Mâcon fût transféré à Lyon, ruina la monnaie archiépiscopale, malgré les récriminations du prélat (*Manuel*, Édit.
1851, 234).

Le monnayage des comtes de Lyon débute par un denier avec ✚ CRACA DEI UGO ; dans le champ, COMS
ꝶ LUGUNIS CIVITS, croix. Cette pièce est donnée à un
certain Hugues, parent de Conrad de Bourgogne. Il est
qualifié de *Marchio* en 944. Cette mention a fait penser à
Longpérier qu'on pouvait retrouver ce titre dans un monogramme qui est sur les deniers de Guillaume II, comte de
Lyon (*R. N.*, 1867, 447). D'autres savants croient que ce
monogramme renferme le nom *Conradus*. Un certain nombre de deniers avec WILELMUS portent COMES en croix
dans le champ.

Poey d'Avant considère comme épiscopales les pièces
frappées avec les noms de CONRADUS, RODULFUS, HEINRICUS,

et qui portent assez souvent le type du temple ou du calvaire. Un curieux denier avec les légendes + CONRADUS R. ℞ + LUGDUNUS, présente un monogramme qui paraît être celui d'un archevêque, Burcard Ier (949-56) ou Burcard II de Bourgogne (979-93).

Viennent enfin les monnaies anonymes des archevêques de Lyon, deniers, oboles, grands deniers, gros, avec les légendes PRIMA SEDES, L.G. en monogramme, ℞ GALLIARU, croix. Le monogramme fait place au L barré (d'abord LS ou LG), plus tard accosté du soleil et de la lune. A citer, les pites avec PRIM OU PRIMA S. ℞ GALI.

D'après M. Récamier, la lettre S serait l'indice de *Stephanus*, titre de l'atelier monétaire de Lyon (*R. N.*, 1884, 309).

En 1368, les grands vicaires et le chapitre nommèrent un maître de la monnaie, et stipulèrent seulement que les espèces porteraient *Prima sedes Galliarum*. On devait fabriquer des deniers blancs de 6 deniers viennois, d'autres deniers blancs dits *forts viennois*, ayant cours pour 2 deniers viennois, et des deniers noirs ayant cours pour 1 denier viennois. En 1371, le chapitre ordonna de fabriquer des gros de 8 deniers, et de monnayer aux types anciens. C'est à cette période qu'il faut rattacher les monnaies frappées au nom de l'archevêque Charles d'Alençon (1365-1375), portant KROL ou un K, surmonté d'une mitre ou entre deux lis. Ces pièces imitent les monnaies royales. C'est pourquoi, en 1373, l'archevêque fut invité à cesser l'émission des copies de la monnaie royale qu'il avait fait forger, depuis quatre ans, en son château de Bechevilain.

En 1414, un arrêt ordonna la translation de l'atelier de Mâcon, mais ce ne fut qu'à la fin du XVe siècle que l'atelier royal fonctionna à Lyon.

COMTES DU LYONNAIS ET DU FOREZ

870. Guillaume Ier, comte du Lyonnais.
890. Guillaume II.
920. Artaud Ier.
*937-48. Hugues, marquis.

960. Giraud Ier.

990. Artaud II, comte de Lyon. Etienne, comte de
    Forez.

1009. Pons, comte de Gévaudan, second mari de la
    veuve d'Artaud II et tuteur des enfants mi-
    neurs de ce dernier.

1007. Artaud III, comte de Lyon. Giraud II, comte de
    Forez.

1058. Artaud IV, fils de Giraud II.

1076. Wedelin, etc. (Mas-Latrie, *Trésor*, p. 1604).

DOMBES

Le pays de Dombes, démembrement du royaume d'Arles,
était compris entre les rivières de Chalaronne, de Veyle
et de Saône. Les sires de Thoire et de Villars, possesseurs d'abord de Trévoux, qui n'était qu'un château au
XIIe siècle, et qui devint une ville par la suite, frappèrent
des monnaies qui avaient encore cours au XIVe siècle, mais
qui n'ont pas encore été déterminées.

Humbert VII, en 1402, vendit Ambérieux, Trévoux et
Châtelard, avec leurs dépendances, à Louis II, duc de
Bourbon, qui avait acquis, d'Edouard II, sire de Beaujeu,
une autre partie des Dombes.

Les ducs de Bourbon s'empressèrent d'user du droit de
monnayage que leur famille avait déjà exercé en Bourbonnais, comme comtes de Clermont, et adoptèrent le système de la monnaie royale de France, dont ils imitèrent les
types de manière qu'on pouvait souvent les confondre.

Selon M. Mantelier, le monnayage des seigneurs de
Trévoux ne commença guère que vers la fin du XIIIe siècle.

Des démêlés survinrent vers 1415, au sujet de la monnaie de Trévoux, entre le duc de Savoie et Jean de Bourbon. Celui-ci ayant été fait prisonnier à Azincourt, la
duchesse de Berry, sa femme, défendit ses droits. Dans
un acte de 1327, elle invoque les droits de ses prédécesseurs qui faisaient battre, à Trévoux, une monnaie dont
les coins se voyaient encore. Cette contestation fut ter-

minée en juillet 1441; mais la fabrication de la monnaie paraît avoir été suspendue ensuite pendant tout le règne de Charles.

Jean II de Bourbon ne mourut qu'en 1488, mais, vers 1482, il avait abandonné le Beaujolais et le comté de Clermont en Beauvoisis à son frère Pierre, alors sire de Beaujeu. Cette cession eut lieu lorsqu'il se réconcilia avec ce dernier, qu'il avait longtemps combattu alors qu'il suivait le parti du duc d'Orléans.

Lorsque Charles de Bourbon eut épousé Suzanne de Bourbon, la mère de François Ier, Louise de Savoie, disputa au connétable cette succession, qui fut mise sous séquestre en 1522. Un arrêt du Parlement réunit les Dombes à la Couronne (1527). Mais elles furent rendues en 1560 à la famille de Bourbon-Montpensier, qui les garda jusqu'à la mort de Mademoiselle d'Orléans (1693).

François Ier rétablit la chambre des monnaies de Trévoux, mais l'atelier ne paraît pas avoir été mis en activité.

François II, en 1560, par une transaction signée à Orléans, abandonna les seigneuries de Dombes et de Beaujolais à Louis de Montpensier, qui réclamait instamment la succession du connétable de Bourbon.

Marie de Montpensier, à l'âge de trois ans, avait été fiancée au duc d'Orléans, qui mourut en 1611. Pendant ce laps de temps, la monnaie de cette princesse fut frappée en son propre nom par sa mère, puis par le cardinal de Joyeuse, ses tuteurs. Après son mariage avec Gaston, la monnaie porta le nom des deux époux.

Gaston avait le titre de prince usufruitier pendant la minorité de sa fille. On continua à frapper monnaie à son nom jusqu'à 1657, c'est-à-dire deux ans après que *Mademoiselle* eut été émancipée. Le monnayage seigneurial qui avait été rétabli dura jusqu'à la fin du xviie siècle, époque à laquelle le duc du Maine, héritier de *Mademoiselle*, renonça à ce droit, soit par ordre exprès du roi, soit pour ne pas être soupçonné, comme un assez grand nombre de princes voisins, de s'en servir comme d'un moyen pour s'enrichir, en contrefaisant à bas titre les monnaies royales.

Les monnaies des Dombes sont presque toujours des imitations de pièces royales. Comme signe particulier, on trouve des flammes agencées de manière à simuler des couronnes. Dans la première période, les espèces sont des blancs, des deniers et des oboles (des francs à cheval sont cités par Duby).

A signaler les testons d'or de Jean II et de Pierre II, qui sont antérieurs aux testons royaux. La grande pièce d'or de Jean, avec le prince debout et la légende IO.DVX. BORBONI.ET.ALVERNIE.TREVORCII.DNS, pèse 20 gr. 45, c'est-à-dire presque exactement six fois le poids des testons d'or du même prince (3 gr. 40). Il est donc probable pour nous que cette pièce, si elle était une médaille, avait aussi une valeur monétaire.

La maison de Bourbon-Montpensier a frappé des pistoles, des demi-pistoles, des francs, des testons, des douzains, des doubles tournois, des écus d'or, puis des quadruples louis. Gaston prit le titre de frère unique du roi et prince usufruitier de Dombes, pendant qu'il administrait le pays. Il continua même ce monnayage pendant les cinq premières années du gouvernement de sa fille. Celle-ci commença par frapper des douzièmes d'écus ou pièces de 5 sols, qui eurent une vogue tellement considérable qu'on s'en servit pour le commerce de l'Orient où on les recherchait même comme bijoux. Les Turcs appelaient ces monnaies *Timmins*, et les prirent d'abord pour dix sols, puis pour sept sols et demi (Chardin, *Voyage en Perse*). Ces pièces présentent la tête de la princesse et au ℞ un écusson aux trois lis, avec lambel. Les légendes donnent tantôt les titres de Marie, tantôt des devises latines diverses. Parmi ces dernières pièces, il y en a certainement qui sont des contrefaçons, car cette monnaie, en raison de sa vogue, fut copiée de tous côtés, à Orange, à Avignon, à Monaco, à Florence, en Allemagne, en Espagne. Il faut citer, notamment, les imitations de la famille Doria et des marquis de Fos di Novo (*R. N.*, 1869-1870, 115).

De son côté, Marie imita les sequins de Venise, car on a une de ces monnaies qui porte FRANC.PRINC, Le prince et saint Marc, S.M.TREVO (*si*), et dans la légende du ℞ le mot DOMBA. On avait attribué ce sequin à François II, mais il paraît certain qu'il appartient à Marie, car on sait que cette princesse s'attira des reproches du doge pour avoir imité les sequins de Venise (Mantellier, *M. de Trévoux et de Dombes* et *R. N.*, 1857, 266).

SEIGNEURS DES DOMBES

13... Humbert VII, sire de Thoire et Villars.

*1402. Louis II, duc de Bourbon.

1410. Jean Ier.

1434. Charles, duc de Bourbon.

*1459. Jean II, duc de Bourbon. IOHS.

*1475. Pierre II, duc de Bourbon et comte de Clermont. PETRVS.

1503. Suzanne de Bourbon, épouse de Charles de Bourbon, comte de Montpensier et dauphin d'Auvergne.

1523. François Ier, roi de France.

*1560. Louis II de Bourbon, duc de Montpensier.

*1582. François de Bourbon, *id.*

*1592. Henri de Bourbon, *id.*

*1608. Marie de Montpensier et Gaston d'Orléans.

*1627. Gaston d'Orléans, prince usufruitier de Dombes.

*1650. Anne-Marie-Louise d'Orléans (Mademoiselle).

FRANCHE-COMTÉ (Comté de Bourgogne)

Hugues le Noir fut le premier comte héréditaire de Bourgogne (915); le comté cessa d'exister en 1295, lorsque Othon Othenin vendit ses biens au roi Philippe le Bel. Le comté revint en 1330 au duc Eudes de Bourgogne, qui avait épousé Jeanne, fille de Jeanne de France. Après la mort de Marie, fille de Charles le Téméraire, le comté passa à son mari Maximilien et entra dans la maison d'Autriche. Charles-Quint devint ensuite possesseur de la Bourgogne, qui ne revint à la France que sous Louis XIV, en 1678.

Dans le comté de Bourgogne, nous voyons que l'on employa beaucoup la monnaie viennoise, concurremment avec la monnaie estevenante des archevêques de Besançon : on n'en sera pas étonné si l'on se souvient que le comté de Vienne appartint longtemps aux comtes de Bourgogne.

Renaud, comte de Bourgogne et fils d'Otton-Guillaume, s'empara de Vienne, bien que l'empereur Rodolphe en eût donné le comté à l'archevêque Burcard ; Renaud cependant y fut maintenu par l'empereur Henri, quand ce dernier conclut avec lui un traité de paix en 1044. D'après une charte de 1065, Guillaume, fils de Renaud de Bourgogne, jouit à Vienne des droits de régale qui appartenaient à l'empire, et Renaud II qui lui succéda engagea le comté de Vienne à son frère Guy qui en était archevêque ; ce dernier en eût la possession complète après 1102, époque de la mort de Renaud II en Palestine (*Manuel*, édit. 1851).

De cet exposé historique, M. de Barthélemy a conclu : 1º que, de 1040 à 1102, les comtes de Vienne et de Bourgogne eurent une partie des droits monétaires de Vienne avec les archevêques ; 2º qu'après la mort de Renaud II le droit de frapper monnaie appartint tout entier aux prélats ; 3º qu'entre Renaud Iᵉʳ et Renaud II on ne doit pas retrouver de monnaies comtales frappées en Franche-Comté, attendu que la monnaie de Vienne et celle de Mâcon y avaient cours. — Les monnaies semblent donner raison à ce système. En effet, textes et monnaies font défaut depuis Renaud Iᵉʳ jusqu'à Guillaume III. Ce dernier demanda à l'archevêque de Besançon un monnayer afin de remettre en activité l'atelier de Lons-le-Saulnier, sans doute parce qu'il n'avait plus part au monnayage viennois. C'est à Guillaume III que M. de Barthélemy donne les monnaies de Lons-le-Saulnier, sans nom de comte, qui portent MONETA. ℞ LEDONIS. VILL., avec les lettres BE dans le champ.

Outre la monnaie viennoise, les comtes de Bourgogne faisaient aussi circuler celles qu'ils frappaient à Mâcon au type royal. C'est probablement par suite de cette circonstance que Philippe de Vienne, descendant des anciens comtes de Vienne et de Mâcon, qui possédait les seigneuries de Pymont et de Lons-le-Saulnier, faisait encore frapper monnaie dans cette dernière ville au milieu du XIIIᵉ siècle. A cette époque, l'archevêque de Besançon, prétendit avoir seul le droit de frapper monnaie dans son diocèse, et voulut même empêcher le duc de Bourgogne d'établir un atelier à Auxonne. Il excommunia Philippe de Vienne, qui s'empressa de céder, fut absous en 1341, puis, ayant récidivé, fut derechef excommunié en 1363 par l'archevêque Amédée II.

Au commencement du XIVᵉ siècle, lorsque l'héritière du comté épousa le fils du roi de France, un atelier fut établi à Dôle, pour lequel Charles de Valois, en 1305, et Philippe le Bel, en 1306, donnèrent à l'archevêque des lettres de non-préjudice. Plus tard, quand le comté arriva en la possession du duc Eudes IV de Bourgogne, l'atelier d'Auxonne fut créé malgré l'archevêque, qui usa de tous les moyens pour s'y opposer, mais inutilement. En 1420, le duc Philippe le Bon installe un atelier à Salins. En 1494, l'empereur Maximilien, et, en 1500, l'archiduc Philippe remirent en activité l'atelier de Dôle. Les archevêques de Besançon prétendaient toujours avoir seuls droit de frapper monnaie au commencement du XVIᵉ siècle. Mais, en 1507, l'archiduchesse Marguerite parvient à faire cesser ces récriminations en leur assurant une rente annuelle de quarante livres estevenantes.

M. Morel-Fatio restitue à la Franche-Comté les carolingiennes avec BLEDONIS, jusqu'alors attribuées à Blainville ; il les lit *Burgus Ledonis*. On a en effet une pièce de Renaud Iᵉʳ avec LEDONIS VIL. Un autre denier est donné dubitativement à Renaud II (1087-97). Des pièces intéressantes ont été attribuées à Philippe le Bel, monnayant à Dôle, mais MM. Plantet et Jeannez pensent que ce sont des imitations dues à Philippe II de Vienne. Ces pièces portent : + PHILIPPUS REX ℟ PTHOMARTIR, main ; TURONUS CIVIS, châtel, ℟ + BISUNTIUM CIVI. Cette attribution est basée sur des textes positifs qui disent que le roi de France interdit à Philippe II de Vienne de contrefaire la monnaie royale. M. Caron, au contraire, considère comme probable le monnayage de Philippe le Bel, et il appuie son opinion sur des lettres de non préjudice délivrées, le 12 avril 1306, par le roi, sur la demande de l'archevêque de Besançon. Quant au denier avec : + PHS.DUX.BU. COMES ℞ TURONUS DUCIS ; Châtel, il faut le classer de préférence à Philippe de Rouvre (1350-1361).

A partir de Philippe le Beau, des monnaies diverses (pistoles, niquets, carolus ou pièce de 2 blancs, blancs, deniers, gros, doubles et quadruples gros, testons, etc.) furent frappées avec la mention IN COMITATU BURGUND ou COMES BURGUNDIE, DOLA, etc. A signaler les liards de 1588 avec + REX.CATHOL, ℞ + FRANCVS.COMITATVS.DOLA. Lion de Franche-Comté (R. N., 1883, 213).

MAISON DE CHALON

En 1188, Etienne II, fils d'Etienne Ier, duc de Bourgogne, épousa Béatrix, fille de Guillaume, comte de Chalon. Son successeur, Jean le Sage, gouverna le pays jusqu'en 1267. Un titre de 1257 fait connaître qu'il monnaya à Salins.

COMTES DE BOURGOGNE

915. Hugues le Noir, fils de Richard le Justicier, comte et duc de Bourgogne.

923. Gislebert, beau-frère du précédent, duc et comte de Bourgogne.

956. Létalde Ier, beau-frère du précédent, comte de Bourgogne.

969. Albéric, fils de Létalde Ier, comte de Bourgogne.

975. Létalde II, frère du précédent, comte de Bourgogne.

979. Albéric II.

995. Otte-Guillaume, fils d'Adalbert, duc de Lombardie, héritier par sa mère de Létalde Ier. Il fut comte de Bourgogne, de Dijon et de Mâcon.

*1027. Renaud Ier, comte de Bourgogne. RAINALFVS.

1057. Guillaume Ier, *Tête Hardie*, comte de Mâcon.

1087. Renaud II, comte de Bourgogne et Vienne. Pendant qu'il était en Palestine, son frère Etienne gouverna la comté de Bourgogne.

1097. Guillaume II, l'*Aleman*.

11... Guillaume III l'*Enfant*.

*1127. Renaud III fils d'Etienne, comte de Bourgogne, Vienne et Mâcon.

1148. Béatrix, femme de l'empereur Frédéric Barberousse.

1190. Otton Ier.

1200. Béatrix et Otton II de Méranie.

1234. Otton III le jeune.

1248. Alice de Méranie et Hugues de Chalon.

1279. Otton IV, comte palatin de Bourgogne, fils de Hugues.

1302. Robert l'*Enfant*.

*1315. Jeanne Ier, sœur de Robert et Philippe V, roi de France.

*1330. Jeanne II de France et Eudes IV, duc de Bourgogne.

*1347. Philippe de Rouvre, duc de Bourgogne.

?1361. Marguerite de France, fille de Philippe le Long et Louis de Nevers.

1382. Louis de Mâle, comte de Flandre et Nevers.

*1384. Marguerite de Flandre et Philippe II, duc de Bourgogne.

1404. Jean sans Peur, duc de Bourgogne.

*1419. Philippe le Bon, *id.*

*1467. Charles le Téméraire, *id.*

1477. Marie de Bourgogne et Maximilien, archiduc d'Autriche. .

1482. Marguerite d'Autriche et le roi Charles VII, jusqu'en 1483.

*1493. Philippe le Beau, archiduc d'Autriche, frère de la précédente.

*1506. Marguerite d'Autriche reprend le comté de Bourgogne après la mort de son frère.

*1530. Charles-Quint, neveu de Marguerite.

SIRES DE VIENNE

1158. Girard, second fils de Guillaume III, comte de Bourgogne, Vienne et Mâcon, eût ces deux derniers fiefs.

1184. Guillaume, comte de Vienne et de Mâcon.

1235. Béatrix de Vienne et Hugues, seigneur de Pagny de Sainte-Croix et de Neublans.

125.. Hugues d'Antigny, seigneur de Pagny, Lons-le-Saulnier, Pymont, succède, dans le comté de Vienne, à Guillaume, son oncle maternel, comte de Vienne et Mâcon, et prend le titre et les armes de Vienne.

1277. Philippe de Vienne, seigneur de Pagny, Lons-le-Saulnier et Seurre.

1312. Hugues de Vienne, seigneur de Pymont, Lons-le-Saulnier, Montmorot, Saint-Aubin, Delain.

*1375. Philippe, seigneur de Pymont et Montmorot, Antigny.

13... Gui de Vienne,   *id.*

1406. Jacques,   *id.*

       Jean,   *id.*

       Louis,   *id.*

       Gérard,   *id.*

       François, seigneur de Pymont et baron de Ruffey.

       Antoine, comte de Commarin.

1590. Jacques François, comte de Commarin.

1637. Charles,   *id.*

       Henri,   *id.*

MAISON DE CHALON-AUXERRE

Branche représentée en 1341, par Jean de Chalon, comte d'Auxerre et de Tonnerre, seigneur de Rochefort, de Pymont et d'Oyselet, qui, n'ayant pas été maintenu dans le droit de frapper monnaie en France, par suite du règlement de 1315, s'empressa de le faire sur les terres de l'empire; Jean de Chalon-Auxerre fit frapper de la monnaie noire à Orgelet et à Châteaubelin, avant 1350.

Il fut excommunié, fit amende honorable, puis recommença après en avoir obtenu la permission en 1353 de l'empereur Charles IV ; la concession impériale n'empêcha pas l'archevêque Hugues de Vienne d'excommunier Jean pour la seconde fois. En 1363, Tristan de Chalon, fils de Jean, était encore excommunié par l'archevêque Amédée II, pour avoir frappé monnaie à Orgelet.

La prétendue maille d'Orgelet publiée en 1843 (*R. N.*, 447) doit être restituée à Orchies.

On donne à Tristan (1369) une pièce sortie de l'atelier de Rochefort : + ROCOFORT. Ecu aux armes de Chalon-Auxerre (*d'azur à la fasce d'or, chargée en chef d'un astre*) ; ℞..S.CABILON, croix (*R. N.*, 1842, 264).

MAISON DE CHALON-ARLAY

En 1291, Jean de Chalon, seigneur d'Arlay, fils de Jean, comte de Chalon et de Bourgogne, obtint de Rodolphe, roi des Romains, le droit de frapper monnaie dans ses terres, à la condition qu'elle n'excédât pas en valeur la monnaie parisis. Huit ans après, l'empereur Albert l'autorisa à monnayer à Besançon même, et l'archevêque ne paraît pas s'être opposé au privilège donné au sire d'Arlay, qui était alors maire et vicomte de Besançon (par acte du 21 décembre 1299). Enfin l'empereur Sigismond accorda le même privilège à Louis le Bon (14 juin 1421). Celui-ci frappait monnaie à Jougne, dès 1419.

On donne à Jean de Chalon (1291-1315) un denier avec + IOHS DE CABULON ℞ DNS DE ARLATO. Edifice.

MAISON DE CHALON (BRANCHE D'ARLAY)

*1291. Jean de Chalon, seigneur d'Arlay, gouverneur du comté de Bourgogne, fils de Jean, comte de Bourgogne et de Chalon.
1315. Hugues, fils de Jean, baron de Viteaux.
1322. Jean II,   *id.*
1362. Hugues II,   *id.*

1388.. Jean de Chalon, neveu du précédent, fils de Lauis de Chalon, seigneur d'Argueil et de Cuisel, et de Marguerite de Vienne-Pymont. Jean fut aussi prince d'Orange.

*1418. Louis de Chalon, prince d'Orange, seigneur d'Arlay.

1463. Guillaume, prince d'Orange, seigneur d'Arlay.

1475. Jean, *id.* *id.*

1502. Philibert, *id.* *id.,* mort en 1530.

1530-44. René.

ARCHEVÊCHÉ DE BESANÇON

C'est probablement en 871, que le droit de frapper monnaie fut accordé par Charles le Chauve à Arduic. Hugues Ier établit l'atelier monétaire près de la Porte Noire et inscrivit ce nom sur la monnaie.

Les droits monétaires des archevêques furent confirmés par Frédéric II (26 avril 1220). En 1224, les citoyens de Besançon demandèrent à surveiller la fabrication du prélat ; leurs prétentions furent repoussés en 1225 et 1231. L'empereur Guillaume de Hollande accorde à l'archevêque de nouvelles confirmations en 1250 et 1253. Le 27 décembre 1357, l'empereur Charles IV donna des lettres patentes par lesquelles il autorisait ces prélats à frapper monnaie d'or et d'argent, et, en 1423, l'empereur Sigismond en accordait une confirmation. Enfin, en 1586, Rodolphe leur permit de frapper toute sorte de monnaies, et de tous métaux, à leurs noms et à leurs armes, à la condition qu'elles seraient de même aloi que celles des autres princes de l'empire.

L'archevêque et le chapitre ne pouvaient avoir d'atelier qu'à Besançon : *Moneta…. quum in ipsa civitate fuerit facienda,* dit le diplôme de 1190, de Henri VI, *fiet per archiepiscopum et decanos…. et capitula sua. Ipsa vero moneta et mensuræ nec augeri poterunt, nec minui, nisi consilio civium predictorum.* Aussi, les bourgeois de Besançon surent faire condamner l'archevêque Guillaume III, à la fin du xive siècle, quand ce prélat voulut frapper monnaie à Gy.

Pendant longtemps les archevêques de Besançon eurent la prétention de frapper seuls monnaie en Bourgogne, et l'archiduchesse Marguerite ne put en avoir raison, en 1507, qu'en leur accordant 40 livres estevenantes à titre d'indemnité.

En 1534, Charles-Quint acheva de ruiner l'atelier archiépiscopal en permettant aux citoyens de Besançon de frapper des monnaies d'or et d'argent portant son buste et les armes de ville. On peut considérer qu'à dater de cette époque les archevêques cessèrent leur monnayage, et que le privilège qui leur fut donné en 1586, ne fut qu'une protestation, ou une formalité sans effet (*Manuel*, 1851, 243).

La monnaie de Besançon était appelée *estevenante* du nom de saint Etienne qui y figurait primitivement. Le type de la main bénissante fut imité dans divers pays.

On donne à Hugues Ier (1031-1067) des deniers avec s. step ✝ hanus, main ; ℞ crisopolis et hugo dans les bras de la croix. D'autres avec vesontium et hugo sont attribués à Hugues III (1085-1100).

Les anonymes portent le nom de saint Etienne ou pthomartir ℞ nigra porta, portail ou vesontium, bisuntium, croix. Le denier portant henic'archiepi, attribué à Besançon, appartient à un ar- chevêque de Riga.

VILLE DE BESANÇON

Les habitants de la ville qui commencèrent à monnayer sous Charles-Quint conservèrent son buste sur les monnaies pendant toute la durée du monnayage. Le type le plus fréquent est l'écu de Besançon à une aigle éployée soutenant deux colonnes. Ces espèces sont des testons, niquets, deniers, carolus, gros, daldres ou patagons ; pistoles, doubles pistoles, ducats d'or.

Les princes de Messerano en Italie ont copié les monnaies de Besançon.

ABBAYE DE SAINT-OYEN-DE-JOUX
OU SAINT-CLAUDE

Quoi qu'il ait été publié, il faut convenir que cette abbaye n'eut le droit de frapper monnaie que vers la fin du XIIe siècle. La charte du 23 avril 1175, donnée par l'empereur Frédéric Vi Le mentionne en ces termes : *Concedimus ut predictus abbas et ejus successores potestatem habeant cudendi monetam prout sibi et ecclesiæ Sancti Eugendi magis expedire cognoverint.* Comme avant cette concession, quelques lignes plus haut, l'empereur confirme les libéralités faites au monastère par Pépin et Charlemagne, on en avait conclu que le droit de frapper monnaie avait été accordé primitivement par ces rois, mais une lecture attentive de la pièce prouve que la concession première est véritablement de 1175.

Cette concession fut encore confirmée en 1184, puis en 1196 et 1311. Le 23 mai 1360, l'abbé Guillaume IV de Beauregard obtint la même concession de l'empereur Charles IV et l'empereur Sigismond la confirma le 20 mai 1415.

Profitant de son droit, l'abbé battit monnaie, mais en contrefaisant les espèces royales. C'est au sujet de cette fabrication que fut dressé le procès-verbal suivant :

« *Ce jour* (15 février 1373) *vint en la Chambre des monnaies le baillif de Mascon lequel apporta* 4 s. 11 d. *de blancs contrefaits à ceux du roi notre sire, lesquels blancs l'abbé de Saint-Ouen fait faire à Moient, près de Saint-Glade* (lisez : Moirans, près Saint-Claude), *en l'empire, dont l'on prit* 12 *pièces pour faire l'essay et fut trouvé à* 3 d. 13 g. *et de* 10 s. *de poids et le demourent fut couppé et rendu au baillif et fut mandé aud. baillif qu'il mit le temporel dud. abbé en la main du roy.*

» *Item* 2 *francs contrefaits par led. abbé de Saint-Ouen.* » (De Saulcy, *Documents mon.*, I, 525).

Trois ans après, le même abbé était excommunié par l'archevêque de Besançon pour avoir fait frapper monnaie dans sa terre de Moyrans, comprise dans ce diocèse, mais il obtenait gain de cause en cour de Rome.

Les blancs n'ont pas encore été découverts, mais la trouvaille faite en 1882 dans la rue Vieille-du-Temple, à Paris, a révélé un franc à pied de Guillaume de Beauregard (1348-1380) qui porte la légende G.DEI.GRACIA.ABAS SANTI OGEND'. Il a dû y en avoir plusieurs variétés, car un dessin, tiré des papiers de Cl. de Boze, donne la légende: GUILL. ABBAS.SANTI EUGENDI.

En 1513, le comte Philippe le Beau enleva le privilège à l'abbaye par une charte dans laquelle on lit: *Au regard des autres cas de souveraineté, comme de forger monnoie, bailler sauf-conduit de guerre. etc., nous userons de tous ces cas en ladite terre de Saint-Ouyan tout ainsi et pareillement comme nous faisons en notredit comté de Bourgogne; mais aussi ne voulons pas empêcher que l'abbé dudit Saint-Ouyan et ses successeurs abbés ne usent aussi des droits qu'ils ont accoutumés d'ancienneté et dont ils peuvent user en ladite terre. comme de légitimation, annoblissement... sauf toutes fois réservé qu'ils ne pourront user de forger monnoie, etc.*

MAISON DE GILLEY-FRANQUEMONT

Le château de Franquemont tirerait son nom de sa situation entre deux petits pays qui portèrent le nom de Franche-Montagne jusqu'en 1789 (Plantet et Jeannez, *Essai sur les m. du comté de Bourgogne*). Le château, situé près de Goumois fut bâti en 1305. En 1437, Girard vendit la terre de Franquemont, pour 300 écus au soleil, au chevalier Nicolas de Gilley. seigneur de Marnoz. Charles-Quint érigea cette terre en baronie d'empire, en faveur de Gilley (1538). Celui-ci se crut autorisé à frapper des monnaies dès 1540, mais de si mauvais aloi que Charles-Quint et le roi de France les décrièrent en 1553 et 1554.

Ces pièces portent les légendes: N.GILLEI.NUMISMA ou B.VON GILL.FREI, et les armes de Gilley (*d'argent à un arbre arraché de sinople*). Ce sont des contrefaçons de demi-carolus et de liards dont quelques-unes portent la tête de Charles-Quint et l'F couronné de François Ier.

22

FAMILLE BOUHELIER

En 1533, Charles-Quint octroya à Jean-Ferdinand et à Alexandre Bouhelier *le pouvoir et autorité de faire fabriquer, marquer et besoigner des niquets, monnaie de fort peu de valeur, coursable anciennement audit comté de Bourgogne.* La famille Bouhelier portait de gueules à trois fasces d'or.

COMTÉ DE MONTBÉLIARD

Au xe siècle, les comtes d'Elsgau prirent le titre de comtes de Montbéliard. Au xiie siècle, Montbéliard passa dans la maison de Montfaucon, au xiiie siècle dans celle de Bourgogne-Chalon et revint, en 1339, à la maison de Montfaucon. Le fief entra ensuite dans la maison de Wurtemberg, par le mariage de Henriette de Montbéliard avec Ebrard le Jeune, comte de Wurtemberg. En 1536, le duc Frédéric-Eugène céda Montbéliard à la France. Mais le pays ne fut réuni définitivement qu'en 1793.

Des pièces de Ulric (1520-26) portent au ℞ l'écusson aux deux truites adossées et en pal (Montbéliard) et la légende : COMES MONTIS BELLIG.

Cependant le véritable monnayage ne commence que sous Frédéric Ier, qui établit son atelier monétaire à Montbéliard en 1585. Il y frappa des pièces de 6 kreutzers, de 3 et de 1 batz.

Louis-Frédéric (1617-1631) et Léopold-Eberard (1690-1723) continuent ce monnayage. Le denier imite les liards de Louis XIV.

MAISONS DE BEAUFFREMONT ET DE CHATELET-VAUVILLERS

Vauvillers (Haute-Saône) et Le Châtelet (Vosges) ont eu des seigneurs qui ont fait frapper monnaie. On donne à Gauthier Ier ou II, de Beauffremont, un denier du xve siècle, portant une main avec fleur de lis et au ℞ la légende MO. AR. SUP. VVSIS.

Nicolas II, du Châtelet, a frappé des liards, des grands blancs, des écus au soleil, des carolus, des doubles, des gros et des testons, qui sont des imitations de monnaies de France ou de Besançon. Ces espèces furent décriées par l'édit du 18 juin 1554. Les légendes sont : NICOLAUS DU CHASTELET, NICOL. A CASTELLETO.SUP. VUSIS. et MONETA DNI DE VAUVILLER.

COMTÉ DE MACON

Le comté de Mâcon devint héréditaire en 920. Othon-Guillaume, comte de Bourgogne, s'en empara en 995 et le Mâconnais resta au pouvoir des comtes de Bourgogne jusqu'en 1239 (n. s.). A ce moment, il fut cédé à saint Louis par Jean de Braine. Donné, en 1359, à Jean de Berry, il fit retour à la couronne en 1416, puis à la maison de Bourgogne (1435) et enfin définitivement à la France (1544).

La numismatique de Mâcon ne se compose que de pièces carolingiennes, puis des monnaies de Robert, Henri Ier et Philippe Ier.

Comme le dit M. Caron, pour expliquer les monnaies d'Henri et de Philippe Ier, il faut supposer que, en cédant les comtés de Mâcon et de Chalon, le roi Robert s'était réservé certains droits monétaires. On n'est pas bien fixé sur la valeur des lettres ɔR, H, R, N,S , VS, qui se trouvent dans le champ de ces pièces.

On donne à Othon-Guillaume (995-1027) des pièces avec avec les légendes o·.т·.o·.т et MTSCONUS, MUTIS-CON, etc.

CLUNY

L'abbaye de Cluny, fondée en 910, par Guillaume, comte d'Auvergne, devint très influente. Elle frappa monnaie en vertu d'une concession très contestable du roi Raoul, donnée vers 930. Ce privilège aurait été reconnu par le pape Jean XI, et, en 1057, par Etienne IX.

Vers l'an 1019, Guillaume le Grand, duc d'Aquitaine, donnait à l'abbaye de Cluny, alors dirigée par Odilon, la monnaie de Niort et cette concession fut confirmée, en 1079, par Guillaume Guy Geoffroy. Entre 1030 et 1039, Agnès de Bourgogne, veuve du duc Guillaume le Grand, donna également à Cluny la monnaie de Saint-Jean d'Angély : *Monetam totam quam habebant in villa quæ nominatur Angeliacus et in alia villa quæ dicitur Molgonus.* Vingt ans plus tard, le duc Guillaume Aigret, en ratifiant les deux donations, spécifia que les monnaies fabriquées dans ces deux officines seraient semblables à celles de Poitiers.

Toutes ces monnaies étaient probablement au type de Melle.

M. de Barthélemy croit que l'abbaye avait un atelier à Saint-Gengoux.

On sait du moins que la monnaie de Cluny avait cours en même temps que la monnaie royale, lorsque le roi Louis VII eut établi un atelier à Saint-Gengoux (1166). Philippe le Hardi le supprima en 1281.

Les monnaies de Cluny sont toujours restées aux mêmes types : + CLUNIACO CENOBIO, croix ℞ PETRUS ET PAULUS, clef. (Cf. A. de Barthélemy, *R. N.*, 1842.)

ABBAYE DE TOURNUS

Blitgaire, abbé de Tournus, obtint du roi Eudes, le 16 juillet 889, le droit de frapper monnaie : le 7 novembre 955, Lothaire, sur la demande de l'abbé Hervé III, confirma les privilèges de l'abbaye, au nombre desquels se trouva la monnaie, et pendant longtemps la monnaie de Tournus rappela la *permission* donnée par Lothaire. Ce droit fut encore confirmé par les rois Charles le Simple, Raoul, Louis V, Hugues Capet et Henri Ier.

Les premières monnaies portent : + SCI PHILIBERTI MONETA, monogramme d'Hervé III. ℞ + LOTHARII REGIS PNSNE (pour *permissione*).

Ces pièces portent un monogramme dans lequel A. de

Longpérier a cru retrouver le nom de Hugues le Grand à qui Lothaire donna le duché de Bourgogne (954). Mais on peut y lire aussi bien le nom de l'abbé Hervé et même plutôt le nom *Hlot* qui irait avec le mot *Insigne*, synonyme de *Sigillum*. (Cf. A. de Barthélemy, *Lettre à M. Gariel. Monnaies roy. sous la race carol.*, p. 18).

Viennent ensuite les pièces avec : CAPUT REGIS. Tête de profil ℞ T. N. C. VC. T. Plus tard paraît, avec les légendes SCS.VALERIAN et TORNUCIO CAST, la tête de saint Valérien qui avait été patron de Tournus avant saint Philibert.

COMTÉ DE CHALON-SUR-SAÔNE

Chalon devint comté héréditaire en 968. Jean le Sage l'échangea, en 1237, avec Hugues IV, duc de Bourgogne, qui le réunit à ses États.

Le monnayage débute par des pièces de Louis, Lothaire, Robert, Henri et Philippe.

Guillaume II inscrit son nom sur des deniers qui portent : ✝ GUILLE.DNS ℞ ✝ DOMIN.CHALON, croix ancrée.

Duby a signalé un denier de Jean le Sage avec : ✝ IOHANNES COMES, ℞ CABILO.CIVIS, porte.

COMTES DE CHALON

968. Lambert.
978. Adélaïde et Geoffroi Grisegonelle.
987. Hugues Ier.
1039. Thibaut.
1065. Hugues II.
1075. Adélaïde.
1093-1166. Gui de Thiers, Geoffroi de Donzé, Savari de
         Vergi, Guillaume Ier.
1168. Guillaume II.
1203. Béatrix.
1233. Jean le Sage.

EVÊCHE D'AUTUN

Pendant très longtemps on a supposé, sans preuve, que Jonas, évêque d'Autun de 860 à 865, avait obtenu du roi Charles le Chauve le droit de frapper monnaie.

Bien que n'ayant pas trouvé de textes relatifs à ce point, M. de Barthélemy a cru pouvoir rétablir les faits dans leur véritable jour en disant que le droit de frapper monnaie fut donné à l'église d'Autun entre 879 et 884, sous l'évêque Adalgaire, par le roi Carloman, lorsque ce dernier vint attaquer Boson et lui enlever le comté d'Autun, après qu'il se fut fait couronner roi de basse Bourgogne. A l'appui de ce système, on peut citer un denier du XIIe siècle, portant à l'avers : CARLOMANVS ; dans le champ, le mot REX en monogramme; au revers : EDVA. CIVITAS, autour d'une croix cantonnée de deux annelets. Cette pièce, de près de trois siècles postérieure au roi dont elle porte le nom, semble indiquer qu'à cette époque l'église d'Autun, ayant eu une nouvelle confirmation de son monnayage, frappa monnaie au nom du roi à qui elle devait cette libéralité. Il est même fort possible que cette pièce soit copiée sur une pièce primitive et plus ancienne qui n'aurait pas encore été retrouvée : les mots *Carlemanus rex* seraient synonymes de *Lotharii regis permissione*, que l'on voit sur les deniers de l'abbaye de Tournus.

Il ne paraît pas que, dans les années qui suivirent la concession, les évêques d'Autun aient joui paisiblement du privilège que l'on pense leur avoir été concédé par Carloman. On dit que les comtes d'Autun s'en étaient emparés, et quand Charles le Simple vint à Autun, en 900, l'évêque Wallon obtint de ce roi qu'il leur rendît leur droit dans son intégrité, à la prière de Richard le Justicier, duc de Bourgogne et comte d'Autun (v. *Doc.* nº 21). Hervé, successeur de Wallon, fait mention de la charte de Charles le Simple, et le pape Jean X confirma cette restitution en 921. M. de Barthélemy pense que cette usurpation avait· eu lieu à la faveur des guerres de Carloman et de Boson, pendant les vingt années que Richard fut comte d'Autun, et, par haine de Boson, se prétendit même roi de Bourgogne.

Hervé, successeur de Wallon, confirma au chapitre le droit de frapper monnaie, qu'il tenait de son oncle et prédécesseur, le jour même de son ordination, en 920. Par suite de cette donation, on voit en 1182, paraître un traité conclu par l'évêque Étienne et le chapitre, et en vertu duquel les profits de la monnaie devaient être partagés entre eux par égale portion.

« A la fin du XIIᵉ siècle, les ducs de Bourgogne troublèrent les évêques d'Autun dans leur droit de frapper monnaie ; mais cédant aux observations de l'évêque Robert, le duc Eudes III autorisa le cours de la monnaie épiscopale. Le pape approuva cet accord la même année, et il fut encore ratifié en 1244 par Hugues IV, duc de Bourgogne, et en 1287 par le duc Robert II. On dit que, vers le milieu du XIVᵉ siècle, le roi enleva au chapitre et à l'évêque d'Autun le droit de frapper monnaie ; nous pensons que cette supposition vient de ce que, lors du règlement en 1315, le duc de Bourgogne fut seul maintenu dans cette province.

Il est à remarquer que nous ne connaissons pas de monnaies frappées à Autun au nom des rois carlovingiens ; grâce aux difficultés qui s'élevèrent entre les évêques et les comtes d'Autun, puis les ducs de Bourgogne, il paraît que ce monnayage ne fut que la copie des monnaies des provinces voisines ; nous avons dit que nous pensions qu'il y avait eu une pièce ancienne au nom de Carloman. Au XIIᵉ siècle, nous en trouvons une imitation, qui fut émise peut-être par suite des arrangements avec les ducs de Bourgogne ; ensuite la monnaie, jusqu'à la fin du XIIIᵉ siècle, porta les légendes : MONETA. SCI. NAZARI ℟ HEDVA. XPI. CIVITAS, avec une croix au droit et au revers » (*Manuel*, 1851. 150).

M. Deloye a encore donné à Autun un denier qui porterait EDUENS. CIVIS (*R. N.*, 1850, 339).

· DUCHÉ DE BOURGOGNE

En 877, Charles le Chauve créa le duché de Bourgogne en faveur de son beau-frère, Richard le Justicier.

On donna le nom de duché de Bourgogne à une partie du royaume de Neustrie, limitrophe des royaumes de Bourgogne transjurane et cisjurane, partie qui comprenait les territoires d'Auxerre, Tonnerre et Dijon. Le Mâconnais y fut réuni par Louis le Bègue et Carloman.

Henri Ier le Grand reçut le titre de duc héréditaire, du roi Robert, son frère (1015); en montant sur le trône, il donna le duché de Bourgogne à son fils Robert. En 1350, le duché passa à Philippe de Rouvre, qui avait déjà le comté de Bourgogne depuis 1347. Enfin, à la mort de Charles le Téméraire, en 1477, Louis XI, prenant le duché, laissa le comté à Marie qui le porta dans la maison d'Autriche.

L'édit de Pistes nous fait connaître un seul atelier royal établi en Bourgogne par Charles le Chauve, c'est Chalon-sur-Saône. Or, comme les villes de Dijon, de Tonnerre, d'Auxerre et de Mâcon émirent également des deniers conformes à l'édit de Pistes, nous sommes tout naturellement amené à en conclure que les officiers préposés au gouvernement du duché, ou plutôt marquisat de Bourgogne, s'emparèrent du monnayage et le multiplièrent en imitant les types royaux. Nous n'hésitons pas à placer cette usurpation entre les années 936 et 956. Les ducs des Francs, possesseurs de la Bourgogne en partie, et frappant déjà monnaie dans leurs fiefs ne purent qu'accélérer ce mouvement monétaire (*Manuel*, 1851, 143).

La monnaie royale de Dijon avait été donnée, dès 874 à l'évêque de Langres en faveur de l'abbaye de Saint-Étienne; enlevée à ce monastère par les ducs, elle lui fut ensuite rendue pendant quelque temps par Henri Ier, puis retirée définitivement pour être donnée à Saint-Bénigne de Dijon.

A dater de Hugues Ier, la série des monnaies ducales

de Bourgogne est assez complète. D'abord les types sont deux croix, à Dijon ; un grand B, à Chalon-sur-Saône.

On donnait autrefois à Hugues V des deniers portant HUGO et une double crosse dans le champ. M. Maxe-Werly a démontré, par l'examen de la trouvaille de Druy-l'Évêque, que ces pièces appartenaient à Hugues III (*R. N.*, 1883, 232).

Sous Eudes III, on adopta un type analogue à la pièce héraldique nommée *annille*, et qui semble composé de quatre crosses, adossées deux à deux. On pense que l'origine de ce signe singulier est due à la portion, qui appartenait aux moines de Saint-Bénigne, dans la monnaie de Dijon ; ces crosses se maintinrent sur les monnaies bourguignonnes, soit comme type accessoire, soit comme type principal jusqu'à l'extinction de la première race des ducs héréditaires.

Hugues IV accoste cette annille d'un besant et d'une étoile.

A la fin du XIIIᵉ siècle, le duc Robert II parvint à sortir de la dépendance où le tenaient, sur le fait des monnaies, les droits de l'abbaye de Saint-Bénigne. Outre des deniers et des oboles, il frappa des doubles. Eudes IV se rendit encore plus indépendant, et frappa le premier des monnaies d'or, savoir : des florins et des royaux. Il émit aussi des doubles, des gros, des demi-gros et des tiers de gros. Le duc établit un atelier à Auxonne.

Cependant, le roi de France s'étant plaint que l'atelier d'Auxonne contrefaisait la monnaie dite *bourgeois*, Eudes fit cesser ce monnayage en 1337 et fit frapper des gros d'argent au type du cavalier qui figurait sur son sceau. Ces pièces portaient : ✝ MONETA NOSTRA.

En 1357, le dauphin Charles demanda que la monnaie d'Auxonne fut différenciée de celle du royaume. Les monnaies incriminées sont probablement celles qui portent : ✝ MONETA DUX, châtel ; ℞ ✝ MONETA DUPLEX. Saulcy a pensé que ces pièces avaient été frappées pendant la minorité de Philippe de Rouvre. C'est encore à ce seigneur qu'il faut donner un double portant : ✝ (*primo*) GENIT (*us*) REG(*ine*) ; champ, FRANCORU ℞ MONETA BU. Philippe de Rouvre était fils de Jeanne d'Auvergne qui avait épousé le roi Jean II en second mariage.

Philippe le Hardi, fils du roi Jean, fut le chef de la seconde race des ducs héréditaires. Jamais le roi de France ne lui reconnut le droit légitime de frapper monnaie que le duc s'attribua, en se fondant sur l'exemple de ses prédécesseurs. Il en résulta que l'on continua à frapper à Dijon, jusqu'à Charles le Téméraire, des monnaies aux types royaux, dont les émoluments revenaient au duc. Le monnayage ducal de Bourgogne finit en 1477, et fut remplacé par un atelier royal qui ne fut supprimé qu'en 1772.

Philippe le Bon frappe des cavaliers d'or.

Les monnaies de billon sont des gros, des tiers de gros, des doubles, des deniers et oboles, des blancs et demiblancs. Des pièces portent : TURONUS BURG, TURONUS DUCIS, DUPLEX TURONUS BURG.

Au commencement du xvᵉ siècle, les monnaies de Bourgogne reçurent les *différents* monétaires que nécessitait l'augmentation dans le nombre des ateliers. Ainsi, Auxonne avait un point sous la première lettre de l'avers et du revers; Saint-Laurent-lès-Chalon avait son point sous la première lettre du second mot, etc. En 1421, la duchesse Marguerite ordonnait la fabrication de *blancs deniers* pareils à ceux du roi, et ayant pour point secret, un petit point clos, sous la première lettre de l'avers et du revers.

On a également des monnaies portant au ℞ le nom des ateliers : *Chalon* (*Cabilon* ou *Cabulo civitas*) : Hugues III (HUGO DUX BU); Hugues IV (MONETA HUGONIS).

Saint-Laurent-lès-Chalon : Philippe le Bon (℞ ANSERNA DE S. LAURENCI). *Ancerna* ou *Anserna* est synonyme d'*Angrognia* (*R. N.*, 1843, 388, 1847, 196, A. de Barthélemy; *R. N.*, 1845, 52, Mantellier).

Auxonne : Hugues IV; Eudes IV (COMES AUXONE ℞ AUXONA DUPLEX ou AUXONA OBOLUS ou MON. COIS, AUXON. et une curieuse pièce avec : AUXONA CASTORRO, château) ; Jean sans Peur (℞ MONETA ANGROGNIE ou ANSERNA DE AUXONA): Philippe le Bon (MONETA ANGROGNIE ou D.DUPLES.

DE AUXON ; ANSERNA DE AUXONNA OU MEDIA-ANCERNA)
Charles le Téméraire (DUPLES DE AUXONA).

ABBAYE DE SAINT-ETIENNE DE DIJON

Charles le Chauve, sur la demande d'Isaac, évêque de
Langres, concéda les droits monétaires aux églises de
Saint-Mammès de Langres et de Saint-Etienne de Dijon
(863). Charles le Gros confirma le privilège, en 887. Un
texte du cartulaire de Saint-Etienne de Dijon établit positivement que Robert Ier donna à ce monastère *monetam de Dyvion*. M. de Barthélemy (*R. N.*, 1843, 47),
pense avec raison que les premières espèces de l'abbaye
ont dû être au type carolingien. Celles que nous connaissons portent toutes : PRIMA SEDES en trois lignes. ℞ DI-
VIONENSIS, croix.

DUCS DE BOURGOGNE

877. Richard le Justicier, frère de Boson, roi de
Bourgogne, comte d'Autun, fut fait duc ou
marquis de Bourgogne par Charles le Chauve.
921. Raoul, fils de Richard et gendre de Robert Ier, roi
de France, et lui-même roi de France en 923.
923. Gislebert, gendre de Richard, comte de Dijon,
Beaune et Chalon. Il était fils de Mannasès de
Vergi et mourut en 956.
936. Hugues le Noir, frère de Raoul, duc conjointement avec Gislebert. Hugues le Blanc ou le
Grand, duc et comte de France, le force, en 943,
à lui céder sa part du duché, en prenant
pour lui Auxerre, Sens, Tonnerre et le Barrois. Hugues le Noir céda sa part, en 943, à
Hugues le Grand, qui devint dès lors duc de
toute la Bourgogne.
956. Othon, second frère de Hugues Capet, gendre de
Gislebert.
965. Eudes, aussi appelé Henri le Grand, frère du
précédent.

1001. Otte-Guillaume, comte de Bourgogne, dispute le
duché à Robert II, fils de Hugues Capet et roi
de France, qui en resta maître.

1015. Henri, roi de France.

1032. Robert, frère du précédent, duc de Bourgogne
par donation de son frère.

*1075. Hugues Ier. HVGONIS.DUCIS.

*1078. Eudes Ier Borel. ODO.DVX.BVRG.

*1102. Hugues II. VGO *ou* HVGO.

*1143. Eudes II. ODO.

*1162. Hugues III. VGO.

*1193. Eudes III.

1218. Hugues IV.

*1272. Henri II. ROBERT *ou* R'.

*1306. Hugues V. HVGO.

*1315. Eudes IV. EVDES. *ou* EV.

*1350. Philippe Ier de Rouvre. PHILIPPVS. *ou* PHS.

1361. Réunion à la France sous le roi Jean.

*1363. Philippe de France, dit le Hardi, d'abord duc de
Touraine, ensuite duc de Bourgogne, par donation du roi Jean, son père. Il fut aussi, par sa
femme, comte de Flandre, de Nevers, de Rethel,
de Bourgogne et d'Artois.

*1404. Jean sans Peur, duc de Bourgogne, comte de
Flandres, etc. IOHANNES.

*1419. Philippe III le Bon ajouta aux fiefs de son père
et de son aïeul les comtés de Namur, Hainaut,
Zutphen, Hollande, Zélande, ainsi que les duchés de Brabant, de Limbourg, et de Luxembourg et le marquisat d'Anvers. PHS. *ou* PHIL.

*1467. Charles le Téméraire. Après sa mort, arrivée le
5 janvier 1477, le duché de Bourgogne fut
réuni à la couronne par Louis XI. Sa fille Marie
porta à l'archiduc Maximilien d'Autriche, depuis empereur, les autres fiefs de la maison
de Bourgogne, savoir : les duchés de Brabant,
de Limbourg, de Luxembourg; les comtés de
Flandre, de Hollande, de Zélande; les seigneuries de Frise, Malines, Utrecht et Salins.

ÉVÊCHÉ DE LANGRES

Les évêques de Langres durent aussi à une concession royale le droit de frapper monnaie. Ce fut en 874 et non en 863, comme le disent certains auteurs, que Charles le Chauve donna à l'évêque Isaac le droit de frapper monnaie à Langres et à Dijon. (V. *Doc..*, n° 19).

Cette concession fut confirmée par Charles le Gros en 887, sous l'épiscopat d'Egilon, et en 889 par Eudes, sous celui d'Agrin. Ici encore, comme on le voit, les monnaies carlovingiennes aux noms de Charles le Chauve, de Louis II, de Charles le Gros, de Raoul et de Louis IV, sont des monnaies épiscopales. Au XIᵉ siècle, on frappait encore des monnaies de Louis IV; elles sont presque indéchiffrables. A la fin du XIIᵉ et jusque dans les premières années du XIIIᵉ siècle, on voit les évêques de Langres et les ducs de Bourgogne faire des accords au sujet du cours de leurs monnaies respectives. M. de Barthélemy est porté à penser que ce fut à la suite de ces conventions que les évêques de Langres abandonnèrent l'ancien type carlovingien et inscrivirent leurs noms sur les monnaies (*Manuel*, 1851, p. 137).

Un curieux denier porte ✝ SCS MAMMES ℞ ✝ LINGONIS URBS, double crosse entre deux annelets.

On attribue à Hugues de Breteuil (vers 1031) le denier suivant : ✝ HUGO ✝ EPISCOPU ℞ LINGONIS CUTS, Croix fichée accostée de deux traits. Mais ensuite on reprit le monnayage au nom de Louis jusqu'au XIIIᵉ siècle. A cette époque, les évêques Guillaume de Joinville et Gui de Rochefort frappèrent des deniers et oboles portant leur nom et un écusson avec quatre lis. M. de Barthélemy attribue à Guillaume de Durfort la pièce donnée jusqu'alors à G. de Joinville. (*Bul. Soc. Arch. Langres*, 1878.)

ÉVÊQUES DE LANGRES DEPUIS CHARLES LE CHAUVE

859. Isaac.	912. Garnier Iᵉʳ.
880. Egilon.	925. Gosselin.
895. Teutbald II.	931. Leteric.
899. Agrin ou Argrim.	934. Eric.

NUM. MODERNE.

948. Archard.
970. Widric.
981. Bruno de Rouey.
1016. Lambert.
1031. Richard.
*1031. Hugues Ier de Breteuil. HVGO.
1050. Harduin.
1065. Renard - Hugues de Bar-sur-Seine.
1085. Robert Ier de Bourgogne.
1113. Joceran.
1125. Willenc de Grandcey.
1136. Guillaume Ier de Sabran.
1140. Geoffroi.
1163. Gauthier de Bourgogne.
1179. Manassès de Bar-sur-Seine.
1193. Garnier II de Rochefort.
1200. Hilduin de Vandœuvre.
1204. Robert de Châtillon.
1209. Guillaume II de Joinville.

1219. Hugues II de Montréal.
1232. Robert III de Thorote.
1244. Hugues III de Rochefort.
*1250. Gui Ier de Rochefort. GVIDO.
1268. Gui II de Genève.
1296. Jean Ier de Rochefort.
1306. Bertrand de Goth.
*1306. Guillaume III de Durfort-Duras. GVL.
1318. Louis Ier de Poitiers.
1325. Pierre Ier de Rochefort.
1328. Jean II de Chalons.
1336. Gui III Baudet.
1338. Jean III des Prés.
1343. Jean IV d'Arcy.
1344. Hugues IV de Pomarre.
1346. Guillaume IV de Poitiers.
1374. Bernard de la Tour d'Auvergne.
1395. Louis II, cardinal de Bar, etc.

TONNERRE

Les comtes de Tonnerre devinrent héréditaires vers le xe siècle. En 1065, le comté passa aux comtes de Nevers et fut réuni à celui d'Auxerre. En 1273, après la mort de Mahaut, les trois comtés furent séparés et Tonnerre fut dévolu à Marguerite qui était reine de Naples depuis 1267, par son mariage avec Charles Ier. En 1292, elle disposa du comté de Tonnerre en faveur de son neveu Guillaume de Chalon, qui le réunit de nouveau au comté d'Auxerre.

Après les monnaies carolingiennes, on frappa des pièces qui en étaient la dégénérescence, avec la légende : TERNO DERO. CASTEL. La véritable monnaie comtale ne commença probablement qu'avec la maison de Nevers.

Les monnaies de Charles Ier portent : + K. REX SICILIE ou + MON : REG. SICILIE ℞ + COM TORNODOR. Marguerite de Bourgogne frappa en son nom après la mort de son mari (1285) et signa ses monnaies : + M. REG. SICILIE.

Jean II de Chalon devint comte en 1304, sous la tutelle de sa mère, Eléonore de Savoie. C'est ce qui explique le denier portant : + ALIENORD. D. SABAD. ℞ + MONETA TORNODORU. Jean II monnaya ensuite à son nom propre, IOHANES.

L'atelier de Tonnerre n'est pas mentionné par le règlement de 1315; mais les comtes firent monnayer dans les fiefs qu'ils avaient dans le comté de Bourgogne, Arlay, Rochefort. (V. ces noms).

COMTES DE TONNERRE

980. Milon Ier, comte de Tonnerre.

987. Gui Ier, *id.*

990. Milon II, *id.*

998. Renard Ier, comte de Tonnerre et de Bar-sur-Seine.

1039. Gui II.

1040. Milon III, comte de Tonnerre et de Bar-sur-Seine.

1040. Hugues-Renard, comte de Tonnerre et de Bar-sur-Seine, évêque de Langres, 1065.

1065. Ermengarde de Tonnerre, cousine du précédent, et Guillaume Ier, comte de Nevers.

1.... Guillaume II, comte de Nevers et de Tonnerre.

..... Guillaume III, comte de Nevers, Auxerre et Tonnerre.

1133. Renaud de Nevers, comte de Tonnerre.

1161. Guillaume IV, comte de Nevers, Auxerre et Tonnerre.

1168. Gui II, comte de Nevers, Auxerre et Tonnerre.

1175. Renaud II de Nevers, comte de Tonnerre.

1181. Agnès de Nevers, tante du précédent, comtesse de Nevers, Auxerre et Tonnerre, et Pierre de Courtenay.

1192. Mahaut, fille d'Hervé de Donzi, mariée en 1199 à Pierre de Courtenay.

1257. Mahaut II de Bourbon, fille de Mahaut Ire, et son mari, Odet de Bourgogne.

*1269. Marguerite de Bourgogne et Charles Ier, roi de Sicile.

1292. Guillaume de Chalon, comte d'Auxerre et Tonnerre, neveu de la reine Marguerite; il était seigneur d'Arlay et de Rochefort.

*1304. Jean Ier de Chalon.

1346. Jean II de Chalon.

1366. Jean III de Chalon. Il vendit le comté d'Auxerre au roi, en 1370.

1379. Louis Ier de Chalon, comte de Tonnerre, fils du précédent.

1398. Louis II.

1433. Jeanne de Chalon et Jean de la Baume-Bonrepos.
— Louis et Guillaume de Chalon-Argenteuil.
— Marguerite de Châlon et Olivier de Husson.

1453. Jean de Husson, comte de Tonnerre, seigneur de Saint-Aignan en Berry.
Charles de Husson, comte de Tonnerre, seigneur de Saint-Aignan en Berry.

1492. Louis III de Husson.

1503. Claude de Husson.

1525. Louis IV de Husson.

1537. Anne de Husson et Bernardin de Clermont-Tallard.

1540. Louise de Clermont et François du Bellay, puis Ant. de Crussol.

1603. Charles-Henri de Clermont, neveu de la précédente.

1640. François de Clermont-Tonnerre, etc.

COMTÉ D'AUXERRE

En 987, Henri le Grand pourvut Othe-Guillaume, son fils, du comté de Nevers. L'union des comtés de Nevers et d'Auxerre dura jusqu'en 1076. A cette date, Guillaume 1er abandonna le comté d'Auxerre à son fils Robert qui était déjà évêque de la ville. Mais les comtés de Nevers, d'Auxerre et de Tonnerre furent réunis dans la main de Guillaume II.

La division des trois comtés fut ordonné en 1273, par arrêt du Parlement. Le comté d'Auxerre fut réuni à la couronne par Louis XI.

M. de Barthélemy a prouvé que les évêques d'Auxerre n'ont jamais émis de monnaie (*R. N.*, 1860, 368), et que les monnaies d'Auxerre ont été frappées par les ducs de Bourgogne auxquels succédèrent les comtes d'Auxerre. En effet, dès 1204, nous voyons le comte Pierre, à la prière de Lambert de *Barro*, qui était dépositaire des coins de la monnaie d'Auxerre et de Tonnerre, par droit héréditaire, et qui était son vassal, donner ces mêmes coins à son féal, Pierre de Chablies, et à ses héritiers. Il y a aussi, en 1231, une sentence arbitrale de Gauthier, archevêque de Sens, au sujet de la nouvelle monnaie que le comte de Nevers *in civitate Autissiodorensi cudi faciebat* (1).

(I) Dans les privilèges accordés par la comtesse Mahaut, en 1223, aux bourgeois d'Auxerre, on lit à l'article 51 : *Preterea tale statutum et convencionem eis feci quod pro taillis, corvatis, banno vini, et aliis consuetudinibus, dicior non persolvet michi ultra quinquaginta solidos autissiodorensis monete*. En 1190, le comte Pierre donnait aux religieux de Crisenon une rente annuelle de 100 sous, monnaie d'Auxerre. Deux ans auparavant, le roi Philippe Auguste s'exprimait ainsi au sujet des monnayers de ce comté : *Si autem fabricatores monete predicte pondus et valorem minuere presumerent, de ipsis justicia districta fieret, nec eis favore aliquo aut gracia parceretur*. (*Manuel*, 1851).

Jean de Chalon, comte de Tonnerre en 1320 parlait, de *quinquaginta solidos monete apud Autissiodorensem currentis*.

Le premier comte d'Auxerre fut Conrad, frère de l'impératrice Judith et beau-frère de Louis le Débonnaire. Comme Auxerre ne se trouve pas mentionné dans l'édit de Pistes, et que l'on connaît des deniers de Charles le Chauve frappés conformément à ce règlement, M. de Barthélemy est amené à en conclure que, postérieurement à 864, les ducs de Bourgogne firent frapper ces monnaies et que leurs successeurs continuèrent au même monogramme, en y inscrivant le nom de Carloman, ou un temple, de 879 à 884. (*Manuel*, 1851).

En 996, Eudes de Champagne fit frapper des monnaies qui portaient le nom de deux villes (voy. *Champagne*). Renaud Ier, comte d'Auxerre et de Nevers, imita cet exemple, en faisant forger des deniers sur lesquels il mettait : SENONES. CIVITAS ℞ AVTESIODR.CI. Ce fut alors que le monogramme carlovingien fut remplacé par une croix, de sorte que ces monnaies, comme celles de Sens et de Tonnerre, portaient une croix à l'avers et au revers. Sous les successeurs de Renaud, on supprima le nom de Sens, et les pièces ne portèrent plus qu'une légende, probablement jusqu'au XIIIe siècle, époque à laquelle on fit frapper une nouvelle monnaie à Auxerre.

M. Salmon (*R. N.*, 1854, 205) croit que le denier de Sens-Auxerre est le résultat d'une alliance entre le comte ou l'archevêque de Sens et le comte ou l'évêque d'Auxerre. Plus tard, on aurait supprimé dans chaque ville le nom de la ville associée.

Les premiers comtes d'Auxerre frappèrent aussi monnaie à Avallon, au type de Charles le Chauve. Il est très probable que cet atelier était encore en exercice au commencement du XIIIe siècle, et monnayait au type auxerrois. Enfin, Longpérier a publié un sceau de la seconde moitié du XVe siècle qui porte cette légende : S.G. HOVDAVT.MONNOIER.DAVALON (*R. N.*, 1839, p. 215).

Le règlement de 1315 ne mentionne pas le comte d'Auxerre, qui était alors Guillaume de Chalon, au nombre des barons ayant le droit de frapper monnaie. Nous avons déjà parlé des monnaies émises par ce personnage

et ses successeurs sur les terres de l'empire comme sci-
gneur d'Arlay (p. 381).

Les anonymes portent : AUTISIOCERÇI, AUTISIODERCI, ALTI-
SIODOR ; le ℞ est sans légende ét porte simplement une
croix. On voit, en rapprochant ces pièces des anonymes
de Tonnerre, que les dernières sont des copies. Le titre
de 1204 fait du reste connaître que les coins des monnaies d'Auxerre et de Tonnerre étaient confiés à un même
officier (V. p. 401).

M. de Barthélemy pense que l'émission des pièces avec
ALTISIODOR a eu lieu postérieurement à 1230 et que la
monnaie d'Auxerre avait dû chômer depuis 1215. M. Bretagne croit que toute fabrication a cessé à Auxerre en
1267 (R. N., 1859, 245, etc).

COMTES D'AUXERRE ET DE NEVERS

863. Conrad, beau-frère de Charles le Chauve, comte
　　　d'Auxerre.
866. Hugues.
877. Girbold.
　　　Richard le Justicier, duc de Bourgogne, comte
　　　d'Auxerre et de Nevers.
921. Raoul, duc de Bourgogne.
936. Hugues le Blanc, fils du roi Robert.
938. Hugues le Noir, fils puîné du duc Richard.
952. Giselbert, duc de Bourgogne.
956. Otton, frère de Hugues Capet.
965. Henri le Grand, duc de Bourgogne.
987. Otte-Guillaume, comte de Bourgogne, fils d'Adal-
　　　bert, roi d'Italie, et de Gerberge, qui se remaria
　　　avec Henri le Grand,
992. Mathilde, fille d'Otte-Guillaume, et son mari,
　　　Landri, seigneur de Maers et Monceaux.
*1028. Renaud Ier (aux légendes de Sens et Auxerre).
*1040. Guillaume Ier, mort en 1097.
* 1076. Robert, évêque et comte d'Auxerre.
..... Renaud II, comte de Nevers.

*1039. Guillaume II, fils de Renaud, comte d'Auxerre et Nevers.

*1147. Guillaume III.

*1161. Guilaume IV, comte d'Auxerre, Nevers et Tonnerre.

*1168. Gui, comte d'Auxerre et de *Nevers*.

*1175. Guillaume V.

*1181. Agnès et *Pierre de Courtenay*, à *Nevers*.

*1192. Mahaut de Courtenay et Hervé de Donzy.

*1257. Mahaut de Bourbon, petite-fille de la précédente, et Eudes de Bourgogne.

*1266. Yolande de Bourgogne et *Jean-Tristan de France*, comte de Nevers, puis *Robert de Dampierre*.

*1280. Louis Ier de Flandre. (Voir la suite des comtes, puis ducs de Nevers, et les comtes de Rethel.)

SENS

Sens fut administré par des comtes amovibles. En 941, cette ville, qui faisait partie des domaines de Hugues le Grand, duc de Bourgogne, fut par lui confiée à un seigneur nommé Fromond, dont le fils Rainard frappa peut-être à son propre nom, RAINARDVS COMES, au type du temple, et commit plusieurs violences au préjudice de l'archevêque Léotheric. En 1015, le roi Robert confisqua le comté de Sens, et le roi Henri, son fils, y frappa aussi monnaie, puis, après la mort du comte Renaud II, en 1055, réunit le comté à la couronne.

Sens est mentionné dans l'édit de Pistes parmi les ateliers royaux, comme on a pu le voir page 105 de ce volume. Auparavant, on y frappa des monnaies à l'effigie, au nom et au monogramme de Louis le Débonnaire. On a aussi de cette ville des pièces de Charles le Chauve, au monogramme ; de Charles le Gros, au temple, et d'Eudes, au monogramme. Il est à remarquer que le monogramme de ce dernier roi offre, à Sens, une forme particulière qui, par suite de la dégénérescence perpétuelle des types, donna naissance à ce signe bizarre que l'on voit sur la monnaie de Champagne, et qui a été improprement appelé *peigne* par la plupart des numismatistes. Les uns ont cru que le *peigne* était un reste de la tête de face, d'autres que c'était un emblème héraldique ; il est constant aujourd'hui que le *peigne champenois* n'est qu'un souvenir du monogramme d'Eudes. (*Manuel*, 1851).

M. de Barthélemy a établi que l'atelier monétaire de Sens avait eu une telle influence que beaucoup de monnaies portant le nom de la ville n'y avaient pas été frappées (*R. N.*, 1860, 372).

Après le monnayage à l'empreinte royale dégénérée, il faut placer les deniers et oboles de Renaud II avec ╋ RAINARDUS COMES ou CO R͠ SENONES CIVITAS, qui portent un temple. Viennent ensuite les anonymes avec une roix.

Il est probable que, par suite d'une concession non encore retrouvée, les archevêques de Sens jouissaient de quelques droits sur les monnaies de Sens. L'empressement de Rainard à frapper monnaie, lui qui était ennemi de l'archevêque, en paraît une preuve. D'ailleurs, il est à remarquer que l'on possède plusieurs variétés de monnaies de Sens, au monogramme d'Eudes et au *peigne*, qui ont été assez répandues pour être imitées dans toute la Champagne, et particulièrement à Provins. On a également des monnaies qui portent les noms réunis de Sens et de Provins et celui de cette dernière ville est tellement indéchiffrable, quoique soigneusement gravé sur les exemplaires qui, par leur fabrique, paraissent les moins anciens, qu'ils sont bien évidemment la copie de monnaies ayant un cours très répandu. Or, qui pouvait frapper ces monnaies aux XIᵉ, XIIᵉ siècles, et même peut-être au XIIIᵉ, si ce n'est les archevêques de Sens. (V. Provins.)

COMTES HÉRÉDITAIRES DE SENS

- 941. Fromond.
  951. Renaud *ou* Rainard dit le Vieux.
  996. Fromond II.
*1012-55. Renaud II.

CHAMPAGNE

Sous les Carolingiens, le comté de Champagne n'existait pas. Herbert, comte de Vermandois, fut le chef d'une branche de la maison de Champagne et prit le titre de comte de Troyes et de Meaux. L'autre branche, celle de Blois, eut la Champagne par le mariage de Thibaut le Tricheur avec Leutgarde, fille de Herbert II, de Vermandois. Eudes; dit le Champenois, petit-fils de Thibaut, qui déjà possédait une grande partie de la Champagne, réunit tout le comté après la mort d'Etienne, comte de Champagne et de Brie, malgré l'opposition du roi Robert (1019). Le 15 mars 1335, Philippe de Valois obtint de Philippe d'Evreux et de Jeanne de France une renonciation au comté de Champagne, qui fut réuni à la couronne par le roi Jean, en 1361.

Eudes, qui ne cherchait qu'à augmenter ses droits et ses domaines par tous les moyens, ne manqua pas de faire frapper monnaie en Champagne à Reims, à Sens, à Provins et à Troyes aussitôt qu'il en eut le pouvoir ; on connaît ses monnaies rémoises qui portent : ODO.COMES. ℞ REMIS CIVITA. Pour les autres villes, M. de Barthélemy lui attribue les deniers aux types carlovingiens qui, sans porter des noms de prince, ne mentionnent que des noms de villes, tels que : PRVVIVNS.CATO ℞ SENONS.CIVI. ; TRECASI.CIVI ℞ REMIS CIVITAS, et MELDIS CIVITAS ℞ TRECASI.CIVI. Cette dernière variété est plus ancienne que la première, qui persista jusque dans la première moitié du XIIe siècle, et fut le commencement de la fameuse monnaie de Provins dont nous parlerons tout à l'heure.

En frappant monnaie en Champagne, Eudes ne faisait qu'imiter son aïeul Thibaut Ier, qui paraît avoir commencé à frapper monnaie à Chinon et à Beaugency comme comte de Tours. C'est donc à ce comte qu'il faut faire remonter les premières monnaies baronnales de Champagne; ses monnaies rémoises ne furent forgées que pendant un moment seulement, parce que l'archevêque sut bientôt rétablir son propre atelier. Eudes et Etienne auraient donc émis les deniers portant seulement des noms de ville, dont il est question plus haut.

Voici, suivant Duchalais, les signes au moyen desquels on peut établir une classification entre les monnaies champenoises qui portent les noms des comtes du nom de Henri et Thibaut. *Thibaut III :* croix à branches égales cantonnées d'alpha, d'oméga et de deux besants ; *peigne* surmonté d'un T entre deux annelets. *Henri Ier :* l'oméga est remplacé par un croissant ; le T est accosté de deux croissants. *Thibaut IV :* même type qu'à Henri Ier. *Thibaut V :* croix cantonnée de trois croissants et d'un ʌ ; peigne surmonté de trois tours. *Thibaut VI :* croix sans cantons ; les dents du peigne sont remplacées par un croissant ; au-dessus trois tours.

On peut voir, au paragraphe relatif aux évêques de Meaux, les discussions qui eurent lieu entre ces prélats et les comtes de Champagne au sujet de leurs monnaies respectives.

Provins et Sens. — On a classé sous cette rubrique des pièces portant PRUINS OU PRIVINS CASTO ꞧ SENONIS CIVITS. M. de Barthélemy (*R. N.*, 1860, 372) a pensé que le nom de Sens indiquerait seulement l'influence de l'atelier de la métropole.

Mais il est probable que les deux noms désignent une alliance monétaire entre les deux villes.

La monnaie de Provins mentionnée dans les textes, dès le XIe siècle, porta donc dans le principe les noms des villes de Sens et de Provins, et un type imité du monogramme du roi Eudes ; ce type et les légendes dégénérèrent au point de présenter des énigmes. Le vocable CASTRI PRUVINS devint PRVVIVNS.CATO puis RILDVHIS.CATO et RILDVIIIS ; le monogramme devint un signe conventionnel qui se métamorphosa en une espèce de *peigne*, qui exerça longtemps la perspicacité des numismatistes ; le mot SENONIS lui-même arriva à la forme SEEI:OHIS.

Les monnaies de Provins portent les noms de Thibaut II, III et IV (TEBALT, TEBAT et TEBAU) et de Henri Ier et Henri II (HENRI COMES). Sous Thibaut II, le monogramme d'Eudes devient OTO. Sous Thibaut IV, en 1225, les *Provi-*

nois neufs sont ceux où le peigne est surmonté de trois tours.

Crespy-Troyes. — Une pièce qui est peut-être de Eudes, comte de Champagne, porte ✝ TRECASSI CIVI, croix. ℞ ✝ CRITPEIS CITAO, monogramme de Charles. Poey d'Avant pense qu'il faut l'attribuer à Crespy, près Troyes.

TROYES

On donne à Thibaut Iᵉʳ (1048-89) les deniers avec ✝ PETRUS EPISCOPUS ℞ ✝ TRECAS CIVITAS ou CIVI TEBO ; à Thibaut II (1125) ceux avec ✝ TRECAS CIVITAS ℞ ✝ BEATUS PETRUS ; monogramme de *Tebo*. Il faut voir sur ces pièces le nom de saint Pierre, patron de la cathédrale de Troyes et non celui d'un évêque.

A Hugues (1089) appartient le denier avec HUGO TRECAS URBS ℞ PETUS EPISCOPUS. Henri Iᵉʳ et Henri II se partagent des pièces avec HENRICUS ou HENRI COMES. A Thibaut IV, on donne les légendes TEBAT et TEBAU.

Monnaies du Sénat romain au type provinois. — On s'accorde à reconnaître que ces monnaies ont été fabriquées à Rome, afin de faciliter le commerce que la Champagne faisait avec la ville italienne. E. J. Cartier a pensé que l'émission eut lieu pendant la république éphémère qu'Arnaud de Bresse établit à Rome de 1147 à 1154 (*R. N.*, 1839, 42). Fillon, s'appuyant sur la pièce de Charles d'Anjou, placent les monnaies provinoises dans le courant du xiiiᵉ siècle (*Cat. Rousseau*, p. 66). Mais un titre de 1195 mentionne la monnaie provinoise romaine et, dès lors, il faut admettre que l'émission a commencé au xiiᵉ siècle.

Ces pièces portent SENATUS P. Q. R. croix. ℞ ROMA CAPUT MUN, type du peigne. On trouve aussi au droit ALMUS TRIBUNAT. L'obole de Charles d'Anjou, sénateur de Rome, porte : ✝ CAROLUS REX.S. croix. ℞ SE...Q.R. type du peigne. Charles d'Anjou, frère de saint Louis, un des compétiteurs à la couronne de Sicile, alla à Rome en mai 1265. On le proclama sénateur, dignité qui lui conférait les droits monétaires.

COMTES DE CHAMPAGNE

Comtes de Troyes

854. Eudes de France.
878-923. Robert II de France.

Comtes de Champagne (Maison de Vermandois)

923. Herbert Ier (II de Vermandois).
943. Robert.
968. Herbert II.
988. Herbert III, comte de Troyes, neveu de Herbert II.
993-1019. Etienne Ier.

Comtes de Champagne (Maison de Blois)

1019. Eudes I^{rr} (II comme comte de Blois). Petit-fils de Thibaut le Tricheur.
1037. Etienne II.
1048. Eudes II.
1063. Thibaut Ier (III comme comte de Blois).
1090. Eudes III.
1093. Hugues, abdique en 1124 ou 1125.
1125. Thibaut II (IV comme comte de Blois).
*1152. Henri Ier dit le Libéral. HENRICUS.COMES.
1181. Henri II (Régence de la comtesse Marie).
1197. Thibaut III.
*1201. Thibaut IV (Régence de la comtesse Blanche, jusqu'en 1222). TEBAT.COMES.
* 1253. Thibaut VI, comte de Champagne et roi de Navarre.
*1270. Henri II, comte de Champagne et roi de Navarre, frère du précédent.
1274. Jeanne de Navarre, épouse de Philippe le Bel, roi de France.
1305. Louis le Hutin.
1316-1339. Jeanne II et Philippe le Long.

MEAUX

A Meaux, comme à Reims, le pouvoir épiscopal se substitua à celui des comtes, probablement vers le XI siècle.

Le plus ancien document monétaire que nous ayons relativement à Meaux est un accord de 1130, entre l'évêque Burcard et ses monnayers.

En 1165, sur la plainte de l'évêque Etienne au sujet de la contrefaçon des espèces meldoises, Henri Ier, comte de Troyes, s'engagea à n'en plus émettre de bonnes ni de mauvaises. C'est vers cette époque que l'évêque Renaud introduisit le type des deux crosses. Henri accorda à l'évêque que sa monnaie aurait cours dans les comtés de Troyes et de Provins. En 1208, la comtesse Blanche de Champagne fit une convention avec l'évêque Simon, par laquelle ils s'engageaient à frapper monnaie en commun pendant trois ans, à Meaux, Provins et Troyes, de telle façon que les deux tiers des bénéfices étaient pour la comtesse et le dernier tiers pour le prélat.

En 1225, l'évêque Pierre, retirant l'ancienne monnaie, en émet une nouvelle et s'engage à ne plus en changer sans prévenir le roi quatre mois auparavant, à moins que le comte de Champagne ne fasse le même changement. M. Caron, commentant ce document, en a déduit que le type de la monnaie de Meaux devait être le même que celui inauguré à Provins par Thibaut IV (le type du peigne au châtel, qui fit donner aux monnaies le nom de *Provinois nouveaux*). Cette théorie expliquerait pourquoi le monnayage des évêques paraît cesser à la fin du XIIe siècle. Cependant plusieurs titres prouvent qu'il dura jusqu'au commencement du XIVe siècle. Meaux est dans le règlement de 1315.

Les monnaies des évêques présentent trois types : la main tenant une crosse ; une crosse seule accostée de l'A et de l'ω, puis de deux lis, ou deux crosses accostées d'étoiles ; enfin un buste de profil. A signaler le curieux denier avec TEBALDUS, main bénissante ℞ ✛ MELTIS CI-

VIT, croix. C'est une contrefaçon du denier de Gautier Ier. évêque de Meaux (1045-1082) par Thibaut Ier (1063) ou Thibaut II (1125).

MEAUX ET TROYES

Les monnaies portant les légendes + MELDIS CIVITAO ℞ + TRECASI CIVI sont probablement le résultat d'une alliance monétaire comme celles de Sens et de Provins. La trouvaille de Glisy a montré que ce monnayage remontait au commencement du xe siècle (E. Caron, p. 344),

ÉVÊQUES DE MEAUX

1015. Macaire.	1177. Simon Ier. SIMON.
1028. Bernier.	1197. Anseau.
Dagobert ?	1207. Geoffroy de Tressy.
*1045. Gautier Ier. GALTE-RIVS.	1214. Guillaume Ier de Nemours.
1082. Robert.	1221. Amaury.
*1085. Gautier II. GALTE-RVS.	1223. Pierre III.
1103. Manassès Ier.	1255. Alerme.
*1120. Burcard. BVRCAR-DVS.	1267. Jean Ier.
1134. Manassès II.	1269. Jean II.
*1159. Renaud. REINAL-DVS.	1273. Eudes.
1161. Hugues.	1274. Jean III.
*1162. Etienne de la Chapelle. STEPHANVS.	1289. Adam.
	1299. Jean IV.
	1301. Jean V.
*1172. Pierre Ier. PETRVS.	1305. Nicolas.
?1173. Pierre II.	1308. Simon II.
	1318. Guillaume II.

ÉVÊCHÉ DE CHALONS-SUR-MARNE

Charles le Chauve, sur la demande d'Erchenraus, évêque de Châlons, et de la reine Irmintrude, accorda à ce prélat le droit d'avoir un atelier. Cette concession est

une des plus importantes que l'on connaisse à cause de
sa date et des détails qu'elle donne : en effet, elle est de
865, et par conséquent d'une année postérieure à l'édit
de Pistes, aux prescriptions desquelles elle renvoie
(*V. doc.*, n° 20).

En 877, Wilbert, successeur d'Erchenraus, obtint la
confirmation de la donation faite à ce dernier.

Ces documents sont fort importants, car ils tendent à
établir que les monnaies carolingiennes, frappées à Châlons-sur-Marne, avec le monogramme de Charles le
Chauve, sont purement épiscopales. Il faut remarquer
que le nom de ce roi seul se retrouve sur ces deniers,
probablement parce que les successeurs d'Erchenraus
conservèrent le même type primitif jusqu'au moment où ils
inscrivirent leurs propres noms, ce qui semble être
arrivé dans le commencement du XIIIe siècle.

D'après Gariel, l'évêque de Châlons eut seulement le
droit de frapper monnaie dans les conditions ordinaires,
et les successeurs d'Erchenraus auraient créé à leur profit un droit qui n'existait pas, par l'addition des mots
cum omni reditu dans la charte de Charles le Chauve. En
tous cas, comme le fait remarquer M. de Barthélemy, ce
fait aurait eu lieu avant le XIIe siècle, puisqu'une bulle du
8 des calendes de juin 1107, du pape Pascal II, reconnaît
à l'évêque le droit de monnayage (Gariel, *M. race carolingienne*, 1883, p. 37, note 1).

Les légendes des monnaies sont : CATHALAVNI, CATA-
LANI, CATALAVNIS.

La monnaie épiscopale de Châlons était fort estimée,
car, en 1131, nous voyons qu'Alberon de Chiny, évêque
de Verdun, reconnaissant que sa propre monnaie était
trop altérée pour avoir un cours assuré dans le commerce, ordonna que, pendant quinze années, on ne se
servît à Verdun que de monnaies châlonnaises. En 1185,
les religieux de Saint-Michel en Thiérache, monastère
situé à plus de trente lieues de Châlons-sur-Marne, assu-
jettissaient les habitants d'un hameau qu'ils fondaient à ne
se servir que d'espèces châlonnaises. On peut voir encore
une mention de ces dernières dans le cartulaire de Laon,

en 1290 : *Item onze parisis sur la vigne Waties Chardon devers Bucy. Item deux Chaalons et une maille Chaalons sur la maison Gilon le Boucher* (Cf. article Verdun).

La monnaie épiscopale de Châlons paraît avoir cessé d'être fabriquée à la fin du xiiiᵉ ou au commencement du xivᵉ siècle.

ÉVÊQUES DE CHALONS-SUR-MARNE DEPUIS
CHARLES LE CHAUVE JUSQU'AU xivᵉ SIÈCLE

858. Erchenraus.	1127. Elbert.
868. Willebert.	1131. Geoffroi Iᵉʳ.
878. Bernon.	1144. Gui II de Montaigu.
885 Rodoward.	1147. Barthélemy de Senlis.
893. Mancion.	1152. Haimon de Baroches.
909. Letold.	1153. Boson.
917. Bovon IV.	1164. Gui III de Joinville.
947. Gibuin Iᵉʳ.	1190. Rotrou du Perche.
991. Gibuin II.	1203. Gérard de Douai.
1004. Gui Iᵉʳ.	*1215. Guillaume II de Belesme. GVLLER.
1008. Roger Iᵉʳ.	
1043. Roger II.	1228. Philippe II de Nemours.
1066. Roger III.	
1095. Philippe Iᵉʳ de Champagne.	*1237. Geoffroi II de Grandpré. GAVFRIDVS.
1100. Hugues.	1248. Pierre de Hans.
*1113. Guillaume Iᵉʳ de Champeaux. — GVILLERMVS.	1263. Conon de Vitri.
	1272. Arnoul de Los.
	1275. Remi.
1121. Ebles de Roucy.	1284. Jean de Chateauvillain.

ARCHEVÊCHÉ DE REIMS

Ainsi que Sens, Reims est mentionnée dans le fameux édit de Pistes rendu par Charles le Chauve. On connaît des monnaies frappées à Reims au nom de Louis le Débonnaire, de Charles le Chauve, de Louis III, d'Eudes, de Charles le Slmple, de Lothaire et de Louis IV.

M. Maxe-Werly a mis en doute l'existence de la charte de concession par laquelle Louis IV aurait donné, en 940, à l'archevêque Artaud, la monnaie et le comté de Reims. Cependant il est disposé à admettre que les prélats, continuant la fabrication des espèces royales, auraient mis sur ces monnaies un signe indiquant le produit de leur fabrication. Ainsi la lettre A, entre les bras de la croix sur les pièces au monogramme carolingien frappées à Reims, pourrait indiquer les noms des archevêques Artaud, Adalberon ou Arnould (*Revue de Champagne et Brie*, novembre 1876, p. 315).

En 987, Adalbéron, qui venait de couronner Hugues Capet, remplaça ce monogramme par le mot HVGO.

A la fin du xᵉ siècle apparaissent les pièces semi-royales portant ✝ ARCHIEPICO REM, tête de face ℞ ✝ FRANCORUM REX, tête de face. Ces monnaies sont analogues à celles de Laon, et servirent de modèles aux deniers barbares à la tête de face qu'Eudes fit fabriquer lorsqu'en 1019 une partie de la Champagne vint en sa possession.

L'archevêque Ebles de Roucy réunit le comté de Reims aux domaines de l'église et ses successeurs reçurent confirmation du comté en 1059. Gui de Châtillon réunit à la monnaie de Reims celle de Mouzon que Ebles avait enlevée à Richard, abbé de Saint-Vannes de Verdun. Gui donna en échange à l'abbé la paroisse de Viviers. On trouve sur les monnaies de Gui, les titres de PRESUL et d'ARCHIPRESUL qui remplacent ARCHIEPISCOPUS.

On n'est pas bien fixé sur les monnaies qu'il faut attribuer à Manassès Iᵉʳ et à Manassès II, à Guillaume Iᵉʳ et à Guillaume II. Sous Henri II, nous trouvons un curieux denier portant au ℞ ✝ TEBAU COMES, croix cantonnée de besants, d'un A et d'un ω dégénérés. On ne connaît aucune convention entre l'archevêque Henri II et Thibaut IV, comte de Champagne (1201-1253), aussi cette monnaie n'a pas encore reçu d'explication.

L'ordonnance de 1315 mentionne la monnaie de Reims.

La dernière monnaie archiépiscopale de Reims connue est un gros de Jean de Craon. Nous ne pensons pas que le monnayage ait dû continuer longtemps après la mort de cet archevêque, qui arrive en 1373. Plus tard, Reims devint un atelier monétaire royal (cf. L. Maxe-Werly, *Etat actuel de la num. rémoise, Rev. belge*, 1888 et 1889).

ARCHEVÊQUES DE REIMS DEPUIS 883

883. Foulques.
900. Hervé.
922. Seulf ou Sculf.
925. Hugues de Vermandois.
932. Artald.
962. Odalric.
969. Adalberon d'Ardenne.
988. Arnulf.
991. Gerbert.
1021. Ebles de Roucy.
*1033. Gui Ier de Châtillon. — WIDO.
*1055. Gervais de Château du Loir.— GERVASI en monogramme.
*1069. Manassès Ier de Gournay. — MANASES, monogr.
*1083. Rainald Ier du Bellay.
*1096. Manassès II de Châtillon.—MANASSES.
*1106. Raoul le Verd.— RODLF, en monogr.
1128. Renaud II des Prés.
*1140. Samson de Mauvoisin.— SANSON.

*1162. Henri Ier de France. HENRIC'
*1176. Guillaume Ier aux Blanches Mains. GVLERMVS.
*1205. Gui II,Paré.GVIDONIS.
*1207. Albéric de Hautvillers ALBRICVS.
*1219. Guillaume II de Joinville. — GVLELMVS.
*1227. Henri II de Dreux.— HENRICVS.
1245. Juhel.
1251. Thomas de Beaumetz.
1266. Jean Ier de Courtenay.
1274. Pierre Barbette.
*1299. Robert de Courtenay. ROBERTVS.
?1324. Guillaume III de Trie.
1334. Jean II de Vienne.
1351. Hugues d'Arcy.
1352. Humbert.
*1355. Jean III de Craon. I.
1375. Louis Tezart.
1376. Richard Picque.
1390. Ferric Cassinel.
1390. Gui III de Roye.

CHATEAU-PORCIEN, NEUFCHATEAU, YVES ou IVOY

Lorsque Porcien (Ardennes) n'était qu'une simple seigneurie, Raoul de Porcien la vendit à Thibaut, roi de Navarre et comte de Champagne (1268). Philippe le Bel érigea Porcien en comté, qu'il donna en 1303 à Gaucher II de Châtillon, connétable de France, en échange de Châtillon-sur-Marne. Jean II de Châtillon vendit Porcien à Louis, duc d'Orléans. Le comté, érigé en principauté par Charles IX, vers 1561, en faveur d'un seigneur de Croy, entra plus tard dans la famille de Mazarin.

On connaît de Gaucher II (1303-29) les pièces suivantes : GAUCHIER COMES, champ : AVEA MAREA ℞ ✝ DE PORCHIENSIS, croix ; — GALC PORCIEN. Ecu à deux lions ℞ ✝ MONETA MOREI, croix. Une obole au type chinonais, avec GA.COM... PORC, s'explique par ce fait que Gaucher avait réclamé l'héritage de Jeanne, comtesse de Blois.

Neufchâteau. — Gaucher II, par son mariage, en 1314, avec Isabelle de Rumigny, veuve de Thibaut II de Lorraine, se crut autorisé à frapper monnaie à Neufchâteau, mais Ferri IV s'interposa, et les deux seigneurs conclurent en 1318, un accord, par lequel les monnaies de Gaucher devaient être de mêmes poids et loi que celles du duc. Le 28 juin 1321, un autre arrangement établit que le droit de battre monnaie ne subsisterait que pendant l'engagement de la ville de Neufchâteau et que les espèces du connétable seraient au même coin que celles de Nancy.

Gaucher a frappé avec les titres de GALCERI C.PORCIESIS ℞ CONESTABILIS FRANCIE OU GALCHS COMES PORCI ℞ MONETA NOVI CASTRI. Les pièces sont des gros imités du cavalier armé de Flandre et de Hainaut, des esterlins, des doubles deniers avec l'épée en pal entre deux alérions et celui avec le comte armé.

Ivoy. — Cette ville porte maintenant le nom de Carignan (Ardennes). Louis V, comte de Chiny (1299), Gaucher de Châtillon et Louis VI de Chiny (1325-1336) frappèrent dans cette localité des pièces qui portent MONETA NOVA YVE OU YVODIU OU MONNOIE D'IVOIX. (Cf. Serrure, *Ann.*, 1886).

RETHEL

En 970, Adalbéron, archevêque de Reims, donna Rethel aux religieux de l'abbaye de Saint-Remy. Ceux-ci, pour régir ces nouveaux biens, instituèrent des avoués qui prirent le titre de comte, comme Manassès, dès 974.

Il ne paraît pas que les comtes de Rethel de la première race aient frappé monnaie ; ce fief ayant passé
en 1290 dans la maison de Flandre, par le mariage de
Jeanne, fille unique de Hugues IV de Rethel, avec Louis,
fils aîné de Robert III, comte de Flandre. Ce prince y
établit un atelier monétaire, dont l'existence est signalée
dans le règlement de 1315. Le type des premières monnaies retheloises est copié sur celui des monnaies de
Thibaut VI, comte de Champagne.

Rethel passa dans la maison de Bourgogne en 1384,
puis dans celle d'Albret, et dans celle de Clèves, au
XVIe siècle. Puis, il arriva dans la maison de Gonzague,
en 1564, par le mariage de Henriette de Clèves, duchesse
de Nevers et comtesse de Rethel, avec Louis de Gonzague,
fils de Frédéric II, duc de Mantoue. Enfin, le 11 juillet 1659,
Charles III de Gonzague vendit tous ses domaines situés
en France au cardinal Mazarin.

Arches et Châteaurenaud étaient deux fiefs qui appar-
tenaient aux comtes de Rethel. Au commencement du
XVIIe siècle, Charles de Gonzague II et son fils, qui portait
le même nom, frappèrent monnaie à Arches. De 1605
à 1629, le même droit fut exercé à Châteaurenaud par
François de Bourbon, prince de Condé, qui avait épousé
Louise-Marguerite de Lorraine, fille de Henri Ier, dit le
Balafré, duc de Guise. De 1605 à 1614, la monnaie de
Châteaurenaud porte les noms des deux époux ; après
cette dernière date, la princesse douairière continua à
frapper à son nom seul. En 1629, elle céda la principauté
de Châteaurenaud à Louis XIII, en échange de Pont-sur-
Seine.

On donne à Louis Ier des esterlins qui portent REGITES-
TENSIS, et un denier au peigne champenois, surmonté de
trois tours, avec ✠ REG..ESTENSIS ; à Louis III, des moutons d'or et des gros d'argent. Cette attribution est fondée
sur une ordonnance du 14 avril 1357, par laquelle Louis
de Flandre donne au monnayeur, André du Porche, l'ordre
de frapper, à Rethel ou dans toute autre ville, des moutons
et des blancs d'argent appelés gros et portant la légende
FLAND' Z R' (Gaillard, *Rev. belge*, 1851, pl. 9).

Charles II de Gonzague frappa des florins d'or, des thalers, des écus, des quarts d'écu, des liards et doubles liards, des double-tournois, dont quelques-uns portent DOUBLE DE CHARLEV. Des monnaies d'or portent également l'indication de l'atelier de Charleville (CAROLOPOLI CUS). Certains doubles liards portent le monogramme de Nicolas Briot (*N. B*). et la date 1608.

En 1628, Daniel Goffin était graveur des monnaies de Châteaurenaud et de Bouillon (Pinchart, *Rev,belge*, 1848, 54).

A cette époque, il y avait un atelier monétaire à la Tour-à-Glaire, dont M. A. Engel a étudié récemment les produits (*Imitations monétaires de Ch. Renault, R. N.*, 1885, 296).

Charles III imita les grands écus de Guillaume-Henri, prince d'Orange ; il copia également les deniers et les LIARDS DE FRANCE de Louis XIV.

Les pièces sont des doubles liards, des doubles tournois, des douzains et des florins d'or, aux noms de François et de Marguerite, des grands écus avec leurs bustes.

COMTES DE RETHEL, PRINCES D'ARCHES ET DE CHATEAURENAUD

1290. Jeanne de Rethel et Louis de Flandre, comte de Nevers.
*1325. Louis II, comte de Flandre, Nevers et Rethel, à *Nevers*.
*1346. Louis III de Male, à *Nevers*.
1384. Marguerite de Flandre et Philippe de France, duc de Bourgogne.
1392. Antoine de Bourgogne.
1404. Philippe de Bourgogne, comte de Nevers et Re-thel, baron de Donzy.
1415. Charles de Bourgogne.
1464. Jean de Bourgogne, frère du précédent.
1491. Charlotte de Bourgogne, et Jean d'Albret, seigneur d'Orval.
1505. Marie d'Albret et Charles de Clèves.
1525. Odet de Lautrec et Charlotte d'Albret.
1528. Henri de Foix, fils d'Odet de Lautrec.

1540. Claude de Foix et Guy de Laval.

1561. François II de Clèves.

1562. Jacques de Clèves, frère du précédent, duc de Nevers.

1564. Henriette de Clèves, sœur du précédent, et Louis de Gonzague, prince de Mantoue.

*1595. Charles II de Gonzague (Clèves), duc de Nivernais et Rethelois, prince d'Arche, duc de Mantoue et Montferrat, à *Arches*.

*1637. Charles III de Gonzague, petit-fils du précédent, vendit en 1659 le duché de Rethelois au cardinal Jules de Mazarin.

1659. Le cardinal Jules de Mazarin.

1661. Hortense Mancini, duchesse de Rethelois et Armand-Charles de la Porte de la Meilleraye.

1713. Paul-Jules de la Porte Mazarini.
     Gui-Paul-Jules de la Porte Mazarini.

PRINCES DE CHATEAURENAUD

1564. Catherine de Clèves, sœur de Henriette, duchesse de Nevers et comtesse de Rethel, eut la souveraineté de Châteaurenaud ; elle épousa en premières noces Antoine de Croy, prince de Porcien, et en secondes noces Henri Jer de Lorraine, duc de Guise.

1605. Louise-Marguerite de Lorraine, et François de Bourbon, prince de Conti.

PHALSBOURG ET LIXHEIM (Meurthe).

En 1621, les villes de Phalsbourg et Lixheim furent érigées en principautés par l'empereur Ferdinand, à l'occasion du mariage de Henriette de Lorraine-Vaudemont, sœur du duc Charles, avec Louis baron d'Ancerville, fils de Louis II, cardinal de Guise. La princesse y frappa des monnaies qui sont des escalins au lion, des doubles tournois, des testons et des gros. Les pièces portant le buste de la princesse sont très bien gravées (Cf. A. de Barthélemy, *R. N.*, 1846, 184).

SEDAN ET BOUILLON

La principauté de Sedan, qui fut, dans le principe, un arrière-fief de l'église de Reims, fut acquise en 1379 par le roi Charles V.

Charles VI la donna, en 1400, à Louis, son frère. Charles, duc d'Orléans, fils de Louis, vendit la seigneurie de Sedan à Guillaume de Braquemont, dont la fille épousa Evrard de la Marck. Ce dernier acheta de son beau-frère, Louis de Braquemont, la terre de Sedan (1414). Ce fief passa ensuite, avec la seigneurie de Raucourt, dans la maison d'Auvergne, par le mariage de Charlotte de la Marck avec Henri de la Tour d'Auvergne, vicomte de Turenne, maréchal de France (1591). Le château de Bouillon dont Robert III de la Marck s'était emparé en 1495, fut conservé par ses descendants ; mais c'est seulement par le traité de Nimègue que Bouillon appartint définitivement à la maison de la Tour. Malgré cette possession douteuse, depuis Guillaume-Robert de la Marck, les princes de Sedan prirent sur leurs monnaies le titre de duc de Bouillon.

Henri a frappé des écus et doubles écus d'or ; des grands écus d'argent remarquables par la gravure ; des quarts d'écus, des doubles liards et des doubles tournois ; enfin, le LIARD TOURNOIS, portant un H couronné et une tour entre deux lis. Jusqu'en 1594, les monnaies de Sedan portent les noms de Henri et de Charlotte ; après la mort de la princesse, le prince y parut seul.

Geoffroi-Maurice a émis des DOUBLE et LIARD DE BOUILLON.

*1574. Guillaume-Robert de la Marck.

*1591. Charlotte de la Marck et Henri de la Tour, vicomte de Turenne.

*1623. Frédéric-Maurice de la Tour. En 1642, Frédéric-Maurice ayant été obligé de céder Sedan à Louis XIII, son fils frappa monnaie à Bouillon, qui se trouve dans le Luxembourg.

*1652. Godefroi-Maurice de la Tour, duc de Bouillon.
1721. Emmanuel-Théodore de la Tour,   *id.*
       Charles-Godefroi de la Tour,   *id.*

SEIGNEURIE DE CUGNON

Le village de Cugnon est située dans le Luxembourg, mais
ies monnaies qui y ont été frappées sont françaises par le
système et les légendes. Les pièces de Cugnon étaient
encore une énigme lorsque M. Chabouillet a donné la
clef de leurs légendes (*R. N.*, 1840, 349). A Jean Théodoric
(1611-1644) appartiennent les doubles tournois avec
I.TH.C.D.L.RO'.S.S.D.CH.CUGN. (*Jean-Theodoric, comte de
Loewenstein, seigneur souverain de Chassepierre-Cugnon*).
Ferdinand-Charles (1644-72) inscrit son nom en toutes
lettres, sans son titre, ou simplement ses initiales avec
les titres. Son monnayage ne se compose que de deniers
tournois.

D'après Pinchart (*Rev. belge*, 1848, 48), il y aurait eu
antérieurement un atelier de fausse monnaie à Cugnon.

LES HAYONS

En 1624, Lambert d'Oyenbrugge de Duras, brigadier
des armées du roi de France, avait établi, dans sa terre
des Hayons, un atelier monétaire situé à la Vanette. Des
fraudes y furent commises, et l'on y fabriqua des monnaies
étrangères, avec des coins, gravés par Daniel Goffin
de Sedan. On contrefit ainsi des pièces de un et de 10 sols,
des patagons, des florins, des écus, des demi-réaux, au
type de Liège et des Pays-Bas, des ricksdallers de Nuremberg, de Francfort et de Hambourg, des dallers de Bouillon, des ducats de Hollande, avec un homme armé, tenant
un faisceau de flèches, et la légende : LAMBERTUS DE DURAS
B (*aro*) SUPREMUS HAYONEN (*Hayonensis*). (Pinchart, *Rev.
belge*, 1848, 48). On a retrouvé un demi-patacon (Cuypers,
Rev. belge, 1855, 318).

24

AMIENS (Comté, évêché, ville).

Le comté d'Amiens, après avoir appartenu aux comtes de Montreuil, passa entre les mains d'Arnoul, comte de Flandre, et de Beaudouin, son fils. Lothaire en investit Gauthier, comte de Pontoise, vers 964.

Pendant que le comte Simon était allé à Rome, le roi Philippe s'empara de la ville et du comté d'Amiens. Mais Simon rentra en possession de ses domaines à son retour (1075). Isabelle, ayant épousé Philippe d'Alsace, de Flandre, de Vermandois et d'Amiens, lui légua la survivance de ses biens. Il y eut des difficultés à ce sujet, et Philippe-Auguste s'empara d'Amiens en 1185.

On peut donner aux anciens comtes d'Amiens les monnaies frappées dans cette ville avec le type et le monogramme carolingiens, tout en reconnaissant que les évêques furent peut-être les premiers à jouir de quelque concession royale dont le diplôme n'a pas encore été retrouvé.

Après le type carolingien, on voit paraître, à Amiens, le mot PAX, dans le champ qui se transforme en un A seul. Il serait possible que le mot PAX, qui se lit sur des deniers d'Amiens au XIIe siècle, émis par la municipalité, fût un souvenir de la part que les évêques avaient dans le moyen âge. En effet, le mot PAX, dans les légendes monétaires, semble indiquer une intervention épiscopale. Ce qu'il y a de certain, c'est que, suivant Guilbert de Nogent, vers 1111, l'évêque de Laon, voyant que l'on ne voulait plus de sa monnaie parce qu'elle était trop altérée, essaya d'introduire celle d'Amiens dans ses terres : *Ambianenses obolos corruptissimum etiam quiddam.* Or, à cette époque, la commune d'Amiens n'existait pas encore.

Au XIIIe siècle, les mailles et deniers flamands, firent leur apparition ; les mailles portent ✠ CIVIUM, champ, AMB en triangle, ℞ MONETA. Ces monnaies furent frappées par la municipalité d'Amiens, ainsi que celles portant les légendes : ISIAMUNAI, ISIANUMAI, ISIAMUNTAI, que l'on a voulu traduire par : *ici a monnaie.*

M. Piot y a vu le nom d'un monétaire.

Plus tard, ces mots furent remplacés par CIVIBUS TUIS, qui forme un sens complet en se combinant avec le mot PAX du champ.

On donne à Gautier II (986-1027), le denier avec ✛ WALTERIUS C ; à Foulques II (1031-1058), celui avec FULCO EPISCOP. On classe ensuite des pièces portant ✛ XE VICICESS, que l'on a lu : XRISTE VICISSES ; puis les monnaies avec ✛ AMBIANIS.

Le monnayage de Philippe d'Alsace (1161) se compose de deniers avec PHILIPPUS COMES, champ : PAX ℞ ✛ SIMON FECIT. Sur d'autres pièces, on ne trouve plus qu'un A seul ou entre deux lis.

Des mailles avec SIMON FECI, CIVIUM AMB ℞ MONETA; PHILIPUS AMB ℞ LIPLL.OA, FAUREBIE. et CHIRIBI ont été attribuées à Amiens par M. Piot (Rev. belge, 1858, p. 23 et 278). Les noms que l'on remarque sur ces pièces appartiendraient à des monétaires.

Après le traité d'Arras de 1435, le duc de Bourgogne, Philippe le Bon, frappa des monnaies d'or et d'argent à Amiens, aux nom et armes du roi de France, en y ajoutant le briquet de Bourgogne.

Roye. — M. Piot a donné à cet atelier une maille avec SIMON ℞ R, accosté d'un croissant et d'une étoile.

Péronne. — Un denier avec PERRONENSIS MO, paraît appartenir au monnayage communal de Péronne.

BEAUVAIS

Le comté de Beauvais devint héréditaire en 922, et le premier titulaire fut Thibaut le Tricheur, comte de Blois, de Chartres et de Tours. Eudes II le Champenois échangea, en 1013, la seigneurie de Beauvais à son frère Roger, qui était déjà évêque de la ville.

On a frappé, à Beauvais, sous Charles le Chauve et Charles le Simple, des monnaies qui sont probablement le produit d'une fabrication épiscopale faite en vertu d'une concession de Charles le Chauve. C'est ce qui expliquerait que les évêques conservèrent le type du monogramme, même sous les premiers rois de la troisième race. Le denier de Hugues Capet est à ce type.

D'après les travaux de MM. Voillemier et de Barthélemy (*R. N.*, 1858), il semble résulter qu'il y eut deux monnayages parallèles, pour la monnaie royale et comtale, pour la monnaie épiscopale.

Les monnaies aux noms d'Hervé et de Hugues-Capet (HUGO REX HERVEUS ℞ BELVACUS CIVITAS) ont probablement été frappées pendant assez longtemps. Roger Iᵉʳ de Blois frappa, à Nogent-sur-l'Eure, dont il était seigneur, en prenant le titre d'évêque.

Dans une sentence de 1208, nous lisons : *Dominus Belvacensis comes est episcopus, et moneta Belvacensis ipsius est, ipse enim cuneos tradit monetariis.* Le privilège exista probablement jusqu'au règlement de 1315.

ÉVÊQUES DE BEAUVAIS

861. Eudes Iᵉʳ.
882. Rongaire.
884. Honoré Iᵉʳ.
902. Herluin.
922. Bovon.
933. Hildegaire.
972. Waleran.
*987. Hervé.
998. Hugues.
1002. Roger de Blois.
1022. Guarin ou Warin.
1035. Drogon.
1059. Guilbert.
1063. Guido.
1085. Ursion ou Orson.
1089. Foulques de Dammartin.
1095. Roger II.
1096. Anseau.
1100. Galo ou Walo.
1105. Geoffroi Iᵉʳ.

1114. Pierre Iᵉʳ de Dammartin.
1133. Eudes II.
1144. Eudes III.
*1149. Henri de France. — HENRICVS.
*1162. Barthélemy de Moncornet. — BARTOLOMEVS.
*1175. Philippe de Dreux.
*1217. Milon Iᵉʳ de Chastillon Nanteuil.
1234. Geoffroi de Clermont Nesle.
1249. Guillame Iᵉʳ de Grez.
1267. Renaud de Nanteuil.
1283. Thibaut id.
1301. Simon de Clermont Nesle.
1312. Jean Iᵉʳ de Marigny, etc.

COMTÉ DE VALOIS ET DE CRÉPY

Le Valois appartint d'abord à la maison de Vermandois, et fut un apanage des cadets de cette famille ; il fut réuni à la couronne en 1214 par saint Louis, en même temps que le Vermandois et l'Amiénois. Saint Louis donna le Valois à sa mère Blanche de Castille, qui le posséda jusqu'à sa mort, arrivée en 1252. Ce fief devint ensuite l'apanage des princes de la maison royale.

La numismatique du Valois dut nécessairement suivre les mêmes phases que celle du Vermandois.

En 1156, Isabelle, comtesse de Valois, avait épousé Philippe d'Alsace, qui frappa la monnaie suivante : PHILIPUS COME ; dans le champ, CRESPI, en deux lignes, ℞ + SIMON. FECIT.

C'est à Mathieu d'Alsace, troisième mari d'Eléonore de Valois, qu'il faut donner le denier portant : + MAD. COMES FLANDRE ; champ, CRESPI. ℞ + SIMON ME FECIT, croix.

A Matthieu de Beaumont (1177-1192) appartiennent les pièces avec : + MADEUS COMES ℞ + CRISPETUM , dans le champ, CRESPI, ou ANO, entre deux lis.

En 1320, le Parlement réprimandait le comte de Valois, ainsi que son neveu Gui de Châtillon, comte de Blois, à cause des monnaies qu'ils faisaient fabriquer.

COMTES DE VALOIS

890. Pépin, comte de Senlis et de Valois, frère d'Herbert Ier de Vermandois.

Bernard.

9... Herbert, comte de Senlis.

?982. Adèle de Senlis et Gautier II, comte de Vexin et d'Amiens.

Raoul Ier, comte de Valois.

Raoul II, comte de Valois, de Bar-sur-Aube et de Vitry.

1074. Simon, comte de Valois (1).

1077. Adèle, sœur du précédent et Herbert IV, comte de Vermandois.

1080. Adèlaïde de Vermandois, comtesse de Vermandois, Crespy et Valois, et Hugues de France.

1116. Raoul III (1er comme comte de Vermandois).

1152. Raoul IV (II comme comte de Vermandois).

*1167. Eléonore, sœur du précédent, comtesse de Saint-Quentin et de Valois ; elle épousa : 1º Geoffroi de Hainaut, comte d'Ostrevant ; 2º Guillaume IV, comte de Nevers ; 3º Mathieu d'Alsace, comte de Boulogne ; 4º Mathieu III, comte de Beaumont-sur-Oise : 5º Etienne de Sancerre. Après sa mort, arrivée en 1214, ses fiefs furent réunis à la couronne jusqu'en 1268.

1268. Jean Tristan, comte de Nevers et de Valois, par donation de saint Louis, son père.

1270. Nouvelle réunion à la couronne.

1285. Charles de France, second fils de Philippe le Hardi, par donation de son père : le comté de Valois se composait alors de Crespi, la Ferté-Milon, Pierrefonds et Béthisi-Verberie.

1325. Philippe Ier, depuis roi de France.

1344. Philippe II.

1375. Blanche de France, veuve du précédent.

1392. Louis Ier d'Orléans, fils de Charles V, et ses descendants. (Voy. les ducs d'Orléans-Valois),

SAINT-MÉDARD DE SOISSONS

L'abbaye de Saint-Médard, fondée par Sigebert, roi d'Australie, pour accomplir un projet laissé inexécuté par son père, dut à la libéralité de Louis le Débonnaire la jouissance de l'atelier monétaire que ce prince avait dans

---

(1) Simon possédait les comtés d'Amiens, Valois, Vexin, Bar-sur-Aube et Vitry en Perthois ; les seigneuries de Péronne, Montdidier, Pontoise, Mantes, etc. Il passait pour le plus riche seigneur du royaume.

son palais de Soissons. Sous la condition que les émoluments seraient consacrés au service qui se faisait en l'honneur de saint Sébastien, l'abbaye émit des pièces royales, et probablement ce furent de ces deniers au type du temple, avec la légende XPISTIANA. RELIGIO. Ce qui nous le fait supposer, c'est que, postérieurement, le temple paraît sur les monnaies de Saint-Médard et sur celles des comtes de Soissons ; c'est qu'aussi, on n'a pas encore retrouvé de monnaie de Louis Iᵉʳ portant le nom de cette ville. Charles le Chauve confirma la libéralité de son père en faveur du monastère qui émit, après 864, des deniers royaux au type du monogramme ; puis viennent les pièces de Carloman II, et le denier SCI.MEDARDI.MONT. ℞ GRACIA.DI.REX, qui forme la transition entre l'ancien système et le nouveau. L'abbaye grava ensuite sur ses monnaies une crosse placée entre deux étendards.

Les monnaies de Saint-Médard de Soissons, d'un style particulier, présentent les légendes suivantes : + ME + D.. + RD., ℞ S.T.N. (*Sebastianus* ou *Sanctus*); SIGNUM SEBSTN. ℞ SCI MEDARDI CAPUT, tête informe ; enfin, des pièces avec des légendes indéchiffrables, EDEDPEDE, etc. Une de ces pièces, portant un temple et au ℞ une croix évidée au centre et de forme particulière, pourrait peut-être appartenir à l'atelier épiscopal de Soissons (Caron, p. 367).

Quelques numismatistes ont parlé du droit de frapper monnaie qui aurait été exercé par les évêques de Soissons, de manière à faire douter de leur assertion. Ils semblent s'appuyer principalement sur ce que l'évêque de Soissons, en novembre 1315, porta la parole en faveur du clergé et de la noblesse, lors de la discussion sur les monnaies baronnales et ecclésiastiques dont le mauvais aloi motiva le fameux règlement de Louis X. L'origine du monnayage soissonnais doit donc être cherchée dans l'histoire de l'abbaye de Saint-Médard, et non pas dans celle des prélats qui se succédèrent à la même époque sur le siège épiscopal de Soissons.

Plusieurs pièces portent le petit drapeau ou lance de saint Sébastien, célèbre dans l'histoire de l'abbaye de Saint-Médard.

Nous devons mentionner ici deux autres concessions
monétaires faites par les Carlovingiens en faveur d'établissements religieux du Soissonnais. En 917, Charles le
Simple confirma la donation que Frédérune, sa femme,
avait faite à l'église Saint-Corneille de Compiègne, et qui
consistait dans la moitié de la monnaie de Camsei ou
Pontion, et Louis le Gros, en 1120, maintint cette église
en possession de ce droit. En 919, le même roi Charles
le Simple donnait à la chapelle de Saint-Clément, fondée
l'année précédente par sa femme, dans le château de
Compiègne, la dixième et la neuvième partie de la monnaie qu'il faisait frapper dans ce palais. Ces deux libéralités paraissent avoir touché plus tôt aux émoluments même
qu'à la fabrication (*Manuel*, 1851, 111).

COMTÉ DE SOISSONS

A l'avènement de Hugues Capet, le Soissonnais devint
le fief héréditaire de comtes, qui descendaient de la maison de Vermandois.

Au xiie siècle, le comté passa dans la maison de Nesle
et dans celles de Hainaut et de Coucy au xive siècle.

Gui de Châtillon vendit le comté de Soissons à Enguerrand de Coucy, VIIe du nom, et ce fut Edouard, roi d'Angleterre, qui en paya le prix : Enguerrand avait épousé
Isabelle, fille de ce dernier.

Les évêques de Soissons étaient les suzerains des comtes,
et, dans une charte, le comte reconnaîtrait tenir sa monnaie de l'évêché (Michaux, *Bull. Soc. Archéol. Soissons*,
1878). Cela prouverait que l'évêque avait cédé son droit de
monnayage.

Le comte Yves de Nesle s'associa son neveu Canon ou
Conan, dont on a un denier avec : ✠ CANON COMES. Ce
seigneur, appelé Conon dans une charte, épousa Agathe de
Pierrefonds, et frappa, dans les domaines de sa femme, un
denier portant : ✠ MONETA CANON, temple; ℞ DE PIEREFONZ.

Le type des monnaies de Soissons, une porte de temple,
rappelle soit le temple carolingien, soit le portail de l'é-

glise de Saint-Médard. Les légendes sont SUESSIONIS ou
MON.SUESSIONIS.

On· a voulu attribuer à Guillaume Busac des deniers où
on lisait *Gulenu*. Mais cette attribution n'est pas établie
(Cf. L. Maxe-Werly, *Num. soiss.*, *R. N.*, 1884, p. 87).

COMTES DE SOISSONS

950. Gui, fils de Herbert III, comte de Vermandois.
Nocher, comte de Bar-sur-Aube, second mari
d'Adélaïde, veuve du précédent.

1047. Renaud Ier, fils de Gui.

1058. Alaïs de Soissons et Guillaume Busac.

1099. Jean Ier, fils d'Alaïs.

1118. Renaud II, frère du précédent.

*1164. Yves de Nesle, petit-fils maternel de Guillaume,—
IVO COMES.

*1178. Canon ou Conon de Nesle, neveu du précédent.
CANON.

*1180. Raoul, frère du précédent. RADVLF'.

*1237. Jean II.
*1270. Jean III, d'abord seigneur de Chimay. } IOANNE,
*1284. Jean IV.   IOHNES.

*1289. Jean V; Raoul, vicomte d'Ostel, son oncle et
tuteur.

1297. Hugues, frère du précédent.

*1306. Marguerite de Nesle et Jean de Hainaut. Jean de
Clermont, baron de Charolais, beau-père et
tuteur de Marguerite.I.DE.CLAROMONTE.

1344. Jeanne de Hainaut, et Louis de Châtillon.

1361. Gui de Châtillon.

1367. Enguerrand de Coucy, par acquisition.

1397. Marie de Coucy, et Henri de Bar, puis Charles
d'Orléans.

1405. Robert de Bar.

1415. Jeanne de Bar et Louis de Luxembourg.

1475. Le comté de Soissons confisqué par Louis XI,
est rendu à Marie de Luxembourg, en 1482.

1482. Marie de Luxembourg, petite-fille de Louis, et François de Bourbon-Vendôme.
1547. Jean de Bourbon, petit-fils de la précédente.
1557. Louis de Bourbon-Condé.
1569. Charles de Bourbon.
1612. Louis de Bourbon.
1641. Marie de Bourbon et Thomas-François de Savoie-Carignan.
1656. Eugène-Maurice de Savoie.
1673. Louis-Thomas-Amédée de Savoie.
1702. Emmanuel de Savoie.
1729. Eugène-Jean-François de Savoie, mort sans alliance le 24 novembre 1784.

ÉVÊCHÉ DE NOYON

On doit considérer le monnayage de Noyon comme ayant suivi les mêmes phases que celui de Laon. Cet atelier, qui n'est pas non plus compris dans l'édit de Pistes, émit des monnaies aux noms de Charles le Chauve et d'Eudes.

Les évêchés de Noyon et de Tournay furent réunis depuis 531, en faveur de saint Médard, jusqu'en 1146. Peu après, vers 1160, Noyon fut érigé en comté-pairie.

La double crosse qui figure sur les deniers de Renaud indique évidemment que le type avait été employé lorsque Tournay et Noyon étaient réunis. Les monnaies de cette première époque ne sont pas encore retrouvées. On retrouve également ces deux crosses sur les pièces de Tournay.

Il est probable que les évêques de Noyon conservèrent leur privilège monétaire jusqu'en 1315.

Le nom de la ville est écrit NOVIOMUS.

ÉVÊQUES DE NOYON DEPUIS CHARLES LE CHAUVE

862. Rainelme, évêque de Noyon et Tournay.
880. Hédilon.
909. Raumbert.
915. Airard.
932. Walbert.
937. Transmar.
950. Rodolphe.
954. Fulchaire.
955. Adolphe ou Hadulfus.
977. Liudulf.
989. Ratbold Ier.

1015. Hardouin de Croy.
1030. Hugues.
1044. Baudouin Ier.
*1068. Ratbold II. RADB.
1098. Baldric.
1114. Lambert.
1123. Simon Ier de Verman-
　　　dois.
1148. Baudouin II de Bou-
　　　logne, évêque de
　　　Noyon.
1167. Baudouin III.
*1175. Renaud. RENOLDVS.

*1188. Etienne Ier de Ne-
　　　mours. STPH ou
　　　STEBS.
1222. Gérard de Basoches.
1228. Nicolas de Roie.
1240. Pierre Ier Charlot.
1250. Vermond de la Bois-
　　　sière.
1272. Gui II des Préz.
1297. Simon II de Clermont-
　　　Nesle.
1302. Pierre II de Ferrières.
1304. André le Moine.
1315. Florent de la Boissière

ÉVÊCHÉ DE LAON

Créé au ve siècle par saint Remy, l'évêché de Laon fut érigé en duché-pairie à la fin du xiie siècle.

Les évêques de Laon commencèrent probablement à frapper monnaie avant la fin de la période carolingienne. A ce moment, ils inscrivaient les noms des souverains ; on a des pièces qui portent ceux de Louis V, de Robert, de Hugues Capet, de Philippe, de Louis VII et de Philippe Auguste. La ville de Laon eut un atelier monétaire sous la première race et sous Charlemagne. Comme elle ne se trouve pas mentionnée dans l'édit de Pistes, et qu'il existe des deniers frappés dans cette ville, conformément aux prescriptions de ce règlement, M. de Barthélemy en conclut, suivant le système déjà proposé, que, sous Charles le Chauve l'évêque de Laon obtint du roi, à son propre bénéfice, l'établissement d'un nouvel atelier. Des variétés que leur fabrique classe à des temps postérieurs à Charles le Chauve, bien qu'on y voie toujours son monogramme, prouvent que, par suite de cette concession, les évêques de Laon continuèrent à frapper monnaie au type primitif. Ce fut seulement à la suite de confirmations accordées plus tard qu'ils prirent l'habitude d'inscrire les noms des rois régnants. En 1158, Louis VII confirma les droits monétaires de l'évêque Gauthier de Mortagne.

Au commencement du XIIe siècle, les monnaies épiscopales de Laon, qui, jusqu'à cette époque, avaient eu une réputation de bon aloi, qui les faisait recevoir même à Rome, furent tellement altérées et fabriquées en si grande quantité que, suivant le chroniqueur, nul fléau ne produisit d'effets aussi déplorables. L'évêque Galdric avait mis à la tête de son atelier un moine flamand, nommé Thierry, qui faisait venir de Flandre le métal et qui, s'entendant avec les monnayers pour frauder, réalisait des bénéfices considérables. Les fraudeurs payaient à l'évêque de fortes sommes pour acheter leur impunité, et le prélat s'empressait non seulement de fermer les yeux, mais encore de faire graver sa crosse sur ces deniers de cuivre argenté, et d'ordonner au peuple de les recevoir. On obéissait en murmurant, et l'on se gênait peu pour tourner en ridicule la cupidité de Galdric et de ses agents : *Quam monetam clam ab omnibus cum tanto cachinno spernebantur, ut impurior moneta minus appreciaretur* (1).

Fillon a considéré comme émis par les évêques de Laon, le denier portant + CARLUS REX FR.; champ, LADUNO ℞ + SCA MARIA, monogr. de Charles. Un denier avec LODOVICUS REX (tête couronnée) ℞ LAUDUNENSIS, (tête), paraît devoir être attribué au monnayage de Louis V. On a des pièces d'Adalbéron et Robert (+ ROBT.FRANC.REX Buste ℞ + ADALBERO LAD.EP., buste), de Gautier de Mortagne (+ LUDOVICUS RE. Tête. ℞ + GALTERUS EPC. Tête mitrée) et de Roger de Rosoi (LUDOVICUS RE ℞ + ROGERUS EPE, tête mitrée).

Duby a signalé un denier de Gazon II qui porterait : + LUDOVICUS REX, tête. ℞ + GASO:EPS:LAUD', Tête mitrée. Ce denier a dû exister puisque l'évêque de Laon figure dans le règlement de 1315.

---

(1) Cf. Ven. Guiberti, *de vita sua*, l. III, cap. VII.—Voy. les lettres sur la corporation des monnayers, dans la *Revue numismatique* (1847-1852).— Herman. Monac. *de Miraculis sanctæ Mariæ*, cap. XVII. — Dans une ordonnance de saint Louis, vers 1263, on lit : *Que nuls ne prangnent en sa terre, fors purs tournois et parisis et lœvesiens, deus pour un parisis* (V. p. 173).

ÉVÊQUES DE LAON DEPUIS CHARLES LE CHAUVE

882. Dido.
894. Rodohard ou Raoul Ier.
921. Adelelm.
930. Gosbert.
932. Ingelran Ier
936. Raoul II.
949. Roricon.
* 977. Adalberon.
1047. Gibuin.
1049. Léotheric.
1052. Helinand.
1100. Ingelran II.
1106. Gaudric.
1112. Hugues Ier.
1113. Barthélemy de Jura.
1151. Gautier Ier de Saint-Maurice.
*1155. Goutier II de Mortagne
*1174. Roger de Rozoy.
1201. Renaud, de Surdelle.
1210. Robert Ier de Châtillon

1215. Anselme de Mauny.
1238. Garnier.
1249. Itier de Mauny.
1261. Guillaume Ier de Troyes.
1271. Geoffroi Ier de Beaumont.
1279. Guillaume II de Châtillon-Jaligny.
1286. Robert II de Torote.
1297. Gazon Ier de Savigny.
1315. Gason II ou Guillaume III.
1317. Raoul III Rousselet.
1324. Albert de Roye.
1338. Roger d'Armagnac.
1339. Hugues II d'Arcy.
1351. Robert III le Cocq.
1363. Geoffroi II le Meingre.
1371. Pierre Aycelin.
1386. Jean de Roucy, etc.

COUCY

Au xe siècle, la seigneurie de Coucy appartint à Hugues le Grand, comte de Paris, puis à Thibaut le Tricheur, comte de Tours. Elle passa dans la maison de Boves vers le milieu du xie siècle. C'est à Raoul II de Coucy (1242-1250) que l'on donne les deniers avec : + RADULFUS, croix ℞ + COCIACUS, forteresse.

On a prétendu que ces pièces avaient été frappées en Orient, mais M. Chabouillet a démontré que leur fabrique était française. Un texte mentionne, du reste, la monnaie des seigneurs de Coucy. (*Mém. Soc. Antiq. France*, 1872, p. 97).

NESLE

Nesle eut des seigneurs depuis le xie siècle. Cette ville passa plus tard dans la maison de Mailly. On attribue aux seigneurs de Nesle un denier avec ✝ GRATIA D. REX. Monogramme. ℞ ✝ MONETA IN NIGELLA croix. C'est peut-être une monnaie royale comme le denier de Charles le Chauve avec NIVIELLA VICUS.

COMTÉ DE VERMANDOIS

· Louis le Débonnaire, vers 819, donna les territoires de Péronne et de Saint-Quentin à Pépin, fils de Bernard, roi d'Italie, qui fut ainsi la tige des premiers comtes du Vermandois. Les limites du Vermandois ne sont pas faciles à déterminer ; à proprement parler, il ne comprenait que Péronne et Saint-Quentin, mais les comtes de Vermandois furent maîtres en outre de Senlis, du Valois, de Troyes, de Meaux, et d'une partie de la Champagne. En 1080, Adélaïde, fille de Herbert IV, épousa Hugues le Grand, qui devint alors comte de Vermandois et de Valois. En 1214, le Vermandois fut réuni à la couronne après la mort d'Eléonore qui l'avait légué à Philippe Auguste.

Il est probable que Herbert Ier imita les types de Charles le Chauve, et fit frapper le premier les deniers et les oboles au monogramme de Charles à Saint-Quentin : M. de Barthélemy est très porté à penser que ce furent ses comtes qui émirent des deniers carlovingiens dans les différentes villes successivement soumises à leur autorité. M. Desains attribue aux derniers ces pièces anonymes qui représentent saint Quentin, patron de la capitale du Vermandois, assis sur une sellette, et un bras enchaîné ou retenu dans un instrument de torture (R. N., 1837, pl. V.)

Le Vermandois étant ensuite passé par alliance dans la maison des Capétiens, les monnaies cessèrent d'être anonymes : Hugues de France, fils du roi Henri Ier,

imita les monnaies de son frère et signa ses deniers : plus
Philippe d'Alsace suivit son exemple et frappa monnaie à
Péronne et à Saint-Quentin ; la monnaie baronnale de Ver-
mandois cessa après la mort d'Eléonore, arrivée en 1214.

Il est possible que, parmi les monnaies avec SCI.
QUINTINI MO, au type carolingien plus ou moins dégénéré,
il y en ait qui appartiennent à la période comtale.

On classe au Vermandois une pièce anonyme qui se
rencontre dans les trouvailles de monnaies picardes. Elle
offre d'un côté les légendes : ✛ CORONATUS, et dans le
champ MARTIR. Au ℞, on voit une figure bizarre assise.

A Hugues Iᵉʳ appartiennent les deniers avec ✛ HUGO
COMES ℞ ✛ VERANUMIU, portail ?

Philippe d'Alsace a des deniers et oboles avec ✛ PHI-
LIPUS, champ. COMES ℞ ✛ SCS QUINTINUS, tête de face.
Eléonore copie les deniers parisis de Philippe Auguste
sur les pièces avec ✛ CO.VIROMENDI, champ, ALIENO
℞ S.QUINTINUS.

Au XIVᵉ siècle, il y avait un atelier de monnaies royales
à Saint-Quentin, cet atelier fut transféré au XVᵉ à Amiens.
Il faut noter la médaille à l'effigie de Philippe II, frappée
en 1557 par les Espagnols, après la bataille de Saint-
Laurent et la prise de Saint-Quentin, ainsi que la monnaie frappée dans cette dernière ville en 1589 par Henri
d'Orléans, duc de Longueville, gouverneur de Picardie
pour Henri III (Voy. p. 161.)

COMTES DE VERMANDOIS

818. Pépin, fils de Bernard, roi d'Italie, comte de Pé-
     ronne et de Saint-Quentin.
890. Herbert Iᵉʳ, petit-fils de Bernard.
902. Herbert II, comte de Vermandois, Troyes, Meaux.
943. Albert Iᵉʳ, comte de Vermandois eut quatre frères,
     savoir : Hugues, archevêque de Reims ; Eudes,
     d'abord comte de Vienne par don du roi d'Italie,
     puis seigneur de Ham ; Robert, comte de Troyes

et de Meaux ; enfin Herbert comte deTroyes et de Meaux ; à sa mort, sa succession fut prise par son cousin Eudes, comte de Blois.

988. Herbert III, comte de Vermandois, abbé de Saint-Quentin.
1005. Albert II.
10... Otton ou Eudes, frère du précédent.
1045. Herbert IV.
*1080. Adélaide de Vermandois et Hugues de France, fils de Henri Ier. Hugues était en outre comte de Crépy et de Valois, par sa femme.
1116. Raoul Ier, comte de Vermandois, Valois, Amiens et Crépy.
1152. Raoul II.
*1167. Elisabeth, sœur du précédent, et Philippe d'Alsace comte de Flandre. Après sa mort, le Vermandois est réuni par suite d'un legs, à la couronne, moins la partie afférente à Eléonore sa sœur. (Voy. le comté de Valois.)

ABBAYE DE CORBIE

L'abbaye de Corbie fut fondée en 662 par Clotaire. En 1085, l'abbé Evrard fit un règlement des monnaies ; c'est tout ce que l'on possède en fait de documents monétaires sur cette abbaye.

En 1185, Philippe Auguste ordonna à l'abbé de Corbie de laisser un libre cours à la monnaie royale, promettant en échange de ne pas mettre obstacle à la circulation de la monnaie de l'abbaye. La transition du monnayage royal au monnayage féodal est marqué par les deux pièces suivantes : + HODO REX F. Monogramme ℞ CORBIENSIS croix. — SCI PETRI MOI, mêmes types et ℞.

Les monnaies des abbés portent les légendes suivantes: CENOB.CORBEIE, S.PETRVS.APIS, CORBEIA, CORBEIE. Les types sont : une crosse entre deux annelets ou croisettes, une clef, une crosse entre A et ω, ou entre deux A, ou entre deux lis mal figurés. Un denier porte : ✝ ANSCBEIRA, ℞ ✝ ABBAS.CORBEIE. Le nom immobilisé de saint Anschaire (ANSCHIRIUS, ANSCHIRAS, ANSCHÆRAS, ANSICIUS) est celui d'un moine de Corbie devenu archevêque de Hambourg. Sous l'abbé Evrard, ses reliques furent apportées à Corbie.

ABBÉS DE CORBIE

851. Eudes.	1123. Robert.
860. Angilbert Ier.	1142. Nicolas II.
861. Trasulf.	*1158. Jean Ier de Bazencourt
875. Hildebert.	IOHANNES.
876. Gudtharius.	1172. Hugues Ier.
.... Angilbert II.	*1185. Gotzo *ou* Joscus, GOSSO
.... Heilo.	*ou* IOSER.
900. Franco.	1187. Nicolas III.
911. Bodo.	1193. Gérard.
921. Walbert.	1196. Jean II de Baslin.
932. Bérenger.	1198. Foulques II.
945. Héribold.	1200. Gautier.
970. Ratold.	1209. Jean III de Cornillons.
986. Maingaud.	*1221. Hugues II. ABAS.II.
1013. Herbert.	1240. Raoul.
1016. Richard.	1251. Jean IV des Fontai-
*1048. Foulques Ier. FVLCO.	nes.
EPISCOP.	1260. Pierre.
*1095. Evrard. EVIRARDVS.	1269. Hugues III.
1096. Nicolas Ier.	1287. Garnier.

COMTÉ DE PONTHIEU

Au VIIIe siècle, Angilbert, gendre de Charlemagne, fut établi duc et gouverneur du Ponthieu et de la côte maritime. Le Ponthieu, après avoir passé dans les maisons de Dammartin et de Nesle, tomba au pouvoir des rois anglais, leur fut enlevé par saisie, puis rendu par le traité de Bretigny. Il fut réuni à la couronne de France à la fin du XVIIe siècle. Les plus anciennes pièces appartiennent à Gui Ier, qui porta le titre de comte d'Abbeville de 1053 à 1100 : leur type semble être une dégénérescence des deniers carolingiens d'Eudes, M. de Barthélemy dit que les comtes de Ponthieu paraissent n'avoir eu un numéraire particulier qu'à l'avènement de Hugues Capet. Guillaume III imita les types de Renaud de Boulogne. En 1283, le roi Philippe le Hardi permit au comte de Ponthieu, qui était alors Edouard Ier d'Angleterre, de battre monnaie dans ses terres, à condition de faire ainsi qu'en usaient les anciens comtes.

On donne à Gui Ier des monnaies avec WIDO COMES ℞ ABBATIS VILLA. Un certain nombre de pièces analogues avec des légendes dégénérées doivent être considérées comme des frappes postérieures.

Jean Ier (1147) IOHANES COMES. Sur une monnaie avec ✠ ABBATIS VIE, on trouve au ℞ le nom d'un officier monétaire : ✠ GODN.FECIT.

Guillaume III, comme ses voisins, imite le monnayage de Philippe Auguste en inscrivant sur ses espèces WILLELM CONS ; dans le champ, PONTIU en deux lignes. ℞ ABBATIS VILLE.

On attribue à Jeanne de Ponthieu et Jean de Nesle le monnayage portant : ✠ IOH' COMES PONTI ℞ MONETA ABISVIL en deux lignes, ou IOHANNES COMES ℞ MONETA PONTIVI. Dans le champ A ou AB.

On trouve assez fréquemment sur les monnaies de Ponthieu un type composé de lis et d'annelets figurant une croix.

Edouard Ier et Edouard II ont également frappé des monnaies où ils prennent quelquefois le titre de comte, mais plus souvent celui de roi. Ces pièces portent MONETA PONTIVI ou ABBATIS VILLE. Plusieurs de ces pièces présentent un léopard. Parmi celles-là, il faut en mentionner une portant l'écusson d'Abbeville avec la légende ABBEVILLE. Cette pièce est donnée à Edouard III par M. Van Robais (*Bull. des Ant. de Morinie*, 1875.)

Une autre monnaie avec le même écusson porte au ℞ ✠ SIT.NOMEN DNI BENEDICTUM et une croix cantonnée de deux lis et de deux K. M. Deschamps de Pas a pensé que c'était une monnaie municipale frappée soit en 1291, lorsque Philippe le Bel rocennut à lacommune d'Abbeville le droit de battre monnaie, soit sous Charles V.

M. Deschamps de Pas a voulu donner, à l'atelier de Montreuil des pièces avec ✠ ALBR..CUS ou ✠ IAANICUS ℞ ✠ ME FECIT , oiseau (*Bull. Soc. Antiq. Morinie*, 108e livraison, 1878, 281).

COMTES DE PONTHIEU, DE MONTREUIL-SUR-MER ET D'ABBEVILLE

78.. Angilbert, gendre de Charlemagne.
814. Nithard.
853. Rodolphe, oncle de Charles le Chauve.
859. Helgaud Ier, fils ou neveu de Nithard.
864. Herluin Ier.
878. Helgaud II.
926. Herluin II, comte de Montreuil.
945. Roger ou Rotgaire,   *id.*
957. Guillaume Ier,   *id.*
9... Hilduin ou Gilduin,   *id.*
9... Hugues Ier,   *id.*
10... Enguerrand Ier ou Isambard, comte de Ponthieu.
1046. Hugues II.
1052. Enguerrand II.
*1053. Gui Ier, frère du précédent.
1100. Agnès de Ponthieu et Robert II de Bellême, comte d'Alençon.
11... Guillaume II Talvas, comte d'Alençon et Ponthieu.
*1147. Gui II puis *Jean Ier*, son fils.
*1191. Guillaume III, fils de Jean Ier.
1221. Marie de Bellême et Simon de Dammartin, puis Mathieu de Montmorency.
*1251. Jeanne de Dammartin et Ferdinand III, roi de Castille et de Léon, puis *Jean de Nesle*, seigneur de Falvi sur Somme.
*1279. Eleonore (ou Isabelle) de Castille et Edouard Ier, roi d'Angleterre.
*1290. Edouard II.
*1325. Edouard III.

1336. Réunion à la France par la saisie qu'en fit Philippe de Valois.

1350. Jacques de Bourbon.

1360. Edouard III d'Angleterre pour la seconde fois.

1369. Nouvelle réunion à la France par la saisie qu'en fait Charles V.

1406. Jean, fils du roi Charles VI et Jacqueline de Hainaut.

1417. Charles, depuis Charles VII.

1435. Philippe le Bon, duc de Bourgogne.

1465. Charles, comte de Charolais, depuis duc de Bourgogne.

1477. Nouvelle réunion à la France à la mort de Charles le Téméraire.

1583. Diane de France, sœur naturelle de Henri III.

1594. Charles de Valois, fils naturel de Charles IX.

1650. Louis de Valois.

1653. Marie-Françoise de Valois et Louis, duc de Joyeuse.

1654. Louis-Joseph de Lorraine, duc de Guise.

MONTREUIL

Montreuil formait un comté séparé du Ponthieu, mais sans seigueurs particuliers, et le titre de comte de Montreuil était porté par les comtes de Ponthieu, à partir du IXe siècle.

Quoique les rois de France se soient à plusieurs reprises emparé de Montreuil et y aient fait battre monnaie, il ne faut pas leur attribuer toutes les monnaies portant des noms de rois. Car les comtes de Ponthieu, reprenant à plusieurs reprises leur indépendance, ont pu conserver le type monétaire royal, si l'intérêt commercial le commandait. Une pièce portant un temple a été donnée à Henri Ier. Les autres pièces au nom de Philippe ou de Louis portent CASTRA MOSTEROL, OU MONSTEROLUM, etc.

FLANDRE (Comté de)

La Flandre ancienne comprenait les deux provinces belges de ce nom, une partie de la Zélande actuelle et les départements du Nord et du Pas-de-Calais. Le comté relevait de l'empereur d'Allemagne pour une partie et du roi de France pour la partie occidentale qui était la plus importante.

Baudouin Bras de fer et ses successeurs continuèrent probablement le monnayage carolingien. Le premier qui signe ses monnaies paraît avoir été Arnould II auquel on attribué des deniers avec ER ✛ RAINOLIDVS, ainsi qu'une pièce de Saint-Omer qui porte ..OLDVS. Baudouin IV monnaya à Gand et à St-Donat-de-Bruges (GANT.CIVITAS ou SCI.DONATI.BRVGIS.) Le titre de COMES qui paraît sur des deniers portant un glaive paraît avoir été pris lorsque Baudouin acquit le comté de Valenciennes (1006). Quelques deniers sans indication d'atelier portent BONVS.DE-NARIVS.

Sous Baudouin V, on trouve un diplôme de 1055 qui mentionne la monnaie de Lille.· Un denier avec ✛ INSVLAE appartient peut-être à ce monnayage ; un autre avec IPEREA, tête casquée et épée) est probablement contemporain. Baudouin VI de Mons établit un atelier à Audenarde.

Après la mort de Baudouin, sa veuve Richilde de Hainaut s'empara du gouvernement, mais les Flamands appelèrent Robert le Frison qui avait été nommé tuteur. Richilde fut vaincue. Son second fils, Baudouin de Hainaut, ayant continué la lutte, s'empara de Saint-Omer et frappa dans l'abbaye de Saint-Bertin des deniers qui portent une dextre bénissante avec ✛ BALDEVIN et ℞ ✛ MONETAS. (R. Serrure, *Dict. hist. mon. belge*, 1880.)

Robert le Frison a émis des deniers à Saint-Omer et à Saint-Waast près d'Arras. Dans les deux monastères le nom du comte ne tarda pas à disparaître de la monnaie. Un document de 1108 cite un atelier de Termonde.

Sous Charles le Bon (1119) des deniers sont frappés à Ghistelles et à Saint-Bertin. Une pièce avec les légendes

COMITIS.DE.INSVLA et le monogramme carolin semble appartenir au même prince. Après la mort de Charles, Arnould de Danemarck monnaya à Alost (C..A. Serrure, *Rev. belge,* 1877, 433).

Thierry d'Alsace enleva à la commune de Saint-Omer le droit de frapper monnaie et le donna au contraire aux villes d'Alost et de Poperinghe. Il monnaya à Ypres. Philippe d'Alsace fit fonctionner les ateliers de Gand, Ypres et Arras. Le plus grand nombre de sès pièces furent fabriquées par un monnayeur qui signait SIMON.FECIT.

Baudouin VIII et IX frappent des deniers. Marguerite introduisit la *grosse monnaie* et fit frapper des *gros au cavalier* à Valenciennes, des *gros au double aigle* à Alost et *gros au lion* sans nom de ville, probablement à Saint-Bavon de Gand. Gui de Dampierre monnaya à Douai, Ypres Alost et à Damme, lorsque le roi de France eût occupé Bruges (1299), des *gros à l'aigle*, des esterlings à la tête et des deniers de billon noir.

Après la bataille de Courtrai (1302), Guillaume de Juliers, petit-fils de Gui, frappa monnaie à Termonde. Ensuite, Jean de Namur et Philippe de Thiette émirent des *gros au portail*, ainsi que Robert de Béthune. A la mort de ce dernier. le prétendant Robert de Cassel battit des deniers à Bruges avec ROBT.

Pendant l'administration de Jacques van Artevelde, le parlement de Westminster décida la fabrication de monnaies de six shillings qui devaient avoir cours en Angleterre et en Flandre.

Louis de Crécy monnaya à Alost et St-Bavon près Gand, des *royaux, florins, moutons, chaises,* qui commencent le monnayage de l'or. Louis II de Male introduit le *franc à cheval,* le *lion,* le *heaume,* le *franc à pied.* Les monnaies d'argent sont les *gros au lion,* les *boldraegers* et leurs subdivisions. Les ateliers étaient alors Bruges, Gand, et Malines.

Marguerite, fille de Louis de Male. ayant épousé Philippe le Hardi, ce prince conclut une convention en vertu de laquelle des monnaies communes devaient être frappées à Malines et à Louvain. On possède aussi des *roosen-*

bekers d'or et d'argent et des deniers avec ᴙHS et IOHS dans le champ qui sont frappés à Gand. Sous Philippe le Hardi, on voit de nouveaux types de monnaies : l'*écu d'or aux deux heaumes* couronnés, l'*ange*, le demi-ange, le *noble*, le demi et le quart de noble, imités des pièces anglaises. Parmi les monnaies d'argent, il faut citer les gros à l'*aigle* et *au lion* portant un drapeau. Jean sans Peur et Philippe le Bon continuent ce monnayage. Le dernier frappe à Gand en 1426 des écus d'or ou *clinquarts* sur lesquels il s'intitule ʜᴇʀᴇꜱ.ʜᴏʟʟᴀɴᴅɪᴀᴇ. Charles le Téméraire et sa fille Marie ont leur monnaie à Bruges. En 1489, Maximilien transporta l'atelier à Furnes. Gand eut un monnayage autonome de 1488 à 1492. Plus tard, les Etats de Flandres monnayèrent à Bruges (1576-1579). Gand frappa des pièces d'argent et de cuivre avec le buste ou les armoiries de Philippe II. Les pièces d'or sont municipales. Le nom et les armes du duc d'Alençon paraissent également sur des pièces de Gand et de Bruges. En 1583 et 1584, Gand frappa des *escalins* et des pièces de cuivre avec ꜱ.ᴘ.ǫ.ɢ.

En 1711, Philippe V céda ses droits sur les Pays-Bas à Maximilien Emmanuel de Bavière et celui-ci prit le titre de comte de Flandre sur des monnaies frappées à Namur. La série des monnaies comtales prend fin sous Marie-Thérèse.

Les armes du comté étaient : *D'or au lion de sable, armé et lampassé de gueules.* (Gaillard, *Monnaies comté de Flandre*, 1852 ; Deschamps de Pas, *R. N.*, 1861, 1862, 1866, 1869, 1870, 1883, 170, *Rev. belge*, 1878, etc.)

Nous donnons ici une liste des villes auxquelles on peut attribuer des mailles communales :

Aire (ᴀʀɪᴇɴꜱɪꜱ), Alost, Axel (ᴀxʟᴇ), Bergues-Saint-Winoc (ᴍᴏɴᴇᴛᴀ.ʙᴇʀɢᴇɴꜱ), Béthune (ʙᴇᴛᴠ), Bondues (ʙᴠɴᴛʙᴠᴇ-ᴅᴇɴᴀʀɪᴠꜱ), Bourbourg (ʙʀᴏᴠʙᴏʀɢ), Bruges (ʙʀᴠɢ), Cassel, Courtrai (ᴄᴠʀᴛ), Dixmude (ᴅɪxᴍ), Douai, Eecloo, Eenham (ᴇɢᴀᴍɪᴏ, ᴇɢᴀᴍᴏ), Gand (ɢᴀɴᴛ), Lille (ʟɪʟᴀ, ʟɪʟᴇ, ʟɪ), Loo (ᴛᴇʟᴏ), Mude, Orchies (ꜱᴀᴛ.ᴏʀᴄꜱɪᴇᴛ), Ostende (ᴏꜱᴛᴅ), Poperinghe, Saint-Omer (ᴀᴠᴅᴏᴍᴀʀᴠꜱ.ʙᴇʀᴛɪɴᴠꜱ, etc.), Saint-Venant (ᴠɴᴀᴇɴᴛᴏ), Termonde, Ypres (ɪᴘʀᴀ, ɪᴘʀᴇ).

LILLE

L'atelier de Lille existait au milieu du xie siècle ; dès 1093, il y avait en Flandre une monnaie publique qui prit, dans les actes, en 1169, le nom d'Artésienne. C'est cette monnaie que l'on retrouve dans les mailles nombreuses portant un triangle accosté de lis et d'annelets, et au ℞, dans les cantonnements, d'une croix, *Lila*, *Lille*, *Lile*. Les plus anciennes monnaies de Lille ont été étudiées par M. R. Serrure (*Ann. Soc. Num.*, 1888, 348). Ces pièces portent INSVLAE.

DOUAI

A Douai, le monnayage remonte au moins à l'année 1185, et peut être suivi jusqu'à la fin du xive siècle. La commune intervint de bonne heure pour surveiller la fabrication des monnaies émises par le châtelain. Cette mesure était motivée, car le titre d'abord élevé, avait été abaissé, et la monnaie douaisienne était devenue inférieure à celle des pays voisins.

Le type de Douai présente un rameau à trois, cinq ou sept branches, qui se voit déjà sur certaines monnaies gauloises de la région.

Les mailles sont anépigraphes et portent ce type avec une croix cantonnée de points, de trèfles et de croisettes.

Gui de Dampierre (1280-1305) a frappé, à Douai, un esterlin (+ G COMES....DRIE ℞ MONETA DOVVAY), et un denier (G. COMES FLANDRIE ; champ : DOVAC, en deux lignes, ℞ SIGNUM CRUSIS).

COMTES DE FLANDRE

862. Beaudouin Ier, grand forestier de Flandre, gendre de Charles le Chauve. — Il eut, outre celui qui suit, Raoul, comte de Cambrai, dont naquit Isaac ; son fils Arnould Ier, également comte de

Cambrai, eut pour successeur Arnould II, qui fut le dernier comte de Cambrai, ce fief ayant été donné à l'évèché.

879. Baudouin II, comte de Flandre, de Boulogne et de Ternois.

918. Arnould Ier, comte de Flandre ; il eut aussi Boulogne et le Ternois après la mort de son frère. Adolphe, arrivée en 933. Il s'associa son fils :

958. Baudouin III, qui mourut en 961.

* 965. Arnould II. RAINOLIDVS.

* 988. Baudouin IV. BALDVINVS.MARCHIO.

1036. Baudouin V, comte et marquis.

1067. Baudouin VI, comte de Hainaut, par sa femme, puis de Flandre.

*1070. Robert Ier, comte de Flandre et d'Alost. ROBERTI

1093. Robert II.

1111. Baudouin VII.

*1119. Charles de Danemark, cousin germain du précédent. K.

1127. Guillaume de Normandie, cousin des précédents.

1128. Thierry d'Alsace, *id*.

*1168. Philippe d'Alsace, comte de Flandre et de Vermandois. PH. COMES OU PHILIPPVS.

*1191. Marguerite, sœur du précédent, et Baudouin V de Hainaut et VIII de Flandre.

*1194. Baudouin IX, comte de Flandre et de Hainaut, empereur de Constantinople. B.COMES.

1206 Jeanne et Ferdinand de Portugal.

1244. Marguerite, sœur de la précédente, et Guillaume de Dampierre, son fils.

*1280. Gui de Dampierre, frère du précédent.

*1303.-1304. Philippe de Thiette, administrateur. FILP.

*1305. Robert III de Béthune : son fils Louis. comte de Nevers et de Rethel, mourut avant lui.

*1322. Louis, comte de Flandre, Nevers et Rethel.

*1346. Louis III, comte de Flandre, Nevers et Rethel.

*1384. Marguerite et Philippe de Rouvre, puis Philippe le Hardi, ducs de Bourgogne.

BÉTHUNE

Béthune remonte au xᵉ siècle. Ses seigneurs, avoués de l'abbaye de Saint-Waast d'Arras, restèrent indépendants des comtes de Flandre jusqu'au mariage de Mathilde ou Mahaut de Béthune avec Gui, comte de Flandre (1249). Cette ville fut alors disputée par le roi de France et changea fréquemment de maîtres.

Le monnayage de Béthune se compose exclusivement de mailles artésiennes portant un triangle accosté de lis et d'annelets et au ℞ BETU OU BETUNE, OU BETUNIA.

AIRE

M. Hermand pense que l'atelier d'Aire fut ouvert par Baudouin IX, comte de Flandre (*Hist. monét. de l'Artois*, p. 168). Les mailles d'Aire portent un lion passant et la légende ARIENSIS.

L'ÉCLUSE

Philippe le Beau, sous la tutelle de son père Maximilien, fit fabriquer, en 1492, des sols, doubles sols et florins), dont la croix est cantonnée des lettres S. L. V. S (*Slvis*) Cf., C. P., Serrure, *Rev. belge*, 1846, 402).

ARLEUX

Arleux ou Alleux, ville du Cambraisis, après avoir appartenu à la maison d'Oizy-Crèvecœur, passa dans celles de Montmirail et de Coucy. Elle fut cédée, en 1272, à Gui, comte de Flandre, qui la donna à son fils Guillaume. Celui-ci la céda à son frère Robert et ce dernier à Jean de Flandre, son neveu (1313). Ce seigneur frappa à Arleus des gros, des esterlins et des doubles, portant MONETA ARLEUS OU MONETA NOVA DE ARLEUS. Lorsqu'il mourut en 1325, sa veuve, Béatrix de Saint-Pol continua la frappe des gros avec les légendes : ✛ BEATRIS DE SANCTO, PAULO. ℞ ✛ A. ARLEUS CASRI MONETA OU MONETA ALLODIENSIS.

BERGUES-SAINT-WINOC

On donne à Renould, abbé de Bergues-Saint-Winoc (1052-1060) des deniers avec : ✝ RAINOLDU ET, croix ornée ℞ ✝ BEREAS S. VINOC, croix pattée. Une maille avec MONETA ℞ BERGENS, appartient également à cette localité.

BEAUMONT

La seigneurie de Beaumont (auj. Jemmapes). fut donnée à Baudouin d'Avesnes quand le Hainaut fut partagé entre lui et son frère Jean. Baudouin fit frapper des gros au cavalier, copiés sur ceux de sa mère Marguerite, avec la légende : ✝ B. D'AVENIS DNS BELLIMONTIS.

AGIMONT

De cette seigneurie, située près de Givet, on a un esterlin frappé par Jean de Looz, seigneur d'Agimont (1280-1310) avec les légendes ✝ IOH. DNS. DE AGIMOT. ℞ MONETA AGIMOT. (*Rev. belge*, 1856, pl. 12.)

ORCHIES

Orchies ayant reçu, en 1188, de Philippe d'Alsace, des libertés municipales comme celles de Douai ; le monnayage date probablement de cette époque. C'est à Orchies qu'il faut restituer la maille donnée à tort à Orgelet (Jura) et qui porte : ✝ ORCSIET. Tête informe, ℞ ✝ MOIESAT, Croix pattée.

ARTOIS

L'Artois proprement dit comprenait le territoire dans lequel se trouvaient les villes de Saint-Paul, Térouanne, Aire, Saint-Omer, Hesdin, Lille, Sens; Bapaume et Avesnes. Cette province, qui faisait partie du démembrement opéré en 863 par Charles le Chauve, en faveur de

Baudouin Bras de Fer, comte de Flandre, fut réunie à la couronne en 1180 par le mariage de Philippe Auguste avec Isabelle de Hainaut. Saint Louis la donna à Robert, et l'érigea pour lui en comté en 1236.

L'Artois passa dans la maison de Bourgogne par l'union de Jeanne de France avec Eudes, duc de Bourgogne. Il appartint ensuite à l'Espagne et revint à la France à la suite du traité de Nimègue.

L'origine du monnayage artésien a été savamment étudié par M. Alex. Hermand. Ce numismatiste, ainsi que d'autres archéologues, pense que le monnayage artésien fut usurpé par les comtes de Flandre dans la période de deux siècles qui s'écoula entre le règne de Lothaire et celui de Philippe Auguste. (*Histoire monétaire de la province d'Artois*, 1843,1844).

Aux monnaies carolingiennes d'Artois frappées aux noms de Pépin, de Charlemagne, de Louis le Débonnaire. de Charles le Chauve, d'Eudes, de Charles le Simple et de Lothaire, succédèrent des petites monnaies artésiennes, souvent anonymes, analogues à celles qui parurent simultanément en Flandre et en Hainaut. M. Hermand et les personnes qui partagent son opinion considèrent que ces dernières sont les premiers monuments de l'usurpation monétaire des comtes de Flandre en Artois. M. de Barthélemy pense que ces monnaies sont les premiers essais de leur monnayage particulier, mais en proposant de faire remonter cependant leur usurpation à une époque antérieure.

Dans l'édit de Pistes, on voit que le seul atelier monétaire conservé dans la partie de la France qui correspond à l'Artois, fut celui de Quentovic, qui existait dès l'époque mérovingienne, et dont on a des deniers depuis Pépin jusqu'à Charles le Simple. Quant aux ateliers d'Arras, Saint-Omer, Sens et Boulogne, qui ont émis des monnaies portant les noms des rois carolingiens jusque et y compris Lothaire, on n'en voit aucune mention dans les règlements royaux.

Il faut en conclure que, du moment où les comtes de Flandre se virent établis en Artois par la concession de

Charles le Chauve, ils s'emparèrent du monnayage de Quentovic, en le continuant aux types royaux, et qu'ils établirent ensuite ceux des autres villes d'Artois, dont les noms sont mentionnés sur les monnaies. (*Manuel*, 1851.)

Devenus plus indépendants encore, à l'avènement de la troisième race, ils renoncèrent alors au système carlovingien, et créèrent ces petites monnaies connues sous le nom générique d'*artésiens*, et qui se frappèrent principalement à Arras, à Saint-Omer, à Bruges, à Gand, à Lille, à Ypres, à Bourbourg, à Bergues-Saint-Vinoc, à Aire, à Béthune, à Tournay, etc (V. p. 444). Pour la classification de ces petites monnaies, nous ne pensons pas pouvoir mieux faire que de rappeler le passage suivant emprunté à M. Hermand : « J'attribue aux comtes antérieurs au XIIᵉ siècle et à ceux qui ont régné au commencement de ce siècle, jusqu'au normand Guillaume Cliton: les deniers au guerrier à mi-corps ; j'attribue à Guillaume Cliton, que je regarde comme l'introducteur de la croix normande fleurdelisée, les deniers à l'écusson vide ; à lui et à Thierry d'Alsace, sans distinction de croix fleurdelisée ou losangée. les deniers qui ont l'écu gironné ; enfin à Philippe d'Alsace et à Baudouin IX, les pièces dont l'écu du guerrier porte un lion.... J'attribue spécialement à Baudouin VIII, comte de Hainaut de son chef, comte de Flandre du chef de sa femme, les deniers flamands du poids des artésiens, portant un guerrier debout, avec l'écu aux trois chevrons du Hainaut, coupé par moitié dans sa largeur. »

Le monnayage royal reparut lorsque Philippe Auguste eut réuni l'Artois à la couronne ; on connaît des monnaies frappées par ce roi suivant le système parisis à Saint-Omer et à Arras ; l'atelier de cette ville continua à ouvrer ensuite au nom des rois de France, mais l'ignorance des marques monétaires, et l'absence du nom. de la ville, ont empêché jusqu'à présent que l'on ait pu discerner parmi les monnaies royales, celles qui avaient été particulièrement frappées à Arras.

De Philippe d'Alsace, on a des deniers avec son nom (℞ ✠ ARAS O.) qui portent un A dans le champ. Les mailles de Robert présentent d'un côté l'écusson d'Artois et au ℞, ARAS, dans les cantons d'une croix.

On voit, par un bail de 1212, que Bertrand de Creuze, monétaire du comte, avait le droit d'ouvrer dans toute ville de l'Artois, tant pour le profit du comte que pour le sien propre. Les deniers devaient valoir un denier parisis.

Quand Robert, frère de saint Louis, eut l'Artois en sa possession, des raisons commerciales lui firent reprendre le système des deniers ou mailles d'argent fin. Robert II augmenta peu à peu ses deniers pour leur donner la valeur des deniers parisis, mais Mahaut, sa fille, reprit la maille artésienne, et frappa de ces petites pièces avec MEHAVT. écusson aux armes de Robert. ℞ ARTH, croix ancrée.

Une maille de Robert II porte au ℞ + MAGUS REN, qui n'a pas été expliqué.

Une autre maille avec + EUSTACHE est considérée comme présentant le nom d'un monétaire.

Robert II a frappé aussi, dans le territoire de Saint-Waast, un denier avec VEDASTE. Un denier porte au ℞ MONETAE, et sur un troisième, on lit : + EGO SUM DE. Deux crosses et deux palmes ℞ + ROBERTI. Croix.

A signaler les curieux deniers avec + DESTERAM, main entre A et ω ; ℞ + ROBERTI ; — + DESTERA ; ℞ BENE.

Supprimé dans le courant du xive siècle, l'atelier royal d'Arras fut rétabli par Charles VI en 1420. Sous la domination de la maison de Bourgogne, les monnaies des souverains de cette province eurent cours en Artois, et ce ne fut que sous Philippe II d'Espagne, en 1582, qu'Arras émit des monnaies portant la mention de *comes* et *dominus* ATR, ART, OU ATREB.

On possède des pièces assez nombreuses de Philippe III et de Philippe IV (écus, liards, daldres, escalins, patagons et demis). Beaucoup de ces monnaies portent le *rat*, et ce différent se retrouve sur des quarts et des huitièmes d'écu de Louis XIII et Louis XIV. La dernière mention que nous trouvions sur la numismatique artésienne est l'établissement éphémère d'un atelier, par Louis XIV, en 1671, avec le différent AR. Les pièces provenant de cette fabrication sont encore à retrouver. (Cf. Dewismes, *Catal. des m. d'Artois*, 1866, 16 pl.)

COMTES D'ARTOIS

* De 863 à 1237 (Voy. la suite des comtes de Flandre et des rois de France).

*1237. Robert de France, troisième fils du roi Louis VIII et de Blanche de Castille, naquit en 1216, et eut pour apanage, par testament de son père, les villes d'Arras, d'Aire, de Hesdin et de Lens, qui furent érigées en comté par le roi saint Louis, son frère.

*1250. Robert II succéda à son père sous la tutelle de Mahaut de Brabant, sa mère, et de Gui II de Châtillon-Saint-Pol, que cette comtesse avait épousé en secondes noces : de 1284 à 1289 ; il administra le royaume de Naples pendant la captivité du roi Charles II. ROBERT.

*1302. Robert III, petit-fils du précédent, et comte de Beaumont le Roger, prétendant au comté d'Artois, fut débouté par arrêt du parlement de 1332. L'Artois appartenait à sa tante *Mahaud*, fille de Robert II, qui avait épousé Otton, comte de Bourgogne. MEHAVT.

1329. Jeanne Ire, comtesse de Bourgogne et d'Artois, et Philippe le Long, roi de France.

SAINT-OMER

C'est probablement au XIe siècle que fut créée la monnaie de Saint-Omer. Dans une charte de 1127, Guillaume Cliton donne sa monnaie aux bourgeois de Saint-Omer.

La première monnaie que l'on puisse attribuer avec certitude à Saint-Omer, porte : AUDOMARU, tête de profil. ℞ .. OLDUS AC ? Croix cantonnée de CRUX. On classe encore à cette ville plusieurs mailles, dont les plus certaines portent S.OM et ST-OME, avec une tête casquée ou une figure debout, ou saint Pierre avec une grande clef.

A Jeanne de Constantinople, on donne les petits deniers portant : ✝ COMITISSA. ℞ S. TM. ES.TM. E. D'autres numismatistes proposent Mathilde de Portugal, veuve de Philippe d'Alsace.

Le monnayage communal fut établi en vertu d'une charte donnée en 1127, à la ville de Saint-Omer, par Guillaume Cliton, qui cédait sa monnaie. Mais ce privilège fut retiré par Thierry d'Alsace, le 22 août 1128. On attribue à cette fabrication communale, qui a duré une année, des mailles portant deux têtes ou deux personnages debout, avec les légendes S ✝ S ✝ S ✝ S ou S ✝ OMES ✝ OME.

La série abbatiale de Saint-Omer comprend des mailles portant ✝ AUDOMARUS, deux crosses, ℞ BERTINUS, ou SOT ✝ SOM, SOS, SOS, etc. Les deux crosses sont les signes des abbayes de Saint-Bertin et de Sainte-Marie ou Saint-Omer. Une série de mailles portant S. PETUS ou un personnage tenant une clef ou une crosse, sont également attribuées à l'abbaye.

Saint-Venant. — C'est à cet atelier que l'on classe les pièces portant VNENT pour VENANT.

FAUQUEMBERGUES

Les seigneurs de Fauquembergues étaient châtelains de Saint-Omer. Leur monnayage, dont on trouve mention depuis le XIVᵉ siècle jusqu'au XVᵉ, paraît n'avoir été exercé d'une façon effective que sous Éléonore, femme de Rasse de Gavre, mentionnée de 1290 à 1326. Cette dame a frappé des deniers portant : ELIENOR en deux lignes ; autour, COMITISSA.DE ; ℞ FAUQUENBERGE ou FAUCONBERGA. Sur un autre denier, elle prend le titre de châtelaine de Saint-Omer : ✝ AL' CAST' SCI AUD' ℞ DNA FALCOMB, en deux lignes.

Il faut également citer la maille dont le dessin se trouve dans l'ordonnance de 1315, publiée par M. Blancard.

La monnaie, retrouvée depuis peu, représente une femme debout tenant un trèfle et un faucon. (Cf. L. Deschamps de Pas, *R. N.*, 1887, 43.)

ENCRE (ALBERT)

Vers 1115, Charles, fils du roi de Danemark Canut et d'Adèle de Flandre, reçut le château d'Encre du comte de Flandre, Baudouin, son cousin germain. Charles prit le nom de ce fief, *Karolus de Anchora* (la localité est encore appelée *Incra* ou *Encra*), et y frappa un denier qui porte : ✠ MONETA CA ; dans le champ, RO-LI, en deux lignes, ℞ ✠ INCRENSIS, croix.

Charles devint comte de Flandre après Baudouin. Quant à la seigneurie, après avoir appartenu à Concini, elle prit le nom d'Albert (de Luynes).

BARONNIE DE PÉQUIGNY

D'après une charte de Garnier de Borrenc, abbé de Corbie en 1300, on voit qu'entre autres privilèges, les barons de Péquigny, qui étaient de toute ancienneté vidames et vassaux de l'église d'Amiens, avaient le droit de *faire monnaie propre et de faire le cours en leurs terres et en leurs fiefs*. La baronnie de Péquigny a été, en 1762, érigée en duché,. en faveur de Michel-Ferdinand d'Albert d'Ailly, fils de Louis-Auguste, duc de Chaulnes. Elle avait passé, au XIVᵉ siècle, dans la maison d'Ailly, et à la fin du XVIᵉ dans celle de Chaulnes. (*Manuel*, 1851.)

On n'a pas encore retrouvé les monnaies de Péquigny.

COMTÉ DE BOULOGNE

A la fin du IXᵉ siècle, Hernequin, fils de Baudouin le Chauve, comte de Flandre, ayant épousé Berthe, fille de Helgaud, comte de Ponthieu, reçut de celui-ci un territoire qui forma le comté de Boulogne. Ce fief passa dans la maison de Flandre, dans celle de Dammartin, puis, à la fin du XIIᵉ siècle, dans celle d'Auvergne.

Les monnaies portent généralement au ℞ le nom de la ville, URBS BOLONIE. Elles offrent des traces d'une influence anglaise.

Renaud de Dammartin (1191-1227) introduisit des types nouveaux. Il frappa des deniers en langue vulgaire, avec + REINNAULT COMES. Epée ℞ + BOULONGE.

D'autres avec : RENAD' COM', dans le champ, BOLONU en deux lignes. ℞ BOLUNGNE OU BOLUNENE, croix, sont imités des deniers parisis de Philippe-Auguste, émis en Picardie et en Artois.

Alphonse ayant épousé Mahaut de Dammartin, veuve de Philippe de France, en 1238, prit le titre de comte de Boulogne, qu'il continua à porter lorsqu'il fut devenu roi de Portugal (1248) et même après la mort de Mahaut (1258). On a de lui un esterlin avec ALEFO REX PORTO. Buste de face ; ℞ + COMES BOLONIE. (L. Deschamps de Pas, *R. N.*, 1885, 266.)

LENS-EN-ARTOIS

Cet atelier, connu depuis peu de temps, paraît avoir été créé par Eustache I, comte de Boulogne (1046). C'est à ce seigneur que M. R. Serrure attribue des deniers portant les légendes + EVSTAC... MI ℞ + LENSI CASTEL et le monogramme carolingien. Le système flandro-artésien apparaît nettement dans le denier avec + EVSTACHIVS et ℞ LESNENSIS (à rebours). qui appartient à Eustache II de Boulogne. M. R. Serrure attribue encore, sans grande certitude, à l'atelier de Lens deux pièces qui auraient été frappées par Eustache III. L'une porte MONETA autour d'un carré ; l'autre deux figures debout tenant un sceptre. (*Ann. Soc. fr. de Num.*, 1887, p. 181.)

COMTES DE BOULOGNE

88.. Hernequin ou Hennequin, neveu de Baudouin le Chauve, comte de Flandre, et gendre de Helgaud Ier, comte de Ponthieu.
882. Regnier.
896. Erkenger.
89.. Baudouin le Chauve, comte de Flandre.
918. Adolphe, deuxième fils du précédent.

933. Arnould, comte de Flandre, frère du précédent.

965. Ernicule (le petit Arnould), fils de Guillaume, comte de Ponthieu, qui s'était emparé du Boulonnais.

972. Guy à la Barbe blanche.

97.. Baudouin II.

*1046. Eustache Ier, à l'Œil.

*1049. Eustache II, aux Grenons.

*1095. Eustache III. EVSTACHIVS.

1125. Mahaut de Boulogne et Etienne de Blois.

*1150. Eustache IV.

*1153. Guillaume II, frère du précédent. WILLELMVS.

*1159. Marie, sœur des précédents, et *Mathieu d'Alsace*. MATHEVS.

*1173. Ide d'Alsace, *Mathieu de...*? Gérard III, comte de Gueldre, Berthold IV, duc de Zeringhen, *Renaud de Dammartin*. RENAD.COMES.

1216. Mahaut de Dammartin et Philippe Hurepel, fils de Philippe Auguste.

1260. Marie, veuve de l'empereur Othon IV; Alix, veuve d'Arnould de Wesemael, filles de Henri Ier de Brabant; Henri III, duc de Brabant, neveu des précédentes; Mathilde, femme de Robert de France, comte d'Artois; puis de Guy de Châtillon, comte de Saint-Pol, sœur de Henri III. Enfin Robert VI, comte d'Auvergne, auquel le comté fut cédé par les hoirs de Mahaut. — Pour la suite, voyez les *comtes d'Auvergne*.

CALAIS

Après la prise de Calais, et dès le 20 octobre 1347. Edouard avait nommé un essayeur et un gardien de sa monnaie dans cette ville. Il ordonna ensuite qu'on y frappa de la monnaie blanche semblable à celle d'Angleterre (6 février 1348). Enfin, le 28 mai 1349, il laissa au commandant et à la municipalité la liberté de faire frapper les monnaies telles qu'elles conviendraient le mieux aux

habitants et aux pays voisins, ses amis et sujets. C'est
pourquoi on imita quelques types français. D'après un
contrat de 1371, on devait fabriquer, à Calais, des nobles
d'or ayant cours pour 6 sous 8 deniers et de 45 pièces à la
livre, selon le poids de la Tour de Londres, le demi et le
quart de noble valant 40 et 20 esterlings, les pièces d'argent devaient être le gros de 4 esterlings, le demi-gros, l'esterling et la maille ; enfin des *ferlynges* d'argent, dont quatre
valaient un esterling (1,200 pièces de taille à la livre).

L'atelier continua à fonctionner sous Richard II et
Henri IV, dont les monnaies calésiennes ne sont pas retrouvées.

La légende qui indique l'atelier est VILLA CALESIE ou
CALISIE. On a d'Edouard III des gros, des demi-gros, des
esterlings, et enfin un double sur lequel il prend le titre de
seigneur de Merk (DNS MERKET). Un noble avec c au centre
de la croix du ℞ est également donné à l'atelier de Calais.
Mais cette attribution n'est pas certaine non plus que
celle d'un noble de Henri VI (Deschamps de Pas, *Rev.
belge*, 1883). Des gros, demi-gros et esterlings portent le
nom d'Henri. On attribue à Henri V les pièces où le buste
est accosté de deux annelets, et à Henri VI celles où il
est accosté de deux trèfles, mais cette classification n'a
rien de certain.

COMTÉ DE SAINT-POL ET SEIGNEURIE D'ÉLINCOURT

Vers la fin du XIᵉ ou au commencement du XIIᵉ siècle,
les comtes de Saint-Pol commencèrent à frapper monnaie
à leurs noms. Ils appartenaient à une maison qui portait
le nom de Candavène (1), et prenaient un type qui faisait

---

(1) On n'est pas d'accord sur l'origine de ce surnom de Candavène :
les uns l'expliquent par *campus avenæ* ou *candens avena* ; d'autres prétendent que la ville de Saint-Pol s'appela d'abord *Tervane*
ou *Tervana*, c'est-à-dire *terra avenæ*. En tous cas, cette tige
d'avoine est véritablement l'origine du blason adopté plus tard par les
comtes de Saint-Pol, c'est-à-dire : *d'azur à une gerbe d'avoine
d'or.* (*Manuel* 1851, note).

allusion à leur nom, c'est-à-dire une tige d'avoine qui traversait la croix du revers en bande. Cinquante ans après, Anselme substituait à ce signe des besants et des croisettes dans les cantons de la croix ; mais à l'avers, il gravait une tige d'avoine épanouie qui fut conservée par son successeur. A Hugues IV Candavène succéda, en 1205, Gaucher de Châtillon, qui avait épousé Elisabeth, fille de Hugues, et sous le règne de ce comte pas plus que sous ses successeurs, jusqu'à Gui IV en 1292, on ne peut retrouver de monnaies de Saint-Pol. Jusqu'à ce que l'on ait identifié des monnaies qui puissent se rapporter à cette lacune, ou des textes positifs, il sera permis de penser ou que les comtes de Saint-Pol de la maison de Châtillon cessèrent le monnayage, ou qu'ils continuèrent à faire frapper aux types et légendes de Hugues IV. (Rigollot, *R. N.*, 1850, 203).

Au commencement du XIVe siècle, le roi de France se préoccupait beaucoup des réformes à introduire dans le monnayage des prélats et des barons, et il se prénarait à établir le règlement de 1315, dans lequel on trouvera mentionnée la monnaie de Saint-Pol. A cette époque aussi Gui IV de Châtillon, comte de Saint-Pol, rétablit ses monnaies sur de nouvelles bases, et nous le voyons, *le vendredy devant la feste Saint-Vincent de l'an mil trois cent et six*, passer un traité avec Jehannin Tadolin de Lucques pour faire des deniers et des mailles qui, avec les monnaies royales, devaient avoir seuls cours dans le comté de Saint-Pol. (*Histoire de la maison de Châtillon-sur-Marne*, preuves, p. 162 ; *Arch. Nat.*, K, 902.)

Ses monnaies, aux légendes ᏀVIDO.COMES ℞ MONETA SANTI. PAVLI, portaient une petite gerbe en souvenir des types des anciens Candavène. Non content d'avoir un atelier monétaire dans ceux de ses fiefs qui relevaient du roi de France, il en établit également un dans sa terre d'Élincourt, sise dans le Cambrésis, sur les terres de l'empire, en 1300. Cette innovation paraît n'avoir eu lieu que dans le but de pouvoir plus facilement imiter les monnaies du voisinage, sans être inquiété par le cours des monnaies de France. En effet, les premières monnaies d'Élin-

court sont servilement copiées sur celles de Saint-Pol que
nous signalions plus haut. Mais bientôt parurent dans
cet atelier des *cavaliers* imités de ceux de Valenciennes,
des *gros au portail*, imités de ceux d'Alost, des *cokibus*,
imités des monnaies de Cambrai, des *esterlings*, des deniers échiquetés de Dreux, comme ceux frappés en
Bretagne par les ducs Arthur II et Jean III. Marie de Bretagne, veuve de Gui IV, frappa monnaie à Élincourt, à
l'imitation des *gros* de Flandre et de Liège. Elle alla
même jusqu'à contrefaire les monnaies royales, et nous la
voyons, au mois de décembre 1337, s'engager à *faire faire
sa monnoie en son chastel d'Elincourt, de telle sorte
qu'elle sera différente de la sienne (de celle du roi),
croix et pile, et ne fera fondre les monnoies du roy, et
ne recevra nul billon qui vienne du royaume pour faire
sa monnoie.* Deux ans après, elle était encore admonestée
pour avoir fait travailler un monnayer du roi, Aimery de
La Coste. (*Glossaire* de Du Cange, édition de 1845, t. IV,
p. 517.)

Les pièces frappées à Élincourt portent MONETA ELINCT
ou D'ELICORT, ou DE ELINCOURT ; MONETA NOVA DE ELIN-
COURT.

On ne connaît de Jean de Châtillon-Saint-Pol, fils et
successeur de Gui IV, qu'une monnaie d'argent, qui, par
le fini de sa gravure et son type copié des écus d'or du
XIVᵉ siècle, paraît provenir d'un coin destiné à ouvrir aussi
de la monnaie d'or. Ses légendes sont : IOHANES. COMES.
SANTI. PAVLI. E. T. NOIS (*Johannes comes Sancti Pauli en
Ternois*). ℞ MONETA. DELINCOVRT. FET. ENFRANS. ARLEVS.
(*Moneta d'Elincourt, faite en franc alleu*). Comme on
a vu plus haut que la mère de Jean frappa monnaie
à Élincourt, M. de Barthélemy a cru pouvoir conclure
que la pièce n'est pas antérieure à 1339, date de la
mort de Marie. Les numismatistes s'accordent à penser
que les légendes doivent être expliquées ainsi que
nous l'avons indiqué, et que Jean, ayant eu le projet d'é-
tablir un atelier de monnaies d'or à Élincourt, et n'ayant
pu y réussir, employa à forger des monnaies d'argent le coin
qu'il avait fait graver pour accomplir son premier projet.

En 1354, Mahaut avait épousé Gui VI de Luxembourg-Ligny, châtelain de Lille. Elle apporta le comté de Saint-Pol dans la maison de Luxembourg, lorsque son frère mourut (1360).

Gui de Luxembourg et son fils Waleran frappèrent également à Élincourt des monnaies copiées sur celles du roi, mais portant leurs noms.

Plusieurs pièces de Philippe de Bourgogne portent les titres de COM. LINEI ET STI PAULI. Mais M. de Coster a démontré qu'elles ont été fabriquées à Waelhem, près de Malines, lorsque Philippe, comte de Saint-Pol, administrait le Brabant pour Jean IV (*Rev. belge*, 1854, 182).

A signaler, le franc à cheval portant : IOHANNES : LUCAS : MATHEUS, Le comte à cheval ℞ + GUIDO DE LUCENBOURG COMES DE LINI ET S. PALI; — le gros avec TURONUS CIVIS de Waleran. Une pièce porte les légendes suivantes : IOH. DE. LVCEMBOVRG. COM. LINEI. ℞ MONETA. NOVA. ELINCOVRC, avec les initiales LCBV dans les cantons de la croix. Ce Jean de Luxembourg était comte de Ligny et fils de Jean de Beaurevoir ; sa tante Jeanne de Châtillon, comtesse de Saint-Pol et de Ligny, lui donna tous ses biens vers 1430 ; mais il ne fut pas comte de Saint-Pol, ayant cédé ce fief à son frère Pierre.

COMTES DE SAINT-POL

1023. Roger.
1067. Hugues Ier Candavène.
1070. Gui Ier (Arnould, baron d'Ardres, son beau-père et tuteur).
1083. Hugues II, frère du précédent.
*1130. Hugues III. HVGO.
1141. Enguerrand.
*1150. Anselme, frère du précédent. ANSEL. COMES.
*1174. Hugues IV. HVGO. COMES.
1205. Élisabeth et Gaucher de Châtillon.
1219. Gui II.
?1226. Hugues V, frère du précédent. HVGO.
1248. Gui III.

?*1289. Hugues VI.

*1292. Gui IV, frère du précédent. GVIDO.

*1317-39. Marie de Bretagne, veuve de ce dernier. MARIE
  DE BRETAIGNE.

*1317. Jean de Châtillon.

*1344. Gui V (Jean de Landas, son beau-père et tuteur).
  GVIDO.

*1360. Mahaut, sœur du précédent, et *Gui VI* de Luxembourg, seigneur de Ligny.

*1371. Waleran de Luxembourg (Élincourt). VALRANUS.

*1415. Jeanne de Luxembourg et *Philippe de Bourgogne*
  (Brabant). PHS.

1429. Jeanne de Luxembourg, sœur de Waleran.

1431. Pierre Ier, de Luxembourg, petit-fils de Gui V.

1433. Louis.

1476. Pierre II.

1482. Marie, mariée à Jacques de Savoie, puis à François
  de Bourbon-Vendôme.

*1495. François II de Bourbon.

1545. François III.

1546. Marie de Bourbon, sœur du précédent et Jean
  de Bourbon, puis François de Clèves, puis
  Léonor d'Orléans.

1601. François d'Orléans, etc.

CAMBRAI

Le roi Charles le Chauve donna aux évêques de Cambrai
le droit de battre monnaie à Lambres (vers 861).

Après la déposition de Charles le Gros, Cambrai appartint à Zvintibold, puis aux rois de Germanie. Malgré un
passage d'une chronique qui pourrait faire croire que le
comte Isaac avait battu monnaie à Saint-Géry, il est probable que le monnayage des comtes laïques de Cambrai
n'a jamais existé.

Le privilège monétaire fut confirmé aux évêques par
l'empereur Otton en 941, par Otton III en 991, et en 1001
(*V. doc.* n° 23), époque à laquelle il autorisait l'atelier épiscopal de Cateau-Cambresis, en 1003 par Henri II, en 1019

par le pape Calixte II, en 1142 par Innocent II, en 1146 par l'empereur Conrad III, en 1153 par Frédéric Ier, en 1179 par le pape Alexandre III, en 1182 par Henri VI.

Nous voyons des monnaies de Cambrai portant les noms de Charles le Chauve et de Zvintibold.

Il y avait également un atelier, ouvrant, dès le temps de Charles le Chauve, à l'abbaye de Saint-Gery, près Cambrai ; à une date que l'on n'a pas encore retrouvée, une partie des émoluments de cet atelier était dévolue au monastère, puis ensuite réunie à l'atelier épiscopal de Cambrai. Nous voyons en effet Isaac, comte de Cambrai, qui, en 934, tenait du roi en bénéfice l'abbaye de Saint-Gery, ainsi que la moitié du château de Cambrai, des impôts et de la monnaie, avoir une discussion à ce sujet avec l'évêque qui obtint un entier gain de cause auprès de l'empereur en 947. Cette mesure fut confirmée en 1146 par Conrad III, roi des Romains, qui accorda à Nicolas Ier le droit de battre monnaie.

La série des monnaies épiscopales de Cambrai débute par des mailles portant un buste d'évêque, parmi lesquelles on en trouve une portant CAMR dans les cantons d'une croix (P.-Ch. Robert, *Numism. de Cambrai*, 1863, in-4°.)

Sous Nicolas de Fontaines, le monnayage signé paraît avec des gros présentant une tête et un denier avec ✝ CASTRI IN CAMERACESIO, édifice. Les monnaies d'Enguerrand et de Guillaume sont des esterlins.

Une charte de Gui de Collemède, en 1299, dit que l'évêque peut faire frapper les monnaies qui lui conviennent, et qu'il donne cours à sa monnaie (*medallia argentea*) pour cinq tournois. Ces pièces sont des esterlins. C'est sous Gui II que commença la fabrication des *coquibus*, oboles à l'aigle éployée que le peuple considérait comme un *coq*, d'où le nom.

Philippe de Marigny frappe des gros cambréciens, des gros au lion, des coquibus, et des mailles avec bras tenant une crosse.

Pierre de Mirepoix introduisit le type du gros au cavalier, qui valait 6 deniers parisis, et conclut avec le comte

Guillaume un arrangement par lequel leurs monnaies devaient être reçues réciproquement dans les deux pays. Guillaume II d'Auxonne copie le gros au lion du comte Guillaume II de Hainaut.

Un titre de 1347 nous apprend que l'évêque Gui IV de Ventadour chargea Jehan Bougier d'Arras de fabriquer des *deniers blancs*, appelés *On-le-vault*; des *deniers noirs*, appelés *Vallans*, valant 2 deniers tournois ; des *mailles d'or*, dont la description se rapporte aux florins (FLOR. PSU.CA OU FLOR EPI CA'). Par un appendice, on voit que Gui IV faisait également frapper des deniers blancs valant 2 tournois, des deniers noirs (v. 1 tournois), des mailles tournois. Pierre IV d'André imite certains types des Pays-Bas (le *lion heaumé*, la *plaque*, le *gros au lion*) et des types français (des doubles de billon noir ; des blancs, un *gros au châtel*, un mouton d'or et un franc à cheval).

A partir de cette époque, les ordonnances monétaires se succèdent en assez grand nombre, mentionnant des monnaies qui ne sont pas toutes retrouvées (*V. doc.* nᵒˢ 24 et 25). Pour l'épiscopat de Jean T'Serclaès, on ne possède ni texte ni monnaies. La seule pièce donnée à Pierre V est une plaque portant une aigle.

Jean de Grave et de Lens imita le type des Drielanders et des anges d'or de Brabant. Il est probable que cette imitation fut continuée par Jean VI de Bourgogne.

A la fin du xvᵉ siècle, à Cambrai, on compte en *patars*, terme synonyme de *vierlanders* (appelés aussi *braspennings* ou *plaques*).

Sous Jacques de Croy, en 1510, le Cambrésis est érigé en duché par l'empereur Maximilien. On ne connaît pas de monnaies des prélats de la maison de Croy, et pendant la première moitié du xviᵉ siècle, beaucoup d'évaluations furent faites, à Cambrai, en monnaies impériales. Maximilien de Berghes, qui fut le premier archevêque de Cambrai, frappa des écus d'or de 40 patards, des *dalders* ou thalers (30 patards), et des pièces de 5 gros, de 5 patars, des *patards*, des *liards*, des *gigots*, des *mittes* de cuivre pur. Le même prélat a frappé, sous les empereurs

Ferdinand Ier et Maximilien II, des florins d'or, des thalers, demis-quarts et huitièmes de thaler, portant d'un côté son nom et au ɴ̣ celui du souverain.

Louis de Berlaimont émit des pièces de 1, de 2 et de 6 deniers et continua le monnayage des florins, dallers et divisions. Plusieurs de ses monnaies portent une croix cantonnée de LOYS.

Le monnayage épiscopal cessa lorsque les Espagnols eurent pris Cambrai sur le maréchal de Balagny (1595) Après la campagne de 1677, Cambrai fut réuni à la France

Malgré les efforts des bourgeois, l'atelier monétaire épiscopal ne fut jamais partagé avec la cité, ni cédé comme à Metz ou à Strasbourg.

Mais le chapitre de la cathédrale, corps politique autant que religieux, fit acte d'autorité en maintes occasions. Dans un accord de 1310, le chapitre de Notre-Dame de Cambrai réclamait comme un droit le dixième des profits de la monnaie épiscopale. En 1252, Nicolas de Fontaines conféra au chapitre le droit de percevoir les revenus de l'évêché pendant la vacance du siège et de battre monnaie à son coin jusqu'à ce que l'élu eût reçu de l'empereur l'investiture des droits régaliens.

Une autre concession analogue fut obtenue de Pierre d'André, en 1364.

Les monnaies proprement dites portent MONETA CAPI-TULI.

On possède des *gros*, des *esterlings*, des *cokibus*, des *doubles* et des *florins* (frappés après l'épiscopat de l'évêque Gui III).

A citer également le double mouton d'or, frappé entre 1368 et 1378, qui porte la légende CAPITVLVM. CAMERACENSE. SEDE. VACANTE (C. Robert, *R. N.*, 1888, p. 78)·

ÉVÊQUES DE CAMBRAI

752. Geoffroi, évêque de Cambrai et d'Arras.	817. Halidgarius.
	831. Thierry.
	863. Hilduin.
763. Albéric.	866. S. Jean Ier.
790. Hildoardus.	879. S. Rothandus.

887. Dodilon.
904. Etienne.
933. Fulbert.
956. Bérenger.
957. Enguerrand Ier.
960. Ansbert.
965. Wibald.
966. Tedon.
977. Rothard.
995. Herluin
1011. Gérard Ier de Flor-
      mes.
1049. Lietbert.
1076. Gérard II.
1092. Gautier.
1095. Manassès, évêque
      de Cambrai.
1105. Odon.
1113. *Vacance.*
1115. Bouchard.
1131. Liethard II.
1137. Nicolas Ier de Lhi-
      cores.
1167. Pierre Ier.
1174. Robert.
1175. Alard.
1179. Roger.
1192. Jean II.
1197. Nicolas II de Reux.
1197. Hugues d'Oisy.
1199. Pierre II de Cor-
      beil.
1200. Jean III de Béthune.
1219. Geoffroi de Fon-
      taines.
1236. Guillaume.
1238. Gui de Laon.
*1241. Nicolas III de Fon-
      taines, NICHO-
      LAVS.
*1273. Enguerrand II de
      Créquy, INGER -
      RANNVS.
*1285. Guillaume de Hai-
      naut, GVILLS.

*1296. Gui II de Colmieu
      GVIDO.
*1306. Philippe de Mari-
      gny, PH *ou* PHI-
      LIPPVS.
*1309. Pierre III de Levis,
      PETRVS.
*1323. Gui III d'Auvergne.
*1336. G u i l l a u m e II
      d'Auxonne, GVI-
      LEMVS.
1342. Gui IV de Venta-
      dour.
*1349. Pierre IV d'André,
      PETRVS.
*1368. Robert II de Ge-
      nève, ROBERTVS.
*1372. Gérard III de Dain-
      ville, GERARDVS.
1378. Jean IV T' Ser-
      claes.
1388. *Vacance.*
1390. André de Luxem-
      bourg, ANDRIV DE
      LVCEBOVRT.
1396. *Vacance.*
*1398. Pierre V d'Ailly,
      Moneta PETRI.
*1411. Jean V de Gavre,
      IOHANES.
1439. Jean VI de Bour-
      gogne.
*1480. Henri de Berghes,
      H.D.BERGIS.
1502. Jacques de Croy.
1516. Guillaume de Croy.
*1519. Robert de Croy.
*1556. Maximilien de Ber-
      ghes, 1er archevê-
      que. M.A.BER *ou*
      MAX.A.B.
*1570. Louis de Berlai-
      mont. LVD.A.BER-
      LAIMONT.
1596. Jean Sarrazin.

1597. Guillaume de Ber-
     ghes.
1609. Jean II Richardot.
1614. François Ier Buis-
     seret.
1615. François II Van-
     derburch.
1649. Gaspard Dubois.
1667. Ladislas Jcounart.

1674. Jacques - Théodore
     de Brias.
1694. François de Sali-
     gnac de la Mothe
     Fénelon.
1715. Jean III d'Estrées.
1718. Joseph - Emmanuel
     de la Trémouille.
1720. Guillaume II Du-
     bois.

CRÈVECŒUR

La seigneurie de Crèvecœur, fief de l'évêque de Cambrai, appartint aux comtes de Flandre. Guillaume ayant
donné les terres de Crèvecœur et d'Arleux à son fils Jean,
celui-ci y frappa des gros au cavalier avec la légende
MONETA NOVA CREPICORDI. Béatrix de Saint-Pol, veuve de
Jean, donna les deux terres au roi et reçut en échange
celle de Chauny-sur-Oise (1337).

WALINCOURT (Nord)

Ce fief avait relevé des sires de Crèvecœur. Au XIVe siècle, il appartenait aux Werchin, sénéchaux héréditaires du
Hainaut. En 1306, le comte de Hainaut donna au siré de
Walincourt le droit de frapper monnaie. Mais en 1314, le
même Jean de Walincourt reconnut que son fief dépendait de l'évêque de Cambrai, et cessa de frapper monnaie
sur l'injonction de ce prélat.

Le gros au cavalier de Jean porte les légendes : + IO-
HANNES DNS DE WAL ℞ + MONETA NOVA WAULAINCORT.
Guillaume Ier, comte de Hainaut, fit aussi frapper à
Walincourt, en 1305 et 1366.

SERAIN

Serain, fief du Cambrésis, relevait de Crèvecœur, et
c'était un apanage des maisons de Saint-Aubert et de
Walincourt. Les seigneurs de Serain eurent le droit de

frapper monnaie avant 1313. Les seigneurs de Ligny pos
sédèrent Serain, car on a des gros de Waleran II (1304),
des gros et esterlins de Waleran III (1371) avec les légendes MONETA NOVA SERENENSIS, MONETA SEREMNE OU MONETA
SERAIN.

COMTÉ DE HAINAUT

Ce pays, habité primitivement par les Nerviens, eut des
comtes qui devinrent héréditaires au xe siècle. Vers 1051,
Baudouin VI, comte de Flandre, acquit le Hainaut, par
mariage. Sa veuve, Richilde, et son fils, Baudouin II, ne
purent conserver la Flandre. Le Hainaut, occupé par
Philippe le Bon, en 1427, passa dans la maison d'Autriche.
Les traités de 1659 et 1678 cédèrent à la France le Hainaut français (Valenciennes, Condé, Maubeuge, Le
Quesnoy, Landrecies, Avesnes, Givet, Charlemont, Phi-
lippeville).

Le denier de Rainier V, avec une épée, et celui avec une
dextre bénissante, restitué à Baudouin II par M. R. Serrure,
sont frappés à Mons (MONTES, MONETAS). De 1099 à 1244,
la monnaie se compose de mailles muettes, frappées en
majeure partie à Valenciennes et portant le monogramme
de Hainaut, sorte d'H formée par l'opposition de deux
frontons de temple (V. Cat. coll. P. C. Robert, Vente 1886,
nº 31). Marguerite de Constantinople adopta le système
monétaire de saint Louis, et fit frapper des gros au cavalier armé, qui furent imités par divers seigneurs, notamment par Baudouin d'Avesnes, seigneur de Beaumont.
Jean II d'Avesnes monnaya à Valenciennes (VALENCENEN-
SIS), à Mons et à Maubeuge (MELBODIENSIS), des gros au
monogramme, au cavalier, à l'écu, au lion, des esterlins
et des monnaies de billon imitées des monnaies de France.
Guillaume continue ce monnayage à Valenciennes et à
Walincourt, et émet des coquibus. Ses monnaies sont
difficiles à distinguer de celles de son fils Guillaume II.
Marguerite II introduit le florin (avec COIT'HANIA) et frappe
des deniers, des gros au monogramme et à l'aigle tenant
le monogramme.

Le monnayage de l'or sous Guillaume III comprend : le *grand mouton*, le *mouton*, le *grand* et le *petit franc à cheval*, le *double royal*, le *royal* et le *franc à pied*. On a du même prince de nombreuses variétés de gros et de deniers. Albert frappa des *couronnes* et des *doubles cour. d'or*, des gros *à l'aigle tenant l'écu*, *à l'écu carré*, *à l'écu penché*, *au monogr.*, etc. Guillaume IV monnaya à Valenciennes des *anges* et des *couronnes* d'or, des *gros au lion tenant l'écu*, *au lion dans la haie*, etc. Jacqueline frappa dés *tuins* d'argent et des *deniers noirs*; Jean IV monnaye, comme comte de Hainaut, des *couronnes* d'or, des *doubles palards*, *drielanders*, *tuins* et *1/3 de tuins*. Philippe le Bon frappe aussi en Hainaut, et le monnayage s'arrête. Depuis Guillaume III, le seul atelier était Valenciennes. Les Etats de Hainaut frappèrent des monnaies avec PACE.ET.IVSTICIA, en 1577, à Mons, et Alexandre Farnèse battit, dans le même atelier, des monnaies royales, de 1579 à 1587. Les armes du comté furent d'abord : *D'or, à 3 chevrons de sable*; puis : *Ecartelé, aux 1 et 4 d'or au lion de sable* (Flandre), *aux 2 et 3 d'or au lion de gu.* (Hollande) (R. Chalon, *Rech. sur les m. des comtes de Hainaut*, 1848, Suppl. 1852-54-57; A. de Witte, *Num. des Etats du Hainaut et du Tournaisis*, 1888).

COMTES DE HAINAUT

998. Rainier IV.
*1013. Rainier V, RENNADVS.
1030. Rainier VI.
1051. Richilde et Baudouin VI, comte de Flandres.
*1071. Baudouin II, BALDEVIN.
1099. Baudouin III.
*1120. Baudouin IV.
*1170. Baudouin V.
*1195. Baudouin VI.
*1206. Jeanne.
*1244. Marguerite de Constantinople, MARGARETA.
*1208. Jean II d'Avesnes, IOHS, IOHANNES.
*1304. Guillaume Iᵉʳ le Bon, G, GVILLELMVS.

*1337. Guillaume II, GVILLELMVS.

*1345. Marguerite II et Louis IV de Bavière, empereur ;
         MARGARETA ; LVDOVICVS.

*1356-89. Guillaume III de Bavière, GVILLVS.

*1358. Albert de Bavière, régent ; comte, en 1389,
         ALBERTVS.

*1404. Guillaume IV, GVILM.

*1417. Jacqueline de Bavière (IAC), et *Jean IV, duc de
         Brabant, IOH ; puis Humfroy, duc de Glocester,
         en 1420.

*1427. Philippe le Bon, duc de Bourgogne, PHS.

DUCHÉ DE LORRAINE

Le duché de Lorraine relevait de l'Empire. Cependant,
en 1300, Thibaut de Rumigny rendait hommage au roi de
France. En 1465, Louis XI déchargea de cet hommage le
duc Jean II ; mais les ducs devaient hommage pour le
Barrois qui avait été réuni à la Lorraine par le mariage
de René Ier d'Anjou et d'Isabelle (1419). Le 16 août 1542,
le duché de Lorraine fut déclaré duché libre et indépendant. En 1738, d'après un arrangement avec la France,
le duché fut cédé au roi de Pologne, Stanislas Leczinski,
beau-père de Louis XV, par le duc François III, qui reçut
en échange le grand-duché de Toscane. La Lorraine fut
réunie à la France en 1766.

Les monnaies des ducs de Lorraine commencèrent à être
frappées lorsque cette province fut devenue un fief héréditaire. Godefroi le Barbu, duc de basse Lorraine, ayant
assassiné Albert d'Alsace, à qui l'empereur Henri III avait
donné la haute Lorraine ou Mosellane, celui-ci, pour punir
le meurtrier, rendit le duché de haute Lorraine héréditaire en faveur de Gérard d'Alsace, neveu de la victime,
vers le milieu du xie siècle. Les monnaies de Gérard
connues jusqu'à ce jour ont été frappées à Remiremont et
à Saint-Dié. En 1155, Mathieu Ier, ayant acquis Nancy, y
établit un atelier monétaire.

Le duc Mathieu était attaché au parti de l'empereur
Frédéric, et ce monarque lui en témoigna sa reconnais-

sance en ornant de l'aigle impériale les armes et la bannière de Lorraine. F. de Saulcy pense que cette distinction fut l'origine de l'usage d'accoster d'une aigle l'épée de *Marchis*, et de soutenir de deux aigles l'écusson ducal. C'est peut-être aussi de là que sont venus les *alérions* (aiglons sans bec et sans ongles), qui sont les principaux *meubles* de l'écu de Lorraine.

Dans les dernières années du XIIe siècle et durant la première moitié du XIIIe, on frappa à Sierk, à Thionville et à Lunéville des monnaies qui, ne portant pas de nom de prince, peuvent appartenir aussi bien à Mathieu II qu'à Ferry III ; ce fut ce dernier qui paraît avoir le premier gravé sur son numéraire l'écu de Lorraine. Ferry IV imita servilement les monnaies royales de France, et Gaucher de Châtillon les esterlings.

En 1346, la duchesse Marie de Blois devint régente. C'était la volonté du duc Raoul, qui, par son testament, fait la veille de la bataille de Crécy, avait donné à son épouse la *mainbournie* pendant la minorité de son fils Jean Ier. C'est à cette date qu'appartiennent les pièces portant les légendes latine et romane que voici : + IOHANNES.DVX.MARCHIO.DE.LOTORIGIA. Ecu écartelé de Lorraine et de Blois. ℞ + MARIE.DVCHESE.MANBOVRS *ou* MANBOVR. DE.LA.DVCHIE ; 2e lég. : + MONETA.DE.NACEI. Croix cantonnée de quatre couronnes (*Grande plaque*).

Jean Ier a frappé quelques monnaies sur lesquelles son nom est accompagné de celui de Robert, duc de Bar (1371). F. de Saulcy a pensé que l'extrême rareté des monnaies de Jean II d'Anjou et l'absence du numéraire de Nicolas d'Anjou pouvaient s'expliquer par une continuation des types monétaires de René (*Monnaies des Ducs héréd. de Lorraine*, 1841).

René II ayant fait peindre sur sa bannière un bras armé sortant d'une nuée avec les devises : *Adjuva nos, Deus salutaris noster*, ou *Fecit potentiam in brachio suo*, à l'occasion de sa guerre contre le duc de Bourgogne, introduisit ce type sur ses monnaies. Il fut le premier à faire frapper des florins d'or et des testons.

Un grand écu d'argent de René II, qui présente le duc

armé debout et, au ℞, un écu surmonté d'un heaume, porte la date 1488. Ce serait la plus ancienne monnaie lorraine datée. Le duc Antoine continua le monnayage de ces grands écus sur lesquels il est représenté à cheval (J. Hermerel, *Ann. Soc. de Num.*, 1887 et 1888).

Pendant l'occupation française (1634-1661), on frappa des monnaies anonymes à Nancy, et des *doubles lorrains* à Stenay.

De son côté, Nicolas-François émit des testons à Florence (*Moneta nova Florent. cusa*, 1635) avec le titre de duc de Lorraine.

Plus tard, les ducs adoptèrent les types de Louis XIV en les modifiant plus ou moins.

Parmi les pièces les plus curieuses de la série lorraine, il faut citer les imitations de Ferri IV avec les légendes PHIRICVS ou FERRICVS.DEVX. ℞ TVRONVS.DVCIS, *ou* PARISIVS.CIVIS, *ou* BVRGENSIS et dans le champ FOR TIS sous une couronne (gros tournois, maille-tierce et bourgeois fort de Philippe le Bel). Ferri IV imita également les esterlings anglais en inscrivant la légende LONTONRENGIE.

Les types des monnaies lorraines sont assez variés, et nous ne pouvons qu'en indiquer brièvement quelques-uns : Buste de chevalier armé ; cavalier armé ; aigle impériale ; croix simple et à double traverse ; écu à une bande-chargée de 3 alérions ; épée en pal, quelquefois tenue par une main ; épée entre deux alérions ; chevalier armé debout ; type tournois ; type esterling ; épée entre deux écus de Lorraine ; écu de Lorraine surmonté d'un heaume ou d'une aigle ; même écu surmonté d'une épée entre deux heaumes ; épée entre deux roses ; deux écus surmontés d'un astre ; écu parti de Lorraine et de Bar (sous Jean Ier) ; épée entre deux feuilles de houx ; saint Nicolas ; bras armé sortant d'un nuage ; écu ou bande aux armes de Lorraine sur une épée en pal ; écu aux armes composées de Lorraine ; croix formées de C et de L ; etc.

Voici les formes ordinaires par lesquelles sont indiquées les ateliers sur les monnaies lorraines :

Nancy : NANCEI, NANCEII (ou Y), etc.

Épinal : SPINAL.
Remiremont : ROMARICVS, ROMARTI.
Saint-Dié : SAIN.DIEI ; SCS.DEODATVS.
Thionville : TIONVILLE.
Prény : PRINEI.
Lunéville : LINIVILLE.
Neufchâteau : NVEFCHATL, MO;NOVI.CASTRI.
Châtenoi : CHASTENOI.
Mirecourt : MERICORT, MVRICOVRT.
Sierck : CIERK, CIRKES, SIERK.
Vezelise : VESELI.
Saint-Mihiel : S.MICHAEL.
Badonvilliers : BA.

Remiremont. — Cet atelier a frappé des deniers de Gérard d'Alsace avec l'édifice carré et la légende SCS.PETRVS
au ℞. Sur les pièces de Thierry et de Simon, on voit saint
Pierre agenouillé. Des deniers anonymes aux légendes
S.PETRVS ℞ SCS.AMATVS donnent saint Pierre agenouillé et
une croix cantonnée des lettres RO-MA-RI-CVS ; d'autres
portent les légendes PETRVS ℞ ROMARICVS ou même seulement la dernière. Charles IV frappa dans cet atelier un
teston, en 1638.

Saint-Dié. — Le monnayage de cet atelier débute par un
denier qu'on a voulu attribuer à Zvintibold et se continue
par des pièces portant la légende DEODATVS VSVS et une
tête de profil. Gérard d'Alsace, Thierry Ier et Simon II ont
également monnayé dans cette officine, M. Maxe-Werly
donne au chapitre de Saint-Dié un certain nombre de deniers avec le buste tenant une crosse et un livre accompagné de la légende DEODATVS (L. Maxe-Werly, *Num. de Remiremont et de Saint-Dié*, Nancy, 1879).

DUCS DE LORRAINE

*1048. Gérard d'Alsace (Saint-Dié, Remiremont) GE-
RARDVS.
*1070. Thierri (Saint-Dié). DEODERICVS.

*1115. Simon Ier (Nancy, Remiremont, Epinal). SIMON.
DVX.

*1139. Mathieu Ier (Nancy). MAHVS.

*1176-1195. Berthe de Souabe, veuve de Mathieu Ier,
(Nancy). BERTA.

*1176. Simon II (Saint-Dié). S.

1205. Ferri Ier de Bitche.

*1206. Ferri II. F.DVX.LOTOR.

1213. Thibaut Ier.

*1220. Mathieu II (Sierck, Thionville, Prény, Lunéville,
Nancy). M.

*1251. Ferri III (Nancy, Neufchâteau, Châtenoi, Sierck,
Mirecourt). FERRI.

*1303. Thibaut II (Nancy, Neufchâteau), T.DVX.

*1312. Ferri IV (Nancy). F.DVX ou FERRICVS.

*   Gaucher de Châtillon, comte de Porcien (Neufchâteau). G.COMES.POR.

*1329. Raoul (Nancy). R. ou RADVLPHVS.

*1346. Marie de Blois, régente (Nancy).

*1346. Jean Ier (Nancy, Neufchâteau, Preny, Sierck).
IOHANNES.DVX.MARCHIO.

*1390. Charles II (Nancy, Saint-Mihiel, Sierck). KAROLVS.

*1431. Antoine de Vaudemont, prétendant (Vézelise).
ANTHONIVS.

*1431. René Ier d'Anjou (Nancy, Saint-Mihiel). RENATVS.

*1453. Jean II d'Anjou (Nancy). IOHES ou IOHAN.

1470. Nicolas d'Anjou.

*1473. René II de Lorraine-Vaudemont (Saint-Dié, Nancy,
Saint-Mihiel). RENATVS.

*1508. Antoine (Nancy). ANTHON ou ANTHONIVS.

*1544. François Ier (Nancy). FRANCISCVS.

*1545. Nicolas de Lorraine, régent (Nancy). NICO.C.VAVDE
ADM.LOTH.B.

*1555. Charles III (Nancy). CARO.

*1608. Henri (Nancy).

*1624. Charles IV et Nicole (Nancy).

*1625. François II (Badonvilliers).

*1626. Charles IV (Nancy).

*1634. Nicolas-François Nancy, Florence).

*1634. Louis XIII, roi de France, ⎫
⎧ Anne d'Autriche, régente, ⎬ occupat. franç.
1643. ⎨ Louis XIV, roi de France, ⎭

*1638. Charles IV (Remiremont).
*1661. Charles IV (Nancy).
1675. Charles V.
*1690. Léopold (Nancy).
*1729. François III (Nancy).

COMTÉ DE VAUDÉMONT

Le comté, créé en 1070 en faveur de Gérard, fils de Gérard d'Alsace, duc de Lorraine, passa dans la maison de Joinville (1314), puis dans celle de Lorraine par le mariage de Marguerite de Joinville avec Ferri de Lorraine (1394). Le comté devint l'apanage des fils cadets des ducs de Lorraine et passa à la France. On connaît quelques deniers et oboles des comtes. Ce sont des imitations des types lorrains du cavalier et du guerrier debout (COM. V. ou C. V). Une obole avec MON. CAI. indiquerait l'atelier de Châtel-sur-Moselle (cf. Laurent, *R. N.*, 1867, pl. II).

GORZE

Le monastère de Gorze ne paraît pas avoir eu de monnaies antérieures à celles que Charles de Rémoncourt, fils naturel de Charles III de Lorraine, fit frapper. Ce personnage devint abbé de Gorze le 24 novembre 1607 et résigna ses bénéfices en faveur du prince Charles de Lorraine (1643). L'abbaye fut donnée à l'évêque de Metz (1650) et fut réunie à la France, en 1663.

Les pièces frappées par Charles de Rémoncourt sont des écus d'or, copies des doubles pistoles du duc Charles III, des florins, des écus et des testons d'argent. Toutes ces pièces portent le buste du prince avec un col rabattu et au ℞ les armes pleines de Lorraine, surmontées d'une couronne. (P. C. Robert, *M. de Gorze sous Charles de Rémoncourt*, 1870.)

COMTÉ, PUIS DUCHÉ DE BAR

Le comté de Bar fut donné par l'empereur Otton Ier à Frédéric d'Ardennes, fils de Wigeric, comte du palais sous Charles le Simple. Le comté fut érigé en duché, en 1355, par le roi Jean en faveur de Robert pour lequel l'empereur Charles IV avait déjà érigé Pont-à-Mousson en marquisat de l'empire (1354).

En 1419, Louis de Bar, cardinal-évêque de Châlons, devenu duc de Bar par la mort de son frère, légua le duché à René d'Anjou, son petit neveu, depuis duc de Lorraine, afin d'éviter les suites du procès que lui avait intenté Yolande, reine d'Aragon, devant le parlement de France.

Les plus anciennes monnaies du Barrois peuvent selon C. Robert appartenir à Henri II ou à Henri III. Les deniers et oboles que l'on donne habituellement à Henri II portent BARRI.DVCIS et deux bars adossés (Armes parlantes). F. de Saulcy considère la présence des lis sur des monnaies barroises comme un signe de la suzeraineté de la France : cette explication est contestable.

En 1342, le comte Henri IV fit un traité avec Jean l'Aveugle, roi de Bohême et comte de Luxembourg pour la fabrication d'une monnaie sociale qui devait être émise pendant trois ans « *par nous, roi de Bohême, en notre ville de Lucembourg, et l'autre, en notre ville de Damvillers ou ressort, là où mieux nous plairait ; par nous comte de Bar, l'un en notre ville de Saint-Mihiel, et l'autre en notre ville de Sten ou ailleurs en notre comté de Bar* ». Henri IV imita aussi les *doubles* de Philippe de Valois.

En 1354, Robert, comte de Bar ordonna de faire frapper des plaques à Saint-Mihiel ou ailleurs, ainsi que d'autres monnaies blanches et noires analogues à celles du roi de France. Le bail de cette fabrication fut modifié en 1355. La même mention de monnaies blanches et noires se retrouve dans un bail de 1385.

Pendant la minorité de ses fils, Edouard II et Robert, Iolande de Flandre gouverna le Barrois et y frappa des monnaies, surtout des doubles, imités de ceux du roi Jean, avec BRANCORV *ou* BARICOIT dans le champ (*R. N.*, 1883, 192). La fabrication des doubles à la légende BRANCORV continua sous Edouard II et Robert. En 1365, ce dernier fit fabriquer des espèces blanches à un denier de moins que celles de France. De 1370 à 1374, Villaume de Nancy, maître des monnaies de Bar, fabriqua des petits florins d'or, des mailles blanches appelées *béguinettes*, des deniers blancs appelés *heaulmes* et des deniers noirs. On a retrouvé ces monnaies de Robert ainsi que des gros tournois, des doubles tournois avec DVX sous la couronne. F. de Saulcy attribue à Edouard III des pièces sans le nom du souverain qui portent une croix cantonnée de deux bars ou l'écusson de Bar. A signaler le remarquable demi-gros de Louis, cardinal-duc, frappé à Varennes, SEMGROS. VAREN (*Rech. sur les m. des C. et Ducs de Bar*, 1843).

Ateliers du Barrois :

Bar. — Les monnaies d'Henri II avec BARRI. DVCIS y furent probablement frappées. A partir d'Edouard Ier, l'existence de l'atelier est certaine.

Saint-Mihiel, MICHAEL. — Cet atelier fut établi en vertu d'une charte par laquelle Richer accordait à perpétuité à Uldaric, abbé de Saint-Mihiel le droit de battre monnaie (1099). Par une autre charte, Richer autorisa l'abbaye à frapper monnaie en son nom (1124). L'atelier de Saint-Mihiel est le seul qui survécut à l'acte de cession de 1419.

Mousson. — Deux monnaies de Henri IV ont été frappées dans cet atelier. MOTIONS.

La Marche. — Atelier signalé par divers documents.

Etain. — Mentionné dans un traité de 1342.

Clermont. — Atelier postérieur à 1344.

Varennes. — Postérieur à 1415. (L. Maxe-Werly, *Monnayeurs et ateliers du Barrois, Rev. belge*, 1874-1875.)

COMTES ET DUCS DE BAR

951. Frédéric d'Ardennes.
984. Thierry Ier.
1024. Frédéric II.
1034. Sophie de Bar et Louis, comte de Mousson et de Montbéliard.
1093. Thierry II, comte de Mousson, Montbéliard, Bar et Verdun.
1104. Thierry III, comte de Montbéliard, Bar et Verdun.
1105. Renaud Ier, frère du précédent, comte de Montbéliard et Bar.
1150. Renaud II.
1170. Henri Ier.
1191. Thibaut Ier, frère du précédent.
*1214. Henri II. HENRICVS.COMES.
1240. Thibaut II.
*1296. Henri III.
*1302. Edouard Ier. ED.COMES.
*1337. Henri IV. H.COMES.BARRI.
*1344. Edouard II, Yolande de Flandre, sa mère et régente. EDWARDVS. — IOLANDIS.FLAD.
*1352. Robert, duc en 1355. ROBERTVS.
*1411. Edouard III.
*1415. Louis, cardinal et duc. LVDOVICVS.KAR.
*1419. René d'Anjou. En 1431, il devint duc de Lorraine. Voyez plus haut.

AVIOTHE

Les pièces de cette localité située dans le Barrois ont été frappées par Geoffroy, comte de Chiny (1361) avec la légende MONETA AVIOTENSIS. Ce sont des plaques et des quarts de plaque.

LIGNY

La seigneurie de Ligny fut cédée en 1231, par Henri, duc de Bar, à sa fille Marguerite, fiancée à Henri, fils de Walerand, duc de Limbourg et d'Ermesinde, héritière du comte de Luxembourg (V. Cuypers, *Rev. belge*, 1852, p. 165.)

Sur les monnaies de Ligny on trouve le titre de COM. LINEI OU DE LINEIO OU MONETA DE LINEIO. Ces pièces sont : des francs à cheval et des écus d'or de Jean de Luxembourg (1353) et de Gui (1364) ; des agnels, des écus, des francs à pied, des nobles, des gros et des deniers, de Waleran III. Ce monnayage d'imitation est mentionné dans une lettre de rémission accordée en 1376, à Guesclin le Charpentier, orfèvre, qui avait les coins de ces pièces (Saulcy, *Doc.*)

VERDUN

A la fin du xᵉ siècle, Verdun appartenait à l'Empire. Le comte de Verdun qui était alors Frédéric, fils de Geoffroi et de Mathilde, donna à Alberon, évêque de Verdun, l'atelier monétaire de cette ville ; cette libéralité fut confirmée par l'empereur en 997. On peut voir dans ce fait la preuve de l'usurpation des ateliers monétaires de Lotharingie par les ducs de basse Lorraine et leurs chevaliers, usurpation qui dut avoir lieu également dans d'autres localités, et qui doivent faire considérer comme féodales une bonne partie des monnaies qui portent des noms impériaux, lors même que les ateliers qui les ont émises ne sont pas mentionnés dans les diplômes constatant les concessions faites au clergé.

Le monnayage des évêques commence à la fin du xᵉ siècle avec des espèces qui portent la signature de l'empereur en même temps que celle de l'évêque. Celui-ci ne frappe de monnaies avec son nom seul que dans ses domaines ruraux.

L'évêque Richard fut le premier qui cessa de mettre le nom de l'empereur sur sa monnaie ; il avait commencé par émettre des espèces avec le nom de Henri III.

Le monnayage fut souvent interrompu et paraît avoir cessé après Louis de Haraucourt (1430-1456). Lorsque Verdun appartenait déjà à la France, deux évêques de la puissante maison de Lorraine y frappèrent monnaie, mais ce fait est une exception.

Heymon est le premier évêque dont on possède des monnaies. Un curieux denier de Raimbert avec la légende REGINBTS et la tête de face porte au ℞ une façade d'église, type qui se conservera. Sous Thierry, on voit paraître la légende VRBS CLAVORVM, dont l'explication n'est pas certaine. Quelques pièces portent dans le champ MARIA ou MARIA.VIRGO. Le nom TEODE RIC.EPS se trouve également dans le champ ainsi que celui de Richer.

On classe à Richard des pièces qui portent le nom de Verdun et la légende SALVS.MVNDI. Cette légende se retrouve sous Henri Ier dont une obole présente un oiseau, type curieux. M. Maxe-Werly pense que les monnaies de l'évêque Henri Ier ont été frappées à Saint-Mihiel, par suite d'une convention renouvelée en 1124 par Henri, qui avait été faite primitivement entre l'évêque Richer et une maison religieuse, en 1099 (*Rev. belge*, 1875). Il ne faudrait pas considérer cette convention comme une cession complète, car le droit monétaire des évêques est confirmé par l'empereur Frédéric Barberousse dans une charte de 1156, ainsi que par les règlements de l'évêque Alberon de Chiny.

Ce dernier voulant soulager son peuple, en supprimant la monnaie qui était alors très altérée, cessa pendant quinze ans d'en frapper, et donna cours pendant ce temps à la monnaie épiscopale de Châlons-sur-Marne dans son diocèse. Voici ce que la chronique rapporte : *Nec illud de laude episcopi prætereundum est quod per quindecim annos quibus præsul sedet, plebiculæ suæ ita pepercit ut percussuram proprii numismatis depravatam, mox post primum annum deposuerit et Catalaunensem monetam inducens nunquam deinceps nummi percussuram, ne pauperes inde gravarentur, mutari fecit.* (*Manuel*, 1851).

Après Alberon, on trouve une lacune dans le monnayage de Verdun jusqu'en 1314. Les évêques furent cependant très puissants et il est probable qu'ils frappèrent des pièces analogues à celles de Metz et de Toul, avec un buste d'évêque tenant un livre et une crosse. Il est vrai que pour cette période on trouve des stipulations en tournois, parisis, esterlins, etc.

L'évêque Henri d'Apremont, avec lequel reparaît le monnayage épiscopal, imite les doubles parisis, les deniers, les mailles tierces, les gros tournois, les deniers à la couronne et les blancs à la queue, de Philippe le Bel. Hugues de Bar continue en copiant le double tournois, le denier blanc à la queue et le gros denier blanc de Jean II. On ne connaît aucune monnaie de leurs successeurs jusqu'à Louis Ier de Bar sous lequel on trouve l'atelier de Varennes. Cet évêque et son successeur frappent des imitations de quelques monnaies messines. Après Louis de Haraucourt, il y a une nouvelle lacune qui cesse seulement avec Erric de Lorraine dont les testons, 1/4 et 1/8, sont une innovation. En 1606, Pierre Joly, procureur général des Trois-Évêchés, invita Erric, au nom de Henri IV, à ne plus monnayer à Verdun, mais l'évêque n'en tint pas compte. Le successeur d'Erric, Charles de Lorraine-Chaligny, frappa de rares monnaies sur lesquelles on trouve les initiales B et G qui appartiennent probablement aux graveurs Bailly et Gennetaire. Un grand écu a été gravé par Nicolas Marteau. Sous l'évêque Charles, l'atelier de Dieulouard fut transféré à Mangiennes.

Le monnayage de Verdun cessa lorsque le Parlement de Metz eût été créé, le 15 janvier 1633. (P. C. Robert, *M. et jetons des évêques de Verdun, Ann. Soc. de Num.*, 1885-1886.) C. Robert a attribué aux comtes de Verdun, Gozelon (1019-1044) et Godefroid (1049-1060) des deniers portant SCA.MARIA. en les rapprochant des monnaies épiscopales à la même légende. (*Descr. Coll. Robert*, vente 1886, p. 106).

Ateliers des monnaies épiscopales :

Dieulouard : DS.LOVVART.

Hattonchâtel : HADONISCASTRV.

Verdun : VIRDVNVM.

Dun : DVNVM.

Sampigny : SAMPINIACUM.

Varennes : VAREN.

L'abbaye de Sainte-Vannes, de Verdun, devait à la libéralité impériale le droit de monnayer à Mousson : l'archevêque de Reims s'étant emparé de cet atelier au xie siècle fut obligé de lui donner en compensation : *Altare de Vivariis*. (Cf. *Gall. Christ*, T. XIII, pr. p. 557.)

ÉVÊQUES DE VERDUN

776. Pierre.
813. Austran.
818. Heriland.
822. Hilduin d'Allemagne.
846. Atton.
870. Berhard.
881. Dado.
923. Hugues Ier.
925. Bernoin.
940. Berenger.
962. Wicyfrid.
984. Hugues II.
984. Alberon Ier de Lorraine.
985. Alberon II de Verdun.
* 988. Heymon. HEIMO.
*1025. Raimbert. R. *ou* RAMBERT.
*1039. Richard Ier. RICARDVS.
*1046. Thierry. TEODERICVS.
*1089. Richer. RICHERVS.
1107. Richard II de Grandpré.
*1117. Henri Ier de Vierzon.
     — HENRICVS.
1129. Ursion.
1131. Alberon III de Chiny.
     ALBERO.

1156. Albert Ier de Marcey.
1163. Richard III de Crissoi.
1172. Arnould de Chiny.
1181. Henri II de Castres.
1186. Albert II de Hirgis.
1208. Robert Ier de Grandpré.
1217. Jean Ier d'Apremont.
1224. Raoul de Torote.
1245. Gui Ier de Traignel.
1246. Gui II de Mello.
1247. Jean II d'Aisse.
1252. Jacques Ier de Troyes.
1255. Robert II de Milan.
1271. Ulric de Sarnay.
1275. Gérard de Grandson.
1278. Henri III de Grandson
1289. Jacques de Ruvigny.
1297. Jean III de Richericourt.
1303. Thomas de Blamont.
1305. Nicolas de Neuville.
1312. Henri IV d'Apremont.
     — HENRICVS. EPC.
1350. Otton de Poitiers.
*1352. Hugues de Bar. HVGONVS.
1362. Jean IV de Bourbon.
1371. Jean V de Dampierre.

1376. Gui III de Roye.
1379. Léobald de Cousance.
1404. Jean VI de Sarre-
    bruck.
*1419. Louis Ier de Bar. LV-
    DOVICVS.
1430. Louis II de Harau-
    court.
1437. Guillaume Fillastre.
1449. Louis III de Harau-
    court.
1456. Guillaume II de Ha-
    raucourt.
1500. Guaric de Dommartin.

1508. Louis IV de Lorraine.
1523. Jean VII de Lorraine.
1544. Nicolas II de Lor-
    raine.
1548. Nicolas III Pseaume.
1576. Nicolas IV Bousmard.
1584. Charles Ier de Lor-
    raine.
1588. Nicolas V Boucher.
*1593. Erric de Lorraine.
    ERRIC, A. LOTH.
*1616. Charles II de Lor-
    raine. CAROLVS.

TOUL

Le monnayage autonome des évêques de Toul, du xie
au xive siècle ne fut jamais d'une grande activité ni d'une
circulation répandue. La plupart des monnaies des évêques sont frappées dans la ville de Toul, dont le nom est
d'abord LEVCHA. CIVITAS, puis VRBS. TVLLI, TVLLO. CIVIS,
TVLLENSIS, TVLLENE, TOVL, TVLLVS, etc. Le type qui à persisté le plus longtemps est un édifice, église ou château,
de forme variable que C. Robert considérait avec raison
comme une dégénérescence du temple carolingien. La fabrication des espèces, à Toul comme à Metz, est tellement
défectueuse que les pièces n'ont souvent reçu qu'en partie l'impression du coin.

Le premier produit du monnayage de Toul parait être
quant à présent un denier de l'évêque Etienne (994) avec
OTTO. REX au ℞ (*Ann. Soc. Num.*, 1888, 581). Viennent
ensuite les deniers de Berthold, portant une tête et les
noms d'Otton III et d'Henri II (R. Serrure, *Ann. Soc. fr.
Num.*, 1888, 230).

Sous Pierre de Brixei, un buste d'évêque parait sur les
deniers. C'est ce même évêque qui reçut, en 1168, de
l'empereur Frédéric Barberousse, le droit de frapper monnaie à Liverdun, parce qu'il venait de reconstruire cette
ville. Des deniers portent en effet, avec un poisson, le
nom LIBDVN. Les produits postérieurs de l'atelier de Li-

verdun sont indiqués par les légendes : DE.LIB, LB'D, KAS-TRO.LIBDV.

Sous Gilles de Sorcy, des deniers présentent une tête mitrée de face, une crosse, une main bénissante sur une large croix.

Divers deniers classés à Jean de Sierck, portent un écu chargé d'une bande à trois coquilles posée sur une crosse. A partir de ce moment, le monnayage de Toul est composé d'imitations de toutes espèces. Jean d'Arzilières copie les gros cambrésiens, les cavaliers de Jean II d'Avesnes à la légende SIGNVM.CRVCIS, les spadins de Ferry IV de Lorraine, le denier de Renaud de Bar, évêque de Metz et enfin l'esterlin de Jean Ier de Brabant avec l'écu parti aux deux lions de Brabant-Limbourg. Cette dernière pièce était frappée dans l'atelier de Blénod (MONETA BLNOD). Amédée de Genève imite le demi-gros de Charles IV, le double tournois de Philippe VI. C. Robert classait vers l'époque d'Amédée de petits spadins copiés sur ceux de Ferri IV de Lorraine, dont voici la description : TOVL, guerrier debout avec épée et bouclier ℞ NO. CITEI, épée en pal. Ces monnaies, qui ne paraissent pas épiscopales, seraient des espèces frappées à Toul, lorsque les bourgeois se furent emparés de la ville, après leurs victoires sur les gentilshommes du pays soutenus par la noblesse lorraine. La légende devrait être lue : *Toul notre cité* (Robert, *M. des évéques de Toul*, 1844).

Thomas de Bourlémont, frappe une monnaie avec ses armoiries (*fascé sur une crosse*) et des esterlins de type anglais dont l'un porte EC.MONETA.NOSTRA ℞ TOLLO.CI-VITAS. Un autre porte au ℞ LVNTOLENGIEN pour imiter l'esterlin de Ferri IV qui n'est déjà qu'une imitation. Le monnayage de Toul se termine avec les gros et divisions du gros de Pierre de la Barrière (*Descr. de la coll. Robert*, vente 1886, p. 81-98).

ÉVÊQUES DE TOUL

805. Wannicus.	872. Arnauld.
813. Frothier.	895. Ludelme.
847. Arnoulf.	907. Droco.

922. F. Gauslin.
963. S. Gérard.
* 995. Etienne. STEPHANVS, Robert.
* 995. Berthold. BERTOLDVS.
1019. Heriman.
*1026. S. Brunon d'Asbourg. BRVNO.
*1051. Udon. VDO.
*1070. Pibon. PIBO.
1107. Richwin de Commercy.
*1126. Henri de Lorraine. HENRICVS.
*1168. Pierre de Brixei. PETRVS.
1191. Eudes de Vaudemont.
*1198. Matthieu de Bitche. MAHE.
*1210. Renaud de Chantilly. RINALD.
?1217. Gérard de Vaudémont.
1220. Eudes de Sorcy.
?1229. Garin. G.

*1231. Roger de Marcey. R.
*1255. Gilles de Sorcy. GILES. AVESKES.
*1278. Conrad Probus CONRAVS.
*1296. Jean de Sierck. — IOHANNES.
1305. Gui de Piernes.
1305. Otton de Grandson.
1307. Eudes de Colonna.
*1309. Jean d'Arzilières. IOHANNES.
*1320. Amédée de Genève. AMEDEVS.
*1330. Thomas de Bourlémont. THOMAS.
1353. Bertrand de la Tour.
*1363. Pierre de Barrière. PETRVS.DE.BAR.
1363. Jean de Heu.
1372. Jean de Neufchâtel.
1384. Savin de Florano.
1385. Jean de Neufchâtel.
1399. Philippe de Ville-sur-Illon.

METZ

Suivant F. de Saulcy, qui a étudié avec soin les monnaies messines, Adelberon Ier fut le premier prélat auquel l'empereur Othon Ier accorda la propriété de l'atelier monétaire de la ville de Metz. Cette concession paraît avoir eu lieu en 960, époque à laquelle l'évêque obtint l'avouerie et comté de Metz. Ses monnaies portent son nom et celui de l'empereur, OTTO (dans les cantons d'une croix) IMPERATOR. Thierry Ier, son successeur, continua son exemple ; mais, en 977, l'empereur Otton II lui ayant donné, à la prière de Théophanie, son épouse, tous les droits régaliens de la ville et cité de Metz, il supprima le nom impérial, et rendit sa monnaie indépendante. En 983, il établit un nouvel atelier à Epinal, et l'on a retrouvé les monnaies forgées à son nom dans cette ville ainsi qu'à Metz.

Sous Thierry II paraissent les premières monnaies frappées à Remiremont, sous Adelberon III, celles de Remilly. C'est aussi sous ce dernier épiscopat qu'on voit paraître les monnaies frappées à Sarrebourg, par le chapitre de la cathédrale, en vertu de la concession qui lui avait été faite en 1056 par l'empereur Henri III, à la condition que les monnaies capitulaires auraient le titre et le poids des monnaies messines. Des pièces portant les légendes IOTIS et EDTRG, qui ont les caractères les plus frappants d'analogie avec les monnaies capitulaires de Sarrebourg, n'ont pas encore été expliquées.

Sous Hériman paraît l'atelier de Marsal. Poppon, qui fut élu malgré l'empereur Henri IV, commença par inscrire le nom de l'empereur sur ses monnaies, probablement en signe de vassalité ; puis après l'avoir apaisé par ses soumissions, il abandonna cette innovation pour continuer la monnaie indépendante, ainsi que l'avaient fait ses prédécesseurs. L'exemple de Poppon fut suivi plus tard par Etienne de Bar.

Dans la seconde moitié du XIIIe siècle, les évêques furent contraints par les insurrections de la cité de ne plus exercer leur droit régalien que dans les châteaux de leurs domaines ruraux.

« L'évêque Bouchard d'Avesnes, le 30 janvier 1292, engagea pour cinq ans son droit de frapper monnaie aux magistrats de Metz, moyennant la somme de cinq cents livres messines. C'est le premier exemple que nous trouvons dans cette ville d'une amodiation, qui avait peut-être déjà été faite précédemment. Adémar de Monthil en fit autant en 1334 pendant deux ans, et Thierry de Boppart, en 1376, pour dix années. En 1376, le 14 août, le même prélat cédait à la cité tous ses droits monétaires, moyennant quatre mille francs d'or. A dater de cette époque, la monnaie de la ville de Metz devint municipale, et l'on n'en forgea plus au nom de l'évêque que dans quelques petites villes du diocèse où existaient d'anciens ateliers, tels que ceux d'Epinal, Marsal et Vic.

Cependant Thierry de Boppart avait mis pour condition de sa vente que lui ou ses successeurs pourraient racheter le droit de frapper monnaie à Metz quand il leur plairait. Robert de Lenoncourt, qui voulait devenir souverain à Metz, s'empressa d'emprunter à son chapitre la somme nécessaire pour ce rachat, c'est-à-dire douze cents livres. François de Beaucaire, son successeur, et Charles II, cardinal de Lorraine, cédèrent en 1556, au roi Henri II, le droit de frapper monnaie à Metz, en réservant néanmoins celui d'en fabriquer dans toutes les terres du diocèse situées hors des murailles de la ville. Peu après, le roi de France décriait les monnaies de l'évêque de Metz, frappées à Vic, comme étant d'un trop mauvais aloi.

Henri de Verneuil fut le dernier évêque qui fit frapper monnaie, et il le fit à Vic. Quant à la ville, un arrêt du conseil du 11 janvier 1663 lui défendit de frapper monnaie à son coin. En 1666, commença l'émission des monnaies royales. » (*Manuel*, 1851).

Les monnaies frappées à Metz sont : le *florin* ; le thaler ou gros écu, le demi-thaler, le quart de thaler, le teston messin, le franc messin, le demi-franc, le quart de franc, le gros messin, le demi-gros, la tiercelle ou bugne, le double ou demi-bugne, le denier, le liard, le demi-liard, et l'angevine ou quart de denier.

Les types des monnaies épiscopales sont : le temple, saint Etienne à genoux, le buste du saint, une main tenant une crosse, une large croix avec main bénissante, buste d'évêque à mi-corps, de profil ou de face, saint Etienne lapidé ; saint Etienne debout dans un contour elliptique ; bustes des évêques Charles et Robert, etc. Les plus intéressantes de ces monnaies sont : les *petits cavaliers* ou *doubles deniers* et les *spadins* de Renaud, frère du comte de Bar, qui introduisit les types et la taille des espèces lorraines ; le denier à la main bénissante, le gros et la *grande plaque* (Ecu à trois croix) d'Adémar de Monthil (Cf. *R. N.*, 1884, 210), les gros de Thierry V, de Raoul de Coucy, de Conrad de Boppard, qui sont d'une très belle fabrique.

Les monnaies municipales de Metz se divisent en deux

groupes : les pièces à flan mince, depuis la fin du
XIVe siècle ; les pièces à flanc épais; depuis la réunion à
la France. Les florins d'or au type du saint debout sont
antérieurs à 1400 ; ceux qui portent la tête de saint
Etienne appartiennent au XVIIe siècle. Le gros d'argent
est la plus ancienne monnaie épiscopale (le saint agenouillé) ; le demi-gros a été créé au XVIe siècle ; la *bugne*
ou *tiercelle* (le 1/3 du gros ou 4 deniers) est déjà citée en
1376 ; ses subdivisions sont postérieures. Les thalers, bien
qu'allemands, commencent sous la domination française
et présentent trois types : 1º le saint Etienne debout et l'aigle d'empire ; 2º le saint Etienne debout et l'écu de la
cité ; 3º le buste du saint et l'écu de la cité (demi-tha-
lers, quarts) ; testons qui paraissent être le tiers du thaler ;
francs, demis et quarts de franc ; liards, vers 1555,
(*Quarta solidi*),demi-liards (*Octava solidi* ou *tres denarii*).

Les monnaies municipales de Metz eurent une grande
vogue et furent souvent contrefaites (F. de Saulcy, *M. de
la ville et des évéques de Metz*, 1836 ; C. Robert, *Monn.
des Evéques de Metz, Ann. Soc. de Num.*, 1887-1888 ;
Cat. Coll. Robert, 1886).

Le maître-échevinat de Metz qui remontait aux institutions franques s'affranchit vers le XIIIe siècle de l'empereur et de l'évêque. Mais ce ne fut guère que vers l'époque du siège de Metz (1552) que les monnaies échevinales
apparurent. Malgré son caractère exceptionnel et son existence éphémère, la monnaie échevinale était bien une
monnaie. Ces pièces portent constamment l'écu du personnage et au ℞ celui de la ville. Les légendes sont :
MONETA.NOVA.METENSIS, ou les noms du maître-échevin ;
au ℞ l'indication de la valeur, QVARTVS.DENAR OU OCTAVA.
SOLIDI, ou des devises (P. C. Robert, *Rech. sur les m. et
jetons des Maîtres échevins de Metz*, 1853 ; Quintard,
Mém. Soc. Arch. Lorraine, 1884).

Maîtres-échevins dont on a des monnaies :

1562-1567. Jean le Braconnier. *Angevine* ou *quart de
denier.*

1577-1588. Wiriat Copère. *Demi-liard* ou 8ᵉ *de sou.*

1578-1605. Jacques Praillon.

1600-1601. Claude Noblet.

1601-1608. Jean de Villers.

1602-1609. Jean Bertrand de Saint-Jure.

1602-1618. Nicolas Maguin.

1606-1607. Charles Sartorius.

1610-1638. Abraham Fabert.

1620-1632. Jean-Baptiste de Villers.

1630-1631. Isaac Bague.

1633-1640. Philippe Praillon.

1640-1641. Adrien de Bonnefoi.

1641-1648. Henri de Gournay.

1648-1659. Nicolas Auburtin, échevin-trésorier.

1659-1663. François Fabert.

ÉVÊQUES DE METZ

* 929. Adelberon Iᵉʳ. ADELBERO.

* 964. Thierry Iᵉʳ. DEODERIC.

* 984. Adelberon II. ADELBERO.

*1006. Thierry II. Metz. DEODERICVS.

*1047. Adelberon III. ADELBERO.

*1073. Hériman. HERIMANND.

*1090. Poppon. POPPO.

*1103. Adelberon IV. ADALBERO.

1118. Théodgere.

*1120. Etienne de Bar. STEPHANVS.

*1164. Théodoric III. TEODERIC'.

*1171. Frédéric de Pluvoise. FRIDERIC'.

*1173. Théodoric IV. TEODERIC'.

*1180. Bertram. BERTRANN'.

*1213. Conrad Iᵉʳ de Scharpheneck. CONRADVS.

*1224. Jean Iᵉʳ d'Apremont. IOHANNES.

*1239. Jacques de Lorraine. IACOBVS.

1261. Philippe de Floranges.

1265. Guillaume de Traisnel.

1270. Laurent.

1280. Jean de Flandre.

*1282. Bouchard d'Avesnes. BOVCARDVS.

*1297. Gérard de Relanges. IERAD *ou* GE.

*1302. Renaut de Bar. Epinal. R. *ou* RENA.

1318. Henri Dauphin.

1325. Louis de Poitiers.

*1327. Adémar de Monthil. Metz. Marsal. ADEMARIVS.

*1361. Jean III de Vienne. *id.* *id.* IOH'ES.

*1365. Thierry V de Boppart. *id.* *id.* THEODC'.

1383. Pierre de Luxembourg.

*1388. Raoul de Coucy. Marsal. RAD'D'COCY.

*1416. Conrad-Bayer de Boppart. Marsal, Vic. CONRAD'.

1459. George de Bade.

1484. Henri de Lorraine.

*1505. Jean IV de Lorraine. IO,CARDINALIS.
    Nicolas de Lorraine.

*1550. Charles Ier de Lorraine. CAROLVS.

*1551. Robert de Lenoncourt. Metz. ROBERTVS.CARD'.

1555. François de Beaucaire.

1568. Louis de Lorraine.

*1578. Charles II de Lorraine. CAROL, CARD.

1608. Anne d'Escars de Givry.

*1612. Henri de Verneuil. Vic. HENRI.

SIRES D'APREMONT

Le 12 mars 1354, Geoffroi IV, sire d'Apremont, obtint de l'empereur Charles IV un diplôme qui lui conférait le droit de frapper monnaie. Bien que les évêques de Metz, dans le fief desquels se trouvait Apremont, aient dû faire opposition à l'exercice de ce privilège, et qu'on n'ait pas encore retrouvé de monnaies, il est certain qu'il y en eût de fabriquées . Nous lisons en effet dans Duby la mention suivante, prise par lui dans D. Carpentier : *Instrument comment messire d'Aspremont ait etaubli maistre Lambert de Namur par deux ans, a faire sa monnaie à Dun, blanche, noire et d'or et de queil loy et quantité et comment li nons monseigneur doit i estre.* (*Manuel*, 1851, p. 294).

ALSACE

Bergheim. — Bractéate, avec tête de Saint et B-E (XIVe s.)

Colmar. — Monnayage autorisé le 23 avril 1376 par l'empereur Charles IV, fonctionna jusqu'en 1674. Le patron est saint Martin ; il figure sur le plus ancien thaler, qui est de 1527. Le type habituel est la *morgenstern*, masse d'armes étoilée de l'écusson de la ville.

Ensisheim (Landgraviat de Haute-Alsace). — Cet atelier frappa monnaie de 1584 à 1632 pour les landgraves de la maison d'Autriche, Ferdinand, Rodolphe, Maximilien, Ferdinand II et Léopold V. Beaucoup de thalers et de subdivisions y ont été fabriqués au moyen des *rouleaux* d'acier sur lesquels étaient gravés les types.

Le nom d'Ensisheim ne figure pas sur les monnaies qui portent, à la suite des titres du souverain, LANDG.ALS. (*Landgravius Alsatiae*), et les armes du landgraviat de la Haute-Alsace (*de gueules à la bande d'or, accompagnée de six couronnes de même*). Le landgraviat inférieur appartenait à l'évèque de Strasbourg.

Froberg-Montjoye. — Le château de Montjoie (*Froberg*), datant du XIIIe siècle, fut détruit en 1635. Les seigneurs de Montjoie sont compris dans l'édit du 18 juin 1554, qui décria aussi les monnaies de Vauvillers et de Franquemont. M. Engel donne une monnaie avec MONETA.FROBER., croix pattée, ℞ aigle. M. P. Joseph a publié récemment une pièce qui paraît être un échantillon du monnayage décrié : ✠ MO.NO.FROBE. 1554, croix. ℞ FERDINAN : RE.. R.X. Lion debout tenant une clef. Les anciens seigneurs de Montjoie portaient *de gueules à la clef d'argent en pal (Bulletin de numismatique et d'archéologie*, 6e vol., 1887, p. 97).

Haguenau. — Deniers du XIIe siècle, avec HAGE-NOWE. En 1374, fabrication de monnaies d'or et d'argent, qui se continua jusqu'au XVIIe siècle, époque des pièces à la Rose qui furent contrefaites en Italie.

Landau. Monnaies obsidionales en 1702 et 1713.

Lichtenberg. — Atelier de Woerth-sur-Sauer, de 1587 à 1632 ; autre forge à Babenhausen. Frédéric-Casimir frappa à Hanau et créa, à Bouxwiller, un atelier pour ses possessions alsaciennes. Hanau porte : *chevronné d'or et de gueules de six pièces*, et Lichtenberg, *d'argent au lion de sable et à la bordure de gueules.*

Molsheim. — En 1573, Jean IV de Mandersheid, évêque de Strasbourg, y établit un atelier.

Mulhouse. — Cité impériale depuis le XIII° siècle, monnaya de 1622 à 1625, des thalers et divisions avec la légende MILHVSINA.

Murbach et Lure. — Les deux monastères de Lure et de Murbach, après être devenus fiefs de l'Empire, firent leur union, le 12 mars 1556. Une bulle du pape Paul III ratifia cet arrangement en 1560. Le 7 mars 1544, Charles-Quint avait déjà donné aux deux abbayes le droit de frapper monnaie ensemble ou séparément.

Ces monnaies portent les armes des abbayes et des abbés : l'aigle impériale, le buste de l'abbé ou la figure de saint Léger. Le blason des deux abbayes est *parti au 1er d'argent à un lévrier rampant de sable, colleté d'or* (Murbach), *et au 2e, de gueules à un bras de carnation mouvant d'une manche grise, élevant deux doigts bénissants* (Lure).

L'atelier monétaire était à Guebwiller. Il a émis des thalers, des florins de 60 kreutzers et divisions.

ABBÉS DE LURE ET DE MURBACH

*1542. Jean-Rodolphe de Stoeremberg.
*1570. Jean-Ulric de Raittenau.
    Georges de Kalkenried.
*1586. Léopold, archiduc d'Autriche.
*1587. André d'Autriche.
*1632. Léopold-Guillaume, archiduc d'Autriche.
*1663. Colomban d'Andlau.
*1665. François-Égon, prince de Fürstemberg-Heiligemberg, 1665-1682.

Ribeaupierre, près Colmar. — Les seigneurs frappèrent monnaie au xiiie siècle, et Charles-Quint leur concéda régulièrement ce droit en 1550. On possède un florin d'argent de ce monnayage, au nom d'Egénolphe, daté de 1564.

Rothau. — Atelier des comtes palatins de Deux-Ponts (à cinq lieues de Strasbourg), dont l'existence est constatée par un document de 1621, mais dont les monnaies ne sont pas retrouvées.

Schlestadt. — Monnayage du xiiie siècle, non retrouvé.

Seltz. — Abbaye à laquelle Otton III reconnut le droit de monnayage en 993. Ce privilège fut confirmé par Conrad II, en 1143. Ces monnaies devaient être au type de celles de Spire et de Strasbourg.

Thann. — Albert III d'Autriche accorda à cette ville le droit de battre la monnaie landgraviale. Au xve siècle, monnayage municipal jusqu'en 1565. L'atelier fut rouvert en 1623, puis fermé. Type ordinaire : écu de la ville, soutenu par saint Thibaut. MONETA.NOVA.TANNENSIS.

Weinbourg. — Au xvie siècle, atelier des comtes palatins de Deux-Ponts-Veldenz (CO.PAL.RH.DV.BA.CO.VE).

Wissembourg. — Abbaye qui reçut le droit monétaire de Rodolphe de Habsbourg en 1275. Les monnaies abbatiales, souvent sans légende, présentent un abbé à mi-corps, et au ℞ une église. Au xve siècle, le monnayage devient municipal, mais n'a d'activité qu'au xviie siècle. Les armoiries de la cité sont un château à deux tourelles. WIDENFIRE sur les monnaies abbatiales ; WEISSENBVRG.AM. RHEI. sur les thalers et divisions de Ferdinand II.

(Pour tout ce qui précède, V. A. Engel et E. Lehr, *Num. de l'Alsace*, 1887, in-4º.)

STRASBOURG

En 873, un diplôme de Louis de Germanie accorda aux évêques de Strasbourg le droit de fixer le cours des espèces : *Concessimus... Rataldo... ut, in quacumque placuerit villa episcopii sui, monetam statuat.* Il ne faut pas en conclure, avec M. Hanauer, que cette charte donne le droit de battre monnaie. Il est certain, toutefois, que les évêques durent plus tard s'appuyer sur ce texte pour soutenir leurs prétentions.

Des pièces de Louis le Débonnaire, qui portent une petite crosse dans le champ du ℞, sont le premier indice d'une intervention épiscopale.

M. Engel pense qu'à Strasbourg, comme dans la plupart des évêchés, les souverains avaient d'abord accordé aux églises métropolitaines le produit du monnayage portant l'empreinte impériale. L'usurpation des prélats fut progressive et, au xᵉ siècle, les évêques Othbert et Godfried introduisent leurs initiales sur des pièces de Louis de Germanie et de Charles le Simple.

Richwin, Eberhard et Udon III font de même sur des pièces de Henri Iᵉʳ et d'Otton le Grand.

C'est en 974 que l'empereur Otton II accorda à Erkenbold, évêque de Strasbourg, le droit de monnayage. *Cum omni integritate.* Cet évêque inscrit sur sa monnaie, avec son nom propre ERCHANBALD.EP, celui de l'empereur OTTO.IMPE.AVG, avec une tête de profil. Otton III renouvela la concession en 988. Erkenbold frappe aussi des deniers avec son nom seul (*V. Doc.* nº 26).

Werner Iᵉʳ, au commencement du xiᵉ siècle, supprima le nom impérial, et remplaça l'effigie du souverain par la sienne propre. Pendant le courant du xiᵉ siècle, on frappa à Strasbourg des deniers impériaux sans qu'on ait pu encore retrouver de monnaies fabriquées au nom des évêques dans cet intervalle.

C'est aussi au commencement du xiᵉ siècle que l'on place l'origine de la monnaie bractéate de Strasbourg. Ces monnaies, si minces que la saillie de l'avers forme un creux au revers, sont muettes et peuvent être considérées comme une monnaie essentiellement féodale, et employée d'abord par les seigneurs, tandis que l'empereur continuait à fabriquer des pièces solides et portant une double empreinte. Les empereurs ne paraissent guère avoir adopté les bractéates qu'à la fin du xiᵉ siècle. (*Manuel*, 1851).

Les bractéates strasbourgeoises, qui furent émises depuis l'an 1000 environ jusque vers le milieu du XIIIᵉ siècle, représentent le portail carolingien, un temple à deux tours, une dextre bénissante, une tête calottée ou mitrée, une couronne triglobulaire, soit dans le champ, soit sur la croix, soit dans la main des évêques, un ange, un agnel, une crosse simple ou double, une rose ou croix épanouie, enfin les légendes *Sancta Maria* en lettres éparpillées. On voit aussi quelquefois des armoiries et principalement un écu chargé d'une bande, armes de la ville après avoir été celles de l'évêché.

Ce fut en 1262 ou 1263 que les bourgeois de Strasbourg commencèrent à se mêler de ce qui touchait à la monnaie. Les privilèges des personnes attachées à la fabrication, et qui en faisaient une véritable corporation privilégiée (*Ilusgenossen*), le mauvais aloi des bractéates, poussèrent le peuple à vouloir intervenir dans le contrôle de la fabrication de l'atelier monétaire épiscopal. Le peuple voulut que plusieurs de ses délégués assistassent aux délibérations. Plus tard, la ville obtint la cession temporaire de la monnaie de Strasbourg pendant des périodes fixes, et enfin, après plusieurs amodiations de ce genre, en 1422, le conseil de ville, profitant de ce que les monnayers nobles avaient quitté la ville pour rejoindre l'évêque, les remplacèrent définitivement par trois plébéiens. Après la paix de Spire, en 1422, le prélat ne put recouvrer que la moitié de la monnaie dont l'autre restait à la ville, qui, en 1508, obtint enfin pour elle-même, de l'empereur Maximilien Iᵉʳ, la fabrication des florins d'or. Dès lors, la numismatique de Strasbourg devient toute municipale.

De 1298 à 1306, les monnaies frappées par le Sénat, par suite de l'usurpation de l'atelier épiscopal ou de concessions temporaires des évêques, furent anonymes, avec les types des monnaies épiscopales.

Plus tard le nom de la ville parut dans les légendes : MONETA. ARGENS ; GROSSVS. ARGENTINENSIS ; ARGENTINA ; ARGENTORATVM. Après le traité de Spire, la ville de Strasbourg adopte des légendes tout à fait républicaines, en conservant, du reste, l'invocation *Gloria in excelsis Deo*, qui paraît déjà

sur plusieurs monnaies de la période précédente. Les légendes sont : MONETA NOVA REIPUBLICAE ARGENTORATENSIS,
NUMMI REIPUBLICAE ARGENTORATENSIS; INSIGNIA REIPUBLICAE
ARGENTORATENSIS, autour d'un écusson chargé d'une fleur
de lis. Le plus beau type municipal de Strasbourg est celui
de ses monnaies d'or de 1508, qui représentent la vierge
Marie, patronne de la ville, assise sur un trône, au-
dessus des armes de la cité, avec la légende : URBEM,
VIRGO, TUAM SERVA.

Le lis paraît déjà au x⁰ siècle sur un denier d'Otton III.
Les pièces à l'ange et au lis étaient appelées *pfennings*
dès 1393. Il y a des subdivisions (*helbeling* et *ortelin*, 1/2
et 1/4 de denier).

Les autres monnaies sont les *vierer* (4 deniers),
halbgroschen (6 deniers), *groschen* (12 deniers), *kreutzer*
(2 deniers) ; les *florins* et doubles florins d'or ; les *thalers*,
multiples et divisions, en 1548 ; les *dick-pfennings* ou
6 baetzner (1/3 du thaler ou 48 deniers) ; les dreibaetzner ;
les ducats (simples, triples, quadruples et sextuples),
en 1635 et 1652. Les monnaies du système français com-
prennent des pièces de I, II, IIII, X, XV et XXX sols et
des demis et quarts d'écu aux palmes et aux huit L.

Après que la ville de Strasbourg fût devenue française
en 1681, l'atelier monétaire continua à émettre des
pièces municipales, bien que la municipalité eût cessé
d'être indépendante. Le mot *civitatis* remplaça *reipublicæ*.
Puis, en 1690, vint la défense d'émettre des monnaies
d'or. En 1704, l'écusson aux trois fleurs de lis remplace le
lis strasbourgeois ; en 1716, paraît la tête de Louis XV,
enfant. Depuis 1693, le différent monétaire était BB.

Des obsidionales carrées, portant les armes de la ville,
du chapitre et de l'évêché, furent émises, en 1592, pendant la lutte soutenue contre Charles de Lorraine, évêque
élu par les chanoines catholiques.

Les évêques de Strasbourg essayèrent de remettre en
vigueur leurs droits monétaires, mais comme l'atelier de
leur capitale ne leur appartenait pas, ils établirent d'autres
officines. Jean de Manderscheid frappa monnaie à Molsheim, Charles de Lorraine à Saverne et à Molsheim,

Léopold-Guillaume d'Autriche à Guebwiller (depuis 1659), et à Oberkirch (depuis 1682). Louis Constantin de Rohan releva cet atelier (1759), et ses dernières pièces furent frappées à Gunzbourg en 1773.

ÉVÊQUES DE STRASBOURG

876. Reginhardt, trente-quatrième évêque de Strasbourg.
888. Baldram ou Walram.
*906. Othbert, Odbert ou Ottabert. — OD.
*913. Godfried ou Godefroi II. — GD.
*914. Richwin ou Richevin. — RS.
933. Ruthard ou Rottrardt.
*933. Eberhard, VE.R.
*950. Udon III, Otton ou Wodon, VOTO.
*965. Erkenbold ou Archambaud. ERCHANBALDVS.
*992. Widerold. VIDEROLDVS.
*999. Aliwic. ALIVVICVS.
*1001. Werner ou Wicelin. VVERNEREVS, VICELIN.
1030. Wilhelm ou Guillaume Ier.
1048. Hetzel ou Hetzelo, ou Hezzilo.
1065. Wernher ou Werinhar II.
1079. Théobald ou Thiebault.
1085. Udon ou Otton IV de Hohenstaufen.
1100. Baldwin ou Baudouin.
1100. Cunon.
1123. Bruno ou Brunnon.
1124. Eberhardt, compétiteur du précédent.
1131. Gerhardt ou Gebhardt.
1141. Bukhardt Ier.
1162. Rudolph ou Rodolphe II.
1179. Conrad Ier de Geroldseck.
*1181. Henri Ier de Hasenburg. HEINRICVS.
1190. Conrad II de Hunenburg.
1202. Henri II de Vehringen.
1223. Berthold Ier ou Bechtold de Teck.
?1245. Henri III de Dicka-Stahleck.

1260. Valther ou Gauthier de Geroldseck.

1263. Henri IV de Geroldseck,

1273. Conrad III de Lichtenberg.

1299. Frédéric Ier,   *id.*

1306. Jean Ier de Dirpheim.

1328. Berthold II de Bucheck.

1353. Jean II de Lichtenberg.

1365. Jean III de Ligne et Luxemburg.

1371. Lambert de Bueren.

1375. Frédéric II de Blankenheim.

1393. Burkhardt II de Lützelestein.

1394. Wilhelm II de Dietsch.

1439. Conrad IV de Bussang.

.1439. Robert de Bavière.

1440. Albert de Simmern.

*1506. Wilhelm III de Hohnstein. GVIL *ou* WILHELM.

*1541. Erasme de Limbourg. ERASMVS.

*1569. Jean IV de Manderscheidt-Blankenheim. —
       IOHAN.

*1592. Jean-Georges de Brandebourg, évêque protes-
       tant. IOAN.GEORG.

*1593. Charles, cardinal de Lorraine. CAROL.CARD.

*1607. Léopold, archiduc d'Autriche. LEOPOLDVS.

*1624. Léopold-Guillaume,   *id.*   LEOPOLD : GVI-
       LIELM.

*1662. François-Égon de Furstenberg. FRANS.EGON.

*1682. Guillaume-Égon,   *id.*   GVIL.EGON.

*1704. Armand-Gaston de Rohan-Soubise. AR.GAS.

1749. François-Armand de Rohan-Soubise.

*1756. Louis-Constantin de Rohan-Guémené. LVD.CONST.

1779. Louis-René-Édouard de Rohan-Guémené.

DOCUMENTS NUMISMATIQUES

CONCERNANT

LES MONNAIES DES PROVINCES

1. Normandie. — *Ordonnance de Caen postérieure à 1204, et rendue par ordre de Philippe-Auguste :*

« De mutacione monete. Ita ordinatum est apud Cadomum coram senescallo Normannie, consilio fratris Haimardi, et consilio baronum Normannie quod marca de Quadomo, Dunesensi, Perticensi et Vintocinensi capiatur ad scacarium pro xiiij solidis et ix denariis, et de Guincampensi pro xiij solidis et ix denariis, et de Andegavensi pro xv solidis turonensium, et nulli licet nec cambitori nec alii portare monetam prohibitam extra terram domini regis, sed ad cambium vel ad custodes monete ; et illi qui debent argentum domino regi reddant pro marca xiij solidos et iiij denarios sterlingum de custodia vel xxvj solidos et octo denarios cenomanenses ; et mandatum est ex parte domini regis quod de debitis que debentur ei, sicut premissum est, in ballia vestra de illis qui non habent turonenses vel cenomannenses, alios denarios recipiatis, et similiter faciatis fieri de debitis que debentur alii genti ad marcam Rothomagensem xiiij solidos, Guincampensem xiij solidos, Andegavensem xiiij solidos et iij denarios. » (Lecointre-Dupont, *Lettres hist. Monét. de Normandie,* p. 178 ; L, Delisle, *Revenus publics en N., Bibl. Ecole Chartes,* 1849, p. 173. Lecointre-Dupont a substitué à *Quadomo* la leçon *Carnotensi,* qui est approuvée par M. Delisle).

2. Bretagne. — *Charte de Conan IV.* — « Noverint omnes tam posteri quam presentes quod ego Conanus dux totius Britannie et comes de Richemont, pro salut-anime mee et patris mei et omnium antecessorum et sucecessorum meorum, precibus et consilio baronum meorum et assensu matris mee Berte comitisse sigillo meo perhenniter habere concessi et presentis scripti auctoritate confirmavi ecclesie S. Melanii Redon, et monachis ejus, illa

dona que Alanus Ruibriz, nominatissimus ducum Britannie
et Berta ipsius formosissima comitissa eidem ecclesie
contulerant, cum ipsam abbaciam pene destructam reedifi-
carent, decimam scilicet monetagii de cuneis monete mee,
et deciman omnium piscium coquine mee, in quocunque
terrarum loco meum prandium fuerit preparatum. Concessi
quoque eisdem monachis et confirmavi unum de octo pon-
deribus ad monetandum institutis, inter monetarios Redon.,
quod quidem monetarius meus Guillelmus filius Hervei,
filii Martini, eis donaverat, qui illud de hereditario jure de ·
comitibus tenebat. Actum anno ab incarnacione Domini
M. C. LVIII. Testes hujus confirmacionis sunt Radulfus
Filgeriensis, Rollandus de Dinan et Hamo de Boterel,
dapifer qui hoc etiam postulaverunt et laudaverunt. »
(D. Morice, *Hist. Bretagne*. Preuves, col. 632). M. de
Barthélemy a signalé une charte des Archives de Rennes
par laquelle Jean I⁰ʳ fait cesser cette donation moyennant
une rente de 50 livres à prendre sur les fermes et revenus
de la ville de Rennes.

3. Nevers. —1304. — « Cum dilectus et fidelis noster
comes Nivernensis manum nostram appositam in moneta
sua, per cujus appositionem arrestata erat fabricacio dicte
monete sue, quosdam usus et consuetudines super hoc
proponens, peteret amoveri, et contra gentes nostre nec
non dilectus et fidelis noster episcopus ac capitulum Nivernensis, cum eisdem gentibus nostris in hujusmodi se jun-
gentes, plures proponerent raciones et quasdam litteras
exhiberent ad impediendam requestam predictam : tandem
auditis hinc inde propositis, et visis litteris predictis, per ar-
restum nostre curie, dictum fuit quod manus nostra ad pre-
sens non amovebitur de moneta predicta, et quod de consuetudinibus et usibus predictis per dictum comitem declarandis
qui fuerint admittendi, veritas inquiretur ; auditis super
hoc racionibus gencium nostrarum, dictorum episcopi et
capituli ac comitis supradicti, ac visis litteris ex parte
eorum exhibitis, et eciam exhibendis, et super omnibus
fiet jus inter partes. Veneris post sanctum Mathyam. »
(*Olim*, Ed. Beugnot, II, p. 475).

4. Souvigny. — 1290. — « Universis presentes litteras inspecturis, Johannes Quaserii, cancellarius borbonensis, salutem in Domino. Noveritis nos anno Domini M⁰ CC⁰
nonagesimo secundo, die dominica, qua cantatur *Invocavit
me Dominus*, vidisse, inspexisse et de verbo ad verbum
legisse quasdam litteras religiosorum virorum prioris silviniacensis et ejusdem loci conventus, sigillatas, non rasas,

abolitas seu deletas nec in aliqua parte sui vitiatas, prout
prima facie apparebat, quorum tenor sequitur in hec
verba : Nos, frater Stephanus, humilis prior silviniacensis
et ejusdem loci conventus, notum facimus universis, quod
si aliquis monetarius moratur in parrochia silviniaciensis
conventus debet eum honorifice recipere, et debet sepeliri
ante sepulchrum in cimiterio, et gratis, nisi quid ex volun-
tate dare voluerit; et idem debet fieri de heredibus
monetariorum. Preterea, si monetarius petierit, in mortis
articulo, habitum monachalem, debet sibi gratia conferri. Si
vero capellanus silviniacensis noluerit corpus monetarii
mortui reddere et conducere ad monasterium, duo mo-
nachi debent ire ad domum deffuncti et ad ecclesiam
conducere, et debet recipi honorifice a .conventu. Item, si
aliquis monetarius, in festo sancti Maioli, sive in vigilia,
unum arietem in villa Silviniacensi petierit, debet habere
secundum arietem, si sibi ablatus fuerit. Item, in festo
Purificationis beate Marie, unusquisque monetariorum
debet habere unum cereum a sacrista, sive unum ex monachis, quem, post Evangelium misse, unusquisque debet
offerre ; et hec omnia supradicta debent habere monetarii,
fabricetur vel non fabricetur moneta, et, propter hoc, quis-
libet monetarius *des coyns* debet ponere in pisside unum
denarium, in qualibet septimana, si duobus diebus vel
pluribus operatus fuerit in moneta. In cujus rei testimonium, sigilla nostra duximus apponenda. Datum anno
Domini м° cc⁰ octogesimo decimo.

» Nos vero, dictus. cancellarius, quod vidimus testamur,
et, in testimonium premissorum, presentibus litteris sigillum curie nostre duximus apponendum, salvo in omnibus
jure domini Borbonensis et etiam alieno. — Datum die
visionis nostre, anno et die predictis. »

(*Ms. du Tillet. B. N.*, Suppl. fr. 1823 a ; — A. de Barthélemy, *Tablettes hist. d'Auvergne*, 1845, p. 275.)

S. Clermont. — *Charte donnée en 1044, par Guillaume V.*—«Notum sit omnibus Arvernorum fidelibus, quod
ego Willelmus Arvernorum comes cedo vel dono pro salute
anime mee et omnium parentum meorum sancte Dei geni-
trici Marie sedis Arverne et sanctis martyribus Agricolæ
et Vitali monetam et ipsos monetarios et quantum ad hoc
pertinet in communia fratrum. Cui benigne donationi filii
quoque mei Stephanus Bego et Pontius una cum Philippia
tconjuge mea gratanter laudatores, atque datores, vel adju
tores noscuntur existere, etc. » — (Baluze, *Histoire de la
maison d'Auvergne*, pr., p. 46.)

6. Le Puy. — *Diplôme de Raoul pour l'évêque du Puy*, 924. — « In nomine Dei et Salvatoris nostri Jesu Christi. Rodulfus divina ordinante providentia rex...Idcirco notum fore volumus cunctis fidelibus sancte Dei Ecclesie, et nostris presentibus scilicet ac futuris qualiter veniens Adelardus episcopus ecclesie Aniciensis seu Vallavensis, expetierit celsitudinem nostram, ut ecclesiam cui, Deo ordinante, presul esse dignoscitur, de rebus juris nostri adcrescere sub nostre preceptionis authoritate dignaremur, cujus petitioni benignum prebentes assensum, regum mos rem servantes, hoc preceptum immunitatis fieri jussimum concedentes ei, omnibusque successoribus omnem burgu ; psi ecclesie adjacentem, et *universa que ibidem ad dominium et potestatem comitis hactenus pertinuisse visa sunt* ; forum scilicet, teloneum, *monetam*, et omnem districtum cum terra et mansionibus ipsius burgi, et ita deinceps hec nostri precepti authoritas, quam pro remedio anime nostre, *consenciente fideli nostro Guillelmo comite*, pro remedio anime Guillielmi avunculi sui atque omnium parentum suorum, Dei genitricis et perpetue virginis, ecclesie predicto pontifici comisse concedimus, etc.

» Datum 6 idus april. indictione 10, anno primo regnante Rodulpho rege gloriosissimo, anno 923. Actum Cabilone civitate, in Dei nomine feliciter. Amen. » (D. Bouquet, IX, p. 564 ; *Gall. Christ.* II, pr., 211, etc.)

7. Bayonne. — *Pro rege Castellae, de licentia cudendi monetam.* — « Rex omnibus ad quos, *etc.*, salutem. — Volentes carissimo filio nostro, Johanni, regi Castellae et Legionis, dux Lancastriae, ob affectionem quam ad personam suam gerimus et habemus, gratiam facere specialem, dedimus et concessimus eidem filio nostro auctoritatem, privilegium, potestatem specialem quod ipse, a data praesentium, per duos annos, proxime sequentes, plenarie completos, cudi et fabricari facere possit, in civitate Baionae, seu in castello de Guissen, vel alio loco, ubi voluerit, in senescalcia Landarum, monetam de auro et argento, vel alio metallo de quocumque cunio, allaia et taillia prout sibi placuerit, (excepto de Anglia et Aquitania) per manus Peregrini de Ser vel alterius quem per ipsum filium nostrum vel deputatos suos ordinari seu deputari contigerit in hac parte. Volentes quod proficium inde proveniens eidem filio nostro remaneat et totaliter applicetur ; in cujus, *etc.*, per predictos duos annos duraturos. — Teste rege apud Westmonasterium duodecimo die junii, *per breve de pri-*

vato Sigillo. » (12 juin 1377 ; Rymer, Ed. Holmes, 1740, t. III, P. 3, 60 ; Cf., p. 96.)

8. Agen. — *Fin du* xie *siècle.* — « G. Dei gracia dux Aquitanorum universo clero et populo civitatis Agennensis salutem. Sapiatis et sine dubio cuncti credatis comitaliam quam pater meus et ego, S. bone memorie Agennensi episcopo dedimus et concessimus, Aldeberto quoque episcopo vestro dedisse similiter et concessisse, sicut unquam a predecessoribus nostris sui antecessores illam melius habuere. Qua propter per fidem quam mihi debetis vos submoneo ut eam, neque auferatis illi, neque denegetis, sed contra omnem mortalem qui hoc agere tentaverit, fideliter eum adjuvetis. Justiciam quoque pro duello, et mensurarum falsacionem que sexaginta solidorum est, et omnem aliam que ad nos pertinet justiciam, illi sine ulla contraditione reddite. De moneta etiam quæ nostri est beneficii, precipio ut ubicunque predictus pontifex illam magis sibi profuturam intellexerit, illuc sine calumpnia cujuslibet hominis eam transferat, et in conspectu eorum qui videre voluerint ibi fieri faciat. Quicunque vero hoc impignorare voluerit, iram nostram incurrat. » — Le roi Richard, comme duc d'Aquitaine, renouvela cette concession en faveur de l'évêque Bertrand. (*Gall. Christ.*, II, *Instr. Eccl. Agin.*, 429.)

9. Toulouse. — Baux de la monnaie, en 1240, 1251 et 1253 (D. Vaissette, *Hist. Languedoc*, Preuves, t. II, 395, et t. III, 490.)

10. Carcassonne. — 1159. — « Anno m. c. lix, viii id. octobr. rege Ludovico regnante, ego Raimundus Trencavelli dono licentiam operandi vobis Arnaldo de Carcassona, et Guillermo Stephani, et Petro Guillermi in moneta mea de Carcassona quando volueritis de xxiv solidis denarios in libra et de xxvj solidis mealas in libra et sexta pars sint de mealas : item quando voluntas nostra erit, habeatis licentiam minuendi unam mealam et non plus. Lex vero et pensus illius monete sit in potestate bajuli mei et non in vestram, neque de eo videlicet de penso et lege respondeatis mihi. Istius rei mando esse testem Guillermum de S. Felice vicarium Carcassone, et Bernardum Pilapulli et Benevist, quorum jussu et domni R. Trencavelli Arnaldus de Cleirano hoc scripsit die et anno prenotato. » (*Hist. Languedoc*, II, Pr., 574.)

11. Anduse. — *Atelier royal de Sommières* ; 1265. — « Accedens ad dominum regem Petrus de Crouso, miles, petebat a domino rege sibi deliberari et reddi quandam

porcionem in monetam quam dominus rex facit apud Sor-
nidrium, in senescallia Bellicadri, cum ipse habeat jus
habendi dictam percionem in dicta moneta ex concessione
Bernardi de Andusia, quondam domini dicti loci, cujus
dominus rex est successor, sicut dicebat, et ad hoc cartam ipsius Bernardi de Andusia pretendebat, dicens quod,
propter hoc, Albergam duorum militum domino regi debebat. In contrarium dicebatur pro rege, quod non debebat
idem Petrus super hoc audiri, quia cum publice fuisset
clamatum, per terram, quod quilibet nominaret feodum
quod tenebat a rege, vel illud esset commissum, iste Petrus
feodum istius Alberge duorum militum non nominavit, nec
illud solvit, propter quod petendo porcionem predictam
non debet audiri. Ad hoc respondit idem Petrus quod hoc
non nocebat eidem, cum eadem Alberga secundum consuetudinem terre, petita non fuerit ab eo, nec ipse eciam
sciebat, non est diu quod ad ipsam Albergam teneretur,
cum carta predicti Bernardi de Andusia super hoc confecta
in manu alterius esset, et de novo ad manum suam deve-
nerit, ut dicebat. Preterea dicebatur pro rege quod non
debebat audiri super hoc idem Petrus, cum dominus rex
tanquam principalis dominus, non tanquam successor ipsius Bernardi faciat ibi monetam suam Turonensem, cur-
sualem per totum regnum, et non monetam Remundinorum
et Bernardinorum que erat moneta ipsius Bernardi et ha-
bebat cursum suum tantummodo per terram suam in qua
concessa erat dicta percio dicto Petro. Idem vero Petrus
instanter petebat sibi teneri cartam suam vel jus. Tandem
inspecta carta ipsius Petri, et hinc inde propositis ple-
nius intellectis, judicatum fuit quod idem Petrus non erat
super hoc audiendus. » (*Olim*, Éd. Beugnot, I, p. 602.)

   12. Provence.—*Privilège de Conrad III*, en 1146.
— « Tradimus tibi, vir nobilis Raimunde de Baucio,....
jus habendi percussuram monetam et cudendi proprie
figure denarios qui in toto regno nostro Provincie, ubi jam
a longis retro temporibus nulla propria et specialis moneta
fuit, legitimum et auctoritate regia confirmatum cursum
et bonum habeant : exclusis ab ejusdem terre commerciis
et omni facultate dandi aliorum regnorum monetas, quam
monetam precepto in eternum valituro a regia munificentia
nostra acceptam, apud Arelatem metropolim, et apud Aquis
metropolim et in castro de Trinquetalis, si tibi commodum
fuerit fabricari facies, remota inde tam in puritate quam
in pondere tocius falsitatis fraudulencia, etc. » (Gaufridi,
Hist. Prov., 1694, p. 78.)

13. — *Traité entre le comte de Provence et la ville de Marseille,* 31 mai 1257.— « Item, moneta *grossa* que vulgariter appellatur *Marseilles* vel etiam *minuta* que similiter vulgariter appellatur *Marseilles* non tollatur nunc in posterum, sed, prout nunc, currant perpetuo, etc. Et de predictis monetis que fiant in Massilia, habeat dominus Comes XII d. Massiliensium minutorum tantum pro marcha argenti fini que operabantur seu fient et de moneta minuta habeat dominus Comes Massiliensium minutorum, de qualibet marcha argenti fini operata in dicta moneta, etc. » (L. Blancard, *M. Charles Ier*, p. 454.)

14. — Août 1272. — « ... dominus G. de Agonessa, miles senescallus Provincie et Forchalquerii ... tradidit et concessit nomine curie domini nostri Regis Sicilie et pro ea, *monetam provincialium coronatorum fabricandam seu cudendam* in castro Tarasconi, Guidoni Vitalis et P. Martini, burgensibus de Marcelle. pactis et conventionibus infrascriptis, videlicet quod moneta que fiet per predictos debet esse *ad legem et ad pondus turonensium de Turnis domini Regis Francie* qui nunc fabricantur seu cutuntur. » (Blancard, *l. c.*, 459.)

15. Forcalquier. — 1202. — In pace et concordia facta per Raimundum comitem Tolosanum inter Willelmum comitem Forcalquerii et D. de Simiana et de Belhania, mandat dictus Raimundus ut.... haberet albergam 200 equorum vel redempcionem pro alberga solidorum guillelmensium. » (Gaufridi, *Hist. Prov.*, p. 79.)

16. Saint-Paul-Trois-Châteaux. — *Paréage de Charles VI et de l'évêque Déodat.* — 1409. — « Dominus noster delphinus poterit et valebit cudi facere et fabricari in dicta civitate Tricastina monetam tam auri quam argenti, arma regis delphini domini nostri, et crossam communiter habentem. — Emolumenta ex dicta moneta provenientia erunt inter profatos dominos delphinum et episcopum communia. » (*Gall. Christ.*, t. I, *Instr.* col. 2, p. 123.)

17. Embrun. — *Bulle de l'empereur Charles II,* 1147. — « Tibi, venerabilis prætaxatæ urbis, Willelme archiepiscope, et per te ecclesiæ tuæ et successoribus tuis Ebredunensis urbis, et totius episcopatus tui, nostra regalia concedimus, justicias, monetam, pedaticum, utraque strata telluris et fluminis Durantiæ. » (Valbonnays, *Hist. Dauphiné*, t. I, p. 89, col. 1.)

18. Dauphiné. — *Priviléges donnés, en 1349, par Humbert II aux habitants du Dauphiné, confirmés*

en 1367 *par Charles VII* — « Voluit, quod deinceps perpetuo
fiat moneta certa et durabilis, secundum quod pro utilitate
patriæ, melius poterit ordinari ; et quod ipse dominus delphinus seu successores ejusdem deinceps, non recipiant
nec recipere possint, modo quocumque, pro dominio et
seignoria, suis in monetis cudendis quibuscumque, perpe-
tuis temporibus, nisi duntaxat unum grossum turonensem
argenti, pro qualibet marcha argenti fini, quam operari et
cudi continget in monetis. » (Article XI. Valbonnays,
Hist. Dauphiné, t. II, 1721, p. 587.)

19. — Langres. — 874. — « Comperiat omnium
fidelium sancte Dei Ecclesie, nostrorumque tam presentium quam futurorum solertia, qualiter carissimus nobis
Isaac Lingonensis ecclesie reverendus antistes, ad nostram
se colligens majestatem, humiliter postulavit, quatinus
pro nostra pietate, ecclesie Sancti Mammetis Lingonensis,
atque ecclesie Sancti Stephani Divionensis, quibus Deo
ordinante ipse preerat, *monetam quam antea habere non
consueverant,* concederemus... cujus laudabilibus peti-
cionibus atque ammonitionibus aurem accommodantes,
hoc sublimitatis nostre preceptum fieri, eique dari, jussimus, per quod ipse venerabilis antistes, ejusque successores, et prefatas monetas.... quieto ordine, eterna
stabilitate, obtinere in perpetuum valerent. Et ne nostra
concessio ex jamdictis monetis, a falsis monetariis, comi-
tumque ministris, aliquo inclari potuisset ingenio, iccirco
non ad jus comitum, sed ad utilitatem jampredictarum
ecclesiarum, earumque rectoris provisionem, volumus
pertinere, etc. » (D. Bouquet, VIII, p. 643.)

20. Châlons-sur-Marne. — 865. — « Preceptum
Karoli regis de moneta : In nomine sancte et individue
Trinitatis, Karolus gratia Dei rex. Si nostrorum et Ecclesie
Dei fidelium precibus favemus regium morem exercere
videmur, ac per hoc id quoque quod instituimus peren-
niter volumus esse mansurum, igitur noverit omnium
fidelium sancte Dei Ecclesie et nostrorum tam presentium
quam futurorum sollertia quia nos, pro amore Dei, regni-
que nostri stabilimento, atque trapezetarum astuta frau-
dulentia, una cum consilio procerum nostrorum, pontifi-
cum scilicet ac nobilium laicorum, innovavimus per omne
regnum nostrum monetam quam ubique corruptam esse
cognovimus, et ne aliqua calliditate iterum immutaretur,
monogramma nominis nostri illi jussimus insignari, perci-
pientes regia potestate ut nemo aliis in nostro regno, in
emendo aut in vendendo, utatur denariis ; et qui hujus

nostre jussionis edicti temerator apparuerit, bannum nostrum componat. Unde adiens excellentiam nostram venerabilis presul, nobisque gratissimus, nomine Erchenraus deprecatus est, ut pro oppressione familie ecclesie sancti Stephani, cui preest, que denarios ejusdem monetc in propria nequibat civitate invenire, in eadem civitate, sicut in aliis regni nostri, statueremus monetam. Qua propter ad deprecationem carissime nostre conjugis Yrmintrudis, ipsiusque venerabilis pontificis, jussimus· illi dari de camera nostra monetam nostram, et pro elemosina domini genitoris nostri, nostreque ac dilectissime nobis conjugis pro cujus deprecatione hec egimus, censum qui inde exierit canonicis in prefata Ecclesia Deo militantibus tradidimus et annuatim in cena Domini, quasi annua dona illum accipientes pro incolumitate nostra, amandeque nobis conjugis, ac remedio animarum nostrarum perhenniter efflagitare satagant, et diem obitus utriusque eternaliter celebrent. Unde et hoc celsitudinis nostre preceptum fieri ac prefato presuli ejusdem ecclesie jussimus dari, per quod eandem monetam *cum omni redditu* possidere valeat eternaliter et possidendo ordinare legaliter, ut ipse et successores sui quicquid inde exigere potuerint eisdem fratribus conferant. Et ut hoc nostre dationis auctoritas majorem in Dei nomine per omnia tempora obtineat vigorem, manu propria subter eam firmavimus et anuli nostri impressione jussimus assignari. Hildebodus notarius ad vicem Hludovici recognovit. Data x kalend. decembris, indictione duodecima, anno trigesimo, regnante Karolo gloriosissimo et piissimo regne. Actum apud Casnum in Cosia in Dei nomine feliciter. Amen. » (*R. N.*, 1851, p. 17 ; Gariel, p. 36.)

21. Autun. — Charles le Simple, *veille des Cal. de Juillet*, 900.— « Noverit etc., Richardus, comes illustris et marchio, adhibito secum Wallone venerabili ecclesiæ Aeduensis episcopo, *etc.* Addens insuper ut monetam ejusdem urbis, dudum ab hac ecclesia pravitate quorumdam comitum indebite alienatam, nostra innovatione ei redintegraremus. Cujus rationabilem peticionem prospicientes... monetam quam in præfata urbe comitatis potestas dominabatur, per consensum et deprecationem supra memorati comitis, sæpedicto martyri et suæ ecclesiæ restituendo restauramus immo et largiendo confirmamus, *etc.* » (D. Bouquet, IX, p. 486 ; *Gallia Chr.*, IV, pr. 66. Cf. D. Bouquet, IX, 718).

22. Corbie. — Diplôme de Philippe II, 1185. — « Philippus Dei gratia Francorum rex. Noverint universi ad quos litteræ præsentes pervenerint, quoniam nos fidelem nostrum Joscum Corbeiæ abbatem rogavimus et postulavimus, ut monetam nostram Parisiensem in sua villa currere faceret, salvo jure suo, et eidem concessimus, et in verbo regio creantavimus quod cum monetam suam iterum facere voluerit, contra non ibimus, neque vim aliquam ei aut successoribus ejus inde faciemus, imo ad beneplacitum suum monetam suam in villa sua sine contradiccitione currere faciet. Quod ut firmum et stabile permaneat, præsentem paginam sigilli nostri auctoritate confirmari præcepimus. Actum Ambiani anno incarnati Verbi M.CLXXXV. regni nostri anno VII. mense Martio. » (Gall. Christ., X, Instr. Eccl. Ambian., c. 325).

23. Cambrai. — 21 avril 1001. — « Otto, Romanorum imperator Augustus, etc. Unde agnoscat multitudo omnium fidelium nostrorum, tam præsentium quam futurorum, quod nos Erleuuino, venerabili episcopo, ob interventum Leonis episcopis et cœterorum dedimus jus, fas atque licenciam faciendi, statuendi, construendi mercatum cum moneta, teloneo, banno et tocius publice rei ministeriis, in quadam proprietate sancte cameracensis ecclesie, in loco qui vocatur castellum sancte Marie, quod vocabatur antea Vendelgias, quod situm est in pago cameracensi ac comitatu Arnulphi comitis. Atque predictum mercatum, monetam, teloneum, bannum cum tota publica functione in proprium concedimus sancte cameracensi ecclesie, tali tenore, ut nullus dux, marchio sive comes, seu aliquis homo ullam potestatem habeat super memoratum mercatum nisi cum licencia Erleuuini episcopi, suorumque successorum. » (Robert, Preuves, p. 309).

24. — 1370 ou 1371. — « Mons. de Cambray fera faire mailles d'or de lxx ou marc à xix caras d'aloy à i estrelin de remede a le taille et i quart de carat à la loy. Et aront li marchant pour le marc de fin or iiii×× ii malles d'or. Et mons. pour lui et pour sen capitle ii malles d'or et demie et courront li dit florins pour xxj s. tournois » (suivent des teneurs analogues pour les deniers blancs et noirs). (Robert, Pr., p. 336).

25. — 1372. — « Nous Gérart par la grace de Dieu évesque de Cambrai, faisons faire par Lienard Pietre de Florence, maistre de notre monnoye gros d'argent qui seront de viii s ii d. au marcha un deniers de remede en le taille, et seront à xi d. xviii grains d'aloy, à deux grains de remede a l'aloy, argent le Roy, qui aront cours pour

xviii d. t. le pieche, et aront les marchans du march 'a
gent le Roy, etc. » (Robert, *Pr.* p. 337).

26. Strasbourg. — Extrait, concernant la monnaie,
des textes formant la première partie du registre, ou
code intitulé : JURA ET LEGES CIVITATIS ARGENTINENSIS,
et attribué par Grandidier, à l'évêque Erkenbold (965
à 991). V. Grandidier, *Hist. Eglise Str.*, t. II, p. 44-74.

7. Quatuor autem officiatos, in quibus urbis gubernatio
consistit, episcopus manu sua investit, silicet scultetum,
burcgravium, thelonearium, et monete magistrum.

. . . .

59. Sequitur de officio monetarii. Hic ex jure potestatem habet judicandi in falsam monetam et in ipsos falsa-
rios, tam in civitate, quam extra per totum episcopatum,
sine omni judicum contradictione.

60. Ubicunque invenerit falsarium in toto episcopatu,
adducet eum in civitatem et secundum judicium civitatis
judicabit.

61. Debet autem moneta esse in eo pondere, quod viginti solidi faciant marcam, qui denarii dicuntur pfundig.
Et hec stabilis et perpetua currere debet in hoc episcopatu, nisi forte falsata fuerit. Tunc enim per concilium
sapientum mutabitur secundum aliam formam, non secundum pondus.

62. Locus autem percuciende monete est juxta pisca-
tores. (*Codex secundus legum legit :* Est prope forum
juxta stationem carnificum.) In una autem domo percu-
tiendi sunt denarii ut omnes invicem opera manuum sua-
rum videant.

63. Nullus facere denarios debet, nisi qui sit de familia
hujus ecclesie.

64. In loco, ubi cambitores sedent, nullus alius homo
argentum emere debet, nisi soli denariorum percussores.
Alibi per totam civitatem emant et vendant argentum quicunque volunt nisi propter novam monetam interdictum
fuerit.

65. Quanto nova moneta percutitur et vetus interdicitur
a die interdictionis nunciabuntur terne quatuordecim die-
rum inducie, scilicet sex septimane, in quibus monetarius
quemcunque voluerit potest impetere, quod interdictam
monetam acceperit. Quod si ille negare voluerit, cum
septima manu jurabit se non fecisse alioquin, componet
monetario sexaginta solidos.

66. Finitis sex septimanis, nullum impetere debet, nisi
quem viderit accipere interdictam monetam.

67. Si viderit, accipiet denarium, ducet eum in judicium ibique ipsum pulsabit. Et si ille negaverit, cum honestis tribus personnis convincet eum quod acceperit et convictus sexaginta solidos componet ei. Quod si noluerit eum convincere, ipse manu sua se expurgabit.

68. Non licet autem aliquem impetere, nec debet quisquam componere nisi pro denariis qui dicuntur pfundig.

69. Si quis etiam coram monetario dampnationem manus acceperit, judicabitur sicut pupra coram causidico.

70. Si episcopus voluerit argentum de camera sua fundere, et inde denarios percuti, accipiet illud magister monete et dividet inter monetarios, ut inde denarios faciant. Et si denarii sunt phundig, reddet de marca viginti solidos minus duobus denariis.

71. Si autem in quocunque pondere leviori percussi fuerint semper duobus denariis minus reddetur de marca.

72. De camera episcopi ministrabuntur eis carbones. Ad marcam dantur tria sextaria carbonum.

73. Quando novam monetam episcopus percuti jubet, a principio quinque solidi fiunt in ea forma et pondere, quo moneta cursura est.

74. Hoc servabit burcgravius quamdiu moneta illa durabit ratione ut: si forte moneta illa falsata esse accusetur per illos quinque solidos examinetur et certificetur.

75. Monetarius quoque jurabit quod in eo pondere et forma quam illi quinque solidi habent, monetam sit percursurus.

76. Quando monetarius ferramenta, in quibus denarii formantur, episcopo resignabit, reddit ei duo iu forma nummorum et duo in forma obulorum. Preterea alia omnia ita ex toto resignabit quod jurabit se non habere plura nec scire aliquem habere. In quibus forme delebuntur et frangentur, fragmentaque monetario reddantur aut ipse cum licentia episcopi integra et illesa retinebit.

77. Quicunque jus monetariorum habere desiderat dimidiam marcam auri dabit episcopo, monete magistro quinque denarios auri, monetariis viginti solidos gravis monete.

78. Quando episcopus monetam mutare voluerit, ferramenta monete per sex ebdomadas dabit.

79. Quicunque monetarius extra civitatem habitans, in civitate argentum emerit, justiciam monete persolvat.

27. Règlement de 1315. — Ce sont les monnoyes des barons et des prelaz du royaume de France qui se dient avoir droit de faire monnoie telle comme ils la doivent faire de pois de loy et de coing qu'ils ont faites anciennement (1). (Fait et ordené par Jehan Le Paumier, Nicolas des Moulins et Jehan de Nuesport, maistres des monnoies nostre sire le roy, l'an de grâce mil ccc xv, environ Noel et fu ceste copie bailliée par maistre Regnaut clerc des monnoies, lundi xviie jours de may l'an mil ccc xvi) (2).

Premièrement, la monnoie du conte de Neuers. Les deniers doivent estre à iij d, xvj grains de loy argent le roy et de xix s. vj d. de pois au marc de Paris. Item, les maailles de la dicte monnoie doivent estre à iij d. de loy et de xvj s. ix d. de maailles doubles de pois au marc de Paris et ne pourront faire que le xe de maailles, c'est-à-dire ixe livres de deniers et c l. de maailles doubles, et aussi vaudront les deniers et les maailles dessus dictes aualuez l'un parmi l'autre à petiz tourn(oiz) et à maailles tournoises xx d. mains la liure que petitz tourn(oiz). C'est assauoir que les xiij d. de la monnoie dessus dicte ne vaudront que xij petiz tournois.

Et doit faire le conte de Neuers le coing de sa monnoie deviers croiz et deviers pille tele : (figure).

2) Item, la monnoie le duc de Bretaigne. Les deniers doivent estre à iij d. xvj grains de loy argent le roy et de xix s. vj d. de pois au marc de Paris. Item, les maailles de la dicte monnoie doivent estre à iij deniers de loy argent le roy et de xvj s. ix d. maailles doubles de pois au marc de Paris et ne pourront faire que le xe de maailles, c'est-à-dire ixe l. de deniers et c l. de maailles doubles, et aussi vauldront les deniers et les maailles dessus dictes avalué l'un parmi l'autre à petiz tourn(oiz) et à maailles tournoises xx d., mainz la livre que petiz t. C'est assavoir que les xiij d. de la monnoie dessus dicte ne vauldront que xij petiz tourn(oiz) :

Et doit faire le duc de Bretagne le coing de sa monnoie deviers croiz et deviers pille, tele :

3) Item, la monnoie de Sauvignye, qui est mons(eigneur) Loys de Clermont, et au prieur de Sauvigny ; les deniers doivent estre à iij d. xvj grains de loy argent le roy et

(1) Cette ordonnance, déjà publiée par MM. E. Cartier (R. N. 1841, 384) et V. Langlois (R. archéol, 1850, p. 1) l'a été depuis par M. Louis Blancard, d'après le manuscrit du xive siècle, n° 5, 810 de la Bibl. de l'Arseual. (Société de Statistique de Marseille, 1883, 3 pl.)

(2) Préambule du texte de Langlois.

de xix s. vj d. de pois au marc de Paris. Item, les maailles de la dicte monnoie doivent estre à iij d. loy argent le roy et de xvj s. ix d. ob(oles) doubles de pois au marc de Paris et ne pourront faire que le x⁰ de maailles, c'est-à-dire ix⁰ l. de deniers et c livres de maailles doubles, et aussi vauldront les deniers et les maailles dessus dictes avalué l'un parmi l'autre, à petiz tourn(oiz) et à mailles tournoises xx d. mains la livre que petitz tourn(oiz). C'est assauoir que les xiij d. de la monnoie dessus dicte ne vauldront que xij petiz tourn(oiz).

Et doivent faire mons. Loys de Clermont et le prieur de Sauvigny le coing de leur monnoie deviers croiz et deviers pille tele :

4) Item, la monnoie au conte de la Marche, les deniers doivent estre à iij d. vj grainz de loy argent le roy et de xx s. d. pois au marc de Paris et les maailles de la dicte monnoie doivent estre à ij d. xvj grains de loy argent le roy et de xvij s. ij d. de maaille de double de pois au marc de Paris, et ne pourront faire que la x⁰ partie des maailles, c'est-à-dire ix⁰ livres de deniers et c livres de maailles doubles, et ainsi vauldront les deniers et les maailles dessus dictes avalué l'un parmi l'autre à petiz tournois et à ob(oles) tournoises v s. moins la livre ; c'est assavoir que les xv d. ne vaudront que xij petiz tournois.

Et doit faire le conte de la Marche le coing de sa monnoie deviers croix et deviers pille tele :

5) Item, la monnoie messire André de Sauvigny, viconte de Brusse, les deniers doivent estre à iij d. vj grains de loy argent le roy et de xx s. au marc de Paris et les maailles de la dicte monnoie doivent estre à ij d. xvj grainz de loy argent le roy, et de xvij s. ij d. de maaille double de pois au marc de Paris, et ne pourront faire que la x⁰ partie de maailles, c'est-à-dire ix⁰ l. de deniers et c l. de maailles doubles, et ainsi vauldront les deniers et les maailles dessus dictes avalué l'un parmi l'autre à petiz tourn(oiz) et à maailles tourn(oises) v s. moins la libvre que petitz t. C'est assavoir que les xv d. ne vauldront que xij petiz tourn(oiz).

Et doit faire le viconte de Burse le coing de sa monnoie deviers croiz et deviers pille tele :

6) Item, la monnoie mons(eigneur) Pierre de Brisse, sire Hiret et de Sainte-Sévère, les deniers doivent estre à iij d. vj grains de loy argent le roy et de xx s. de pois au marc de Paris et les maailles de la dicte monnoie doi-

vent estre à ij d. xvj grains de loy argent le roy et de
xvij s. ij d. mailles doubles de pois au marc de Paris, et
ne pourront faire que la x⁰ partie de maailles, c'est-à-dire
ix⁰ l. de deniers et c l. de maailles doubles, et ainssi vaudront les deniers et les maailles dessus dictes avalué l'un
parmi l'autre à petitz tourn(oiz) et à maailles tourn(oises)
v s. mains la livre. C'est assavoir que les xv d. ne vaudront
que xij petiz tourn(oiz).

Et doit faire le seigneur de Hiret et de Sainte-Sévère le
coing de sa monnoie deviers croiz et deviers pille tele :

7) Item, la monnoie madame de Chastiau Villain, mère
au seigneur de Sully, les deniers doivent estre à iij d.
vj grains de loy argent le roy et de xx s. de pois au marc
de Paris et les maailles de la dicte monnoie doivent estre à
ij d. xvj grains de loy argent le roy et de xvij s. ij d.
maailles doubles de pois au marc de Paris, et ne pourront
faire que la x⁰ de maailles, c'est-à-dire ix⁰ l. de deniers et
c de maailles doubles, et ainsi vauldront les deniers et les
maailles dessus dictes avalué l'un parmi l'autre aus petiz
tourn(oiz) et a maailles tournoises v s. moins la livre que
petiz tourn(oiz) c'est-à-dire que les xv d. ne vauldront
que xij petiz tourn(oiz).

Et doit faire madame de Chasteu Villain, mère au seigneur de Sully, le coing de sa monnoie deviers croiz et
deviers pille tele :

8) Item, la monnoie de l'archevesque de Reins : les deniers doivent estre à iiij d. xij grains de loy argent le roy
et de xvij s. viij d. de pois au marc de Paris et les maailles de la dicte monnoie doivent estre à iij d. xviij grains
de loy argent le roy et de xv s. v d. ob. doubles de poys
au marc de Paris, et ne pourra faire que la x⁰ partie de
maailles doubles et ainsi vauldront les deniers et les
maailles dessus dictes autant plus ne mains comme les
par(isiz) petiz et les maailles par(isiz).

Et doit faire l'archevesque de Reins le coing de sa monnoie deviers croiz et deviers pille tele :

(9)Item la monnoie au sire de Meun-sus-Yevre : les deniers
doivent estre à iij d. vj grains de loy argent le roy, et de
xx s. de pois au marc de Paris et les maailles de la dicte
monnoie doivent estre a ij d. xvj grains de loy, argent le
roy, et de xvij s. ij d., maailles doubles de pois, au marc
de Paris ; et ne pourront faire que le x⁰ de maailles, c'est-
à-dire ix c l. de deniers et c l. de maailles doubles ; et
ainsi vauldront les deniers et les maailles dessus dictes,
avalué l'un parmi l'autre a petiz tourn(oiz) et à maailles

tourn (oises) v s. mains la libvre que petiz tourn(oiz) ;
c'est-à-dire que les xv d. ne vauldront que xij petiz tour-
n(oiz).

Et doit faire le sire de Meun-sus-Yevre le coing de sa
monnoie, deviers croiz et deviers pille, tele :

(Le texte donné par V. Langlois porte :[la monnoie monseigneur Robert d'Artois, sire de Meun-sur-Yèvre.)

(10) Item, la monnoie au conte de Soissons que on appelle noires doivent estre à iij d. xij grainz de loy argent
le roy et de xxiiij s. de pois au marc de Paris et vauldront les deniers dessus diz avaluez à parisis petiz et à
maailles parisiz les xx noires xij parisis petiz.

Et doit faire le conte de Soissons le coing de sa monnoie deviers croiz et deviers pille tele :

(11) Item, la monnoie a l'evesque de Maguelone : les
deniers doivent estre à iij d. xvj grains de loy argent le roy,
et de xix s. vj d. de pois au marc de Paris. Item, les
maailles de la dicte monnoie doivent estre à iij d. de loy
argent le roy, et de xvj s. ix d. de maailles doubles de
pois au marc de Paris, et ne pourront faire que le xe de
maailles, c'est-à-dire ixe l. de deniers et c l. de maailles
doubles et ainsi vauldront les deniers et les maailles des ·
sus dictes avalué l'un parmi l'autre à petiz tourn(oiz) et
à maailles tournoises xx d. mains la libvre que petiz tournoiz. C'est assavoir que les xiij d. de la monnoie dessus
dicte ne vauldront que xij petiz tourn(oiz.)

Et doit faire l'evesque de Magueloyne, le coing de sa
monnoie deviers croiz et deviers pile tele :

(12) Item, la monnoie à l'evesque et au chapitre de
Clermont : les deniers doivent estre à iij d. xvj grainz de
loy argent le roy et de xix s. de pois au marc de Paris.
Item, les maailles de la dicte monnoie doivent estre à
iij d. de loy argent le roy, et de xvj s. ix d. maailles doubles de pois au marc de Paris, et ne pourront faire que
le xe de maailles, c'est-à-dire ixe l. de deniers et c l. de
maailles doubles, et aussi vauldront les deniers et les
maailles dessus dictes avalué l'un parmi l'autre à petiz
tournois et à maailles tournoises xx d. mains la livre que
petiz tournoiz. C'est assavoir que les xiij d. de la monnoie dessus dicte ne vauldront que xij petiz tourn(oiz.)

Et doit faire l'evesque de Clermont le coing de sa monnoie deviers croiz et deviers pille tele :

(13) Item, la monnoie du Mans : les mansois doivent
estre à vj d. de loy argent le roy et de xvj s. de pois au
marc de Paris, et ainsi vauldront les mansois dessus diz

xx d. mains la livre que petiz tournoiz, c'est-à-dire que les xiij mansois ne vauldront que ij s. de petiz tourn(oiz).

Et doit estre faite la monnoie du Mans devers croiz et devers pille tele :

(14) Item, la monnoie au viconte de Limoges : les deniers doivent estre à iij d. xvj grains de loy argent le roy, et de xix s. vj d. de pois au marc de Paris. Item, les maailles de la dicte monnoie doivent estre à iij d. de loy argent le roy et de xvj s. ix d. maailles doubles de pois au marc de Paris, et ne pourront faire que le xe de maailles c'est-à-dire ixc l. de deniers et c l. de maailles doubles et ainsi vauldront les deniers et les oboles dessus dictes avalué l'un parmi l'autre à petiz tournois et à oboles tournois xx d. mains la libvre que petiz tournois. C'est assavoir que les xiij d. de la monnoie dessus dicte ne vauldront que xij petitz tourn(oiz.)

Et doit faire li vicontes de Lymoges le coing de sa monnoie deviers croiz et devers pille tele :

(15) Item, la monnoie au conte de Rethel : les deniers doivent estre à iij d. xvj grains de loy argent le roy et de xix s. vj d. de pois au marc de Paris. Item, les maailles de la dicte monnoye doivent estre à iij d. de loy argent le roy et de xvj s. ix d. maailles doubles de pois au marc de Paris ; et ne pourront faire que le xe de maailles, c'est-à-dire ix· c l. de deniers et c l. de maailles doubles, et ainsi vauldront les deniers et les maailles dessus dictes avalué l'un parmi l'autre à petiz tourn(oiz) et à maailles tournoises xx d. mains la livre que petiz tourn(oiz), c'est-à-dire que les xiij d. de la monnoie dessus dicte ne vauldront que xij petiz tourn (oiz.)

Et doit fare le conte de Rethel, le coing de sa monnoie deviers crois et deviers pille tele :

(16) Item, la monnoie l'evesque de Laon, que l'on appelle maailles louvoisiennes : doivent estre à iii d. xviij grains de loy, argent le roy, et de xv s. maailles doubles de pois, au marc de Paris.

Et de faire l'evesque de Laon le coing de sa monnoie, deviers croiz et deviers pille, tele :

(17) Item, la monnoie d'Angiers : les deniers doivent estre à iij d. x grainz de loy argent le roy et de xix s. vj d. de pois au marc de Paris, et les maailles doivent estre de ij d. xxj grainz de loy argent le roy, et de xvij s. iiij d. maailles doubles au marc de Paris et ne pourront faire que le xe de maailles C'est assavoir ixc l. de deniers et c l. de maailles doubles, et ainsi vauldront les deniers

et les maailles dessus dictes, avalué l'un parmi l'autre à petitz tourn(oiz) et à maailles tourn(oises) iij s. iiij d. mains la libvre que petiz tourn(oiz), c'est-à-dire que les xiiij d. de la monnoie dessus dicte ne vauldront que xij petiz tourn(oiz.)

Et doit faire le conte d'Anjou le coing de sa monnoie deviers croiz et deviers pille tele :

(18) Item, la monnoie au conte de Poitiers : les deniers doivent estre a iij d. x grains de loy argent le roy, et de xix s. vij d. de pois au marc de Paris et les maailles doivent estre à ij d. xxj grains de loy argent le roy, et de xvij s. iiij d. maailles doubles au marc de Paris, et ne porront faire que la xᵉ partie de maailles, c'est-à-dire ixᶜ l. de deniers et c l. de maailles doubles, et ainsi vauldront les deniers et les maailles dessus dictes avalué l'un parmi l'autre à petiz tourn(oiz) et à maailles tournoises iij s. iiij d. mains la libvre que petiz tournoiz, c'est-à-dire que les xiiij d. de la monnoie dessus dicte ne vauldront que xij petiz tournoiz.

Et doit faire le conte de Poitiers le coing de sa monnoie deviers croiz et deviers pille tele :

(19) Item, la monnoie au conte de Blois, les deniers doivent estre à iij d, et x grains de loy argent le roy, et de xix s. vij d. de pois au marc de Paris, et les maailles doivent estre à ij d. xxj grains de loy argent le roy, et de xvij s. iiij d. maailles doubles au marc de Paris, et ne pourront faire que la xᵉ partie de maailles, c'est-à-dire ixᶜ l. de deniers et c l. de maailles doubles, et ainsi vauldront les deniers et les maailles dessus dictes avalué l'un parmi l'autre à petiz tournoiz et à maailles tournoises iij s. iiij d. mains la livre que petiz tournoiz, c'est-à-dire que les xiiij d. de la monnoie dessus dicte ne vaudront que xij petiz tournoiz.

Et doit faire le conte de Blois le coing de sa monnoie deviers croiz et deviers pille tele :

(20) Item, la monnoie au conte de Vendôme : les deniers doivent estre à iij d. x grainz de loy argent le roy, et de xix s. vj d. de pois au marc de Paris, et les maailles doivent estre à iij d. xxj grain de loy argent le roy et de xvij s. iiij d. maailles doubles au marc de Paris, et ne pourront faire que le xᵉ partie de maailles, c'est-à-dire ixᶜ l. de deniers et c l. de maailles doubles, et ainsi vauldront les deniers et les maailles dessus dictes avalué l'un parmi l'autre à petiz tourn(oiz), et à maailles tournoises. iij s. iiij d. mains la livre que petiz tournoiz, c'est-à-dire

que les xiiij d. de la monnoie dessus dicte ne vauldront que xij petiz tournois.

Et doit faire le conte de Vendôme le coing de sa monnoie deviers croiz et deviers pille tele :

(21) Item, la monnoie de Chastiau Dun, qui est à madame de Neelle : les deniers doivent estre à iij d. et x grainz de loy argent le roy, et de xix s. vij d, de poys au marc de Paris, et les maailles doivent estre à ij. d. xxj grain de loy argent le roy, et de xvij s. iiij d. maailles doubles au marc de Paris, et ne pourront faire que la xᵉ partie de maailles, c'est-à-dire ixᶜ l. de deniers et c l. de maailles doubles et ainsi vauldront les deniers et les maailles dessus dictes avalué l'un parmi l'autre à petiz tourn(oiz), et à maailles tournoises iij s. iiij d. mains la livre que petiz tourn(oiz), c'est-à-dire que les xiiij d. de monnoie dessus dicte ne vauldront que xij petiz tournois.

Et doit faire madame de Neelle le coing de sa monnoie de Chastiau Dun deviers croiz et deviers pille tele :

(22) Item, la monnoie de Chartres, qui est à mons(eigneur) de Valois : les deniers doivent estre à iij d. et x grains de loy argent le roy, et de xix s. vij d. de pois au marc de Paris, et les maailles doivent estre à ij d. xxj grains de loy argent le roy et de xvij s. iiij d. maailles doubles au marc de Paris, et ne pourront faire que la xᵉ partie de maailles, c'est-à-dire ixᶜ l. de deniers et c l. de maailles doubles, et ainsi vauldront les deniers et les maailles dessus dictes avalué l'un parmi l'autre à petiz tourn(oiz) et à maailles tourn(oises) iij s. iiij d. mains la livre que petiz tourn(oiz), c'est-à-dire que les xiiij d. de la monnoie dessus dicte ne vauldront que xij petit tourn(oiz).

Et doit faire mons(eigneur) de Valois le coing de sa monnoie de Chartres deviers croiz et deviers pille tele :

(23) Item, la monnoie à l'evesque de Meaux : les deniers doivent estre à iij d. et de x grains de loy argent le roy et de xix s. vij d. de poys au marc de Paris, et les maailles doivent estre à ij d. xxj grains de loy argent le roy, et de xvij s. iiij d. oboles doubles au marc de Paris, et ne pourront faire que la xᵉ partie de maailles, c'est-à-dire ixᶜ l. de deniers et c l. de maailles doubles, et ainsi vauldront les deniers et les maailles dessus dictes avalué l'un parmi l'autre, a petiz tournoiz et aus maailles tournoises iij s. iiij d. moins la livre que petiz tournoiz, c'est-à-dire que les xiiij d. de monnoies dessus dicte ne vauldront que xij petiz tournoiz.

Et doit faire l'evesque de Meaux le coing de sa monnoie deviers croiz et deviers pille tele :

(24) Item, la monnoie au conte de Sansuerre : les deniers doivent estre à iij d. vj grains de loy argent le roy, et de xx s. de pois à marc de Paris. Item, les maailles de la dicte monnoie doivent estre à ij d. xvj grains de loy argent le roy, et de xvij s. ij d. maailles doubles de pois au marc de Paris, et ne pourront faire que la xe partie de maailles c'est-à-dire ixe l. de deniers et c l. de maailles doubles, et ainsi vauldront les deniers et les maailles dessus dictes avalué l'un parmi l'autre aus petiz tournoiz et a maailles tournoises v s. mains la livre que petiz tournoiz, c'est assavoir que les xv ne vauldront que xij petiz tournoiz.

Et doit faire le conte de Sansuerre le coing de sa monnoie deviers croiz et deviers pille tele :

(25) Item, la monnoie madame de Virson : les deniers doivent estre à iij d. vj grains de loy argent le roy, et de xx s. de pois au marc de Paris, et les maailles doivent estre a ij d. xvj grains de loy argent le roy, et xvij s. ij d. maailles doubles de pois au marc de Paris, et ne pourront faire que la xe partie de maailles, c'est-à-dire ix l. de deniers et c l. de maailles doubles et ainsi vauldront les deniers et les maailles dessus dictes avalué l'un parmi l'autre aus petiz tournoiz et aus maailles tournoises v s. mains la livre. C'est assavoir que les xv d. ne vauldront que xij petiz tournoiz.

Et doit faire madame de Virson le coing de sa monnoie deviers croiz et deviers pille tele :

(26) Item, la monnoie au seigneur de Chastiau-Raoul : les deniers doivent estre à iij d. vj grains de loy argent le roy, et de xx s. de pois au marc de Paris, et les maailles de la dicte monnoie doivent estre à ij d. xvj grains de loy argent le roy et de xvij s. ij d. maailles doubles de pois au marc de Paris, et ne pourront faire que la xe partie de maailles, c'est-à-dire ixe l. de deniers et c l. de maailles doubles, et ainsi vauldront les deniers et les maailles dessus dictes avalué l'un parmi l'autre à petiz tournoiz et à maailles tournoises v s. mains la livre. C'est assavoir que les xv d. ne vauldront que xij petiz tournoiz.

Et doit faire le seigneur de Chastiau-Raoul le coing de sa monnoie deviers croiz et deviers pille tele :

(27) Item, la monnoie à l'evesque de Caours : les deniers doivent estre à ij deniers xvj grains de loy argent le roy, et de xxj s. x d. de pois au marc de Paris, et j d. plus aus iij marcs ; et les maailles de la dicte monnoie doivent estre

à ij d. iiij grains de loy argent le roy et de xviij s. viij d. de pois au marc de Paris, et ne pourra faire que la xe partie de maailles, et ainsi vauldra les deniers et les maailles dessus dictes avalué l'un parmi l'autre à petiz tournoiz et à maailles tournoises, les xx d. que xij d.

Et doit faire l'evesque de Cahours le coing de sa monnoie deviers croiz et deviers pille tele :

28) Item, la monnoie à la dame de Franquembergue, (*dans Langlois* : Fauquembergue) doit estre à xj d. et xij grains de loy argent le roy et de xlvij s. de pois au marc de Paris.

Et doit faire la dame de Franquembergue le coing de sa monnoie deviers croiz et deviers pille tele:

29). Les deniers du conte de Saint-Pol sont à iij d. xviij grains de loy et de xx s. de taille.

Et doit faire le conte de Saint-Pol faire le coing de sa monnoie deviers croiz et deviers pille tele :

30) Les dyionnois du duc de Bourgoigne sont a ij d. e xviij grains fin et de xx s. de taille.

Et doit le duc de Bourgoigne faire ses deniers croiz et pille tele : (Le dessin manque.)

POIDS ET TITRE DES MONNAIES

citées dans l'ordonnance de 1315

	Taille	Poids en grammes	Titre en millièmes
Denier du Mans.	192	1,2747	500
Id. de Reims	212	1,1544	375
Deniers de Nevers, Bretagne, Souvigny, Maguelone, Clermont, Limoges et Rethel	234	1,0459	305,5
Deniers d'Angers, Poitiers, Blois, Vendôme, Châteaudun, Chartres et Meaux	235	1,0414	284,7
Deniers de Brosse, Huriel, Châteaumeillant, Mehun, Sancerre, Vierzon, Chateauroux et Marche . .	240	1,0198	270,8
Denier de Dijon.	»	»	229,1
Id. de Saint-Pol	»	»	312,5
Id. de Cahors	262	0,9341	222,2
Id. de Soissons	288	0,8496	291,6

	Taille	Poids en grammes	Titre en millièmes
Maille de Laon	360	0,6797	312,5
Id. de Reims.	370	0,6615	id.
Mailles de Nevers, Bretagne, Souvigny, Maguelone, Clermont, Limoges et Rethel.	402	0,6088	250
Mailles de Brosse-Huriel, Châteaumeillant, Mehun, Sancerre, Vierzon, Châteauroux, Marche . . .	412	0,5940	222,2 .
Mailles d'Angers, Poitiers, Blois, Vendôme, Chartres et Meaux. .	416	0,5883	239
Maille de Cahors.	448	0,5463	180,5
Id. de Fauquembergue.	564	0,4339	958 5

BIBLIOGRAPHIE GÉNÉRALE (1)

DU PREMIER VOLUME

Revue numismatique, 1836-1877 ; 1883 et seq. (Nous abrégeons par *R. N.*)

Annuaire de la Société française de Numismatique et d'Archéologie (t. I, 1866 ; II, 1867 ; III, 1868-72 ; IV, 1873-76 ; V, 1877-81 ; t. VI, 1882, et seq.) (Nous abrégeons par *Ann. Soc. Num.*)

Mélanges de Numismatique, 3 vol., 1875-1878.

Engel (A.) et Serrure (R.), *Répertoire des sources imprimées de la Numismatique française*, Paris, 1887-89.

FABRICATION ET ORGANISATION MONÉTAIRES

Boizard (Jean), *Traité des Monnoyes, de leurs circonstances et dépendances*, Paris, 1692 ; 1723 (Ed. en 2 vol.)

Abot de Bazinghen, *Traité des monnaies et de la juridiction de la Cour des Monnaies*, Paris, 1764.

Barre (A.), *Graveurs généraux et particuliers des monnaies de France*, Ann. Soc. Num., 1867, p. 146 ;

— *Procédés anciens et modernes du monnayage en France*, Bull. Comité hist. des Arts et monuments, Archéologie, t. III, 1852, 199.

Barthélemy (A. de), *Lettres à M. Lecointre-Dupont sur les magistrats et les corporations préposés à la fabrication des monnaies*, R. N., 1841-48-50.

Blanchet (J.-Adrien), *Sceau de la Monnaie de Tournai*, Ann. Soc. Num., 1888, 304.

Cartier (E.), *Règlement fait en 1354 par les ouvriers et monoyers des Monnaies royales de France*, R. N., 1846, 367.

---

(1) Nous avons groupé un certain nombre d'ouvrages, choisis parmi les plus importants, en suivant les divisions adoptées dans le texte ; mais il y a évidemment certains ouvrages qui devront *toujours* être consultés à cause de leur importance générale.

CHAPONNIÈRE (J.-J.), *De l'institution des ouvriers mon-nayeurs du Saint-Empire romain et de leurs parlements*, *Mém. Soc. d'Hist. et d'Arch. de Genève*, 1842, p. 29.

VALLIER (G.), *Sceaux et actes des parlements généraux des monnayers du Saint-Empire romain*, (*Revue de Marseille et de Provence*, 1873).

VALLENTIN (Roger), *L'atelier monétaire d'Avignon en 1589*, Avignon, 1889.

Z..., *Dictionnaire de Numismatique et de Sigillographie* (*Encyclopédie Migne*, t. XXXII).

ÉPOQUE MÉROVINGIENNE

BARTHÉLEMY (A. DE), *Numismatique mérovingienne* (Rectifications) *R. N.*, 1864, 401;

— *Liste des noms de lieux...*, *Biblioth. Ecole des Chartes*, 6e série, t. I, 1864-65, 443, etc.

BOUTEROUE (Cl.), *Recherches curieuses des m. de France*, Paris, 1666.

CARTIER (E.), *Lettres sur l'histoire monétaire de France*, *R. N.*, 1836-1850.

CONBROUSE (Guill.), *Monétaires des rois mérovingiens* (920 m. gravées), Paris, 1843.

DELOCHE (Max.), *Description des m. mérovingiennes du Limousin*, *R. N.*, 1857-1862 ; Paris, 1862. — Nombreux articles dans : *R. N.*, depuis 1883 ; *Bull. Soc. Arch. Corrèze*, depuis 1880.

FILLON (B.), *R. N.*, 1845, p. 14 et 345 ;

— *Considérations historiques et artistiques sur les m. de France*, Fontenay-Vendée, 1850 ;

— *Lettres à M. Ch. Dugast-Matifeux*, Paris, 1853;

— *Poitou et Vendée*, Niort, 1862-87 (200 pl.).

GUÉRARD (B.), *Polyptique de l'abbé Irminon*, t. I, prolégomènes, (*M. méroving.*, ch. IV, p. 109-158) Paris, 1844.

LENORMANT (Ch.), *Lettres à M. de Saulcy sur les plus anciens monuments de la Série mérovingienne*, *R. N.*, 1848-54.

LONGPÉRIER (Adr. DE), *Notice des m. françaises composant la collection de M. J. Rousseau*, Paris, 1848.

PÉTIGNY (F.-J. DE), *R. N.*, 1836-38 ; 1854, 373 ; 1857, 115 ;

— *Etudes sur l'histoire, les lois et les institutions de l'époque mérovingienne*, Paris, 1842-45.

PONTON D'AMÉCOURT (Vte DE), *Essai sur la numismatique mérov. comparée à la Géographie de Grégoire de Tours*, Paris, 1864 ;

— *Excursion numism. dans la Bourgogne du VIIe s.*, Ann. Soc. Num., t. I, 1866 ;

— *Recherches sur les m. mérov. de Touraine*, Ann. Soc. Num., t. III, 1868-72, p. 86;

— *Description raisonnée des m. mérov. de Chalon-sur-Saône*, Ann. Soc. Num., t. IV, 1873-76 ;

— *Recherche des m. mérov. du Cenomannicum*, Mamers, 1883 ;

— *M. mérovingiennes du Gévaudan* (en collaboration avec M. E. Moré de Préviala), *Ann. Soc. Num.*, 1883 ;

— *Bibliographie générale des m. mérovingiennes*, Ann. Soc. Num., 1866, 382-93, etc.

PROU (M.), *Tiers de sou d'or mérovingiens de Tidiriciacum*, R. N., 1886., pl. XIII;

— *Catalogue des m. mér. d'Autun*, Mém. Soc. Eduenne, 1888 ; — *R. N.*, 1888, 1889.

ROBERT (P. Ch.), *R. N.*, 1850, pl. I ; 1863, 1867, 1868 :
— *M. méroving. de la collection de feu M. Renault*, Metz, 1851 ;

— *Considérations sur la monnaie à l'époque romane*, Metz, 1851 ;

— *Etudes numismatiques sur une partie du Nord-Est de la France*, Metz., 1852 ;

— *Numismatique de la province du Languedoc*, Toulouse, 1876-80, 3 fascicules;

— *Tiers de sou d'or de Marsal, de Vic, de Novéant et de Naix*, Mélanges de Num., t. III, 1882, 382.

SAULCY (L.-J. Caignart DE), *R. N.*, 1836, p. 90-98.

VAN DER CHIJS (P. O), *De munten der frankisch-en duitsch-Nederlandsche Vorsten*, Harlem, 1866.

ÉPOQUE CAROLINGIENNE

CEREXHE (M.), *Les monnaies de Charlemagne*, Gand, 1886-87.

GARIEL (E.), *Les monnaies royales de France sous la race carolingienne*, Strasbourg, 1883-85 ;

— *Collection E. Gariel, M. françaises*, vente à Paris, 1885.

MULLER (J.-H.). *Deutsche Münzgeschichte bis zu der Ottonenzeit*, Leipzig, 1860 (1er vol.).

PONTON D'AMÉCOURT (Vte DE), *Recherches sur l'origine et la filiation des types des premières m. carlovingiennes, Ann. Soc. Num.*, t. III, 1868-72, 306.

MONNAIES ROYALES DE FRANCE DEPUIS L'AVÉNEMENT DES CAPÉTIENS

BARTHÉLEMY (A. DE), *Essai sur la monnaie parisis, Mém. Soc. hist. de Paris et Ile de France*, 1876, 142.

BERRY, *Etudes et Recherches historiques sur les m. de France*, Paris, 1852-53 (90 pl. lith.).

DELOMBARDY, *Catalogue des m. françaises de la collection de M. Rignault*, Paris, 1848.

HOFFMANN (H.), *Les m. royales de France depuis Hugues Capet jusqu'à Louis XVI*, Paris, 1878 (118 pl.)

— *Collection H. Hoffmann, M. françaises*, Strasbourg, 1887.

LE BLANC (F.), *Traité historique des monnoyes de France*, Paris, 1690 ; Amsterdam, 1692 (avec la *dissertation historique* sur les m. de Charlemagne).

SAULCY (L.-J.-F. Caignart DE), *Eléments de l'hist. des ateliers monétaires de Philippe Auguste à François Ier*, Paris, 1877 ;

— *Hist. Numismatique de Henri V et H. VI*, Paris, 1878;

— *Recueil de documents relatifs à l'histoire des m. frappées par les rois de France, depuis Philippe II jusqu'à François Ier*, Paris 1879, (t. Ier jusqu'à Charles V);

— *Histoire monétaire de Jean le Bon*, Paris, 1880.

MONNAIES FÉODALES

BARTHÉLEMY (A. DE), *Essai sur les monnaies des ducs de Bourgogne*, Dijon, 1850 ;

— *Les m. des comtes de Champagne* (dans *Histoire des ducs et comtes de Champagne* par d'Arbois de Jubainville, t. IV, Paris, 1865, p. 759).

BIGOT (Al.), *Essai sur les m. du royaume et duché de Bretagne*, Paris, 1857, (40 pl.).

BLANCARD (L.), *Essai sur les monnaies de Charles Ier, comte de Provence*, Paris, 1868.

BLANCHET (J.-A.), *Documents pour servir à l'histoire monétaire de la Navarre et du Béarn, de 1562 à 1629*, Dax, 1886 et *Ann. Soc. Num.*, 1887.

CARON (E.), *M. féodales françaises* (supplément des *M. féodales* de Poey d'Avant), Paris, 1882-84, (27 pl.).

DESCHAMPS DE PAS (L.), *Essai historique sur les m. des comtes de Ponthieu*, Amiens, 1854 ;

— *Essai sur l'hist. monétaire des comtes de Flandre* (Maisons de Bourgogne et d'Autriche), *R. N.*, 1861-66, 1869-77 ; *Rev. belge*, 1876-77.

DUBY (T.), *Traité des monnoies des barons* (*M. des prélats et barons de France*), Paris, 1790.

ENGEL (A.) et LEHR (E.), *Numismatique de l'Alsace*, Paris, 1887 (46 pl.).

FILLON (B.), *Collection Jean Rousseau, M. féodales françaises*, Fontenay, 1860.

GERMAIN (A.-C.), *Mémoire sur les anciennes m. seigneuriales de Melgueil et de Montpellier*, *Mém. Soc. Archéol. Montpellier*, 1852.

HANAUER (A.), *Etudes économiques sur l'Alsace ancienne et moderne* (t. Ier, M. d'Alsace), Paris-Strasbourg, 1876-78.

HERMAND (Al.), *Histoire monétaire de la province d'Artois*, etc., St-Omer, 1843.

HOFFMANN (H.), *Collection — , M. féodales françaises* (vente à l'amiable avec prix marqués), Strasbourg, 1887.

HUCHER (E.), *Essai sur les m. frappées dans le Maine*, Le Mans, 1845 ; suppléments, *R. N.*, 1846-48.

LECOINTRE-DUPONT (G.-F.-G.), *Essai sur les m. du Poitou et leurs divers types*, Poitiers, 1840 ;

— *Lettres sur l'histoire monétaire de la Normandie et du Perche*, Paris, 1846.

MAXE-WERLY (L.), *Essai sur la numismatique rémoise*, Paris, 1862 ; cf. *Rev. belge*, 1888-89.

MONNIER (A.), *Catalogue de la coll. des m., médailles et jetons de Lorraine* de —, Paris, 1874 (1,765 nᵒˢ).

POEY D'AVANT (F.), *Monnaies féodales de France*, Paris, 1858-62 (163 pl.).

ROBERT (P.-C.), *Numismatique de Cambrai*, Paris, 1861, (56 pl.).

— *Description de la coll. de M. P. C. Robert* (Metz, Toul, Verdun, Lorraine, etc.), Paris, 1886 (14 pl.).

SAULCY (F. DE), *Recherches sur les m. des ducs héréditaires de Lorraine*, Metz, 1841.

TAILLEBOIS (E.), *Recherches sur la Numismatique de la Novempopulanie*, Dax, 1883, 1885, 1889.

VAN HENDE (Ed.), *Numismatique lilloise*, Paris-Lille, 1858 ; suppléments en 1868 et 1873.

TABLE DES ATELIERS
CITÉS DANS CE VOLUME

TABLE DES MATIÈRES

FIN DU TOME PREMIER

SAINT-QUENTIN. — IMPRIMERIE J. MOUREAU ET FILS.

www.ingramcontent.com/pod-product-compliance
Lightning Source LLC
Chambersburg PA
CBHW070624270326
41926CB00011B/1803